国家社会科学基金项目资助

U0818918

Research on Tagging of Chinese Interlanguage Corpus

汉语中介语语料库标注规范研究

张宝林 等 / 著

北京大学出版社
PEKING UNIVERSITY PRESS

图书在版编目 (CIP) 数据

汉语中介语语料库标注规范研究 / 张宝林著 . —北京：北京大学出版社，2019.9
ISBN 978-7-301-30371-9

Ⅰ . ①汉… Ⅱ . ①张… Ⅲ . ①汉语 – 中介语 – 语料库 – 标注（编辑）– 规范 – 研究
Ⅳ . ① H1

中国版本图书馆 CIP 数据核字 (2019) 第 033640 号

书　　名	汉语中介语语料库标注规范研究 HANYU ZHONGJIEYU YULIAOKU BIAOZHU GUIFAN YANJIU
著作责任者	张宝林等　著
责任编辑	路冬月　宋思佳
标准书号	ISBN 978-7-301-30371-9
出版发行	北京大学出版社
地　　址	北京市海淀区成府路 205 号　100871
网　　址	http://www. pup. cn　　新浪微博：@ 北京大学出版社
电子信箱	zpup@ pup. cn
电　　话	邮购部 010-62752015　发行部 010-62750672　编辑部 010-62753374
印 刷 者	北京虎彩文化传播有限公司
经 销 者	新华书店
	720 毫米 ×1020 毫米　16 开本　23.5 印张　409 千字
	2019 年 9 月第 1 版　2021 年 6 月第 2 次印刷
定　　价	82.00 元

前 言

本书系国家社会科学基金一般项目“通用型汉语中介语语料库标注规范研究”的研究成果。

1 本书研究价值

1.1 汉语中介语语料库的建设与作用

中国大陆的汉语中介语语料库建设始于20世纪90年代初，是在国内外语料库语言学的发展和母语语料库建设的影响与推动下开始的，发轫之作即北京语言学院(北京语言大学前身)于1995年建成的“汉语中介语语料库检索系统”。本世纪前10年，又有“HSK动态作文语料库”(北京语言大学)、“留学生中介语语料库”(中山大学)、“留学生汉语中介语语料库”(暨南大学)、“外国学生汉语中介语偏误信息语料库”(南京师范大学)、“汉语学习者口语语料库”(北京语言大学)等多个语料库问世，并产生一定的学术影响。进入本世纪的第二个10年，汉语中介语语料库的建设受到学界更多的关注，更多的学者投入语料库的建设与研究，出现了更多的建设成果。例如“首都外国留学生汉语文本语料库”(北京语言大学)、“汉字偏误标注的汉语连续性中介语语料库”(中山大学)、“韩国留学生汉语中介语语料库”(鲁东大学)、“语言习得汉语口语语料库(LAC/SC)”(香港中文大学)、“小型外国学生口语中介语语料库”(苏州大学)、“外国人汉语习得语料库”(上海交通大学)等语料库不断涌现，呈现出一派蓬勃发展、欣欣向荣的景象。北京语言大学还联合国内外汉语学界，提出了集学界之力共同建设“全球汉语中介语语料库”的宏伟方案，并得到教育部支持，立项为重大攻关项目。相比于国内外的一些母语语料库，汉语中介语语料库建设虽然起步较晚，但发展迅速，已经迎来一个繁荣发展的重要时期。

这些语料库在对外汉语教学和汉语中介语的偏误分析与习得研究中发挥了巨大作用，重要学术成果不断涌现。以“HSK动态作文语料库”为例，据中国知网(CNKI)的统计，自2006年12月建成开放以来，依据该库进行研究发表的各类论文已达3761篇(截至2019年1月15日)。其中

2011 年以来,历年的论文发表量均达到数百篇。详见图 0-1:

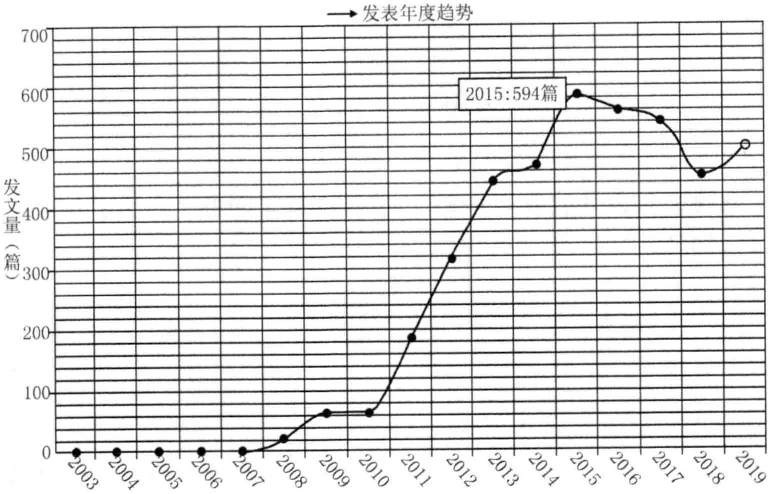

图 0-1　年度发文数量分析图

此外,基于不同语料库的一些国家社会科学基金、教育部人文社科重点研究基地重大项目的研究成果,例如赵金铭等《基于中介语语料库的汉语句法研究》(2008)、张博等《基于中介语语料库的汉语词汇专题研究》(2008)、肖奚强等《外国学生汉语句式学习难度及分级排序研究》(2009)、张宝林等《基于语料库的外国人汉语句式习得研究》(2014)等,都是基于语料库的具有代表性的研究成果。这些成果不仅推动了相关研究的深化,而且促进了研究范式的转化,使汉语作为第二语言的习得研究从小规模、经验型、思辨型研究转变为基于大规模真实语料的、定量分析与定性分析相结合的实证性研究。

1.2　语料标注的问题

对基于语料库的语言研究来说,语料标注是语料库建设的核心环节,标注的内容与质量在相当程度上决定着一个语料库的使用价值。然而,学界对此研究与探讨尚不够充分,语料标注至今没有统一标准,标注内容与方式带有很强的随意性。

(1)不同的语料库标注内容差异很大。

在汉语中介语语料库的建设实践中,有的语料库只经过断句、分词和词性标注等加工处理;有的只标出错别字和某几种句式的偏误;有的从字、词、句、篇、标点符号等角度对所有偏误现象进行了穷尽性标注;有的对语料中的各种偏误和正确的语言表现乃至语体都进行了标注;也有的没做任何标注，属生语料库。

如此标注造成的后果是：大多数语料库只能进行偏误分析，而无法进行表现分析；可以检索、提取有标志词的中介语语料，而无法检索并提取那些缺失关键词的偏误现象，例如该用“把”“得”而未用的“把”字句、“得”字补语句。

（2）对语篇、语体的标注仅见于个别语料库且十分简单。

（3）标注只限于文字、词汇、语法层面，没有语义、语用层面的标注。

（4）对同样的偏误现象认识不同，采取的标注方式各异。

例如“是”字句缺“是”，有的标为缺字，有的标为缺词，有的标为缺述语，有的标为句式错误。在“一错一标”的标注框架中，有的主张采取“从大”原则（即从最大的语言层面进行标注，例如将上例标为“是”字句偏误），有的则认为应采取“从小”原则（即从最小的语言层面进行标注，例如将上例标为缺“是”这个字的偏误）。

（5）标注中使用的代码各不相同，给用户造成了不必要的记忆负担与混乱，也不便于语料库之间的资源共享。

（6）标注效率不高，标注质量存在一定问题。

根据目前中文信息处理所达到的实际水平，除分词和词性标注可以采用机标人助的方式外，各种偏误的识别与标注均需采取手工方式。相对于机器自动处理，手工标注的准确性较高，但效率低下，一致性较差。标注人员的语言文字功底、工作态度、精神状态等，对标注质量均有重要影响，任何含糊与疏忽都会导致标注错误。

这些问题的存在，严重制约着语料库的建设水平，影响着语料库作用的发挥，最终使其难以满足汉语教学与相关研究的多方面需求，不能更好地为教学与研究服务。

1.3　本书的意义与价值

（1）标注规范研究是汉语中介语语料库建设本体研究的核心内容之一，涉及语料标注的目的、原则、内容、方法、语言、流程、代码等多方面的问题，其研究结果将促进语料库建设的理论探讨和本体研究，加深我们对相关问题的认识。

（2）为汉语中介语语料库的语料标注工作制定标准，提供科学、统一、具有可靠的学术性和较强的可行性的标注规范，进而提高语料标注质量，提升语料库建设水平，使之可以更好地为汉语教学与研究服务。

（3）为研制“汉语中介语语料库建设标准”提供语料标注部分的参考性蓝本。

2 本书研究内容与方法

2.1 研究内容

本书研究“通用型汉语中介语语料库”的语料标注规范。所谓“通用型汉语中介语语料库”是与“专用型汉语中介语语料库”相对而言的。前者为满足多种研究目的而建，例如运用“HSK 动态作文语料库”，可以进行汉语中介语字、词、句、篇、标点符号等多层面的研究；后者则只为某种专门的研究目的服务，例如通过“华语文学习者汉字偏误数据资料库”只能进行中介汉字的研究。显而易见，通用型语料库的标注规范在广度上是可以包括专用型语料库的标注内容的，但在深度上可能不如专用型语料库细致。

(1)标注原则

标注原则是制定标注规范的前提，与标注目的密切相关，对标注内容与方法有重要制约作用。语料标注的根本目的是满足教学与研究的需要，但不同类型的语料库在标注目的上也会有所不同。本书试图为通用型汉语中介语语料库制定标注规范，在标注原则上与专用型语料库必然存在差异。例如标注内容的全面性应该成为通用型语料库的一个重要原则，但专用型语料库则无需如此。另外对各种偏误现象是“只标不改”还是“既标且改”？对可以做多种处理的偏误现象，是“从大到小，一错一标”，还是“不分大小，一错多标”？均需制定明确的标注原则。

(2)标注内容

为了满足汉语教学与研究的多种需求，并为各种类型的汉语中介语语料库的语料标注提供支持与参考，本书认为标注规范所包含的标注内容应尽可能全面。其范围可以包括如下层面的内容：

1)总体标注内容：汉字、词汇、语法、语体、语义、语用、辞格、标点符号。

2)语法标注：词、短语、单句、复句、语篇(篇章)。

3)全面标注偏误现象与正确的语言表现。

4)语篇(篇章)标注：从偏误类型的角度深化与丰富其内容。

5)语体标注：从口语词与书面语词、口语短语与书面语短语、口语句式与书面语句式等角度进行研究。

6)语义、语用标注：从主语的语义成分、动宾结构的语义关系、修饰语的语义指向、词语重叠的语义、歧义句、句式义、指示语、语言运用的得体性等角度进行研究。

本书主要研究书面语(或称笔语)语料的标注规范，如果是口语语料、视频语料，还应增加语音标注、体态语标注的规范。当然，在口语语料和视频语料的转写文本中，汉字标注和标点符号标注是不需要的，因为这两种语料一般是由母语者进行转写，和中介语的产出者没有直接关系。

(3)标注方法及代码

语料标注方法有手工标注、人标机助、机标人助、计算机自动标注。作为两个极端的方法，手工标注的正确性、准确性较好，但效率低下，一致性较差；计算机自动标注效率高，一致性好，但正确性与准确性不强。考虑到现实可行性，本书认为应以人标机助为语料标注的主要方法，同时开发可以减轻、替代人的重复性劳动的计算机辅助标注工具。还应通过已标注语料尝试建立汉语中介语的语言模型，进行计算机自动标注。还可以采用数字墨水技术进行标注，前提是不仅要有大量的已标注语料，还要有大量的用数字笔书写的语料。由于现有的汉语中介语语料库大多未对学界开放，无法实现广泛的资源共享，因而难以得到大量的已标注语料。另外，目前数字笔的售价较高，用数字笔书写的语料极少，尚不足以用于语料库建设。

标注代码可以采用汉语拼音字母、英文字母、阿拉伯数字、置标语言进行编码。对于实际进行语料标注的母语者来说，可能采用汉语拼音编码，更便于记忆与使用；而考虑到语料标注的标准化和通用化，方便不同语料库之间的资源共享和彼此融合，可能采用置标语言 XML 或 JSON 语言进行编码更为有益。

(4)标注流程

通用型语料库要为多层面的汉语教学与研究服务，其标注内容必需丰富全面，而众多的标注内容必然要求制定合理高效的标注流程。例如对于偏误标注(指对各种偏误现象进行标注)和基础标注(指对正确的语言表现进行标注)，就必须先做偏误标注，后做基础标注，因为如果不先对各种字、词偏误进行处理，机器自动分词和词性标注就不可能有正确的结果。

2.2　基本思路与研究方法

本书对语料的各个层面的标注规范进行探究，将遵循下列基本思路：进行调查研究→对比分析优劣→提出标注模式→进行标注实验→形成标注规范。

使用的研究方法包括：

(1)调查研究

通过研读国内外相关文献，了解语料标注的理论与方法。

通过浏览网页，了解国内外主要的母语语料库、学习者语料库的标注内容与方式。

通过实地考察，进一步了解汉语中介语语料库语料标注的设计思想，标注的内容、方法及代码。

通过调查问卷，了解汉语教师和研究人员对语料库标注内容的实际需要。

(2)对比分析

对收集到的语料标注的内容、方法、代码进行比较，分析其合理之处与不当之处，在此基础上决定取舍。

对不同教师和研究人员的不同需要进行分析比较，研究能够满足不同需求的标注方法。

(3)归纳概括

根据汉语教学与相关研究的目的与需要，制定语料标注的基本原则。

根据标注原则，确定语料标注的内容。

根据标注的原则与内容，结合汉语及汉语中介语的特点，确定标注的方法与代码。

根据上述研究，概括出汉语中介语语料的标注模式。

(4)实验研究

运用研究得出的标注模式，在一定规模的汉语中介语语料范围内进行标注实验，发现问题及时研究修改，并再次实验，直至达到最佳标注效果。

在标注的实验过程中，摸索出切实可行、简洁高效的标注流程。

在上述研究的基础上，本书将以附件形式提出一个"通用型汉语中介语语料库标注规范"(草案)，供学界参考与使用。该标注规范将包括下列内容：标注目的、标注原则、标注模式、标注内容、标注方法、标注代码、标注流程。该规范将特别注重从标注方法与流程的角度，设法尽可能多地解决语料标注的准确性与一致性问题。

3 本书构成与分工

3.1 本书构成

本书包括上、下两编，共十七章。上编为总论，含四章。下编是分论，包括十三章。总论四章讨论了通用型汉语中介语语料库的四个重要问题：第一章谈语料标注模式问题，提出了"偏误标注＋基础标注"的标注模式；第二章专门探讨基础标注的内容与方法；第三章阐述标注规范，具体论述了语料标注的原则、内容与方法；第四章以离合词为例，讨论了可扩展的置标语言 XML 在语料标注中的应用问题。分论十三章，分别研究汉字、词汇、熟语、短语、句子、特殊句式、篇章(语篇)、语体、语义、语用、辞格的标注问题并提出规范,以及偏误标注的质量管控和标注代码的设计。最后是附录,在上述研究基础上,提出了"通用型汉语中介语语料库标注规范"的草案。

3.2 分工

本书各章由其作者分别进行研究与撰写,由赵焕改对全部书稿进行初步整理,最后由项目负责人统稿,形成本书。

分工如下:

前言、第一章、第二章、第三章、附录,由张宝林撰写。

第四章,由谢梦宁、林君峰撰写。

第五章,由刘珊撰写。

第六章,由陈琛撰写。

第七章,由唐倩撰写。

第八章,由胡凡霞撰写。

第九章,由徐枫洁、屈梅娟撰写。

第十章,由薛华丽撰写。

第十一章,由王之岭撰写。

第十二章,由王雪莹撰写。

第十三章,由牟雪撰写。

第十四章,由杨雯撰写。

第十五章,由李瑶撰写。

第十六章,由张琪撰写。

第十七章,由赵焕改、林君峰撰写。

各章作者简介和收入本书前发表情况见各章题注,这里不一一说明。

张宝林

2019 年 1 月 25 日

目　录

上编　总　论

下编　分　论

上　编
总　论

第一章　标注模式研究[①]

1　引　言

1.1　语料标注定义与本章研究范围

关于标注，我们赞同这样的观点，语料标注是一种给口语语料库、书面语语料库增添解释的和语言的信息的实践。语料标注也可以指这个过程的最终产品，即附加或分散在语料库中的语言标记。（黄昌宁、李涓子，2002）标注可以在不同的层次、从不同的侧面进行（王建新，2005），例如可以从字、词、句、篇、标点符号，乃至语义、语用等各个层面对语料进行标注。

本章讨论通用型汉语中介语语料库的标注问题。所谓"通用型汉语中介语语料库"是与"专用型汉语中介语语料库"相对而言的。前者为满足各种研究目的而建，例如运用"HSK 动态作文语料库"[②]可以进行字、词、句、篇、标点符号等各个方面的研究。后者则只为某种专门的研究目的服务，例如通过"华语文学习者汉字偏误数据资料库"只能进行中介汉字的研究。

本章讨论的语料标注模式，既适用于文本语料库，也适用于口语语料库。二者的唯一区别在于，口语语料由汉语母语者转写，因而不存在中介语性质的字处理问题。

下文如无特别说明，所提及的"语料库"均指汉语中介语语料库。

1.2　语料标注现存的问题

语料标注在语料库的建设与应用中具有重要意义，它是实现原始语料机读化的关键环节（崔刚、盛永梅，2000），是语料深加工的重要环节，也是一个语种语料库建设水平的重要标志（刘连元，1996）。而其更深刻的意义在于，语料标注的内容与质量决定了一个语料库的功能与使用价值。语料标注占

---

① 本章原载《世界汉语教学》2013 年第 1 期，原题《关于通用型汉语中介语语料库标注模式的再认识》。作者：张宝林，北京语言大学教授、博士生导师。

② "HSK 动态作文语料库"是母语非汉语的外国人参加高等汉语水平考试（HSK 高等）作文考试的答卷语料库，全库共 11569 篇语料，424 万字。后面简称"HSK 语料库"。

有如此重要的地位，而汉语中介语语料库的语料标注却至今没有统一标准，标注内容与方式因建设者的主观认识不同而存在极大差异，在建库实践上带有很强的随意性，因而导致产生了一系列问题。其中主要是：

（1）语料标注内容差异很大，导致一些语料库的功能不完备。例如，大多数语料库只有偏误标注，因而只能进行偏误分析，而无法进行表现分析；可以检索、提取有标志词的中介语现象，而无法检索并提取那些缺失关键词的偏误现象，比如该用“把”“被”“比”“是”“得”而未用的“把”字句、“被”字句、“比”字句、“是”字句和“得”字补语句的偏误句，就无法提取。

（2）标注只限于文字、词汇、语法层面，而没有语义、语用层面的标注。

（3）对语篇、语体的标注仅见于个别语料库且十分简单。

（4）对同样的偏误现象认识不同，归类不同，采取的标注方式也不同。例如“是”字句缺“是”，有的标为缺词，有的标为缺述语，有的标为句式错误。

（5）标注代码各异，给用户造成了不必要的记忆负担与混乱，也不便于资源共享。

（6）标注质量受标注方式制约，存在较大问题。自动分词与词性标注的正确率虽已达到很高水平，但错分错标的绝对数量仍然不可小觑，人工校对的工作量巨大；句法以上标注皆为手工标注，标注效率不高，标注代码的使用极易出现不一致的情况。

如何解决这些问题，对汉语中介语语料库的建设意义重大，对基于语料库的相关研究具有直接影响，需要进一步深入研究。

2 标注模式的提出

与以定性分析为基本特征的传统语言学研究相比，文本未经任何标注的生语料库也是语言教学和研究很好的语料资源。（许智坚、高登亮，2008）然而生语料库，尤其是汉语的生语料库，包含很少关于词法和语法等的信息，因此其应用价值就很有限。只有当语言研究者能够从语料库中获取知识或信息时，才能说这个语料库是有用的。事实上，为了从语料库中抽取语言信息，必须首先向该语料库中植入信息，即添加标注。（黄昌宁、李涓子，2002）这是进行语料标注的根本动因。

中国大陆第一个汉语中介语语料库——“汉语中介语语料库检索系统”，对语料只经过断句、分词和词性标注等加工处理。（陈小荷，1996）其后的汉语中介语语料库则对语料中的各种偏误现象做了不同程度的标注，这是由中介语的特点决定的，也是学者们研究的需要。（周文华、肖奚强，2011）偏误标注可以满足偏误分析的需要，对汉语中介语的各类偏误研究起到了很大的推动与促进作用。

然而，偏误分析只关注语言学习者错误的语言表现，而完全忽略了学习者正确的语言表现，因而其认识是不全面的，其所做出的判断是不准确的。例如，我们对外国人习得汉语“把”字句的情况可能就并不十分清楚。（张宝林，2010a）汉语习得研究需要观察两方面的中介语材料，一是学习者使用汉语的偏误，二是其正确的语言表现，进而把偏误分析提升为表现分析。表现分析是从正、误两个不同的角度对中介语进行观察，看到的情况更加全面，做出的判断也就更加准确，因而是更为优越的研究方法。而进行表现分析的前提，就是在语料库的建设中，对语料中的偏误与正确的语言表现进行全面标注。

基于这种认识，我们首先提出了“基础标注”的概念，所谓“基础标注”亦即对语料中正确的语言现象进行的标注；进而提出了“偏误标注＋基础标注”的语料标注模式（张宝林，2008），并对这一标注模式进行了若干探讨（张宝林，2010b），特别是对基础标注进行了较为深入的阐述（张宝林，2010c）。我们认为，从语料库建设的宏观角度来看，基础标注概念的提出是汉语中介语语料库建设的一个重要突破，“偏误标注＋基础标注”将成为汉语中介语语料库语料标注的新模式，并为其他语料库的建设提供借鉴。在“首都外国留学生汉语文本语料库”[①]的建设中，我们尝试采用了这一标注模式，效果良好。建库实践证明，这一标注模式符合外国人汉语学习的实际情况，是完全可行的。

3　“偏误标注＋基础标注”模式的内涵

3.1　对标注模式的理解

所谓模式，是“某种事物的标准形式或使人可以照着做的标准样式”（《现代汉语词典》第6版）。我们认为，语料标注模式指在语料库建设中对语料进行标注的标准样式，包括标注过程中涉及的所有环节：标注原则、标注内容、标注方式、标注代码与标注流程等。

3.2　标注原则

标注原则是制定标注规范的前提，与标注目的密切相关，对标注的内容

---

① “首都外国留学生汉语文本语料库”后面简称“首都语料库”。

与方法有重要制约作用。语料标注的根本目的是满足教学与研究的需要，但不同类型的语料库在标注目的上会有所不同。通用型语料库的标注原则与专用型语料库也必然存在差异，例如标注内容的全面性就应该成为通用型语料库的一个重要原则，而专供中介语汉字研究的语料库则无须顾及词、句、篇等内容的标注。

（1）全面性

指语料标注的内容全面，目的是保证语料库功能的全面，避免某些语言现象因未做标注而无法查询的情况。

作为通用型汉语中介语语料库，语料标注的内容必须全面，应在字、词、短语、句、篇章、语体、语义、语用、标点符号等各个层面上对相关的语言现象进行标注，这样才能保证语料库功能的全面，从而更好地为汉语的教学与研究服务。

（2）科学性

指语料标注要正确、准确，符合汉语字、词的相关规范，符合一般的语法规则。对同类语言现象的判断与标注，要具有一致性。

标注首先要正确、准确，符合规范。

语料标注的科学性首先体现为“标注规范”的科学性。“标注规范”在繁简字体、异体字、新旧字型、数字用法、标点符号用法、异形词的判定方面均应以国家相应的语言文字规范为标准；分词及词性标注应以教育部语言文字应用研究所（下文简称“语用所”）研制的《GB/T 20532—2006 信息处理用现代汉语词类标记规范》为标准；语法系统应以学术影响大、采用范围广、具有行业标准意义的语法著作和语法大纲为主要依据，例如 1996 年国家对外汉语教学领导小组办公室汉语水平考试部组织编写的《汉语水平等级标准与语法等级大纲》、2002 年国家对外汉语教学领导小组办公室组织编写的《高等学校外国留学生汉语言专业教学大纲》等。

其次，科学性还体现为语料标注的一致性。对同一种语言现象，不论是词性、短语类型、句类、句型、句式，还是语体、语义、语用，所做的标注都应该是一致的，而不能此处为此，彼处为彼，前后不一，自相矛盾。

此外，标注代码的前后完整，形式统一，也属于一致性的范畴。

语料标注的一致性问题意义十分重大。究竟如何标注，牵涉到如何分类与归类，这是研究最基本的问题，是展开研究的基础，在进行语料标注之前，就应该十分清楚，否则所标注的语料必然存在不全面、不一致的现象。（肖奚强，2011）要解决这一问题，目前可以采取的办法，一是通过制定严密的标注规范、严格规范标注流程、对标注员进行严格有效的培训等方法，尽最大可能将语料标注的错误率降到最低；二是通过检测计算出标注的错误率，并在语料库的说明中明确告知用户，使用户了解依据该语料库进行的相关研究，其结论有多大的置信区间，可以在多大程度上相信这个结论。而最终的解决方案则是通过技术手段，实现人和计算机的优势互补，实现计算机自动标注。

毫无疑问，语料标注的全面性是以科学性为前提的。否则，全面性也就失去了其应有的意义。

(3) 忠于原作

指忠实于外国汉语学习者的原始语料，在语料的收集、录入、标注等各个环节均需最大限度地保持其汉语中介语的"原汁原味"，而不能使原始语料变得面目全非。

实事求是地说，外国汉语学习者产出的汉语中介语语料中的偏误现象是多方面的，包括文字、词汇、语法、语义、语用、语体、标点符号等各个层面的偏误。有研究认为，对这些错误(本书使用"偏误"的概念)可以有两种不同的做法，一种是改正所有的错误，标注后呈现的句子都是正确的句子，把所有错误的信息保存在特定的标注符号中，从标注符号中，我们可以检索到各种错误类型；另一种是保留所有的错误，标注后呈现的句子还是原始语料的句子，而用标注符号指明错误类型，需要改正的信息及其正确形式都存入标注符号中，通过检索标注符号，可以获得有关句子(语料)的正确形式。并从避免代价太大的角度出发，认为比较合理的做法应该是后者。(任海波，2010)我们将前一种办法定义为"既标且改"的方法，把后一种方法称为"只标不改"的方法。

如果只做偏误标注，只为偏误分析服务，"只标不改"确实足够了。而学术发展的客观需求是，我们不但要做偏误分析，更要做表现分析，这就要进行基础标注。基础标注的第一项内容就是由计算机自动进行分词和词性标注，"只标不改"在这里遇到了困难：字、词层面的偏误如果不进行修改更正的话，机器自动处理的分词和词性标注就将无法进行，或做出完全错误的分词与词性标注。像"题高、导至、考虎、身休"这几个词当中的别字，"先首、决解、持支、众所知周"这几个构成成分顺序错误的词语，如果不进行更正处理，机器就不可能做出正确的分词与词性标注。

为了保证分词与词性标注的正确性，进而确保基础标注的质量，我们必须采取一个切实可行的办法，即在进行字、词层面的标注时，对字、词方面存在的偏误需要"既标且改"；除此之外，短语、句、篇等方面的偏误均应采取"只标不改"的做法。这样做的原因在于，短语以上的偏误不会影响到词的切分与词性标注。尽管这样做打破了语料宏观处理上的一致性，但却保证了分词与词性标注的正确性，进而确保了基础标注的质量。这也是“HSK 语料库”在对语料偏误的处理策略上有所不同的根本原因。当然，如果使用可扩展的置标语言 XML 进行标注符号的编码，这一问题可以得到进一步的解决。（详见本章第 3.4 节）

（4）标准化与通用化

指语料标注代码应符合标准化与通用化要求，使用通用代码，以方便用户，也有利于语料的资源共享。目前在汉语中介语语料库建设中，各建设单位使用的标注代码各不相同，且只有北京语言大学的“HSK 语料库”的偏误标注规范已在网上公布。这个标注规范进行了字、词、句、篇章四个层面的标注，规则比较系统、全面。因此，许多中介语语料库的标注，比如胡晓清等介绍的“韩国留学生汉语中介语语料库”和陆庆和等介绍的“小型口语语料库”，都是在此基础上适当修改的。（周文华、肖奚强，2011）

在这种情况下，为了方便用户使用，以及不同语料库之间的资源共享、彼此融合，可以以北京语言大学的“HSK 语料库”的标注规范为基础，研制能为学界普遍接受并乐于使用的语料标注规范与代码，从而实现语料标注的标准化与通用化。

国内外母语语料库建设大多采用可扩展的置标语言 XML 进行编码，对语料的文本信息进行标注。在汉语中介语语料库的建设中，也已有人开始研究利用 XML 进行编码，对语料的语言本身进行标注，例如李斌(2007)。从理论上说，XML 具有最广泛的通用性，最适合用于通用代码的开发，应深入研究并尽快应用于汉语中介语语料库的语料标注。

3.3 标注内容

3.3.1 从语言文字的各个层面进行标注，贯彻全面性原则

为了满足教学与研究的各种需要，我们认为语料标注的内容必须全面，既做“偏误标注”，又做“基础标注”，即对汉字、词汇、语法、语义、语用、语体、标点符号等各个方面的偏误现象与正确的语言表现进行全面标注。

（1）汉字标注，包括错字、别字、繁体字、异体字、拼音[①]、漏字、多字；

（2）词汇标注，包括错词、缺词、多词、外文词、离合词；

（3）语法标注，包括词、短语、单句、复句、语篇；

（4）语体标注，包括口语词与书面语词、口语句式与书面语句式；

---

① 此处原为“拼音字”，指被拼音形式代替的汉字。经胡双宝老师审稿建议，统一将全书中“拼音字”改为“拼音”。

(5) 语义标注,包括词语的语义色彩、句子成分的语义角色、动宾结构的语义关系、修饰语的语义指向、词语重叠的语义、歧义句、句式义等;

(6) 语用标注,包括语言单位的语篇功能、指示语与先行词的指代关系、信息结构、省略、语言运用的得体性、语用失误等;

(7) 标点符号标注,包括错误标点、缺失标点、多余标点。

3.3.2 突破以往的标注范围,增加新的标注内容,深化部分原有标注内容

3.3.2.1 增加新的标注内容:语义标注和语用标注。

语义、语用标注在汉语中介语语料库建设中尚无先例,但这些方面的偏误在汉语中介语中是广泛存在的。例如:

(1) 老师,你媳妇漂亮吗?

(2) 哪儿的话。(用于回答老师的称赞)

(3) 老师,把空调开开!(李宁、王小珊,2001)

(4) 那时候我就给全家带来了蓬荜生辉!

(5) 我还要把几个因素提出。

(6) 时常在家里弄得乱七八糟。

(7) 如果有人身体很健康,但是比如说在经济上发生出乎意料的事,愿意离开这个世界,请人帮他杀死,这个是应该被判刑的。

(8) 把20年以来一直住的地方离开,您们感觉舍不得。

(9) 所以如果那时候,妈妈给别人自己的孩子的话,可能那个孩子被傷心、痛苦。

例(1)"媳妇"一词儿化与否,词义不同。如果用这个词,应该加儿化。"媳妇儿"是一个"土俗之词",不正式,不庄重①。例(2)"哪儿的话"表示不必这样客气,常用在对方向自己表示道歉或感谢时。例(3)表达支使别人做事的意思。此3例均可以用于上对下或平辈之间,而不能用于下对上,学生对老师这样说显然是不合适的。例(4)"蓬荜生辉"是谦辞,表示对别人的恭敬,可以用于别人,不可用于自己。例(5)"把"字句中"把"的宾语必须是定指的,"几个因素"不定指,因而错误。例(6)(7)的"家里"和"他"在句中并非表示处所和施事(或受益者),而是"弄乱"与"杀死"的受事,原句混淆了句子成分的语义关系,因而错误。"把"字句表示处置义,例(8)说明一种令人难以割舍的情况,并不是要对"20年以来一直住的地方"加以处

① 此处修改不太容易有准确答案。一是不适于用"爱人",西方人和中国人对"爱人"一词理解不同。二是提问用什么词关系到师生关系的远近或者熟悉程度,也关系到老师的年龄段。此处替换为"夫人""妻子""太太"都有可能。

置，使其发生某种变化，所以不应使用“把”字句。而例(9)的分句恰恰表现的是施事主语“妈妈”对“孩子”的处置，应该使用“把”字句却未用；“伤心”“痛苦”都是形容词，没有及物性，因而不能用于“被”字句，所以两个分句都是错误的。

可见，学生之所以会说出上述不得体的句子，就是因为不知道这些词语、句子的语义、语用含义。以学界普遍关注的“把”字句来说，学生的偏误正是因为不了解什么时候应该使用“把”字句，不知道用与不用“把”字句在表达上有什么区别。吕文华(1994)指出，解决“把”字句教学的根本途径是要揭示“把”字句的语义特征，使学生掌握表达什么意义时须用“把”字句，同时还要指出使用“把”字句的语境背景，使学生掌握在什么情况下用“把”字句。张旺熹(1999)指出，我们不仅要让学生清楚“把”字结构的种种结构形式，还要告诉学生它的语义本质及其语用上的基本规律。由此可见，为了了解、掌握外国汉语学习者对汉语语义、语用的习得情况并进而改进语义、语用教学，进行语义标注和语用标注是非常重要的。

存在的问题是，汉语语义、语用方面的研究并不十分成熟，其典型表现之一是，同一个语言现象究竟是语义问题还是语用问题，有时并不容易分清。在这种情况下，应该如何进行标注就成了一个很大的问题。例如上面例(1)对“媳妇”一词的误用，究竟是语用偏误还是语义偏误？我们认为，从产生偏误的根源上说，学生不了解该词不严肃、不庄重之意是造成偏误的根本原因，属语义问题；但从语言使用的直接表现来看，则是“媳妇”一词的使用场合不对，应属语用偏误。该例可以说是一个因语义不明导致的语用偏误。

如果这样处理可以接受的话，例(1)—(4)都应标为语用偏误。例(5)的定指与非定指属语义问题，例(8)是不清楚句式义造成的偏误，属语义问题。例(6)(7)(9)等各例，也都是语义问题。

3.3.2.2 深化部分原有的标注内容：语篇标注和语体标注。

语篇标注和语体标注在以往的语料库建设中很少被顾及。我们在“HSK语料库”中进行了语篇标注，但是并不严谨，只在句间连接不顺畅之处加上了错篇标记。在“首都语料库”中，我们做了进一步加工处理，把语篇偏误分为形式连接偏误和语义连接偏误两种类型。同时为了给国家社会科学基金重大项目“外国学生汉语书面语习得与认知研究”提供语料支持，我们在该语料库中又进行了语体标注。语体标记分为四种，即口语词与书面语词、口语句式与书面语句式。

上述做法对外国人汉语语篇和语体的教学与习得研究是有益的，在汉语中介语语料库的建设中也是比较先进的。存在的问题是，语料的加工还不够深，分类也不够细，因而对汉语教学与相关研究的帮助也就比较有限。

我们认为，可以从偏误类型的角度深化与丰富语篇标注的内容，例如由于关联词语、某些起关联作用的句式、话题连接、位置连接等方面的使用不当导致的语篇偏误，均应予以标注。

语体标注可以从再分类的角度进行深化，例如口语词句还可以分为口语正式语体和口语日常谈话语体，书面语词句也可以分为书面语正式语体和书面语日常交流语体。

3.4　标注方法及代码

3.4.1　标注方法

3.4.1.1　“人标机助”与“机标人助”相结合，尝试计算机自动标注。

标注方法现有手工标注、人标机助、机标人助、计算机自动标注等。

手工标注即由人对各种语言现象进行判断，然后用预先设定的一套代码对相应的语言现象进行加工处理。这种标注方法费时费力，对标注者而言是一项十分繁重的工作，而且会受到标注者的语言文字水平、工作态度、精神状态的制约，标注的一致性较差，标注质量难以保证。

为了减轻人的记忆负担，提高标注效率，也为了保证标注代码形式上的一致性，软件研制人员开发了一些辅助人工的标注工具，在一定程度上减轻了标注者的工作强度。这种标注方式就是所谓的“人标机助”。

“机标人助”则是由计算机根据预先制订并植入其中的标注规范自动进行标注，然后由人工进行检查校对和补充修改。这本来是非常理想的标注方法，但限于中文信息处理的发展水平，目前机器自动标注只在分词和词性标注这一层面上进入到了实用阶段，其正确率已经达到了99%。（黄昌宁、李涓子，2002）这听起来很让人振奋，然而对于以百万、千万计的语料来说，1%的错误率依然是一个庞大的数字。在标注实践上，多数熟语料库的加工深度，也长期停留在自动分词和词性自动标注，经费与人力充足的单位，分词和标注后的语料要组织人工校对，否则就听其自然。（张普，2008）“听其自然”所造成的结果是相当严重的，因为“底层不一致性在上层应用中会被放大几倍到几十倍”（宋柔，2010）。

在目前的实际情况下，我们应在总体上采用“人标机助”的标注方式，而在分词和词性标注层面使用“机标人助”的方法，并充分发挥人的作用，在机器自动标注后的“人助”环节对语料标注的结果进行严格的审查与修正。

随着科学技术的发展，新的技术手段不断涌现，为语料标注提供了更多的方法,可以帮助我们把语料标注工作做得更好。例如,我们可以基于编辑距离算法,实现偏误句与修正句的自动比对并添加标记(王洁、宋柔,2008);可以采用数字墨水技术进行标注,以提高语料标注的效率与质量;还可以把数百万字已标注语料作为训练语料,尝试进行计算机自动标注(张宝林,2010b)。

3.4.1.2 实行"有限的一错多标"。

有些偏误现象从不同的角度看,可以视为不同性质与类型的偏误。例如:

(10) 我对这个问题以下几个观点。

该句中缺少一个动词述语"有"。而这个"有"可以分别视为一个汉字、一个词、一个句子成分,整个句子则可以视为"有"字句、动词谓语句、主谓句等的偏误句。

对这类现象可以有两种处理方法:

第一,采取"从大"的原则,即在篇、句、词、字几个层面中,按照"从大到小"的顺序处理:首先看其是否可以归入语篇的偏误,可以的话即可直接定性;不可以的话再看是否可以归入句子的偏误,余此类推。这种方法可以概括为"从大到小,一错一标"。这样处理是基于下面两点认识:

(1)大的单位可以涵盖小的单位,而小的单位不能涵盖大的单位。如例(10)视为"有"字句的偏误可以涵盖缺述语、缺词的偏误。

(2)语料标注应尽量简化,而不宜过于复杂。把从多种角度判定偏误归结到一种角度上来,即可以使标注得以简化,如例(10)直接标为"有"字句的偏误即可。

第二,对同一个偏误现象,不考虑大小顺序,而是把所有可能的判断全部标出。这样处理偏误是出于求全的心理,追求的是不使任何一种潜在的偏误类型漏网。采取这样的处理方法,上面的句子标注之后将会是这样的情况:

(10') 我对这个问题有[L]{CQ 有}{CJ-sy 有}以下几个观点{CJy}{CJdw}。

这样标注的含义是:漏字、缺词、缺述语、"有"字句偏误、动词谓语句偏误,还可以加上主谓句的偏误。这是所谓"不分大小,一错多标"的标注方法。

显而易见,"一错一标"的标注方法比较简洁,而"一错多标"的标注方法则较为全面,但也比较复杂,有时也显得没有必要。例如,已经标明了属于"有"字句的偏误,再标动词谓语句、主谓句的偏误就没有多大意义。

然而,在涉及对句子偏误的不同理解时,"一错多标"还是有意义的。例如:

(11) 对于非洲来说，这是还不够{CJxw}。

(12) 从现在的情况来说，让大家去吃“绿色食品”是太早了{CC 的}。

例(11)除了可以视为形容词谓语句的偏误句，还可以看成缺少助词“的”，并进而看成“是……的”句不完整的偏误句。例(12)除了可以看作用词错误，即该用助词“了”却误用了“的”，还可以视为不该用却用了“是……的”句的偏误句。这样处理可以发现更多的问题，发现不同的偏误类型，这对于全面、准确地认识外国汉语学习者对形容词谓语句及“是……的”句的习得情况都是非常有意义的。

结论是：在标明下位句式的偏误类型后，无须再标明其上位偏误类型；对可以同时视为词、句、语篇偏误的偏误，则应分别标明。

这就是我们所提倡的“有限的一错多标”标注方法。我们认为这种方法符合外国人学习汉语的实际情况，是能够适应标注汉语中介语的实际需要，并能够满足基于汉语中介语语料库的相关研究的。

3.4.2　标注代码

标注代码可以采用汉语拼音字母、英文字母、阿拉伯数字、置标语言进行编码。例如“HSK 语料库”采用汉语拼音并利用其大小写形式编码，在上面的例(10')中“[L]”是漏字标记，表示其前边的一个字在原始语料是漏掉的字，“L”是“漏”字的汉语拼音声母；“{CQ 有}”表示缺词偏误，“CQ”是“词缺”两字的汉语拼音声母；“{CJ-sy 有}”表示“错句—缺少述语‘有’”的偏误；“{CJy}”表示“有”字句的错句偏误；“{CJdw}”表示动词谓语句的错句偏误。“中国大学英语学习者语料库”(CLEC)则采用了“英文字母＋数字”的编码方式。例如[cc3,1—]是一个错误码，其中[cc3]表示搭配错误中的动名搭配错误，[1]表示该词左边第一个词与该错误相关联，[—]表示该错误关键词出现的具体位置。(杨惠中，2002)

利用置标语言进行编码已有相关研究，例如李斌(2007)研究了利用可扩展的置标语言 XML 进行“把”字句偏误标注的方法：

(13) 请/v 你/r 〈syn〉 把/p 这/r 封/q 信/n 寄/v 〈/syn＝“把字句”〉。/w

使用可扩展的置标语言 XML 进行编码的主要优点是：

(1) 方便、灵活、实用，可以满足语料标注的基本要求。

“错误标注的基本要求为：标明错误的语句；标明错误类型(大类、小类)；标明正确形式；便于标注、检索、统计。”由于“XML 是一种源置标语言，它允许用户根据它所提供的规则，制定各种各样的置标语言”，“应用于

语言错误的标注”。(李斌,2007)

其实这种语言不仅适用于偏误标注,也完全可以应用于基础标注。因为“XML 最重要的特性就是可扩展性,即允许用户定义自己的标签以及这些标签携带相关参数的属性和值”,“由于 XML 的自定义性及可扩展性,可以定义无限量的一组标注,足以表达各种种类的数据”。(施燕斌、刘春红,2002)

(2) 标注对象的界限清楚。

以语序偏误的标注为例。“HSK 语料库”的标注方法是用{CJX}表示语序偏误。这种方法的问题之一是:标注对象的界限范围不清楚。例如:

(14) 我认为贵公司的事业可{CJX}也向全世界发展。

(15) 这种生活方式已经习惯{CJX}成了。

(16) 我和同学们 1 个月{CJX}在北京生活了。

例(14)—(16)是相邻的两个单音词(“可”与“也”)、双音词(“习惯”与“成了”)或短语(“1 个月”与“在北京生活了”)的位置偏误,但发生偏误的究竟是单音词还是双音词或短语,因其并未标明具体范围,所以仅从形式上是无法判断的。

XML 的语法规则之一是:任何的起始标签都必须有一个结束标签。加上前后标签之后,不论标注对象是单音词还是双音词或是短语,界限都非常清楚,一目了然。例如:

(14’) 我认为贵公司的事业〈order〉可〈/order〉也向全世界发展。

(15’) 这种生活方式已经〈order〉习惯〈/order〉成了。

(16’) 我和同学们〈order〉1 个月〈/order〉在北京生活了。

(3) 它是一个国际标准,便于实现语料标注的标准化和通用化,方便不同语料库之间的资源共享和彼此融合。

XML 是 W3C(World Wide Web Consortium,万维网联盟的简称——引者注)在 1996 年底提出的标准,是从 SGML 衍生出来的简化格式,也是一种元语言,可以用来定义任何一种新的标记语言。(徐永川,2004)而 SGML 指标准化的通用置标语言(Standard Generalized Markup Language)。1986 年,国际标准化组织正式发布了 SGML 国际标准,我国于 1995 年也将其作为国家标准。SGML 语言的设计目的是要使文件信息与设备无关,与处理系统无关,甚至与所用的语种无关。也就是要在各个孤立的系统之间架起桥梁,使各个孤立的系统彼此联系起来。该语言通过描述文件逻辑结构的方法,使置标具有通用性,并通过一系列的声明(declaration),使各个系统都能理解文件的信息与置标。(冯志伟,1998)

作为 SGML 的子集，XML 同样具有这些特征与功能。

对汉语中介语语料库的标注而言，XML 潜在的主要问题是：

(1) 标注的繁复与二次开发。

XML 是可扩展的通用置标语言，使用 XML 标记语料的优点是使标注遵循一种通用格式，可以方便语料库的加工和应用，并使语料库能在不同软件环境中得以共享。但是，XML 是面向机器的语言，使用这种语言进行标注，结果十分繁复，对于语料标注者和语料库用户来说，阅读采用 XML 标注的文本很不直观，也很不方便。因此，需要语料库设计者自己设计具体标记的形式和语义，在 XML 之上开发软件，提供面向标注者和用户使用的界面。

(2) 偏误的定位。

仍以语序偏误的标注为例。如前所述，“HSK 语料库”的标注方法是用{CJX}表示语序偏误。这种方法的另一问题是：不能显示错序词语的正确位置。例如：

(17) 大部分人都{CJX}第一次开始吸烟的时候不容易。

(18) 同时，因为工作细心，能满足各种类型旅客的要求，所以受到顾客来信{CJX}多次表扬。

例(17)(18)是不相邻词语的位置错误(“都”“多次”)，因其并非与相邻词语位置错误，因而其正确位置应在何处并不清楚。

我们曾设想，如能在 XML 的结束标签中加上方向标记和词数，即可解决标注对象的定位问题。例如：

(17’) 大部分人〈order〉都〈/order→7〉第一次开始吸烟的时候不容易。

(18’) 同时，因为工作细心，能满足各种类型旅客的要求，所以受到顾客来信〈order〉多次〈/order←4〉表扬。

(17’)表示标注对象“都”应右移 7 个词，放在“时候”与“不容易”之间；(18’)表示标注对象“多次”应左移 4 个词，放在“所以”和“受到”之间。

然而这样的标注方法不符合 XML 的标注格式要求。换个角度，也可以说是 XML 没给我们提供相应的标注手段，在这一点上不能满足我们的使用需求。

综上所述，使用可扩展的置标语言 XML 进行编码具有多方面的优点，当然也有其自身的局限性，需要进一步研究解决。总体而言，是应当并且可以将其用于汉语中介语语料库的语料标注的。

3.5 标注流程

3.5.1 分为两版的标注流程

通用型语料库的标注内容丰富而全面，标注过程十分繁复，这就需要制订合理而高效的标注流程。

为了避免语料标注内容的庞杂与混乱，同时为了保证机器自动分词和词性标注的正确性，我们在“首都语料库”的建设过程中把对各种语言偏误和正确的语言表现的标注分别称为“偏误标注”和“基础标注”，复制为两版语料，先做偏误标注，后做基础标注。其主要特点是：

（1）不同标注内容的两版语料互相隔离，可以分别单独显示，也可以同时对比显示。

（2）标注分两次进行。

（3）偏误句只做偏误标注，正确句只做基础标注。

（4）每次标注使用不同的标注工具。

（5）两版语料的标注完成后需进行对齐处理。

这种处理方式是以便于对汉语中介语进行表现分析为出发点的，也确实取得了相应的成效，但标注过程非常繁琐，对语料标注者的耐心与精神状态是很大的考验。

3.5.2 合二而一的标注流程

由于可扩展的置标语言 XML 的优势，用其编码，可以将语言偏误现象和正确的语言表现在同一版语料中进行标注，从而将“偏误标注”和“基础标注”合二而一，一次完成语料标注，大大简化语料标注过程。例如李斌(2007)设计的偏误标注：

(19) 我/r〈word〉字/n 习/vg〈/word＝学习/v〉汉语/nz 一/m 年/q 了/y。/w

(20) 我们/r 一起/d 画/v 蛇/n，/w 先/d〈syn〉画/v〈/syn＝“—结果补语”〉蛇/n 的/u 人/n 可以/v 喝/vg 这/r 壶/q 酒/n。/w

把上面 2 句改为正确句，用同样的方法稍加修改即可进行基础标注：

(19') 〈syn〉〈syn〉我/r〈/syn＝“主语 1”〉〈syn〉学习/v 汉语/nz〈/syn＝“主语 2”〉〈syn〉一/m 年/q〈/syn＝“谓语”〉了/y。/w〈/syn＝“主谓谓语句”“名词谓语句”〉

(20') 〈syn〉〈syn〉我们/r〈/syn＝“主语”〉〈syn〉一起/d〈/syn＝“状语”〉〈syn〉画/v〈/syn＝“述语”〉〈syn〉蛇/n〈/syn＝“宾语”〉，/w

〈/syn＝"动词谓语句"〉〈syn〉〈syn〉先/d 画/v 完/v 蛇/n〈/syn＝"定语"〉的/u〈syn〉人/n〈/syn＝"主语"〉〈syn〉可以/v〈/syn＝"状语"〉〈syn〉喝/vg〈/syn＝"述语"〉〈syn〉这/r 壶/q〈/syn＝"定语"〉〈syn〉酒/n〈/syn＝"宾语"〉。/w〈/syn＝"动词谓语句"〉

显而易见，对偏误句中的正确部分也是可以进行基础标注的，这可以使语料标注更为细致，对语料的观察更为全面，检索更为方便，因而对基于语料库的相关研究也就更为有利。

4　结　语

目前，汉语中介语语料库建设中的语料标注存在诸多问题，这些问题导致了语料库功能的不完善，对基于语料库的汉语教学与相关研究具有多方面的影响。因此，深入研究语料标注模式对解决语料标注问题具有重大意义。

本章对"偏误标注＋基础标注"这一标注模式进行了新的解释。在标注内容方面，首次提出了应进行语义标注和语用标注，深化语篇标注和语体标注。在标注方法方面，提出了"有限的一错多标"的理念，论证了把可扩展的置标语言 XML 应用于"偏误标注＋基础标注"标注模式的可行性与优越性，以及不足之处。

"偏误标注＋基础标注"模式源于汉语中介语语料库的建库实践，汉语习得研究从偏误分析到表现分析的学术发展是形成这一模式的根本原因。我们希望有更多同道关注这一问题，对标注模式的探讨能够不断深入，以使语料标注更加完善，进而推动汉语中介语语料库的建设，促进基于语料库的汉语教学与相关研究。

参考文献

陈小荷（1996）"汉语中介语语料库系统"介绍，《第五届国际汉语教学讨论会论文选》，《第五届国际汉语教学讨论会论文选》编辑委员会编，北京大学出版社，北京。

崔刚、盛永梅（2000）语料库中语料的标注，《清华大学学报》（哲学社会科学版）第1期。

冯志伟（1998）标准通用置标语言 SGML 及其在自然语言处理中的应用，《当代语言学》（试刊）第4期。

国家对外汉语教学领导小组办公室（2002）《高等学校外国留学生汉语言专业教学大纲》，北京语言文化大学出版社，北京。

国家对外汉语教学领导小组办公室汉语水平考试部（1996）《汉语水平等级标准与语法等级大纲》，高等教育出版社，北京。
黄昌宁、李涓子（2002）《语料库语言学》，商务印书馆，北京。
教育部语言文字应用研究所（2006）《GB/T 20532—2006 信息处理用现代汉语词类标记规范》，http://www.doc88.com/p-1816882387931.html。（访问日期：2019 年 2 月 20 日）
李斌（2007）中介语语料库建设中的语言错误标注方法，《暨南大学华文学院学报》第 3 期。
李宁、王小珊（2001）“把”字句的语用功能调查，《汉语学习》第 1 期。
刘连元（1996）现代汉语语料库研制，《语言文字应用》第 3 期。
吕文华（1994）《对外汉语教学语法探索》，语文出版社，北京。
任海波（2010）关于中介语语料库建设的几点思考——以“HSK 动态作文语料库”为例，《语言教学与研究》第 6 期。
施燕斌、刘春红（2002）XML 简介及其应用浅析，《高校图书馆工作》第 2 期。
宋柔（2010）文本语料库建设同语言教学和语言研究，讲座课件。
王建新（2005）《计算机语料库的建设与应用》，清华大学出版社，北京。
王洁、宋柔（2008）HSK 动态作文语料库偏误标注方法研究，《第四届全国学生计算语言学研讨会会议论文集》，中国知网。
肖奚强（2011）汉语中介语研究论略，《语言文字应用》第 2 期。
徐永川（2004）SGML、HTML 与 XML 的比较，《情报科学》第 1 期。
许智坚、高登亮（2008）语料库资源共享的可行性研究，《漳州师范学院学报》（哲学社会科学版）第 2 期。
杨惠中（2002）《语料库语言学导论》，上海外语教育出版社，上海。
张宝林（2008）“外国留学生汉语学习过程语料库”总体设计，《数字化汉语教学进展与深化》，张普、徐娟、甘瑞瑗主编，清华大学出版社，北京。
张宝林（2010a）回避与泛化——基于“HSK 动态作文语料库”的“把”字句习得考察，《世界汉语教学》第 2 期。
张宝林（2010b）汉语中介语语料库建设的现状与对策，《语言文字应用》第 3 期。
张宝林（2010c）基础标注的内容与方法，《数字化对外汉语教学实践与反思》，张普、宋继华、徐娟主编，清华大学出版社，北京。
张普（2008）基于动态流通语料库的现代汉语词语研究，讲座课件。
张旺熹（1999）《汉语特殊句法的语义研究》，北京语言文化大学出版社，北京。
中国社会科学院语言研究所词典编辑室（2012）《现代汉语词典》（第 6 版），商务印书馆，北京。
周文华、肖奚强（2011）首届汉语中介语语料库建设与应用国际学术讨论会综述，《首届汉语中介语语料库建设与应用国际学术讨论会论文选集》，肖奚强、张旺熹主编，世界图书出版公司，北京。

第二章　基础标注研究[①]

1　引　言

汉语中介语语料库的建设始于20世纪90年代，第一个语料库即北京语言学院（北京语言大学前身）1995年建成的“汉语中介语语料库检索系统”。此后相继有其他一些语料库问世，例如南京师范大学的“外国学生汉语中介语偏误信息语料库”、中山大学的“留学生中介语语料库”、暨南大学的“留学生汉语中介语语料库”、北京语言大学的“HSK动态作文语料库”等。目前还有一些语料库在建设中，例如北京语言大学的“首都外国留学生汉语文本语料库”。

这些语料库收集的汉语学习者样本不是很多，语料规模也不是很大：熟语料多在100万字左右。例如“汉语中介语语料库检索系统”经过处理的熟语料为104万字；而“HSK语料库”（1.1版）收入学习者样本11569个，语料规模达到424万字，且全部是经过标注的熟语料，是目前语料规模最大、标注内容最全的汉语中介语语料库。（张宝林，2009a）

相对于生语料库，经过标注的熟语料库是一种比原语料库更有价值的资源，具有更大、更多的使用价值。然而，语料库标注者的水平，以及他们所采用的标注规范的合理性和可用性，决定了语料库标注的信息是否有用，是否有知识。在语料库标注的短暂历史上，对语料库建造者所加的标注，其他人用起来很困难，或甚至不能用的例子时有发生。（黄昌宁、李涓子，2002）

标注是语料深加工的重要环节，也是一个语种语料库建设水平的重要标志（刘连元，1996），是必须予以充分重视的问题。

2　语料标注的问题与解决方案

以往的中介语语料库非常重视对语料中各种偏误现象的标注，汉语中

① 本章原载《数字化对外汉语教学实践与反思》，张普、宋继华、徐娟主编，清华大学出版社2010年6月出版，原题《基础标注的内容与方法》。作者：张宝林。

介语语料库也不例外。语误附码(error tagging)是对语料中发现的使用者的语误,例如用词错误、拼写错误、句法错误,在分析归类的基础上用附码的形式进行标注。语误附码是分析学习者语料库的重要前提,对研究学习者的语言特点非常重要。(王建新,2005)中介语语料库,特别是其中的偏误标注,为偏误分析提供了很好的条件。

然而偏误分析是带有片面性的,因为它只研究中介语的偏误部分,而且是横切面式的静态分析,并未研究中介语的正确部分。(刘珣,2000)这就难免只见树木、不见森林,看不到学习者全部的语言表现,特别是看不到正确的语言表现,进而夸大偏误的严重程度,使研究者形成不全面的认识。例如学界普遍认为"把"字句是"难点中的难点"(吕必松,1992),是外国人最感头疼的一个问题,是教学中的"老大难"问题(李大忠,1996),然而我们根据"HSK语料库"进行考察的数据显示,其难度并不是那么突出,偏误也没有那么严重(张宝林,2009b)。

因此,中介语研究对象应是学习者语言的整体,只有这样,才能认识语言学习过程的全貌。(鲁健骥,1999)在考察偏误的同时,应特别注重考察学习者正确的汉语表达,并将这两方面的表现结合起来进行研究,即把研究从偏误分析提升为表现分析,或称为语言运用分析(performance analysis)。语言运用分析方法分析的仍然是学习者的言语结果(product)。与偏误分析不同,它不是只注意学习者的偏误,而是注意学习者的所有言语(偏误的、正确的),试图全面了解学习者语言发展的轨迹。(孙德坤,1993)这种"轨迹"正是我们所关心的,表现分析才有可能使我们得到更全面、更准确的结论。(张宝林,2009b)而要进行表现分析,就要考察汉语学习者正确的语言表现,这就要在语料库的偏误标注之外,进行基础标注。

基础标注的作用是可以从各种角度对汉语中介语、对学生的汉语习得情况进行全方位的考察、对比与研究,从而彻底避免在以往的研究中存在的一些尴尬现象。例如,查到了学生的偏误,却查不到学生相应的正确语言表现;查到了带有标志词的病句(例如"把"字句、"得"字补语句),却查不到学生回避了标志词的病句。这样就可以使研究更全面,结论更可靠,从而提高对外汉语教学与研究的水平。(张宝林,2008)

我们认为,"偏误标注＋基础标注"应成为汉语中介语语料库语料标注的新模式。

3　基础标注的内容

基础标注是对语料中正确的语言现象进行标注。具体包括:

3.1　分词及词类序列标注

由于在汉语书面文本中词与词之间没有空格，不便于计算机处理，因此，汉语书面文本的语料库一般都要做切词和词性标注。（冯志伟，2009）分词是汉语自然语言处理中一项重要的基础工程，是实现以词作为文本处理单位的整个信息处理过程的一个必经阶段。（黄昌宁、李涓子，2002）分词后要对切分出来的词进行词性标注，这样既可以实现按词和词性进行语料查询，也可与其他标注内容配合使用，进行组合查询。例如，经过词性标注和句子成分标注的语料就可以从这两个角度出发，进行名词谓语句或谓词主语句的查询。其他标注也要在这步标注的基础上进行。总之，这是基础标注的根本性工作，在基础标注中占有极为重要的地位。

3.2　断句和句子成分序列标注

断句是把全部语料切分为一个一个的单句，其主要作用是：

（1）可以使基于语料库的相关研究在同一层面上进行统计分析。

有些语料库（例如“HSK 语料库”）并未把语料切分为单句，我们在统计某类句子的数量时只能以字数为基础来计算某类句子的句数比例。这当然是欠妥的做法，甚至是不合逻辑的，但我们别无他法。其实大部分基于语料库的母语研究也是如此。断句后则可以彻底解决研究中的这一不合理现象，在全部单句的基础上进行句数统计。

（2）为后续的句子成分标注提供了先决条件。

句子成分标注按照结构主义的层次分析法的观点分为主语、谓语、述语、宾语、补语、定语、状语、中心语等 8 种句子成分，与偏误标注的句子成分相对应。这样做的目的一是可以与偏误标注的结果进行对照，研究者不但可以看到学习者的汉语偏误，也可以看到他们正确的语言表现，使表现分析成为可能。二是可以与词性标注相配合，考察由不同词类充当句子成分的句子的使用情况，以及各种句子成分由何种词语充当的情况。例如名词谓语句、形容词谓语句、谓词主语句等，分别由名词、动词、形容词、数量短语、代词、副词充当定语、状语、补语等的情况，从而使我们对外国人的汉语习得情况得到具体、全面、深入的认识。

显而易见，句子成分标注实际上包含了短语结构标注，例如主谓、述宾、述补、定中、状中、数量等结构类型的短语均可直接提取；通过介词、连词、助词、方位词的检索，来提取介宾、联合、附加、方位等结构的短语，也是易于实现的。

3.3 句类、句型、句式类别标注

按照胡裕树(1981)的观点，句子可以分为句类、句型和句式。句类是句子的语气分类，包括陈述句、疑问句、祈使句、感叹句。句型是句子的结构分类，包括单句和复句、主谓句和非主谓句、名词主语句、动词谓语句、形容词谓语句、主谓谓语句等。句型是以语言中全体句子作对象加以归纳的结果，句式是以语言中部分句子为对象加以描述的结果，或者说，句式是根据句子的局部特点划分出来的句子类型，例如双宾语句、重动句、存现句、比较句、"把"字句、"被"字句、"连"字句、"是"字句、"有"字句等(邵敬敏，2001)。标注这些内容，研究者就可以对学习者使用汉语各种句子的情况进行考察与研究，特别是那些以往较少甚至从未得到过研究的句子。例如祈使句、感叹句、名词谓语句、主谓谓语句、谓词主语句、重动句、"有"字句等。

需要特别指出的是，有些类型的句子由于数量太多是不需要全部一一标注出来的，例如陈述句、名词主语句、动词谓语句等。以陈述句来说，我们只要标注其中比较有特点的双重否定句即可。

3.4 词、句的语体信息标注

指对语料中书面语色彩非常突出、口语中一般不用的词、句，或口语色彩非常突出、书面语中一般不用的词、句进行标注。一直以来我们在对外汉语教学中，对语体教学不够重视，甚至可以说是在某种程度上忽略了语体教学。而在汉语的实际使用中是存在语体差异的，"书面语和口语的区别是必然而非人为的，它是正式、典雅必须与随便、通俗区别开来、拉开距离的必然产物"(冯胜利，2005)。我们教出来的学生当然不能只会用随便、通俗的口语，在必要的场合也必须会用正式、典雅的书面语，这样才能保证语言使用的得体性。这是对外汉语教学，特别是高级阶段的对外汉语教学必须承担的任务。其实，在教学实践中学生也是存在了解词句语体色彩的学习要求的，在某种程度上说，教师也有了解、掌握语体知识的需求①。在汉语中介语语料库中进行语体信息标注，可以使我们了解外国人汉语语体习得的基本情况，进而采取恰当的教学策略与措施，改进语体教学，提高对外汉语教学的质量与水平。

---

① 笔者2004年作为国家汉办派遣的专家组成员赴日本培训当地汉语老师时，有老师谈到，在教学中学生提出一些词句的语体问题，而老师"心里没底，根本不敢回答"。

4　基础标注的方法

4.1　机标人助

分词标注即把文本中的字串分隔成词串。鉴于当前汉语自动分词技术已经取得了很大的成绩，分词的正确率已可达到99%左右(黄昌宁、李涓子，2002)；语法码(指词类码)的附码目前已能自动进行，对不受限制的语料进行自动附码的正确度可达到98%以上(杨惠中，2002)，分词和词性标注可以采取计算机自动处理的方式进行。

需要指出的是，计算机分词与词性标注的正确率虽然已经达到非常高的水平，但所存在的1%—2%的错误率对成百万上千万字的语料来说，其绝对值并不小，对外国人产出的中介语来说，问题必然更为严重。因此，在机器自动标注之后，还要进行大量的人工干预予以校正。例如，我们现在使用的标注系统把"一个"切为一个词，标为"mq"(数量词)，即"一个/mq"，应人工将其改为"一/m 个/q"。

4.2　人标机助

目前汉语中介语语料库除分词和词性标注采用机标人助的方式外，字、词、句、篇、标点符号的偏误识别及标注均采取纯手工方式进行标注。同样，由于技术条件的限制，基础标注除分词和词性标注外，其他标注也只能以人工方式为主进行。

(1) 断句。通过句末标点可以进行自动标注，但这样标注的句子"颗粒度"太大，一个句子中可能包括许多分句(即单句)，这对下一步的句子成分标注会产生消极影响，也不利于句数的统计。由于二语者标点符号使用方面的大量偏误，该不该使用句末标点也还是问题，无疑会使情况更加复杂。

可以采用两种方式：一是纯人工标注，二是先根据句末标点用计算机自动标注，再辅以人工干预。第一种方式比较简便，而如要探索提高自动断句标注的方法及其准确性，当然应采用第二种方法。

(2) 句子成分序列标注。在汉语中介语语料库建设中，目前尚未见有自动标注句子成分者，缺乏进行自动标注的基本前提，只能采用人工标注的方式。

(3) 句类、句型、句式类别标注。句类可以根据标点符号进行自动标注：以句号结尾的句子为陈述句，以问号结尾的句子为疑问句，以叹号结尾的句子为感叹句。但由于句子标注的颗粒度问题，以及二语者标点符号的使用偏误问题，仍需进行人工干预。此外，祈使句可以句号结尾，也可以叹号结尾，机器难以识别，只能以人工方式标注。各种句类的下位类型，如疑问句中的是非问句、特指问句、正反问句、选择问句等，也均需人工标注。

(4) 词、句的语体信息标注。一些已有定论且很明显的口语或书面语词语、句式，可以自动标注，前提是内置于计算机中的词表本身要带有语体信息。词表中没有的则需人工标注。例如“荷花儿”“商量”“好看”“清楚”是口语词，“菡萏”“商榷”“美丽”“清晰”是书面语词；“有钱”“嘴里离不开希腊”是口语说法，“拥有钱财”“言必称希腊”是书面语说法；“把肥胖当作美”“有什么错”是口语句式，“以丰腴为美”“何错之有”是书面语句式。

4.3　标注工具

标注工具是实现“人标机助”的基本手段，可以通过“一键 OK”的方式代替标注人员记忆代码及其含义、频繁选择和点击字母的负担，最大程度地减轻他们的劳动强度，使他们可以把精力集中在分析、研究、判断、确认语料中各种语言现象及其类型上，从而提高标注效率。此外还可以在相当程度上保证在标注过程中代码使用的一致性。标注工具是标注人员进行语料标注的得力助手，“HSK 语料库”“首都语料库”分别使用了不同的标注工具，都取得了很好的标注效果。在今后的语料库建设中，要继续重视其功能，并不断改进，充分发挥其重要作用。

4.4　偏误标注与基础标注的分与合

从语料库应用的角度看，这两方面的标注都是必要的。但实践上如何处理两种标注的关系是一个非常麻烦的问题。从理论上来说，两种标注是可以在同一版语料上同时进行的，但是由于标注的内容太多，使用的符号太多，标注起来十分繁复，完成标注后语料已经面目全非，根本无法阅读，标注后必有的审核复查修改工作也难以进行。

解决的办法有两个。一是把偏误标注和基础标注分为两版，在不同版的语料中分别进行不同类型的标注。然后通过程序实现两版语料的彼此连接，同时显示。二是采用隐藏技术，隐去目前处于不活跃状态的标注代码，从而使语料呈现简明洁净的状态。当然也可以将这两种方法结合起来进行标注。实践证明，这样的处理方法是可行的，效果是良好的。

4.5　采取多种措施，保证标注质量

相对于计算机自动标注而言，人工标注方式的准确性较高，但标注速度

慢，标注代码使用上的一致性较差。虽然可以通过标注工具的帮助，在一定程度上得到缓解，但问题还是存在的。

人工标注带来的另一个重要问题是标注的质量，如果标注人员没有全面、扎实的语言文字功底，标注中的错误就在所难免。标注后的审核步骤可以纠正一部分错标，但无法完全避免。例如“HSK 语料库”(1.0 版)对存现句的判定基本上都是错误的，在 1.1 版中才得到纠正。

标注质量是语料库的生命，是体现其使用价值的一个重要方面。那么，如何对标注人员进行有效的培训，就成为一个迫切需要解决的现实问题。(张宝林，2009b)

可以采取的改进方法包括：

(1) 设计完善的、便于操作的标注规范。

“完善”指规范应能涵盖汉语中介语的各种语言现象，可以据其对各种中介语现象进行处理。这就需要在展开大规模语料标注之前，进行小规模的标注实验，建立偏误模型；同时应预留“扩展槽”，以随时容纳新发现的偏误类型。“便于操作”是说规范本身(包括各种代码)应简明扼要，不能给标注人员增加过多的记忆负担。

(2) 实施有效的培训。

仅仅通过一两次标注规范的培训是不能解决问题的。可以通过专门课程的形式，详细讲述标注规范的各项细则，并通过反复的实际标注训练，使标注人员深入理解并切实掌握标注的规范与标准，提高标注的能力与水平，从而提高标注质量。

(3) 标注后的审核修改。

语料标注完成后，应挑选水平高、能力强、标注效果好的标注人员，对全部已标注语料进行审查复核，以纠正标注中存在的错标及漏标现象。

(4) 程序的一致性检验。

通过软件系统对语料的加工标注进行格式和标注符号的一致性校验，以检测人工标注中的错误和不一致之处，修正标注形式上的错误。

参考文献

冯胜利 (2005) 论汉语书面语法的形成与模式，《对外汉语书面语教学与研究的最新发展》，冯胜利、胡文泽主编，北京语言大学出版社，北京。

冯志伟 (2009) “语料库语言学与计算语言学研究丛书”序，《语料库语言学简论》，Wolfgang Teubert、Anna Cermakova 著，世界图书出版公司，北京。

胡裕树 (1981)《现代汉语》(增订本)，上海教育出版社，上海。

黄昌宁、李涓子(2002)《语料库语言学》，商务印书馆，北京。

李大忠（1996）《外国人学汉语语法偏误分析》，北京语言文化大学出版社，北京。
刘连元（1996）现代汉语语料库研制，《语言文字应用》第3期。
刘珣（2000）《对外汉语教育学引论》，北京语言文化大学出版社，北京。
鲁健骥（1999）《对外汉语教学思考集》，北京语言文化大学出版社，北京。
吕必松（1992）《华语教学讲习》，北京语言学院出版社，北京。
邵敬敏（2001）《现代汉语通论》，上海教育出版社，上海。
孙德坤（1993）中介语理论与汉语习得研究，《语言文字应用》第4期。
王建新（2005）《计算机语料库的建设与应用》，清华大学出版社，北京。
杨惠中（2002）《语料库语言学导论》，上海外语教育出版社，上海。
张宝林（2006）"HSK动态作文语料库"的标注问题，《数字化汉语教学的研究与应用》，张普等主编，语文出版社，北京。
张宝林（2008）"外国留学生汉语学习过程语料库"总体设计，《数字化汉语教学进展与深化》，张普、徐娟、甘瑞瑗主编，清华大学出版社，北京。
张宝林（2009a）"HSK动态作文语料库"的特色与功能，《国际汉语教育》第4期。
张宝林（2009b）汉语句式习得研究的现状与对策，第四届韩汉语言对比国际学术研讨会论文，苏州。
张宝林（2010）汉语中介语语料库建设的现状与对策，《语言文字应用》第3期。

第三章　标注规范探究[①]

1　引　言

张宝林(2013a、2013b)就通用型汉语中介语语料库的标注问题进行了比较集中、比较全面的探讨，讨论的问题包括语料标注的原则、内容、方法、流程等，并将其概括为标注模式。

近几年来关于汉语中介语语料库的标注问题又有一些新的研究问世，例如曹贤文(2013)，肖奚强、周文华(2014)，冯胜利(2014)，林君峰(2014)，马韬(2014)，荀恩东、付永刚(2014)，张莉萍(2016)，焉德才(2016)，陈海峰(2016)，于康(2016)等。这些研究提出了一些新的方案和意见，也有对先前的一些观点的质疑和批评。我们在建设"全球汉语中介语语料库"[②]的过程中也遇到了一些新问题，在研究与解决这些问题的过程中，形成了一些新的认识。

本章将对汉语中介语语料库标注规范的相关问题进行一些新的探讨，试图澄清问题，统一认识，形成能为学界广泛接受的语料标注规范，促进汉语中介语语料库的建设与发展。

2　标注原则

2.1　总原则：科学性

(1) 问题导向，需求驱动。标注应从教学科研实际出发，针对现实问题，满足教学需求与研究需求。

(2) 实事求是，严守规范。根据语料标注的实际需要制定规范，避免教条；规范的制定应遵守语言文字既有的相关标准与规范。例如，繁体字、异体

---

① 本章发表于《第四届汉语中介语语料库建设与应用国际学术研讨会论文选集》(张亚军、肖奚强、林新年主编，世界图书出版公司，北京，2018年)，原题《关于汉语中介语语料库标注规范研究的新思考——兼谈"全球汉语中介语语料库"标注规范的设计》。作者：张宝林。

② "全球汉语中介语语料库"后面简称"全球语料库"。

字的认定应以《通用规范汉字表》(2013)为准。

(3) 积极探索，勇于实践。即对那些教学科研有需求而学界暂无成熟理论的标注内容，要积极开展标注实践与理论探讨，深化认识，总结规律，进而完善标注，而不能坐等别人提供现成的理论与方法。

2.2 具体原则

(1) 全面性，指语料标注的内容全面，可以满足汉语教学与研究的多方面需求。

(2) 有限性，语料标注在深度上是有限度的，并非一标到底，越深越好。

(3) 渐进性，语料标注是一个边实践边探索的过程，需要不断积累经验，深化理论认识，逐步积累，最终达于完善。

(4) 准确性，指语料标注结果的正确性与准确性；对各种语言现象的处理符合汉语言文字的相关标准与规范。

(5) 系统性，指语料标注应保持一致性，例如代码的一致，正确代码与偏误代码的区分，缺字还是词语不全。

(6) 简洁性，指语料标注应简明扼要，切忌烦琐。

(7) 开放性，指遇到新的语言现象可以随时添加到标注规范之中。

(8) 自动化，积极探索自动标注，凡具备自动标注的内容一律采取自动标注的方法。例如，繁体字和异体字标注、词语的语体标注、分词和词性标注，皆可采取自动标注的方式进行，自行设计的标注代码可以自动转换为 XML。

上述原则有些可以合并，例如，准确性、系统性合并为科学性也是可以的。但是，科学性是总的最高原则，其他原则也必须是科学的，合在一起过于笼统，故而分为不同方面的不同原则，较为清晰。

3 标注内容

3.1 在标注的广度上，实行以需求驱动为导向的全面标注

3.1.1 全面标注的含义

就笔语语料库而言，全面标注指对字、词、短语、句、篇、语体、语义、语用、修辞、标点符号等 10 个层面进行标注。而口语语料库和多模态语料库还需增加语音和体态语等方面的标注，这里暂不详述。

标注模式为“偏误标注＋基础标注”，目的是把汉语作为第二语言的习得

研究从偏误分析提升为表现分析，以便对外国人习得汉语的情况得到全面、准确的认识。

基础标注指对汉语中介语中正确语言现象的标注。把正确的语言现象视为基础，表现了我们对中介语的基本认识与评价，即就外国人学习汉语的总体状况和发展趋势而言，正确的语言现象始终为相对多数，占据主导地位，而偏误现象则是相对少数，居于从属地位。

基础标注要实事求是，根据实际需要，确有必要才进行标注。例如，汉字和标点符号、有形式标志的句式如“把”字句、“比”字句等就无须进行基础标注，因为正确的汉字和标点符号可以直接检索，“把”字句和“比”字句根据关键字/关键词即可查询。而无形式标志和不便查询的句式如意义上的被动句、存现句、重动句、连动句、兼语句等则必须进行基础标注。

3.1.2　实行全面标注的必要性

教学上需要：在汉语中介语中，这 10 个层面的偏误都客观存在。

研究上需要：对外汉语教学领域对这 10 个层面的研究，有的研究较多，如字、词、句的研究；有的研究较少，如语篇、修辞、标点符号；有的很少，甚至还没有什么研究，如语体、语义和语用，但存在强烈的研究需求。像对“把”字句语义语用规则研究的需求，早在上世纪末就有多位学者提及，例如吕文华(1994)、张旺熹(1999)。

汉语中介语语料库的建设目的是积极主动、全心全意地为对外汉语教学与研究服务，满足教学与研究的多方面需求。因此，语料标注，特别是通用型语料库的标注，应该遵循需求驱动、问题导向的原则，进行全面标注。早在 20 世纪 80 年代初期学界就有人指出，留学生的成段表达话不连贯、语无伦次(杨石泉，1984)；10 年之后，这种情况并无根本性改善，甚至到了四年级，即使是程度最好的学生，也是单句正确，但连接起来总感到别扭(李杨，1993)。可见进行语篇教学与研究的重要性和紧迫性。近 20 多年来这方面的研究也确实有所加强，例如曹秀玲(2000)，王魁京、张秀婷(2001)，彭小川(2004)，杨春(2004)，陈晨(2005)，张迎宝(2011)，田然(2014)等。自 20 世纪 90 年代开始修辞格受到关注，并引入教学，但相关研究不多。周小兵、洪炜(2010)的研究表明，中高级留学生汉语中介语辞格的偏误率并不低。例如，对偶修辞格对于二语学习者而言，蕴含着强大的语言习得和生成功能，但学生对偶句仿写出现许多偏误(吴双，2016)。吴春相等(2016)指出，典型的修辞结构在文学语体中属于高频语言现象，并存在于汉语水平考试的考题中，教材中也不乏修辞格问题，留学生也常常造出与修辞相关的偏误，比如“老师真棒，你比狗跑得还快！”等。可见，无论从语言事实还是教学实际来看，修辞都是十分重要的语言现象，应该加强修辞格的教学与研究。教学及大纲中需要区分语体的内容，就应该进行语体方面的研究。（李泉，2003、2004）例如商务汉语信函写作中嵌偶单音词的偏误率占 16.41%，合偶双音词的偏误率占 33.33%，因此在商务汉语教学中就要加强对语体知识的重视，加强语体词汇分级教学。（穆雅丽、骆健飞，2016）因此，为了最大限度地为这些方面的教学与研究提供服务，就应该进行语篇、辞格、语体等层面的标注。

3.1.3 实行全面标注的可行性

进行语料标注是为了给教学与研究提供方便，满足其需要。但语料的标注和语料的利用是一对矛盾。从用户的角度，语料标注得越详尽越好，而标注者则还需考虑标注的可行性。因此，任何标注模式都是在二者之间求得的一种妥协的产物。（丁信善，1998）如何妥协？标什么？怎么标？这是语料标注面临的一个必须回答的现实问题。

按照 Leech，G.（2005）的分类，语料库标注包括词性标注（即为词语附加词性码）（Leech，G.，1997b）、句法分析（Leech，G. &Eyes，E.，1997）、音韵标注（如发音、重音、语调、停顿等）、语义标注（即为词语附加语义范畴）、语用标注（如言语行为、反馈、接受以及标记词等）、话语标注（如指称联接）、文体标注（如言语与思想呈现）、词语标注（如词语归元处理）。同时，使用语料库标注是需要谨慎和判断的，强烈支持语料库标注的学者（如：Leech，G.，1997a；Wilson，A. &Thomas，J.，1997）也提醒和告诫标注的使用者，语义标注、语用标注、文体标注等所基于的理论并不成熟，有待进一步完善（李文中，2012）。国内有学者据此认为：时至今日，这些理论也还没有达到比较成熟的程度。同时，偏误标注所依赖的语用偏误、语义偏误、语体偏误和标点偏误等分析理论也并不成熟。而没有较为成熟的理论支持，就很难制定出这些方面的完善的标注集。肖奚强等（2014）进而提出：对于刚起步不久的汉语中介语语料库来说，可以先做好汉字、词汇和语法的基本的正确和偏误信息的标注，待相关的理论和实践研究比较成熟之后，再进行其他层面的标注。贪大求全并不可取，也不现实。

那么，没有相关理论，或相关理论不成熟、不完善，能否进行包括语义、语用、语体、修辞格等在内的全面标注？

我们的回答是：不但可以，而且必须。理由有三：

（1）从语料库建设为教学与研究服务这个根本目的来看，必须进行全面标注。教学与研究上有什么问题，有什么需求，就要进行相关的语料标注。学习者在学习过程中出现的偏误与问题是多种多样的，既有汉字、词汇和语法方面的，也有语义、语用、语体和修辞方面的。他们不会等理论研究成熟了、完善了再出现相关的问题，而是随时会出现各种各样的问题，根本不管有没有相关的理论，以及理论是否成熟。对这些问题，不管有没有成熟的理论，教学上都要去纠正，建库时都要进行标注。由此看来，进行全面标注就是自然而然的，当然的，必然的。

这不是贪大求全，也不是好大喜功，而是为了最大限度地为教学与研究服务，满足教学与研究的多方面实际需求。

(2) 从哲学的角度看，从理论与实践的关系上看，即使没有成熟的理论，也完全可以并且应该进行全面标注。辩证唯物论“强调理论对于实践的依赖关系，理论的基础是实践，又转过来为实践服务。……实践的观点是辩证唯物论的认识论之第一的和基本的观点”(毛泽东，1991)。

理论固然重要，因为它确实可以为实践服务，包括指导实践。但这并不意味着没有理论就不能实践，相反，恰恰是先有了实践，并在反复实践的基础上才慢慢形成了理论。在人类发展史上，所有的理论都来自实践，都是在社会实践的基础上产生与形成的。这不仅早已为人类历史所证实，在语言学领域也不乏其例，例如萨丕尔、布龙菲尔德等语言学家都采集和研究了英语及一些少数民族的语言，才提出他们的语言学理论，对语言的结构做出了描写和解释。(潘永樑，2001)

Leech 虽然提醒和告诫别人语义标注、语用标注、文体标注等所基于的理论并不成熟，有待进一步完善(李文中，2012)，但他自己并没有坐等理论的成熟与完善，而是积极进行了相关的研究实践：他和他的团队不但进行了语义、语用、语篇、韵律方面的实际标注，而且开发了多个语料库自动标注系统，如 CLAWS 词性标注(part-of speech tagger)系统、句法标注(syntactic parser)系统、USAS 语义标注(semantic gagger)系统、韵律标注(prosodic annotation)系统、指代关系标注(anaphoric annotation)系统，还利用语料库进行了多种交叉学科的研究，涉及理论语言学、语用学、语言教学、语言测试、社会语言学等多个学科领域。(梁茂成，2012)

阿姆斯特丹大学也在进行语义标注的研究。一些研究者试图利用机读 *Longman Dictionary of Contemporary English* (Janssen，1990)中的“语义场代码”(field code)进行语篇歧义词的区分和单词语义场的确定。Klaus Schmidt 带领研究小组做了德国中世纪史诗语料的语义分析。Wilson，A. (McEnery，T. & Wilson，A.，1996)也在进行类似的语义分析工作。(崔刚等，2000)进行语篇结构标注的有 Stenstrom，A. B. (1984)，采用语篇附码对“伦敦—隆德英语口语语料库”(London-Lund Corpus of Spoken English)进行语篇标注。另一种语篇结构标注是对语篇中的指示词进行标注，“兰卡斯特—奥斯陆/卑

尔根语料库”(Lancaster-Oslo/Bergen Corpus)就尝试进行了指示词的标注。(崔刚等,2000)

总之,国外的学者虽然认为相关理论尚不成熟,但并没有守株待兔,坐等天上掉馅饼,而是在积极地进行尝试与探索。

显而易见,即使没有相关的成熟理论,我们也完全可以以问题为导向,根据教学与研究的实际需求进行语料标注。不但如此,在语料标注的实践和探索中,我们还完全可以根据自己的发现,在深入研究的基础上形成新的理论,为语料库语言学的发展做出我们的贡献。

(3) 作为中国人,进行汉语中介语语料库语料标注方面的实践、探索是我们义不容辞的义务和责任。中国是汉语的故乡,我们是汉语的母语者,我们也是对外汉语教师,还是汉语中介语语料库的建设者与研究者。在汉语中介语语料库的标注方面,我们没有任何理由等待别人给我们提供成熟的理论与实践研究,恰恰相反,我们有责任、有义务积极主动开展包括各层面标注在内的语料全面性标注实践,并在此基础上形成汉语中介语语料库标注的理论与方法。而绝对不能等待别人把相关的理论和实践研究比较成熟之后,我们再引进、吸收,照猫画虎地进行其他层面的标注。

因此,进行全面标注,不仅是必要的,而且是可行的,也是必须的。

3.2 在标注的深度上,实行“基于语料库”和“语料库驱动”两种研究范式之理念相结合的浅层标注

3.2.1 “基于语料库”和“语料库驱动”两种研究理念

语料库语言学阵营内部存在基于语料库的(corpus-based)研究和语料库驱动的(corpus-driven)研究两种主要范式。(梁茂成,2012)其主要区别如下:

(1) 对语料库语言学的基本性质与研究目的认识不同。“语料库驱动”的研究范式认为,语料库语言学是一门独立的学科,须摆脱任何已有的语言分类体系和研究框架,甚至反对利用语料库之外(corpus-external)的任何理论前提,从真实数据出发,对语言进行全新的描写(Tognini-Bonelli,E.,2001:99)。“基于语料库”的研究范式认为,语料库语言学并非一门独立的学科,而是一种研究方法,不排斥外部理论,目的在于验证已有假设和理论(Gries,S., 2010;McEnery,T. & Wilson,A.,2001;McEnery,T. & Hardie,A.,2012)。(梁茂成,2012)

(2) 研究所依据的数据不同。“语料库驱动”的研究范式主张“相信文本”,视语料库为语言研究的唯一数据源,反对使用其他形式的数据。相反,“基于语料库”的研究范式并不反对使用语料库之外其他形式的数据(如通过

各种诱发手段获取的数据)。(梁茂成,2012)

(3) 对语料的处理不同。“语料库驱动”的研究范式反对语料库标注,而从生语料库中所能获取的语言信息十分有限。“基于语料库”的研究标注不但必不可少,还要不断增加其深度和广度。(梁茂成,2012;李文中,2012)

(4) 二者根本的区别,是如何对待语料库语言学以外的理论或模型,“基于语料库”的研究主张通过语料库验证有所继承和发展,“语料库驱动”的研究渴望突破现有理论的窠臼,采用全新的视角和方法建构新语言学理论。(李文中,2012)

3.2.2　浅层标注的含义

所谓“‘基于语料库’和‘语料库驱动’两种研究范式之理念相结合”,一是吸取“语料库驱动”研究的目标理念,从真实数据出发,对语言进行全新的描写,突破现有理论的窠臼,采用全新的视角和方法建构新语言学理论,而不仅仅是验证已有的假设和理论。二是由于不对语料进行标注,从生语料库中所能获取的语言信息将十分有限,无法为教学和研究提供收集和检索语料的方法,因而要借鉴“基于语料库”的方法和理念,对语料进行标注。而为了不使研究陷入“验证已有的假设和理论”的结果,在标注的深度上又不做过多的标注,而只做很少层次的标注。

例如,句标注只做句式一个层次的标注,某些有必要标注出来的句类、句型方面的内容(如双重否定句、形容词谓语句)也将其“降级”到句式层次标注;某些下位句式又将其“升级”到上一个层次,例如是非疑问句、特指疑问句、正反疑问句、选择疑问句等作为不同句式处理,而不是先设立疑问句,再将其分为 4 种下位句式。这样处理就把句类、句型、句式等 3 个层次的标注变为了一个层面的标注,不仅对教学和研究没有任何不良影响,还贯彻了简洁性原则,避免了叠床架屋式的烦琐标注。而对口语、多模态语料的语音标注,也只标出声、韵、调、停顿、重音的偏误,不再对其内部情况做更深更细的标注。

3.2.3　实行浅层标注的原因

(1) 语料标注的根本目的决定了只能进行浅层标注。

汉语中介语语料库自 20 世纪 90 年代开始建设,在短短的 20 余年中,其发展速度之快,应用范围之广,影响范围之大,取得成果之多,都是十分令人瞩目的。仅以“HSK 语料库”为例,自 2006 年 12 月 24 日建成上线面向全球开放以来,12 年间,据其进行研究发表的各类论文,仅在 CNKI 中查询,已达 3276 篇(截至 2018 年 7 月 30 日),平均每年 273 篇,可谓成果丰硕。详见下面图 3-1。

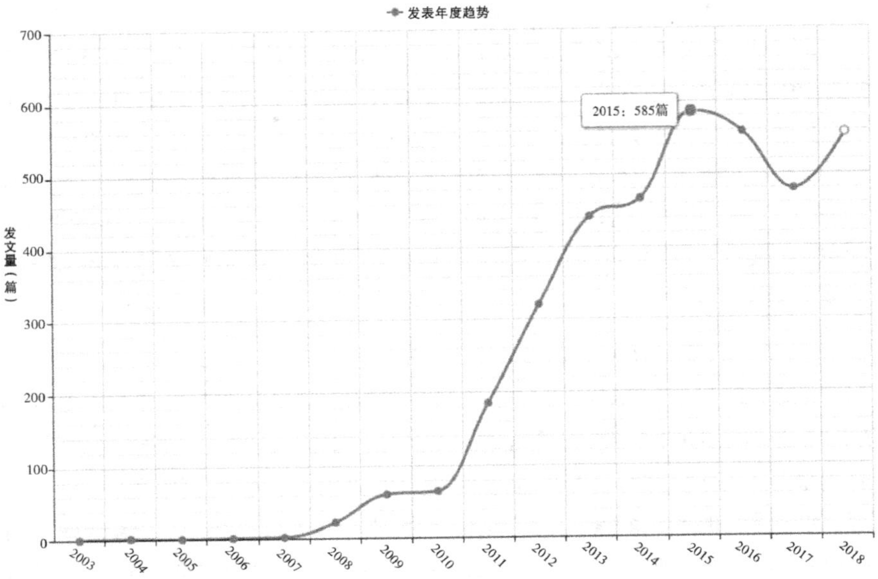

图 3-1　年度发文数量统计分析图

而据不同的汉语中介语语料库进行研究所取得的成果同样十分显著，例如《基于中介语语料库的汉语句法研究》(赵金铭等，2008)、《基于中介语语料库的汉语词汇专题研究》(张博等，2008)、《外国学生汉语句式学习难度及分级排序研究》(肖奚强等，2009)、《基于语料库的外国人汉语句式习得研究》(张宝林等，2014)。相比这些具体成果，更为重要的是，这种基于语料库的词汇句法句式的相关研究，不但使研究的结论具有了很强的客观性、稳定性和普遍性，而且促进了汉语作为第二语言的习得研究模式的转变，即从主观思辨式的定性研究向基于大规模真实样本的、定量分析与定性分析相结合的实证性研究迈进。(张宝林，2011a)正因如此，汉语中介语语料库建设得到了学界的广泛关注与普遍认同。目前，汉语中介语语料库建设主要着眼于两大方面：一是服务于对外汉语教学学科建设和理论研究；二是适应和满足教学实践的实际需要。从辅助制订各类教学大纲、开展面向汉语教学的本体研究和汉语中介语研究，到辅助教材编写和词典编纂，语料库技术的作用不容忽视。现在，它已成为汉语教学工作者开展教学、科研的基本方法和手段。(郑艳群，2013)

这些成果充分证明，语料库是语言知识的宝库，是最重要的语言资源。从某种意义上说，语料库的使用，是语言学研究的一次革命性的进步。(冯志伟，2006)但是归根结底，语料库只是储存语言材料的仓库(黄昌宁、李涓子，2002)，只是为语言研究、语言教学研究和习得研究提供了收集和检索语料的方便,并不能代替这些研究。这也就决定了研究者通过语料库能够查询到其所需要的“把”字句、“被”字句等各种句式的语料即可,至于各种句式的下位分类是不需要标注的,因为那恰恰是研究者的研究内容,既不需要也不可能由语料库代庖。

再如篇章标注,只在结构或语义不相衔接的复句或句群前后加上一个篇章错误标记,用户能够据此检索到语料库中有多少处篇章错误,哪些是结构衔接的问题,哪些是语义连贯的问题,这就够了。而更多的更深层次的具体的如篇章连接方式和内容等问题,是需要研究者去研究的。反过来看,如果要把所有深层次的问题都标注出来,前提是所有相关问题都研究清楚了。那样的话,也就不再需要研究,也就不需要建设语料库了。

(2) 偏误分析和习得研究的现状要求进行浅层标注。

自鲁健骥(1984)引进中介语理论以来,几乎所有的偏误分析都沿用了他所介绍的遗漏、增添、替代、错序等四大偏误类型的分类方法。关于偏误产生的原因,大致也没超出他(鲁健骥,1999)的概括:母语干扰、过度泛化、文化影响、学习策略、教学失误等五大原因。这似乎已经成了固定“套路”,不论研究字词习得,还是句式习得,或者语篇习得;也不论是“把”字句,还是“被”字句、“比”字句,或其他什么句式,分析到最后都会归结到这几个方面来,甚至不看研究过程,都能估计到这样的结果。这就使研究缺乏针对性和个性化,甚至走进了“死胡同”:研究变成了一种对号入座的过程。带来的问题是:既然偏误类型与产生偏误的原因如此整齐划一,千篇一律,还有什么必要进行这种研究与探讨呢?(张宝林,2011a)

另一方面,这种研究又比较笼统,非常缺乏深入具体的研究。例如,有的研究仅简单用 3 句话就表示了句式偏误的 3 个原因,而没有任何解释与说明,更谈不上证明。讨论学生母语的负迁移时所进行的汉外对比也常常过分简单。(樊海燕,2007)我们认为,即使仅从母语影响或规则泛化等角度进行研究,也应非常具体、详实地描绘出负迁移或规则泛化的“路线图”,详细说明其过程。而不是简单化地套入一个已有的假设和理论,像四大偏误类型里的某一类,或五大原因里的某一个。那样只能使这种对号入座的现象更加严重,加剧偏误分析和习得研究的“死胡同”化,而无法突破现有理论的窠臼,建构新语言学理论。(张宝林,2011b)

语料标注应有利于发现问题,推进学术研究。就通用型语料库而言,实行浅层标注,更有利于发现问题,使研究更加深入;而片面地去追求深度,则不利于、甚至有害于相关研究。

(3) 片面追求标注深度的做法缺乏可行性,也不一定符合研究者的需要。

对语言现象的深度标注应建立在分类的基础上，而学界对语言现象分类不一致的情况比比皆是，从而使深度标注失去依据。例如，“把”字句是学界公认的教学难点，由于学界对“把”字句的下位分类的认识不一致，因而难以进行下位句式的标注。崔希亮(1995)从句法结构形式上将“把”字句分为两大类型：典型形式和其他形式，前者指的是 VP 是 VR 或包含 VR；后者包括五类：VP=(AD)+一 V；VP=V(一)V；VP=VR(R 是动量补语)；VP=0 或 Idiom；VP=(AD)+V。而范晓(2001)将“把”字句分为光杆动词式、动体式、动结式、动趋式、动介式、动宾式、动得式、动量式、动副式、状动式十种类型。(薛华丽，2014)那么，要根据哪位学者的分类进行下位句式的标注呢？这是一个二难选择，无论选取哪种分类，对主张另一种分类的学者来说，在利用语料库进行研究时，都不仅不能给他们提供方便，反而会增加困扰。而实际上，问题远比这复杂，因为“把”字句还有更多的分类。

肖奚强等(2014)认为，如果试图进行汉语各个层面的全面标注，标注代码将以数百计，代码的组合也会成倍增长，那将是一个非常庞大的标注赋码集。从目前的标注手段来看，这几乎是不可能实现的。

我们认为，标注内容的全面性并不一定会导致“一个非常庞大的标注赋码集”，而提高标注的深度倒是有可能造成如此后果。以汉语的句式为例，各种常用句式合计不过二十几种，标注集并不很大。但是如果把它们的下位句型也标出来，那标注集确实很大，会给标注工作带来极大的困难。

曹贤文(2013)认为，口语语料库由于涉及中介语在准确性、流利性、复杂性和多样性等多个维度以及汉语字、词、句、篇等不同层面的“语言表现”指标非常多，如果对语料库中所有这些指标都进行标注，实际操作中并不可行。另外，一些指标的分析并不需要专门的人工标注，只要设计软件或利用已有软件就可以进行自动统计和测量。因此，首先要对“语言表现”的测度指标进行合理的筛选，把不需要专门标注的测度指标与其他测度指标分开。其对可行性的认识与我们相同，而且提供了一个解决问题的新角度，即通过检索系统的帮助也可以解决某些标注问题，值得我们进一步深入研究。

(4) 不同类型的语料库在标注深度上可以有不同的处理方式。语料库标注的深度，即在标注中包括哪些信息，取决于研究者的设计目标和研究需求。一个语料库既可以不加任何标注，也可以添加多层多次标注。(梁茂成等，2010)

例如，同样是汉字标注，通用型语料库只标明错字、别字、多字、缺字、繁体字、异体字、拼音等即可，即语料库只为研究者提供检索错字的方便，对错字的具体分析应由研究者进行，例如“HSK 语料库”。专用型的汉字偏误语料库因其本身就是对汉字偏误的专门研究，故需对错字进行更细致的标注，例如“汉字偏误标注的汉语连续性中介语语料库”就是“一个专门的错字数据库”(张瑞朋，2013)。

3.2.4　结论

从上述几个方面的讨论看，对语料进行浅层标注不仅可以简化标注繁难程度，而且可以推进利用语料库进行的教学与研究，是非常有益的。

4　标注方法

4.1　多版标注/分版标注

4.1.1　多版标注的具体做法

指对字、词、短语、句、篇、语体、语义、语用、修辞、标点符号等 10 个层面分别进行标注，一个层面一版，加上生语料版，共计 11 版。

4.1.2　多版标注的优越性

(1) 把通用型语料库建设和专用型语料库建设合二而一。每版只标注一个层面的内容，是一个专用型语料库；合起来是一个通用型语料库。

(2) 贯彻渐进性原则，每个层面(专用型语料库)可以根据时间、人力、财力，分阶段进行更加深入的标注，使专用型语料库更加完善。

(3) 化解了对某些语言现象进行标注时“从大”还是“从小”的问题。同一个语言现象，在不同版中，可以进行不同角度的标注。例如：“是”字句缺“是”，“有”字句缺“有”，在字标注版中标为缺字，在词标注版中标为缺词，在句标注版中则可以分别标为缺述语、句式偏误。

(4) 使用更加方便。如果在同一版语料中进行多层面内容的标注，对于研究词的教师或学者来说，字、句、篇等其他层面内容的标注属干扰信息，在一定程度上会影响其研究。虽然可以在显示界面上设置赋码显示开关，使用者可以选择显示或不显示某些标注内容，但实际上文本已经被赋码改变了(李文中，2012)，使用上仍难免出现种种问题与不便，不如分版标注来得彻底，可以避免其他赋码可能带来的问题与影响。

4.2　部分层面内容的自动标注

自动标注是最好的标注模式，虽然全面的自动标注还较为遥远，但完全可以利用现有条件,进行部分层面的自动标注。

目前,利用我们课题组研制的标注工具,已实现了繁体字、异体字的自动标注,非常准确,超过人工标注的准确性。利用语用所的标注系统,已经实现了分词与词类标注的自动标注,但需人工检查修正,但还是比人工标注要好得多。

正在做语体、错序词、固定搭配的自动标注研发。

将要做标注代码的 XML 语言的自动转换、基于距离算法的自动标注、基于训练语料的自动标注。

4.3 口语/多模态语料的转写和语音标注同步进行

在汉语中介语语料库建设中,口语库的建设滞后,多模态库的建设更为滞后。原因之一是语料的转写困难,口语库是语音到文字的转写和标注,多模态库还要加上体态语的转写和标注。

为了节省人力,笔语语料库的文字转写工作可以交给录入公司承担。而口语库和多模态库由于语音标注完全需要人工完成,而且要求标注者具有相当高的语音听辨能力和语音学水平(崔刚等,2000),只能由语言学专业人员来承担。又因为在转写时必须对语音进行听辨,在进行语音标注时也要对语音进行听辨,如果分为两次进行,那是十分不经济的。因此在对口语语料和多模态语料进行转写时,必须同步进行语音标注,以取得最佳成本效益。

5 结 语

对于基于语料库的语言教学与研究,语料标注具有重要意义。

在标注的一些方面,学界有不同看法,这很正常。学者们正在通过标注实践和理论探讨,对标注问题进行深入研究,并展开学术争鸣,这必将加深学界对相关问题的认识,推动语料库建设与应用研究的不断发展。

"全球语料库"课题组在研制标注规范的过程中,通过研究与实验,得到了一些新的认识,在标注的原则、内容、方法上提出了新的看法。问题导向,需求驱动,吸取"基于语料库"和"语料库驱动"两种研究范式的长处并将二者结合,这是我们的核心理念。最终目标是提高标注效率,提高语料库建设水平。

我们乐于和所有同人交流探讨,共同努力,更好地为全世界的汉语教学与研究服务。

参考文献

曹贤文 (2013) 留学生汉语中介语纵向语料库建设的若干问题,《语言文字应用》第 2 期。
曹秀玲 (2000) 韩国留学生汉语语篇指称现象考察,《世界汉语教学》第 4 期。
陈晨 (2005) 英语国家学生中高级汉语篇章衔接考察,《汉语学习》第 1 期。
陈海峰 (2016) 汉语中介语语料库的零位标注,《第三届汉语中介语语料库建设与应用国际学术讨论会论文选集》,林新年、肖奚强、张宝林主编,世界图书出版公司,北京。
崔刚、盛永梅 (2000) 语料库中语料的标注,《清华大学学报》(哲学社会科学版)第 1 期。
崔希亮 (1995) "把"字句的若干句法语义问题,《世界汉语教学》第 3 期。
丁信善 (1998) 语料库语言学的发展及研究现状,《当代语言学》(试刊)第 1 期。
樊海燕 (2007) 韩国留学生存现句习得情况调查与教学探讨,《宿州教育学院学报》第 4 期。
范晓 (2001) 动词的配价与汉语的把字句,《中国语文》第 4 期。
冯胜利 (2014) 有关语体特征用语标注的几个问题,第三届汉语中介语语料库建设与应用国际学术讨论会论文,福州。
冯志伟 (2006)《应用语言学中的语料库》导读,《应用语言学中的语料库》,Susan Hunstom 著,世界图书出版公司,北京。
黄昌宁、李涓子 (2002)《语料库语言学》,商务印书馆,北京。
教育部、国家语言文字工作委员会(2013)《通用规范汉字表》,语文出版社,北京。
李泉(2003)基于语体的对外汉语教学语法体系构建,《汉语学习》第 3 期。
李泉(2004)面向对外汉语教学的语体研究的范围和内容,《汉语学习》第 1 期。
李文中 (2012) 语料库标记与标注:以中国英语语料库为例,《外语教学与研究》第 3 期。
李杨 (1993)《中高级对外汉语教学论》,北京大学出版社,北京。
梁茂成 (2012) 语料库语言学研究的两种范式:渊源、分歧及前景,《外语教学与研究》第 3 期。
梁茂成、李文中、许家金 (2010)《语料库应用教程》,外语教学与研究出版社,北京。
林君峰 (2014) 基于 XML 的汉语中介语语料库集成标注模式,第三届汉语中介语语料库建设与应用国际学术讨论会论文,福州。
鲁健骥 (1984) 中介语理论与外国人学习汉语的语音偏误分析,《语言教学与研究》第 3 期。
鲁健骥 (1999)《对外汉语教学思考集》,北京语言文化大学出版社,北京。
吕文华 (1994)《对外汉语教学语法探索》,语文出版社,北京。
马韬 (2014) 基于汉语中介语语料库的偏误标注方案,第三届汉语中介语语料库建设与应用国际学术讨论会论文,福州。
毛泽东 (1991)《毛泽东选集》(第一卷)(第二版),人民出版社,北京。
穆雅丽、骆健飞 (2016) 商务汉语信函写作的语体产出研究,北京语言大学第十一届科研报告会论文,北京。
潘永樑 (2001) 语料库语言学的目的和方法,《解放军外国语学院学报》第 2 期。
彭小川 (2004) 关于对外汉语语篇教学的新思考,《汉语学习》第 2 期。

田然（2014）“对外汉语语篇语法”研究框架的探索，《宁夏大学学报》（人文社会科学版）第1期。
王魁京、张秀婷（2001）浅论对汉语学习者的“句群表达能力”的培养，《语言文字应用》第4期。
吴春相、许慧玲（2016）从语法和修辞的界面看相关语言结构的创新和演化——兼谈对外汉语教学语法体系的动态调整，《国际汉语教学研究》第3期。
吴双（2016）二语学习者仿写对偶修辞格对其汉语作文影响分析，《北京语言大学第十届科研报告会论文选》，北京语言大学科研处编，北京语言大学出版社，北京。
肖奚强、周文华（2014）汉语中介语语料库标注的全面性及类别问题，《世界汉语教学》第3期。
熊文新（2013）Web、语料库与双语平行语料库的建设，《图书情报工作》第10期。
薛华丽（2014）《汉语中介语语料库特殊句式标注规范研究》，北京语言大学硕士学位论文。
荀恩东、付永刚（2014）通用语料库协同标注与检索平台，第三届汉语中介语语料库建设与应用国际学术讨论会论文，福州。
焉德才（2016）汉语中介语语料库偏误标注的层次及类型，《第三届汉语中介语语料库建设与应用国际学术讨论会论文选集》，林新年、肖奚强、张宝林主编，世界图书出版公司，北京。
杨春（2004）英语国家学生初级汉语语篇照应偏误考察，《汉语学习》第3期。
杨石泉（1984）话语分析与对外汉语教学，《语言教学与研究》第3期。
于康（2016）“TNR汉语学习者偏误语料库”的开发与实践，《第三届汉语中介语语料库建设与应用国际学术讨论会论文选集》，林新年、肖奚强、张宝林主编，世界图书出版公司，北京。
张宝林（2011a）外国人汉语句式习得研究的方法论思考，《华文教学与研究》第2期。
张宝林（2011b）汉语句式习得研究的现状与对策，《现状与对策——汉语作为第二语言的教学研究》，张宝林著，北京语言大学出版社，北京。
张宝林（2013a）通用型汉语中介语语料库的标注模式，《第七届全国语言文字应用学术研讨会论文集》，中国应用语言学会编，湘潭大学出版社，湘潭。
张宝林（2013b）关于通用型汉语中介语语料库标注模式的再认识，《世界汉语教学》第1期。
张宝林等（2014）《基于语料库的外国人汉语句式习得研究》，中国书籍出版社，北京。
张莉萍（2016）TOCFL学习者语料库的偏误标记，《第三届汉语中介语语料库建设与应用国际学术讨论会论文选集》，林新年、肖奚强、张宝林主编，世界图书出版公司，北京。
张瑞朋（2013）三个汉语中介语语料库若干问题的比较研究，《语言文字应用》第3期。
张旺熹（1999）《汉语特殊句法的语义研究》，北京语言文化大学出版社，北京。
张迎宝（2011）对外汉语篇章教学的研究现状与存在的问题，《汉语学习》第5期。
郑艳群（2013）语料库技术在汉语教学中的应用透视，《语言文字应用》第1期。

周小兵、洪炜(2010) 中高级留学生汉语中介语辞格使用情况考察,《世界汉语教学》第4期。

Gries, S. (2010) Corpus linguistics and theoretical linguistics: A love—hate relationship? Not necessarily... *International Journal of Corpus Linguistics* 15.

Janssen, S. (1990) Automatic sense—disambiguation with LDOCE: Enriching syntactically analyzed corpora with semantic data, in Aarts, J. & Meijs, W. (eds.) *Theory and Practice in Corpus Linguistics*, Amsterdam: Rodopi.

Leech, G. (1997a) Introducing corpus annotation. In Garside, R., Leech, G. & McEnery, T. (eds.) *Corpus Annotation: Linguistics Information from Computer Text Corpora*. London: Longman.

Leech, G. (1997b) Grammatical tagging. In Garside, R., Leech, G. & McEnery, T. (eds.) *Corpus Annotation: Linguistics Information from Computer Text Corpora*. London: Longman.

Leech, G. (2005) Adding linguistic annotation. In Wynne, M. (ed.) *Developing Linguistic Corpora: A Guide to Good Practice*. Oxford: Oxbow Books.

Leech, G. & Eyes, E. (1997) Syntactic annotation: Treebanks. In Garside, R., Leech, G. & McEnery, T. (eds.) *Corpus Annotation: Linguistics Information from Computer Text Corpora*. London: Longman.

McEnery, T. & Hardie, A. (2012) *Corpus Linguistics: Method, Theory and Practice*. Cambridge: Cambridge University Press.

McEnery, T. & Wilson, A. (1996) *Corpus Linguistics*, Edinburgh: Edinburgh University Press.

Stenstrom, A. B. (1984) Discourse tags. In Aarts, J. & Meijs, W. (eds.) *Theory and Practice in Corpus Linguistics*. Amsterdam: Rodopi.

Tognini-Bonelli, E. (2001) Corpus Linguistics at Work. Amsterdam: John Benjamins Publishing Company.

Wilson, A. & Thomas, J. (1997) Semantic annotation. In Garside, R., Leech, G. & McEnery, T. (eds.) *Corpus Annotation: Linguistics Information from Computer Text Corpora*. London: Longman.

第四章　基于 XML 的汉语中介语语料标注研究[①]
——以离合词为例

1 引　言

近年来，汉语在国际交流中的地位日趋重要，汉语中介语语料库也快速发展起来。现有汉语中介语语料库虽然数量已经比较可观，但是由于标注标准尚无定论，各家语料库标注内容差异很大，具体的标注方法、标注代码亦不统一。这造成了各家语料库的语料不能交流、汇总，投入了大量人力物力建设的语料库实际上却是一个个“信息孤岛”，无法形成更大的规模。

在各类语料标注方案中，基于 XML 的相关研究近年来不断得到重视。XML(eXtensible Markup Language，可扩展标记语言)，是一种用于标记电子文件使其具有结构性的标记语言，在各领域都得到广泛应用，是计算机及互联网数据描述、数据交互的事实标准。

在语料库应用领域，英语方面有英国国家语料库(British National Corpus)使用 XML 标注语料，汉语方面也有方言库使用 XML 进行标注。(岩田礼，2009)

在母语语料库领域，有研究者进行了 XML 标注方案的设计，例如吴琴霞、刘永革(2009)设计了甲骨文语料库的 XML 标注方案，胡佳佳(2011)设计了《说文解字》语料库的 XML 标注方案，马创新、陈小荷(2013)设计了《论语》与其注疏文献对齐的 XML 标注。

在汉语中介语语料库领域，亦有少量研究，李斌(2007)介绍了 XML 并论述其用于偏误标注的可行性，张宝林(2013)论述了 XML 的优点及其应用于“基础标注＋偏误标注”的可行性与优越性。

总的来说，利用 XML 标注汉语中介语语料是可行的。但要设计出适合汉语中介语语料库特点的标注方案，还需要更多细致的研究和一定量的标注实验。

---

① 本章副标题原为“以离合词结构为例”。作者：谢梦宁，厦门大学 2016 级汉语国际教育专业硕士研究生；林君峰，福建师范大学海外教育学院讲师、北京语言大学 2014 级语言学及应用语言学专业博士研究生。

离合词是当前各种中介语语料标注方案都未能完善标注的一类标注内容，有一定的难度和研究价值，本章拟以此为例，尝试设计XML标注方案，对语料进行标注。

2　XML标注离合词的可行性分析

2.1　现有语料标注方法的不足

从目前开放的语料库来看，如北京语言大学"HSK语料库"、中山大学"留学生中介语语料库"等，它们的共同点是本质上都是线性标注，即在标注对象的后面添加括号（包括方括号、大括号），在括号中插入代码表示偏误类型。此法有较多不足，例如不支持一错多标与多种标注角度并存、不支持二次标注、无法标出语言层次等。见下例：

（1）吸烟是对本人健康不好{CJxw}，而且戒烟是太难了，所以很多人到老一直吸烟。（选自"HSK语料库"）

例（1）除了可以看作形容词谓语句偏误，还可以视为"是……的"的偏误句，或者宾语缺失偏误。如果标出全部的偏误类型，对于更全面地认识汉语学习者对形容词谓语句、"是……的"句、补足宾语的习得情况是有积极意义的，但由于"HSK语料库"的线性标注特点不支持一错多标，因此目前无法做到标出所有的偏误。

2012年，"全球汉语学习者语料库"项目开启。"全球语料库"在"HSK语料库"标注系统的基础上完善了标注方法，主要改进是明确标出标注对象，具体做法是用实心括号标出标注对象，在后面加上括号（包括方括号、大括号），括号中插入代码，标注偏误类型或正确语言现象，坚持"只标不改"的原则，完全按照原始语料的实际情况录入。如：

（2）我们只有一个地【球】[Zc]。（Zc表示错字）

（3）他是韩国人，还有跟我一样的【岁】[Cb]。（Cb表示词语误用）

但是，"全球语料库"标注规范仍然存在一些问题。比起"HSK语料库"，"全球语料库"的"基础标注＋偏误标注"方法使标注内容有所增加，例如它新增了各种句式的基础标注，增加了除离合词以外其他词汇的基础标注，唯独缺少离合词的基础标注。见下例：

（4）现在我也有机会【见面】[Cl]他们。

（5）我去公园照张相。

"全球语料库"的离合词标注跟"HSK语料库"的标注相差无几，例(4)直接把离合词偏误标为"Cl"，跟"HSK语料库"把离合词标为"CLH"没有差别；例(5)是离合词"照相"的正确使用情况，"全球语料库"也没有做到基础标注。没有相应的标注，这是因为线性标注法无法标注，如果不改变标注方法，做离合词的标注只能是空中楼阁。

在句法结构方面，"全球语料库"规范曾经计划标注句法结构，后来决定暂缓标注。例如：

(6)【生活/n】{Jzhuy}【比较/d】{Jzy}【苦/a】{Jwy}＃，/w 但/c【没有/v】{Jsy}【这些/r】{Jdy1}【精神/n 上/nd】{Jdy2}{CZfw}的/u【压力/n】{Jby}＃，/w 所以/c【我/r】{Jzhuy}【想/v】{Jsy}【这/r 是/vl 应该/vu 解决/v 的/u 问题/n】{Jby}{CZzw}{CZd}＃。/w

可以看出，为了标句法成分，例(6)被括号和代码彻底分解，不管是人工阅读还是机读都很不便。况且，中介语常常出现字词偏误，亦或是整个句子出现偏误，对于标注来说更是难上加难。无法标注句法成分和短语结构，究其根源就在于"全球语料库"标注方法本质上也是线性标注，无法标注复杂的结构层次。

现有语料库还有很多内容无法标注，如无法标注构式、离合词的正确用法等，除了建设标准不统一以外，还受到标注方法的限制，无法进行细致标注。因此，要进一步完善中介语语料标注，使标注界限更清晰、标注内容更全面、标注方式更灵活，需要突破传统标注方法，设计更适合汉语中介语实际情况的标注方案。

2.2 XML标注的可行性分析

XML被设计用于传输和存储数据，是一个实用的数据技术标准。下面以一个简单的文档介绍XML标注的可行性。

(7) 〈note time="2016－05－03"〉
〈to〉George〈/to〉
〈from〉John〈/from〉
〈heading〉Reminder〈/heading〉
〈body〉Don't forget the meeting! 〈/body〉
〈/note〉

本文档记录的是John给George的留言，留言内容为"Don't forget the meeting!"，以XML的形式存储。

由上例可以说明XML的一些特点和优点，具体论述如下：

(1) 通用性强

XML 本质上是一种文本文件，所有编程平台都具备编辑 XML 的功能，例如 VS. net、Eclipse 等；任何文本编辑器都可以查看、编辑 XML 文件，除了最常用的记事本以外，UltraEdit、EditPlus、XMLSpy 等都可以满足用户的需要。

XML 也是万维网联盟定义的一种元数据，是 web 语言和 web 数据交换的标准，国际通用。

（2）规范性强

XML 有严格的技术规范，格式统一。用户在使用 XML 时，必须严格遵守规范，比如一个文档只能有一个根元素（〈note〉）、开始标签与结束标签必须成对出现（〈to〉〈/to〉）、属性必须写在开始标签之内（〈note time＝"2016－05－03"〉）、属性的值必须写在英文输入状态下的双引号内（note time＝"2016－05－03"）等。同样地，由于规范性强，读取不同类别或同一类别的不同 XML 文档也有章可循。

（3）数据结构清晰

XML 数据结构清楚，层次分明。例(7)通过 note 元素描述了一段留言信息，包含收件人（to）、发件人（from）、留言标题（reminder）、留言内容（Don't forget the meeting!）等子元素；note 元素还带有一个 time 属性，各层次、各部分界限清楚，不易混杂。这样的设计适于描述具有复杂层次关系的数据。

（4）扩展灵活

如果需要扩展描述信息，比如增加抄送人、是否需要回复、回复与否等，可以给 note 元素添加属性，也可以增加子元素。扩展方法是灵活的，而且不会影响原有信息。例如：

(8)〈note time＝"2016－05－03" CC＝"Jason" NeedReceipt＝"yes" AlreadyReply＝"no"〉

〈to〉George〈/to〉

〈from〉John〈/from〉

〈heading〉Reminder〈/heading〉

〈body〉Don't forget the meeting! 〈/body〉

〈/note〉

(9)〈note〉

〈to〉George〈/to〉

〈from〉John〈/from〉

〈CC〉Jason〈/CC〉

〈NeedReceipt〉yes〈/NeedReceipt〉

〈AlreadyReply〉no〈/AlreadyReply〉

〈heading〉Reminder〈/heading〉

〈body〉Don't forget the meeting! 〈/body〉

〈time〉2016－05－03〈/time〉

〈/note〉

2.3 XML 应用于离合词标注

离合词在现代汉语中是一种特殊的存在，它的特点在于可以单独使用，可以在中间插入离析成分，也可在后面加上附加成分。例如“洗澡、跑步、认真”，除了单说、重叠以外，还可以变为“洗个澡、跑一小时步、认起真来”。同时，离合词可以正装，也可以倒装，例如“睡觉、跳舞、抬头”，在汉语中可以说成“觉也不睡、舞跳得不错、头也不抬”，这点相较于其他词汇具有明显的区别，可以说是一种特殊的词汇。

在“HSK 语料库”与“全球语料库”中，只对离合词的偏误用法进行了标注。“全球语料库”虽然增标了偏误离合词的字符串形式，但是无法标出离合词的原始形态、具体结构及偏误类型，这是受到标注方法的限制。

XML 是层次清晰、扩展灵活的语言，可以标注离合词的用法，下面用三个例子简要说明。

(10) 生气

〈sentence〉

〈content〉他生我的气的时候，我就跑到妈妈家里。〈/content〉

〈phrase Category＝"离合词结构" StartIndex＝"2" lenth＝"4" hw＝"生气"〉

〈content〉生我的气〈/content〉

〈structure Category＝"离合词结构分析"〉

〈string 离合词结构成分＝"A"〉生〈/string〉

〈string 离合词结构成分＝"插入成分"〉我的〈/string〉

〈string 离合词结构成分＝"B"〉气〈/string〉

〈/structure〉

〈/phrase〉

〈/sentence〉

例(10)是一个简单的 XML 文件示例，文件的根元素是〈sentence〉，代表包含离合词的例句，下属有〈content〉元素和〈phrase〉元素，〈phrase〉元素包括词组类别、离合词起始位置、离合词组长度、离合词原始形态(hw 属性保存的是离合词的原始形态,例如“生我的气”的原始形态为“生气”,那么就要写成 hw＝"生气"。)等四个属性,下面列有〈content〉元素及〈structure〉元素,〈content〉元素的内容是含有该离合词的字符串,〈structure〉元素则用下列〈string〉元素对具体的离合词结构进行剖析。

(11) 生气

〈sentence〉
〈content〉他生我的气的时候,我就跑到妈妈家里。〈/content〉
〈phrase Category＝"离合词结构" StartIndex＝"2" lenth＝"4" hw＝"生气" type＝"correct"〉
〈content〉生我的气〈/content〉
〈structure Category＝"离合词结构分析"〉
〈string 离合词结构成分＝"A"〉生〈/string〉
〈string 离合词结构成分＝"插入成分"〉我的〈/string〉
〈string 离合词结构成分＝"B"〉气〈/string〉
〈/structure〉
〈/phrase〉
〈/sentence〉

(12) 生气我(偏误)

〈sentence〉
〈content〉他生气我的时候,我就跑到妈妈家里。〈/content〉
〈phrase Category＝"离合词结构" StartIndex＝"2" lenth＝"3" hw＝"生气" type＝"error"〉
〈content〉生气我〈/content〉
〈error type＝"Lcwf"〉
〈structure Category＝"离合词结构分析"〉
〈string 离合词结构成分＝"A"〉生〈/string〉
〈string 离合词结构成分＝"B"〉气〈/string〉
〈string 离合词结构成分＝"附加成分"〉我〈/string〉
〈/structure〉
〈CorrectStructure type＝"正确结构"〉
〈string 离合词结构成分＝"A"〉生〈/string〉
〈string 离合词结构成分＝"插入成分"〉我的〈/string〉
〈string 离合词结构成分＝"B"〉气〈/string〉

〈/CorrectStructure〉
〈/error〉
〈/phrase〉
〈/sentence〉

例(11)是一个离合词正确使用的例子。例(12)在例(11)的基础上增加了离合词使用错误的属性 type="error"和离合词结构分析,把离合词按照字符串形式做了划分,增加了偏误类型,在离合词结构分析后附上了正确的改法。

可以看出,XML 可将离合词按形式切分为多层结构,可以标离析形态,也可以标合并形态;可以标正确的离合词,也可以标错误的离合词,还能标出偏误类型和正确的改法。标注离合词结构,这正是现有语料库的离合词标注所缺失的,也是我们应当研究的地方。因此,用 XML 标注离合词是可行的,也是必要的。

3 XML 标注方案设计

3.1 离合词分类

3.1.1 正确使用情况分类

笔者参考王鑫(2007)所划定的离合词范围(参照《现代汉语词典》2005年第5版和1997年修订版),共划定3690个离合词词条。在3690个离合词词条中抽样1619条离合词,除去不包含例句的词条,将带有离合词的例句记录下来,所得例句都是正装离合词的正确使用情况,按照离合词的形式分为三类:无插入或附加成分、中间插入离析成分、既有插入成分也有附加成分。

倒装离合词正确使用的情况取自叶蔚蓝(2006)、王桂秋(2008)和“HSK语料库”,根据形式分为三类:中间插入离析成分、既有插入成分又有附加成分、前后有附加成分。到此,离合词正确使用情况共得到四个分类:

(1) 无插入或附加成分

(13) 初学裁缝,先做点儿小孩儿衣服练练手。(练手)

(2) 中间插入离析成分

(14) 这件事你来牵个头吧。(牵头)

(3) 既有插入成分,也有附加成分

(15) 他犯起浑来,谁的话都不听。(犯浑)

(4) 前后有附加成分

(16) 仗打得不紧,怎么能够有这么多难民呢!(打仗)

3.1.2　错误使用情况分类

现有语料库对离合词的偏误标注只停留在一个粗糙的概括层面,北京语言大学“HSK 语料库”用“{CLH}”、中山大学“留学生中介语语料库”用“LH”表示离合词偏误,没有深入研究偏误的细致分类。因此,我们有必要对离合词偏误按照形式做出分类,通过 XML 进行详细的离合词偏误标注。

笔者将 3690 个离合词词条与《汉语水平词汇与汉字等级大纲》(2001)对应,筛选出 100 个常用词,再筛选汉语中介语语料库和部分离合词偏误论文收集的离合词正确使用和错误使用的例句各 100 条,共计 200 条,加上自创的 3 例离合词层层嵌套的例子,基本涵盖了离合词的所有形式。

离合词错误使用例句共 100 条,例句分别来自“HSK 语料库”和高思欣(2002)、林美淑(2005)、吴氏流海(2007)、王桂秋(2008)、周荔(2009)、兰海洋(2011)、崔智娟(2014)、赵翊华(2015)、李瑞芬(2015)。

通过整理每个离合词偏误例句,归纳出八种偏误分类。

(1) 插入成分误用为附加成分

(17) 我去医院看病过了。(看过病)

(2) 缺少插入成分

(18) 我一办事就回家。(办完事)

(3) 插入成分有误

(19) 我今天已经打了两个针了。(打了两针)

(4) 插入成分、附加成分使用有误

(20) 老师向我伸手出来。(伸出手来)

(5) 重叠形式有误

(21) 我喜欢在北京的公园里散步散步。(散散步)

(6) 不是离合词而用成离合词

(22) 可是,不久我上了学也交了很多中国朋友他们帮助我很多忙。(帮了我很多忙)

(7) 不能直接带宾语的离合词而带了宾语

(23) 因为我碰了他,赶紧道歉他说:“对不起”。(跟他道歉)

(8) 离合词错序

(24) 发理后,你看上去更帅了。(理发后)

3.1.3 有正有误使用情况分类

有正有误即指一个例句中,出现两组及两组以上离合词,有的是正确用法,有的是错误用法。笔者通过“HSK 语料库”、福建师范大学“汉语中介语语料库”和林美淑(2005)、王桂秋(2008)、崔智娟(2014)、赵翊华(2015)收集到的有正有误用法共 6 例。例如:

(25) 他放学了(放了学)就出去了。

3.2 设计遵循的原则

3.2.1 严格遵守 XML 技术规范

XML 文档的构成如下:在文档的第一行是 XML 声明,之后是根元素,文本嵌在元素中,文本的首端和末端分别附有开始标签和结束标签。元素中可以嵌套子元素,组成元素层级(参见例(7)—(9))。元素可以添加属性,属性是在使用元素时存储额外信息的一种方式,作用是对这个元素进行细致的描述和定位。在同一个文档中,根据不同的需要可以对每个元素用不同的属性进行定义,如果用户需要添加多个属性,各个属性之间则要使用空格分开。要注意的是,属性必须放在开始标签内,如果放在结束标签内则无效。

在汉语中介语语料库领域,已有的研究多局限于某个方面,未形成完整的标注方案,且由于研究者学科背景的原因,相关设计多有技术规范的错误。李斌(2007)曾设计过错别字偏误、标点符号偏误和句法偏误的 XML 标注方案,张宝林(2013)设计了 XML 标注语序偏误的方案。例如:

(26) 请/v 你/r〈syn〉把/p 这/r 封/q 信/n 寄/v〈/syn="把字句"〉。/w (李斌,2007)

(27) 大部分人〈order〉都〈order→7〉第一次开始吸烟的时候不容易。(张宝林,2013)

以上两例都把属性放在结束标签内(正确的做法是把属性放在开始标签内),不符合 XML 技术规范,导致无法机读。因此,利用 XML 设计元素时,必须遵守 XML 规范,文档才能生效。

3.2.2 完整的标注

本设计方案是以离合词标注为主要例子的完整标注方案。在整体结构上,遵循 XML 的“树形”结构模式,总的层次结构为:篇→段→句子→比句子小的单位。以上文的例(26)(27)为例,李斌(2007)和张宝林(2013)的设计只标注了例句中的部分内容(“把”字句、语序偏误),没有创建相应的句子元素(〈sentence〉)将整个句子都包括在内,语料内容未形成完整的元素层级,不是完整的 XML 格式。

3.3　设计架构

设计架构如图 4-1 所示。

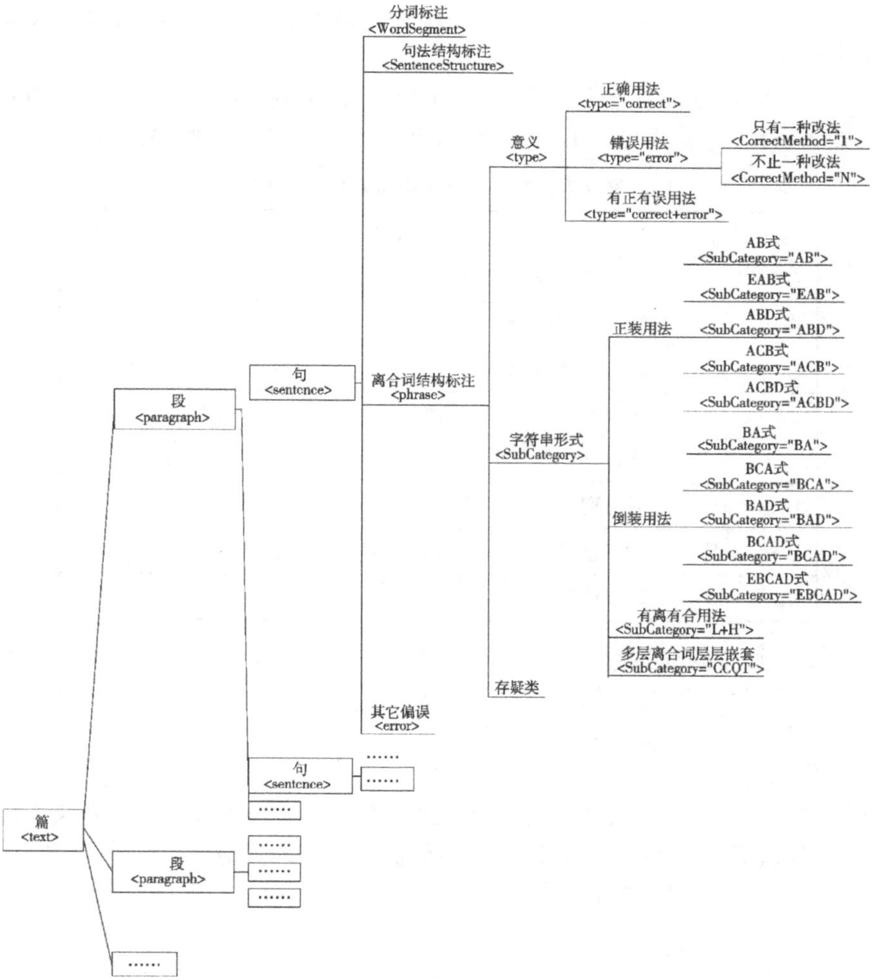

图 4-1　XML 设计层次图

3.4　标注设计

3.4.1　离合词结构标注

离合词的结构设计主要从形式(字符串形式)和意义两个层面进行。形式和意义是两个层次,设计标注方案时,先把意义分类合并在一起,从中归纳出几种形式分类用于设计 XML 元素,而意义分类则作为元素的属性。形式分类包括正装形式、倒装形式、有离有合形式、离合词层层嵌套形式。意义分类包括离合词的正确用法、错误用法、有正有误用法。

离合词结构标注分为两层,第一层标出整个离合词的成分,第二层标出内部的组成成分。

上文对偏误类型已做出论述,笔者根据分类对错误用法的标记代码做了如下设计,每类代码以 L 开头,代表此类偏误是离合词偏误,如表 4-1。

表 4-1　离合词偏误类型及标注代码

标注代码	偏误名称
Lcwf	插入成分误用为附加成分
Lcq	缺少插入成分
Lcw	插入成分有误
Lc+f	插入成分、附加成分使用有误
Lcd	重叠有误
Lclh	不是离合词用成离合词
Lc-b	不能直接带宾语的离合词却直接带了宾语
Lcx	离合词错序

下面详细阐述按照字符串形式分类所做的 XML 标注设计,意义以属性的形式嵌入 XML 文档中。

(1) 纯形式分类(字符串形式)

1) 正装

正装包括 AB 式、EAB 式、ABD 式、ACB 式、ACBD 式(C 代表插入成分,D 代表后面加上附加成分,E 代表前面加上附加成分)。

① 无插入或附加成分(AB 式)

(28) 透透气

〈phrase Category="离合词结构" hw="透气" SubCategory="AB" type="correct"〉

〈content〉透透气〈/content〉

〈structure Category="离合词结构分析"〉

〈string 离合词结构成分＝"A"〉透透〈/string〉

〈string 离合词结构成分＝"B"〉气〈/string〉

〈/structure〉

〈/phrase〉

② 前面有附加成分(EAB 式)

(29) 一次也没洗澡

〈phrase Category＝"离合词结构" hw＝"洗澡" SubCategory＝"EAB" type＝"error"〉

〈content〉一次也没洗澡〈/content〉

〈error type＝"Lc＋f"〉

〈structure Category＝"离合词结构分析"〉

〈string 离合词结构成分＝"附加成分"〉一次也没〈/string〉

〈string 离合词结构成分＝"A"〉洗〈/string〉

〈string 离合词结构成分＝"B"〉澡〈/string〉

〈/structure〉

〈CorrectStructure type＝"正确结构"〉

〈string 离合词结构成分＝"附加成分"〉一次〈/string〉

〈string 离合词结构成分＝"B"〉澡〈/string〉

〈string 离合词结构成分＝"插入成分"〉也没〈/string〉

〈string 离合词结构成分＝"A"〉洗〈/string〉

〈/CorrectStructure〉

〈/error〉

〈/phrase〉

③ 后面有附加成分(ABD 式)

(30) 请假不了

〈phrase Category＝"离合词结构" hw＝"请假" SubCategory＝"ABD" type＝"error"〉

〈content〉请假不了〈/content〉

〈error type＝"Lcwf"〉

〈structure Category＝"离合词结构分析"〉

〈string 离合词结构成分＝"A"〉请〈/string〉

〈string 离合词结构成分＝"B"〉假〈/string〉

〈string 离合词结构成分＝"附加成分"〉不了〈/string〉

〈/structure〉
〈CorrectStructure type="正确结构"〉
〈string 离合词结构成分="A"〉请〈/string〉
〈string 离合词结构成分="插入成分"〉不了〈/string〉
〈string 离合词结构成分="B"〉假〈/string〉
〈/CorrectStructure〉
〈/error〉
〈/phrase〉

④ 中间插入离析成分(ACB 式)

(31) 上过课

〈phrase Category="离合词结构" hw="上课" SubCategory="ACB" type="correct"〉
〈content〉上过课〈/content〉
〈structure Category="离合词结构分析"〉
〈string 离合词结构成分="A"〉上〈/string〉
〈string 离合词结构成分="插入成分"〉过〈/string〉
〈string 离合词结构成分="B"〉课〈/string〉
〈/structure〉
〈/phrase〉

⑤ 既有插入成分,也有附加成分(ACBD 式)

(32) 犯起浑来

〈phrase Category="离合词结构" hw="犯浑" SubCategory="ACBD" type="correct"〉
〈content〉犯起浑来〈/content〉
〈structure Category="离合词结构分析"〉
〈string 离合词结构成分="A"〉犯〈/string〉
〈string 离合词结构成分="插入成分"〉起〈/string〉
〈string 离合词结构成分="B"〉浑〈/string〉
〈string 离合词结构成分="附加成分"〉来〈/string〉
〈/structure〉
〈/phrase〉

2) 倒装

倒装包括 BA 式、BCA 式、BAD 式、BCAD 式、EBCAD 式。

① 无插入或附加成分(BA 式)

(33) 职辞

〈phrase Category="离合词结构" hw="辞职" SubCategory="BA" type="error"〉

〈error type="Lcx"〉

〈content〉职辞〈/content〉

〈structure Category="离合词结构分析"〉

〈string 离合词结构成分="B"〉职〈/string〉

〈string 离合词结构成分="A"〉辞〈/string〉

〈/structure〉

〈error〉

〈/phrase〉

② 中间插入离析成分(BCA 式)

(34) 学都没开

〈phrase Category="离合词结构" hw="开学" SubCategory="BCA" type="correct"〉

〈content〉学都没开〈/content〉

〈structure Category="离合词结构分析"〉

〈string 离合词结构成分="B"〉学〈/string〉

〈string 离合词结构成分="插入成分"〉都没〈/string〉

〈string 离合词结构成分="A"〉开〈/string〉

〈/structure〉

〈/phrase〉

③ 前后有附加成分(BAD 式)

(35) 仗打得不紧

〈phrase Category="离合词结构" hw="打仗" SubCategory="BAD" type="correct"〉

〈content〉仗打得不紧〈/content〉

〈structure Category="离合词结构分析"〉

〈string 离合词结构成分="B"〉仗〈/string〉

〈string 离合词结构成分="A"〉打〈/string〉

〈string 离合词结构成分="附加成分"〉得不紧〈/string〉

〈/structure〉

〈/phrase〉

④ 既有插入成分，也有附加成分(BCAD 式)

(36) 国已亡了一大半

〈phrase Category="离合词结构" hw="亡国" SubCategory="BCAD" type="correct"〉

〈content〉国已亡了一大半〈/content〉

〈structure Category="离合词结构分析"〉

〈string 离合词结构成分="B"〉国〈/string〉

〈string 离合词结构成分="插入成分"〉已〈/string〉

〈string 离合词结构成分="A"〉亡〈/string〉

〈string 离合词结构成分="附加成分"〉了一大半〈/string〉

〈/structure〉

〈/phrase〉

⑤ 既有插入成分，也有附加成分(EBCAD 式)

(37) 什么亏没吃过

〈phrase Category="离合词结构" hw="吃亏" SubCategory="EBCAD" type="correct"〉

〈content〉什么亏没吃过〈/content〉

〈structure Category="离合词结构分析"〉

〈string 离合词结构成分="附加成分"〉什么〈/string〉

〈string 离合词结构成分="B"〉亏〈/string〉

〈string 离合词结构成分="插入成分"〉没〈/string〉

〈string 离合词结构成分="A"〉吃〈/string〉

〈string 离合词结构成分="附加成分"〉过〈/string〉

〈/structure〉

〈/phrase〉

3) 有离有合形式

有离有合是指一个例句中，出现两组及两组以上离合词，多组离合词中有离析状态的，也有合并状态的，且离合词的用法不都是正确的。例如：

(38) 第一次去是为為了读书；一九九二年在北京语言学院留过学。

〈sentence〉

〈content description="生语料" SubCategory="L+H"〉第一次去是为為了读书;一九九二年在北京语言学院留过学。〈/content〉

〈phrase id="1" category="离合词结构" StartIndex="9" lenth="2" hw="读书" SubCategory="AB" type="correct"〉

〈content〉读书〈/content〉

〈structure Category="离合词结构分析"〉

〈string 离合词结构成分="A"〉读〈/string〉

〈string 离合词结构成分="B"〉书〈/string〉

〈/structure〉

〈/phrase〉

〈phrase id="2" category="离合词结构" StartIndex="23" lenth="3" hw="留学" SubCategory="ACB" type="correct"〉

〈content〉留过学〈/content〉

〈structure Category="离合词结构分析"〉

〈string 离合词结构成分="A"〉留〈/string〉

〈string 离合词结构成分="插入成分"〉过〈/string〉

〈string 离合词结构成分="B"〉学〈/string〉

〈/structure〉

〈/phrase〉

〈/sentence〉

本句中两组离合词一组合并一组离析,且都正确使用。除了全部离合词正确使用外,真实语料中还存在部分正确、部分错误、全部错误的情况,XML 都可以进行标注,以下不再赘述。

4) 层层嵌套

由于找不到离合词层层嵌套的例子,笔者自创 3 例,以期全面覆盖离合词的使用情况。例如:

(39) 我撒了一个没有结过婚的谎。

〈sentence〉

〈content description="生语料"〉我撒了一个没有结过婚的谎。〈/content〉

〈phrase catogory="离合词结构" StartIndex="2" lenth="11" hw="撒谎" level="1" SubCategory="CCQT" type="correct"〉

〈content〉撒了一个没有结过婚的谎〈/content〉

〈structure Category="离合词结构分析"〉

〈string 离合词结构成分＝"A"〉撒〈/string〉

〈string 离合词结构成分＝"插入成分"〉了一个没有结过婚的〈/string〉

〈string 离合词结构成分＝"B"〉谎〈/string〉

〈/structure〉

〈/phrase〉

〈phrase category＝"离合词结构" StartIndex＝"8" lenth＝"3" hw＝"结婚" level＝"2" type＝"correct"〉

〈content〉结过婚〈/content〉

〈structure Category＝"离合词结构分析"〉

〈string 离合词结构成分＝"A"〉结〈/string〉

〈string 离合词结构成分＝"插入成分"〉过〈/string〉

〈string 离合词结构成分＝"B"〉婚〈/string〉

〈/structure〉

〈/phrase〉

〈/sentence〉

同理，XML 可以标注多层嵌套的离合词，层数不限，“离”“合”不限，正误不限。

(2) 存疑类

在利用 XML 进行离合词标注的过程中，出现了若干无法确定如何标注的情况，笔者将之归为存疑类。例如：

(40) 他的回答让我大吃一惊。

(41) 开始时，我们玩“打架”的游戏，造成[B 生]我变成了“牛仔”，也造成我爱在外面打群架。

例(40)中“大吃一惊”既是离合词“吃惊”的离析形式，又是成语；例(41)中“打群架”既是离合词“打架”的离析形式，又是惯用语。

存疑类的标法还有待商榷。

3.4.2 分词标注

笔者使用 NLPIR 汉语分词系统(以下简称 NLPIR)对语料进行分词，参考北京大学《计算所汉语词性标记集》(3.0 版)确定词性。例如：

(42) 每个星期一次跟一起准备的同学见面。

〈sentence〉

〈content description＝"生语料"〉每个星期一次跟一起准备的同

学见面。〈/content〉

〈WordSegment tagset="北大计算所 3.0" description="分词信息"〉

〈w tag="r"〉每〈/w〉
〈w tag="q"〉个〈/w〉
〈w tag="n"〉星期〈/w〉
〈w tag="m"〉一〈/w〉
〈w tag="q"〉次〈/w〉
〈w tag="p"〉跟〈/w〉
〈w tag="d"〉一起〈/w〉
〈w tag="v"〉准备〈/w〉
〈w tag="u"〉的〈/w〉
〈w tag="n"〉同学〈/w〉
〈w tag="v"〉见面〈/w〉
〈w tag="pun"〉。〈/w〉
〈/WordSegment〉
〈/sentence〉

3.4.3　句法结构标注

XML 具有包容复杂的数据结构层次的优点，因此可以标注现有语料库无法标注的句法结构。例如：

(43) 三年前我离了婚。

〈sentence〉
〈SentenceStructure type="Stype" description="句法结构"〉
〈structure type="状语" level="1"〉
〈s tag="t"〉三年前〈/s〉
〈/structure〉
〈structure type="中心语" level="1"〉
〈structure type="主语" level="2"〉
〈s tag="r"〉我〈/s〉
〈/structure〉
〈structure type="谓语" level="2"〉
〈s tag="v"〉离了婚〈/s〉
〈/structure〉

〈/structure〉

〈/SentenceStructure〉

〈/sentence〉

本例句法结构分为两层。第一层是状中结构，状语是“三年前”，中心语是“我离了婚”。第二层是在中心语下再分主谓结构，主语是“我”，谓语是“离了婚”。

3.4.4　其他偏误

除了离合词偏误外，笔者所收集到的中介语语料还存在大量其他的偏误，包括字偏误、离合词之外的词偏误和句法偏误。例如：

(44) 回韩国后我最想作的第一件事儿是养狗，八月份以后我每天早上跟它可以跑跑步。

〈sentence〉

〈content description="生语料"〉回韩国后我最想作的第一个事儿是养狗，八月份以后我每天早上跟它可以跑跑步。〈/content〉

〈character StartIndex="8" type="error" ErrorType="ZB" CorrectCharacter="做"〉作〈/character〉

〈phrase category="离合词" StartIndex="32" lenth="3" hw="跑步" type="correct"〉

〈structure category="离合词结构"〉

〈string 离合词结构成分="A"〉跑跑〈/string〉

〈string 离合词结构成分="B"〉步〈/string〉

〈/structure〉

〈/phrase〉

〈/sentence〉

例(44)出现一组离合词和一个别字“作”。离合词按照上文的设计方案进行标注，别字的标注用代码 ZB 表示，后面附上了正确的“做”字。

一个句子中出现了字偏误、词偏误或是句法偏误，无论偏误个数是多少(多个偏误可以加上 id 属性以示区别)、无论偏误类型及正确改法是怎样的，只要将它们一起“挂接”在该偏误所处的句子或是短语下，新建一个子元素进行标注即可，这样可以做到各标注层次互不影响，仍然保持语料原貌。

4　XML 标注方案在语料库建设与应用中的作用

上文详细说明了各部分的设计方案，现在以一个完整的例子展示 XML 标注方案。

(45) 他发烧着也来上课。

〈? xml version="1.0" encoding="UTF-8"?〉

〈text type="书面语料"〉

〈paragraph〉

〈sentence〉

〈content description="生语料"〉他发烧着也来上课。〈/content〉

〈WordSegment tagset="北大计算所 3.0" description="分词信息"〉

〈w tag="r"〉他〈/w〉

〈w tag="v"〉发烧〈/w〉

〈w tag="u"〉着〈/w〉

〈w tag="d"〉也〈/w〉

〈w tag="v"〉来〈/w〉

〈w tag="v"〉上课〈/w〉

〈w tag="pun"〉。〈/w〉

〈/WordSegment〉

〈SentenceStructure type="Stype" description="句法结构"〉

〈structure type="主语" level="1"〉

〈w tag="n"〉他〈/w〉

〈/structure〉

〈structure type="谓语" level="1"〉

〈s tag="连谓"〉发烧着也来上课〈/s〉

〈/structure〉

〈/SentenceStructure〉

〈phrase id="1" category="离合词结构" StartIndex="2" lenth="3" hw="发烧" SubCategory="ABD" userid="Xie"〉

〈content〉发烧着〈/content〉

〈error type="Lcwf"〉
〈structure Category="离合词结构分析"〉
〈string 离合词结构成分="A"〉发〈/string〉
〈string 离合词结构成分="B"〉烧〈/string〉
〈string 离合词结构成分="附加成分"〉着〈/string〉
〈/structure〉
〈CorrectStructure type="正确结构"〉
〈string 离合词结构成分="A"〉发〈/string〉
〈string 离合词结构成分="插入成分"〉着〈/string〉
〈string 离合词结构成分="B"〉烧〈/string〉
〈/CorrectStructure〉
〈/error〉
〈/phrase〉
〈phrase id="1" category="v+u" StartIndex="2" lenth="3" hw="发烧" userid="Wang"〉
〈content〉发烧着〈/content〉
〈error type="Cu"〉
〈structure Category="词组分析"〉
〈string 词组结构成分="v"〉发烧〈/string〉
〈string 词组结构成分="u"〉着〈/string〉
〈/structure〉
〈CorrectStructure type="正确结构"〉
〈string 词组结构成分="v"〉发烧〈/string〉
〈string 词组结构成分="u"〉了〈/string〉
〈/CorrectStructure〉
〈/error〉
〈/phrase〉
〈phrase id="2" type="离合词结构" StartIndex="7" lenth="2" hw="上课" SubCategory="AB"〉
〈content〉上课〈/content〉
〈structure Category="离合词结构分析"〉
〈string 离合词结构成分="A"〉上〈/string〉
〈string 离合词结构成分="B"〉课〈/string〉
〈/structure〉

〈/phrase〉

〈phrase id="3" category="连谓结构" StartIndex="6" lenth="3" userid="Li"〉

〈content〉来上课〈/content〉

〈error type="QC"〉

〈structure Category="连谓结构分析"〉

〈string 连谓结构成分="v"〉来〈/string〉

〈string 连谓结构成分="v"〉上课〈/string〉

〈/structure〉

〈Correct Structure type="正确结构" Category="连谓结构分析"〉

〈string 连谓结构成分="v"〉坚持〈/string〉

〈string 连谓结构成分="v"〉来上课〈/string〉

〈string 连谓结构成分="v"〉来〈/string〉

〈string 连谓结构成分="v"〉上课〈/string〉

〈/CorrectStructure〉

〈/error〉

〈/phrase〉

〈/sentence〉

〈/paragraph〉

〈/text〉

4.1　一错多标

一错多标可分为两种，第一种是对一个偏误存在不同角度的看法，比如，有的人认为是 A 类偏误，有的人认为是 B 类偏误；第二种是对同一角度具体分类有不同看法，在同意某个偏误属于 A 类偏误的前提下，有人认为是 A1 类偏误，有人认为是 A2 类偏误。在例（45）中，笔者（userid="Xie"）认为“发烧着”属于离合词使用偏误，但也有人（userid="Wang"）认为是动态助词使用错误，改为“发烧了”句子便能够通顺（他发烧了也来上课。），那么他可以把〈phrase id="1"〉里的 category 的值变为“v+u”，把 error type 的值换成相应的代码，调整相应的 CorrectStructure，就可以实现第二种标注。这属于一错多标的第一种情况。出现第二种情况，可以按偏误分类进行多种偏误标注。无论是哪种意义上的一错多标，XML 都可以实现。

4.2 二次标注

XML 具有支持多个数据层次并存的优点，使得研究者能够对语料进行二次标注。在例(45)中，笔者(userid="Xie")将使用错误的离合词“发烧着”改为“发着烧”，对句子其他部分的标注不再有改动。如果有研究者(userid="Li")看到了笔者的标注后不满意，认为应在“来上课”前面加上“坚持”(他发着烧也坚持来上课。)句意会更加通顺，那么他可以重新创建子元素，把他认为更好的改法加进原有的标注中，这就是二次标注。二次标注是一个良性的数据交互过程，有利于避免语料库建成之后就停滞不前，使动态语料库能够真正“动”起来，从而发挥语料库更大的价值。

4.3 语料检索

XML 具有数据层次清晰的优点，因此可以把任意一层抽取出来进行格式校对及数据处理。用户根据文件路径编写正确的表达式，就可以检索到相应的数据。查询到用户需要的数据后，可以对数据做进一步的处理，如统计词汇和语言点分布情况、汉字和词汇 HSK 大纲等级、偏误占比等，这对于教师备课、布置作业或是学术研究来说有着积极意义。除此之外，还可以检测某个特定层次的数据格式是否符合用户指定的标准，若发现某个项目不符合格式则可以对其进行修改，对于校对语料标注来说十分便利。

4.4 兼容各类标注方案

XML 通用性强，能够兼容不同的标注体系，实现语料标注的标准化，有沟通不同标注的可能。目前国内各中介语语料库相互独立，标注方案参差不齐，如果统一使用 XML 进行标注，可以保证各个标注方案在保持自己特色的前提下与其他方案进行信息交流。

4.5 便于数据交换

不同的中介语语料库，如果都使用 XML 作为基础格式，即使具体的标注有所不同，但因为遵循同一套技术标准，也可以实现数据交换、共享。由于 XML 技术规范是通用的，用户还可对同样使用 XML 的数据库进行二次标注并与其他用户交换数据，这也是良性的数据交互。

4.6 语料计算

XML 的数据层次清晰，研究者可以根据需要将任意一层抽取出来用于文本难度测算。参照张宁志(2000)的方法,可以通过计算每百字平均句数、每百字平均句长、每百字平均非常用词数和每百字平均难度系数来对文本进行难度测算。XML 各层次间互不干涉,可以把测算的结果以属性的形式加到段落元素或句子元素当中,不会对段落、句子原有的标注产生其他影响。

5　结　语

综上所述,基于 XML 的汉语中介语语料标注方案是可行的,且相对于传统标注方法有许多独到的优点,但要完全应用于实际的语料库建设还有大量工作要完成。

首先,现有的关于 XML 应用于汉语中介语语料库标注的研究较少。离合词标注是比较复杂的标注,但也只是汉语中介语语料标注的一小部分,其他层面的标注设计还需要进一步细化。第二,XML 有严格的技术规范,其优秀的可扩展性使每个用户都可以对元素进行不同的设计,能够最大程度地保存用户的个性化设计。因此,制定一个通用又能够兼顾不同用户需求的语料库标注标准是个重要的课题。第三,如何在实践中切实做到允许用户进行二次标注,需要考虑交互模式是在线标注或是下载语料后再标注、如何提高用户进行二次标注的积极性等问题,这些都需要相关技术的支持。总而言之,我们应当从推动 XML 研究、建设通用标注标准、研究相关技术等方面努力,使 XML 成为真正可行的标注方案。

参考文献

陈作聪、苏静、王龙(2014)《XML 实用教程》,机械工业出版社,北京。

崔智娟(2014)《韩语母语者习得汉语动宾式离合词偏误研究》,吉林大学博士学位论文。

高思欣(2002)《留学生汉语动宾式离合词偏误分析》,暨南大学硕士学位论文。

国家汉语水平考试委员会办公室考试中心(2001)《汉语水平词汇与汉字等级大纲》(修订本),经济科学出版社,北京。

胡佳佳(2011)《说文解字》语料库的 XML 标注设计,《社会科学论坛》第 7 期。

兰海洋(2011)中高级阶段泰国学生学习汉语离合词偏误分析,《四川教育学院学报》第 7 期。

李斌(2007)中介语语料库建设中的语言错误标注方法,《暨南大学华文学院学报》第 3 期。

李春玲(2008)离合词研究综述,《沈阳师范大学学报》(社会科学版)第 1 期。

李瑞芬(2015)《中高级留学生汉语离合词偏误分析及教学策略研究》,云南大学硕士学位论文。
林美淑(2005)《对韩汉语教学离合词研究》,山东大学博士学位论文。
刘群、张华平、张浩《计算所汉语词性标记集》(3.0 版),http:ictclas.nlpir.org/nlpir/html/readme.htm#_Toc34628493。(访问日期:2019 年 2 月 20 日)
马创新、陈小荷(2013)基于 XML 的《论语》与其注疏文献对齐语料库的知识表示,《图书情报知识》第 1 期。
任海波(2010)关于中介语语料库建设的几点思考——以“HSK 动态作文语料库”为例,《语言教学与研究》第 6 期。
宋英智(2006)《现代汉语离合词研究》,辽宁师范大学硕士学位论文。
王桂秋(2008)《越南学生离合词使用偏误分析》,广西师范大学硕士学位论文。
王鑫(2007)《现代汉语离合词研究》,山东师范大学硕士学位论文。
魏伟(2006)汉语离合词研究综述,《锦州医学院学报》(社会科学版)第 4 期。
吴琴霞、刘永革(2009)基于 XML/Schema 甲骨文语料库语料标注的研究,《科学技术与工程》第 17 期。
[越]吴氏流海(2007)《越南学生汉语动宾式离合词习得研究与教学对策》,北京语言大学硕士学位论文。
夏天(2015)《XML 原理与应用》,机械工业出版社,北京。
肖奚强、周文华(2014)汉语中介语语料库标注的全面性及类别问题,《世界汉语教学》第 3 期。
[日]岩田礼(2009)《汉语方言解释地图》,白帝社,东京。
叶蔚蓝(2006)《现代汉语离合词研究》,上海师范大学硕士学位论文。
张宝林(2013)关于通用型汉语中介语语料库标注模式的再认识,《世界汉语教学》第 1 期。
张宝林、崔希亮(2015)谈汉语中介语语料库的建设标准,《语言文字应用》第 2 期。
张宁志(2000)汉语教材语料难度的定量分析,《世界汉语教学》第 3 期。
赵翊华(2015)《面向对外汉语教学的离合词研究》,信阳师范学院硕士学位论文。
周荔(2009)《面向对外汉语的离合词研究》,西南大学硕士学位论文。
Whatley, K. (2009)XML 新手入门基础知识,http://www.ibm.com/developerworks/cn/xml/x-newxml/.(访问日期:2019 年 2 月 20 日)
XML 系列教程,http://www.w3school.com.cn/x.asp.(访问日期:2019 年 2 月 20 日)

下编 分论

第五章　汉字标注研究[①]

1 引　言

1.1 本章的研究对象

本章的研究对象是通用型汉语中介语语料库中的汉字偏误标注，具体包括以下内容：

（1）通用型。目前依据汉语中介语语料库建设目的的不同，存在两大类型的语料库，即“通用型汉语中介语语料库”和“专用型汉语中介语语料库”。所谓“通用型汉语中介语语料库”，是与“专用型汉语中介语语料库”相对而言的。前者为满足各种研究目的而建，可以进行字、词、句、篇、标点符号等各个方面的研究；后者则只为某种专门的研究目的服务。（张宝林，2013）所以通用型强调“全面”，而专用型强调“深入”。

（2）偏误标注。由于汉字的特殊性，本章的汉字标注研究集中在偏误标注上，不做基础标注。所谓汉字偏误，是指留学生在汉字书写和使用方面的错误，所以凡是留学生在汉字书写和使用方面存在的错误，都是本章所要研究的内容。

表 5-1　语料库对比简表

名称	标注内容	汉字标注内容
“HSK 语料库”	汉字、词、句、篇章、标点符号	共分八项。即错字、别字、漏字、多字、繁体字、异体字、拼音、无法识别的字。
“汉语学习者汉字偏误数据资料库”	汉字	共分三层五级。即按汉字结构整体上分为笔画、部件、整字三个层级，然后每层按偏误类型又分为误加、遗漏、错位、误代、杂糅五个方面。

① 本章原题《通用型汉语中介语语料库汉字标注研究》。作者：刘珊，北京语言大学 2011 级语言学及应用语言学专业硕士研究生。

如表5-1所示,“HSK语料库”是通用型汉语中介语语料库,它标注了字、词、句、篇章、标点符号等多个层面,可以满足这些方面的研究需要,而“汉语学习者汉字偏误数据资料库”是专用型汉语中介语语料库,它的标注内容仅限于汉字,只能满足汉字方面的研究需要,所以就标注的内容来说,前者比后者全面。但是就汉字标注单一层面来说,因为“汉语学习者汉字偏误数据语料库”是专门为汉字研究服务的,它就要对汉字进行尽可能细致地研究,所以它的标注十分详细,共分成三层五级,并深入到汉字构成角度对汉字的偏误进行归纳与概括,而“HSK语料库”是通用型语料库,它的使用目的没有如此精细,只是从整体的角度指出了汉字偏误类型。所以,就同一层次的标注内容来说,专用型比通用型标注更加“深入”。

本章所要研究的汉字标注规范是为“通用型”服务的,而不是服务于汉字的专项研究,所以在汉字标注规范的设定上要从通用型角度出发,取舍有度,既不像专用型汉字语料库那样尽可能细致地探究,又能满足通用型语料库的使用者进行汉字研究的需求。

(3)本章只研究汉语中介语语料库中的汉字标注,不涉及词、语义、语法成分或者其他标注。汉字和词汇的关系十分密切,有的时候会出现汉字偏误和词汇偏误套叠的情况,笔者只针对汉字偏误进行研究,词汇偏误的研究不在研究范围内。

1.2 选题缘起

与拼音文字相比,汉字体系庞大,字形、字音、字义都很复杂,所以汉字是留学生尤其是拼音文字背景的留学生学习汉语的最大障碍,甚至被称为汉语学习的“瓶颈”。而对外汉字的研究一直比较滞后,20世纪90年代中期以后,对外汉字教学才逐渐受到重视。随着中介语理论的兴起,对外汉字的教学与研究开始有了全新的角度。而汉语中介语语料库的建设,使得汉语学者对对外汉字的研究多了一个十分重要的媒介。如果汉语中介语语料库中汉字标注十分完善,会方便学者们全面、细致地考察留学生书写的汉字偏误,从而分析出不同阶段留学生书写汉字的各种问题,总结规律,为留学生的“汉字难”提供有效的解决方案。可是现实情况是,现有汉语中介语语料库对汉字标注的重视不够,研究不够深入,且难以在较广的范围内做到统一,这势必不利于使用者进行语料库的研究,也不利于对外汉语学界对对外汉字的研究。所以应对汉语中介语语料库中的汉字标注重视起来,制定出一个合理的、完备的汉字标注规范。

1.3　本章的研究方法和语料来源

本章将采取观察法和试验法相结合的方式，进行实证研究，以增强研究结果的客观性。具体来说，本章对汉语中介语语料库中汉字标注的现状进行观察与分析，发现其存在的问题，并制定出一套完整的、科学的解决方案，然后用试验的方法进行考察与验证。

本章的语料取自于北京语言大学自主研发的"HSK 语料库"，采用的是分层抽样加随机抽样。随机抽样即利用 EXCEL 随机抽取 300 多篇语料，共计 10 万余字，在 EXCEL 中自动生成一列序号 1 到 350，在 B1 单元格中，输入＝INDIRECT("a"&RANDBETWEEN(1,350))，就可以自动拉出随机数字。

1.4　预期成果

经过对语料的分析和文献的考察，确定笔者所要研究的汉字偏误内容，并在此基础上确定汉字标注代码，探讨标注方法和流程等，从而形成一整套汉字标注规范。

2　理论背景

中介语理论是 20 世纪 70 年代在外语教学领域出现的一种新理论。其产生的标志是美国学者 Selinker, L. 于 1972 年提出的"中介语"这一概念，此理论使应用语言学的研究进入了一个新的阶段。随着中介语理论的发展，国内的对外汉语教学界也开始认识到了它对对外汉语教学理论与研究的价值。我国最早运用中介语理论来研究外国人学汉语的中介语现象的学者是鲁健骥，他在 1984 年发表的《中介语理论与外国人学汉语的语音偏误分析》，标志着汉语中介语研究的开端。此后，汉语中介语的研究引起了汉语教学界的重视，至今，汉语中介语的研究已走过了 30 多年的历程。又随着语料库语言学的发展，语料库在教学与研究上的价值已经得到广泛的认可。建设完备的汉语中介语语料库已经成为对汉语中介语进行研究的一种重要方法。所以汉语中介语语料库的建设受到对外汉语教学界的重视。

我国的第一个留学生中介语语料库是 1995 年北京语言学院发布的"汉语中介语语料库检索系统"，自此，基于中介语语料库的对外汉语教学研究才拉开了序幕。20 世纪 90 年代中期至今，国内建设了一些中介语语料库，但数量十分有限。其中，目前建设完成并公开使用的语料库有北京语言大学的“HSK 语料库”、中山大学的“汉字偏误标注的汉语连续性中介语语料库”和暨南大学“留学生汉语中介语语料库”。北京语言大学的“首都语料库”“全球语料库”正在建设中。此外，一些针对某一特定母语背景的语料库也在建设中，如“哈萨克族学生汉语中介语语料库”。

虽然汉语中介语语料库的研究取得了一些成果，但仍不能满足汉语教学与研究的需要，尤其是现有汉语中介语语料库加工不足，制作粗糙，标注不够完善，给语料库研究带来了很多的不便。目前，北京语言大学研发的“HSK 语料库”对汉字标注的研究相对来说比较全面，也有很强的可操作性，而且也针对使用者的反馈做出了改版和升级，但是还是不够完善。就汉字标注来说，虽然“HSK 语料库”中的汉字标注体系相对完整，但标注内容还是不够细致，不能涵盖所有的汉字偏误，这必然会影响语料库的标注质量，进而影响整个对外汉字的研究。

为了弥补“HSK 语料库”在汉字标注上的欠缺，提升其使用价值，本章将在“HSK 语料库”中的汉字标注规范基础上，进行进一步的完善，补充汉字偏误内容，完善汉字标注方法，同时就其合理的标注部分进行论证，以提升它的可用性、合理性，最后形成一整套合理的、科学的汉字标注规范。

3 汉字标注规范的研究和制定

3.1 汉字标注模式

本章在汉字标注上沿袭了“HSK 语料库”的标注模式，即采用“偏误标注”的单一模式，而不做“基础标注”，具体来说即仅对留学生在书写汉字时存在的偏误进行标注，而不针对每个汉字进行标注。

目前，在汉语中介语研究中，越来越多的学者认识到，只考察留学生的偏误无法全面了解留学生的学习过程，也要注重研究留学生正确的语言现象。扩展到中介语语料库的标注上，“基础标注＋偏误标注”的新模式，正渐渐地取代只有“偏误标注”的标注模式。但是，汉字标注有其特殊性，汉字是书面语的基础组成成分，它数量庞大，体系繁杂，标注起来难度巨大，费时费力。况且，这是为通用型汉语中介语语料库服务的，所以在标注上不需要像汉字专用型中介语语料库那样深入、细致，对汉字的偏误进行标注就可以满足研究者的对外汉字研究了。所以，本章在汉字标注上只进行偏误标注，研究范围只限于“HSK 语料库”中的汉字偏误。

3.2 标注原则

在制定标注规范的具体内容时，应该先确立标注原则，然后整个标注规范都在此标注原则的指导下进行。首先，汉字标注规范是汉语中介语语料库标注规范的一个部分，所以汉字标注规范所应遵循的原则应与整体的汉语中介语语料库的标注原则相一致，即全面性、简洁性、开放性、科学性等。但同时，汉字标注的特殊性，又使其应该遵循独特的原则——“既标也改”。

语料库标注通常要遵循一条原则，即要保持语料的本来面目，所以其他的标注基本上都是“只标不改”，即只把偏误类型标出来，但不做改正，这样才能保持语料的原貌。但是汉字标注具有特殊性，语料扫描、录入后，将汉字层面的错误进行改正才能使语料更加清晰，容易理解，在此基础上进行其他标注才能更加方便、高效。同时，如果不对汉字偏误进行改正，也会对其他层面的标注产生一定程度的混淆，影响标注质量和效率。

虽然对汉字偏误进行了改正，但是后面紧跟着汉字标注代码，所以很清晰地就能辨别出该字是偏误，同时现有的语料库中存有原始的扫描版语料和对应的标注版语料，所以想利用语料进行研究的学者也可以很轻易地获得原始语料，不会影响到判断和分析。因此笔者在汉字标注方法上要“既标也改”。

3.3 标注内容

标注内容是标注规范中最重要的部分，也是标注中最有价值的部分。为了考察“HSK语料库”中汉字标注内容的设定是否全面、合理，笔者主要采取实证研究的方法，即对语料进行实际考察，并在此基础上进行分析与总结。对语料的考察是本章研究的重点，我们具体进行以下研究与分析。

3.3.1 分析原则

笔者采用随机抽样的方法，抽取了“HSK语料库”(1.1版)中325篇语料，共计10万余字。并对这些语料进行考察与分析，从而归纳出汉字偏误类型。在考察语料时，有两点原则须明确：

(1) 为考察留学生汉字书写的实际情况，本章所考察的语料是未经过处理的原始语料，即“HSK语料库”中的电子扫描版。

(2) 笔者为了突出句子中的汉字错误，把句子中除单纯的汉字错误以外的其他错误做了处理，进行了改正，以至于不会影响我们对汉字错误的分析。比如将用错的词语进行改正，以不会让词语的错误影响对汉字错误的判断，从而将重点集中在汉字错误上。

3.3.2 单一偏误(□代表无法用计算机输入法打出来的字)

(1) 错字

错字是不正确的字,即是汉语中没有的字,从计算机软件的角度来说,也是电脑中打不出来的字。上述定义是针对标准汉字来说的,但在实际书写中,汉字形式都或多或少会偏离标准汉字,带有个人书写的特点。如标准汉字一般讲究横平竖直,而手写汉字的线条不能那么标准,手写汉字笔画的倾斜度、弯曲度和标准汉字相比也有出入,或是书写者在书写汉字时习惯性地把书法字体代入,如书写横、竖时带钩。手写汉字与标准汉字的这些细微差别造成了错字偏误认定上的困难,什么情况不可判定为错字,标准模糊不清。也由此,历来对错字偏误没有一个明确的界定,这势必不利于标注的具体操作和量化,把操作的尺度全交给标注员去把握,也就造成了操作严谨性严重不足。所以为了使错字标注更具有科学性,操作可量化,笔者在原有的错字定义上附加了以下界定原则:

1) 从宽原则

手写汉字的过程中,必然会产生一些噪声,造成噪声的原因多种多样,主要可分为以下两类:一类是由书写者书写习惯造成的,如习惯性地带入书法字体(书写横或竖时带钩),或因书写者生理、心理等方面的原因,造成抖笔或笔画方向突变等;另一类是由除书写者以外的其他因素造成的,如因书写工具、书写环境等改变而产生抖动等。无论是何种原因产生的噪声,均可称为书写的附加信息。这些附加信息是从书写的角度生成的,而不是具体的笔画、部件等层面的错误,我们在认定上要"从宽",即不把偏离标准汉字的附加信息看作错字。

2) 区别原则

区别性是文字形体的一个基本属性。也就是说,文字的形体必须相互区别而不能雷同,这样才能方便人们准确辨识,否则容易导致符号系统内部的混乱,使文字记录语言的功能无法实现。(梁彦民,2004)虽然每个人的手写体都不相同,也不可避免地和标准字体产生一定偏差,但它必须和其他汉字相互区别,被准确地辨认出来。同样,留学生所书写的汉字虽然千差万别,但也必须符合区别原则。

为了使错字界定更加具体,可量化,便于实际操作,笔者试图在错字判定原则的基础上设立更加细化的错字判定标准。笔画和部件是构成汉字的基本单位,因此笔者从这两方面进行判定:

1) 笔画

笔画是汉字在书写过程中,有始有终完成的书写单位。(王宁,1997)笔画的数目、形状、组合关系的正确与否都可以用来判断汉字的正误。

① 笔画数目错误

笔画的数目是指一个汉字包含多少笔画。对于一个规范的汉字来说，无论它的笔画是多是少，其数目总是一个定值，多一个笔画、少一个笔画都是不对的，所以笔画数目这一标准没有模糊性，比较好认定。

② 笔画形状错误

《GB 13000.1 字符集汉字折笔规范》(2001)将横、竖、撇、点、折 5 种笔形定为主笔形，将与主笔形对应的从属笔形称为附笔形，共分为 25 种。不同于笔画数目，笔形带有很大主观性，在判定的时候具有很大难度，根据上述从宽和区别原则，做出以下判定：

当一个字笔形没有明显的错误，只是不够标准和规范，没有做到横平竖直，或是带有个人书写的特点，这种情况就该根据从宽的原则，认定为正确的汉字。比如“代”字的第二笔“竖”，没有写得特别竖直，而是稍微向左画一点儿，不过明显能够和“撇”区分开；或是竖的长度没有和最后一笔齐平，但并不影响辨认。类似的情况都认定为正确的汉字。

当一个汉字笔形与正确的笔形相去甚远，本身出现明显的错误时，认定为错误。比如，“永”字的第二笔“横折勾”的“勾”本应朝向左，结果写成向右拐了，这是明显的笔形错误，那么这个字就是错的。

当一个汉字笔形本身并没有明显的错误，但是该笔形并不是构成该汉字的笔形，那么这个字也是错误的。比如“赶”这个字的最后一笔本应该是“竖”，但写成了“竖钩”，不是构成“赶”字的正确笔形，那么该字是错误的。

③ 笔画组合错误

凡是由两个或两个以上的笔画构成的汉字，都存在着笔画组合关系，一般认定为相离、相交、相接三种。在实际书写的时候都可能由于主观因素，而把一个字的几种关系写得不规范，所以在判定的时候也要分情况：

由于相离或相接不规范，造成了汉字混淆，那么会出现别字的情况。比如，“八”本应该相离，但是如果写成了相接，那么就变成了“人”或“入”，这个字就是别字。但是如果笔画的相离与相接的不规范，不会造成汉字的混淆，该汉字能够和其他的汉字区别开来，也能够辨认出来，这种情况下认定为正确的汉字。比如“天”的第一笔“横”和第三笔“撇”本应相接，却写成“相离”，但是这个字并没有和其他的字相混淆，也能够辨认出来，那么本着从宽的原则，将该字认定为正确的汉字。

相交、相离、相接三者之间关系不一样，相离和相接的关系弄混，除了出现别字外，只会造成书写不规范，而不会造成字形的错误。而相交和相离、相接的关系一旦弄混，则会造成字形的错误，或是出现别字，所以由于相交关系弄错的汉字，根据情况判定为别字或错字。比如，“刀”的“撇”字笔画本应该和另一笔相接，如果相交了，那么该字就变成了“力”，成了别字；“十”字的两个笔画本应相交，如果相接或相离了，则字形错误，该字是错字。

2）部件

汉字的部件也称构件，是汉字的构成单位。汉字可以由一个部件构成，也可以由几个部件组合而成。所以部件的组合以及组合方式就是影响留学生书写正确与否的关键。具体包括部件组合内容、部件的位置和部件的相对位置。就部件本身来说，部件是由笔画构成的，它的对错是由构成它的笔画因素决定的，因此归入笔画范畴。

① 部件组合内容错误

每个汉字内部由哪些部件组合是固定的，也是用来区别字与字的重要条件。如果汉字内部的部件内容组合有误，或是多一个部件、少一个部件，那么该字都是错误的，这一标准也是客观的，容易判定的。比如，“怒”字右上角是部件“又”，却误写成了“九”，虽然“九”本身是正确的部件，但是并不是“怒”字组合所需的部件，所以该字是错误的。

② 部件的位置错误

部件的组合位置，是指部件在汉字内部所处的位置，包括左右、上下、内外等。两个或两个以上的部件在汉字内部的组合是有固定位置的，比如，“袋”中，部件“代”在上，“衣”在下。这种位置的设定也是客观的，不容更改。所以如果一个字的部件位置出现错误，那么该字就是错字。如，把“部”的左右两个部件颠倒过来，这个字就是错的。

③ 部件的布局

规范的汉字以方块字为基本形式，讲究平衡美，对称美，内部结构平衡紧凑，但外国留学生常常把左右结构的字写得左右分离，把上下结构的字写得上下分家，甚至整个字东倒西歪，左高右低，不够规范，不够美观。但是只要不影响字的辨认，能够和其他字区分开来，根据从宽原则都可以认定为正确的字。比如左右结构的“待”字，左边的部件比右边的部件写得短，但是并不影响辨认，也能够和其他的字区别开来，因此认定为正确的汉字。

(1) 我都□(必)须亲力亲为。

这个例子中，正确的汉字本应是“必”，留学生写错了。□字与标准汉字“必”的构成方式相比，缺少一个“、”，属于笔画数目的缺失，因此认定为错字。

（2）别字

别字是用一个字来替代另一个字，而这个别字本身在书写上是个正确的汉字。现在通行的对“别字”的定义更加形象，即该写甲字时写成了乙字。这两个定义本质上都是一样的，都突出了别字和错字的不同。“错字”是写错了，字典中根本没有这个字，而“别字”是用错了，本来应该用这个字，却用了另一个字。

（2）我的传（专）业是经济。

这个例子中，正确的汉字“专”被“传”字代替。

（3）漏字

漏字即句子中漏掉了某个字的现象。这个字在句子中是必不可少的，少了它整个句子将出现错误。

（3）孩子在长大过（程）中，当然会受到父母以外的人的影响。

在这个例子中，句子中漏了一个“程”字。

（4）多字

多字是指句子中多了某个字的现象，这个字在句子中不是可有可无，而是多余的，它的存在会使整个句子出现错误。

（4）现在我正在中国留学，从父母离开已经有（学）两年了。

在这个例子中，括号内的字“学”是句子中多余的字。

有一点需要注意，要把漏字、多字现象和漏词、多词现象区分开。以漏字来说，因为汉语中一个字有时可以独立成词，所以当句子中少了一个字的时候，有可能是漏字，也有可能是漏词。但是漏字和漏词的界限是分明的。漏字缺少的字不能作为词单独构成句子成分或是成句，只能和其前后的某个或某几个字组成词，然后再作句子成分。而漏词缺失的“某个字”本身就是词，并且可以单独作句法成分，或单独成句。多字和多词也由此区分开来。比如例（3）中，如果“在”字缺失，而“在”字在句子中独立成词，又能独立作句法成分，那么这种情况认定为漏词。而“程”字只能和“过”字组合成词，不能单独作句法成分，这种情况认定为漏字。

（5）繁体字

繁体字偏误是指某个字写成了相应的繁体字。简繁字形系统的对立古已有之，零星的简繁对立可以上溯至甲骨文、金文时代，后来随着社会用字的普及，简繁之间出现成系统的对立。（王东海、杜敏、陈淑梅，2009）简繁之争由来已久，但是中国大陆一直奉行国家通用文字政策。尤其是

2000年10月31日通过了《中华人民共和国国家通用语言文字法》，该法是国家第一次用法律形式明确规范汉字的国家通用文字地位。所谓规范汉字是指经过整理、由国家领域使用的现代标准汉字。1956年国务院通过并公布《汉字简化方案》，2013年国务院发出关于公布《通用规范汉字表》的通知，这都体现了国家从汉字的便民通用角度支持简体字的原则。繁体字无论在文化传承还是在学术角度都有其固有的价值，但是这并不应用于日常行文。此处将留学生所书写的繁体字列为汉字偏误，一方面是依据国家的通用汉字政策，一方面也是起到强调作用，即把留学生的繁体字单独提出来，作为偏误，也有助于研究者做这方面的研究。

(5) 目前刚修完專(专)业对话课程。

在这个例子中，正确的汉字本应是括号内的"专"，结果写成了相应的繁体字形式。

(6) 异体字

"异体字"是在20世纪50年代汉字整理过程中产生的一个术语。异体字一般指与通行汉字同音同义而写法不同的字；在特定的规范中，则指与规定的正体字同音同义而写法不同的字。(张书岩，2005)而具体到此处所要研究的异体字偏误上，则指留学生所写的汉字是经整理的，与正体字相对的不规范汉字。2013年最新的《通用规范汉字表》[①]公布实施，在异体字部分做出了一些改动，并要求社会一般领域的汉字以此表为标准，原有的相关字表停止使用。所以在汉字标注过程中，对于异体字的判定要参看《通用规范汉字表》(2013)。

(6) 珠子散得徧(遍)地都是。

在这个例子中，正确的汉字本应是括号内的"遍"，结果写成了相应的异体字形式。

(7) 拼音

"拼音"是指某个字写成了相应的汉语拼音形式。可能是留学生不会写，而采用了拼音形式来代替。

(7) 我 xī(希)wng(望)在您们精美服装公司工作。

---

① 《通用规范汉字表》(2013)由教育部、国家语言文字工作委员会组织制定，该表制定后，社会一般应用领域的汉字以本表为原则，原有相关字表停止使用。《通用规范汉字表》在以往相关规范文件对异体字调整的基础上，又将《第一批异体字整理表》中的"皙、喆、淼、昇、邨"等45个异体字调整为规范字。

在这个例子中，正确的字分别应是“希望”，而用成了汉语拼音形式。

（8）无法识别的字

无法识别的字是指某个字或是由于本身书写不正确，或是由于写得模糊，看不出来是什么字，并且从上下文中也无法判断出它是什么字。

（8）李银□

这个例子中，“银”后面的字写得十分模糊，而这个字又从上下文中无法推测，即认定这个字无法识别出来，因此归为无法识别的字。

“HSK 语料库”总结的这八大类偏误确实都是留学生多出现的汉字错误，都应该归为汉字偏误标注内容，但除此之外，在语料的实际考察中，又发现了以下两种汉字偏误类型：

（9）模糊字

模糊字是指某个字在字形写得十分模糊，看不出来原本的汉字结构，因此无法判断该字正确与否，但是有的字虽然字体模糊，却可以从句子或是上下文语境中判断出该字应该是什么。

（9）所以应该喜□（欢）流行歌曲。

在这个例子中，正确的汉字本是括号内的“欢”，结果写得十分模糊，无法辨认。

在“HSK 语料库”中是不区分模糊字和无法识别的字的，这是因为模糊字和无法识别的字有着相似处，即汉字字形都模糊不辨，但是二者有着本质上的区别，即模糊字虽然在字形上模糊，无法辨别正误，但从整个句子或从上下文可以判断出该字是什么，而无法识别的字是无论如何都找不出来的，模糊字可以改成正确的字，而无法识别的字是不能改正确的。所以，模糊字和无法识别的字是不同的偏误类型，不能合在一起，应该单独列为一类，所以我们将模糊字也划为汉字偏误标注内容。

下面对以上 9 种偏误类型进行统计与总结，归为表 5-2：

表 5-2　汉字单一偏误表

汉字偏误类型	偏误数量	偏误率
错字	475	32.31%
别字	416	28.30%
漏字	80	5.44%
多字	35	2.38%
繁体字	349	23.74%

续表

汉字偏误类型	偏误数量	偏误率
异体字	16	1.09%
拼音	38	2.59%
无法识别的字	18	1.22%
模糊字	43	2.93%
汉字偏误总数	1470	100%

从表5-2中,我们能看出:

第一,这些偏误并不是处在同一层面中的。比如错字,它本身就是不正确的汉字,汉字形体有误,所以属于书写层面的错误。而别字是本该用的汉字却用了另一个汉字代替,漏字、多字是在句子中漏掉了、多出来了字,它们并不是汉字本身形体的错误,而属于在使用过程中出现的错误。但是本章的汉字偏误界定为汉字在书写和使用上的错误,所以无论是汉字形体本身的错误,还是汉字在使用上的错误都是本章的偏误研究内容。

第二,在这9种偏误类型中,错字、别字和繁体字所占的比例最高,分别占了32.31%、28.30%和23.74%,合起来共计84.35%。这说明这三种偏误类型是留学生最常出现的汉字偏误,也因此应成为本章所研究的汉字偏误标注的重点。

第三,除了错字、别字、繁体字以外,漏字、拼音和模糊字的比例较高。从数据上可以推断,留学生遇到不会写的字,往往留下空格或者采用拼音替代或者将汉字写得模糊。这些是留学生不会写字时主要采取的策略,所以这几种偏误形式也应引起注意。

第四,其他的偏误类型所占比例较低,在"HSK语料库"中不太常见,比如异体字只有16例,但是遵循上文提到的全面性的原则,本节所要研究的汉字偏误应该能涵盖留学生所出现的所有汉字偏误现象,所以异体字偏误也应该是本章所要关注的对象。所以,虽然其他几种偏误不太常见,但是也应该成为汉字标注的重要部分,这9种偏误都应是本章标注内容。

综上,本章的汉字偏误标注的内容是错字、别字、漏字、多字、繁体字、异体字、拼音、无法识别的字、模糊字等9种。

3.3.3 复合偏误

以上的偏误类型都只是单一的汉字偏误,即句子中只存在一种汉字偏误类型,但是有时在一个汉字上会同时存在两种甚至更多偏误,这些偏误相互交叠,可看作汉字偏误的复合形式,所以笔者将这种偏误类型定义为“复合偏误”。经过对语料的考察与分析，发现了以下8种复合偏误类型：

(1) 多字和错字复合偏误

即句子中出现了多字，同时又写成了错字，这种现象即是多字和错字复合偏误。

(11) 希望贵公司能□(事)录取我。

在这个句子中，留学生多写了一个字，即括号内的“事”，这个字即是多字，但同时这个“事”字又写错了，所以这种情况就是多字和错字复合偏误。

(2) 多字和繁体字复合偏误

即句子中出现了多字，但同时又写成了繁体字，所以是多字和繁体字复合偏误现象。

(12) 回来以后後，也带来一台高科技的电脑。

在这个句子中多出来一个“后”字，但同时该“后”写成了繁体字形式，所以这种情况是多字和繁体字复合偏误现象。

(3) 多字和异体字复合偏误

即句子中出现了多字，但同时又写成了异体字，这种现象为多字和异体字复合偏误。

在笔者所考察的10万字语料中，没有发现这一类型的错误。但是这10万字语料未必能涵盖所有的偏误现象，而且留学生是有可能犯这一类型的汉字错误的，即留学生有可能在句子中多写了一个字，而且这个字并不是现在的规范汉字，而是已经被取代的异体字。既然这种复合偏误有可能出现，就应该将其提前考虑进来，以保证标注的全面性。

(4) 多字和无法识别的字复合偏误

即句子中出现了多字，但是该字字体模糊无法辨认，而且既然是多字，那么与该句子或上下文都没什么关系，也就无法判断出到底是什么字，所以这种现象即多字和无法识别的字复合偏误。

(13) 可我爸爸(□)不是那样的人。

在这个句子中，括号内的字是多出来的字，但同时，这个字的字形无法辨认，所以这种现象即是多字和无法识别的字复合偏误。

(5) 别字和繁体字复合偏误

句子中某个字被另一个字所替代，出现了别字现象，但同时，该别字并不是简体的规范字形式，而是写成了繁体字，这种现象是别字和繁体字复合偏误。

(14) 導(导)(尊)敬的李先生

在这个句子中,该称呼语本应是“尊敬的李先生”,即正确的汉字应是“尊”,但是用“导”字来替代,这种情况属于别字,但同时,“导”字又写成了相应的繁体字形式,这又属于繁体字偏误,所以这种现象是别字和繁体字复合偏误。

(6) 别字和异体字复合偏误

即句子中某个字被另一个字所替代,出现了别字现象,但同时,该别字并不是简体的规范字形式,而是写成了相应的异体字,这种现象是别字和异体字复合偏误。

与第 3 种多字和异体字复合偏误一样,在笔者所考察的 10 万字语料中,也没有发现这一类型的错误,但是同理,这 10 万字语料未必能涵盖所有的偏误现象,而且留学生是有可能犯这一类型的汉字错误的,因此也该将其提前考虑进来,以保证标注的全面性。

(7) 繁体字和错字复合偏误

即句子中某个字写成了繁体字形式,但该繁体字又写得不正确,这种现象即繁体字和错字复合偏误。

(15) 至少说法、听法、思考法都受到父母的影□(响)。

在这个句子中,括号内的字是正确的简体字,但是这个字误写成了相应的繁体字形式,但是该繁体字并没有书写正确,明显缺少了一些笔画,所以该繁体字是错的,这种情况就属于繁体字和错字复合偏误。

(8) 繁体字和模糊字复合偏误

即句子中某个字写成了相应的繁体字形式,但是该繁体字写得模糊,无法辨认出对错,这种现象即繁体字和模糊字复合偏误。

(16) 我想应□(徵)(征)为广告设计师。

在这个句子中,第二个括号内的“征”字才是本应该写出的规范的简体字形式,但是写成了繁体字“徵”,但同时“徵”的右下角又写得字体模糊,无法辨认出对错,这种情况即是繁体字和模糊字复合偏误。

在分析复合偏误时,有一点需要特殊说明:

当我们考察语料时,发现有一个字既写出了汉字,又标出了拼音。这样就存在汉字和拼音都正确、汉字和拼音都错误、汉字正确而拼音错误以及汉字错误而拼音正确等 4 种情况。这 4 种情况该如何处理?该以汉字为中心还是拼音为中心?

首先应把握一个原则，即以汉字为中心。因为本章所研究的范围是汉字偏误，汉字理应是标注考虑的中心，拼音只是起着帮助辨识的辅助作用。所以在处理这些情况时，都应以汉字为主，可以不考虑拼音。如果汉字书写正确，则不存在汉字偏误；如果汉字书写不正确，则把它归入相应的汉字偏误类型，然后用相应的标注方法对其标注。当然如果只用了拼音来代替汉字，那么这种情况就属于上文所述的拼音了。

另外，如果出现某个汉字用拼音来代替，而这个拼音还写得模糊不清、无法辨认时，我们就直接根据是否能够凭借上下文将这个字补出，来将这个字处理为相应的模糊字或是无法辨别的字。

这 8 类汉字复合偏误也应是我们所要研究的汉字偏误标注内容。

3.4　汉字标注代码

标注内容确定以后，下一步就是制定标注代码。标注代码不仅要合理、规范、统一，还要尽量简洁、清晰、方便记忆、易于操作。

3.4.1 单一汉字偏误标注代码

“HSK 语料库”中对单一汉字偏误的标注代码有系统的设定，具体的标注方法是：用[]来标记汉字偏误，然后在[]内用偏误类型的第一个字的大写拼音首字母来作为标记。这种标注代码用[]来标记，简洁清晰，便于操作。另外用汉字偏误类型的第一个字的大写拼音首字母来代表偏误类型，具有直观、容易识别和记忆的优点，所以作为汉字标注代码十分合适。

其中特例的是，“HSK 语料库”中对无法识别的字的设定，没有使用大写拼音首字母，而是用了 # 来代表，笔者认为“?”更能表示无法辨认的含义，所以设定用[?]来代替[#]。同时也为了更能清楚明了地体现模糊字，先设定用 * 符号代表，因此，模糊字的标注代码是[*]。

现将单一汉字偏误标注代码集归结为表 5-3：

表 5-3　单一汉字偏误标注代码表

汉字偏误类型	汉字标注代码
错字	[C]
别字	[B]
漏字	[L]
多字	[D]
繁体字	[F]

续表

汉字偏误类型	汉字标注代码
异体字	[Y]
拼音	[P]
无法识别的字	[?]
模糊字	[*]

3.4.2 复合偏误标注代码

"HSK语料库"中并没有设定复合偏误的标注代码，而只是在具体标注时明确了标注的方法，但是经过考察发现了多种复合偏误类型，所以应该设定出成系统的复合偏误标注代码，以利于标注。

首先应明确，以上的复合偏误内部应该分为两个层次，第一层是最主要的汉字偏误类型，也是最影响句子理解的汉字偏误类型，如句子中多出了一个字，以致于这个句子错误。而第二层的汉字偏误是在第一层的偏误基础上形成的，如多字又写成错字或别字。所以应先标第一层次的偏误类型，然后再标第二层次的偏误类型。

为了将两个层次区分开来，并且凸显出孰重孰轻，现设定用{}来标记第一层汉字偏误，然后用[]来标记第二层偏误。至于具体的偏误类型，和单一偏误一样，也是用汉字偏误的大写拼音首字母来作为标记。

现将笔者设计的复合偏误标注代码归结为表5-4：

表5-4 复合汉字偏误标注代码表

复合偏误类型	标注代码
多字和错字复合偏误	{D[C]}
多字和繁体字复合偏误	{D[F]}
多字和异体字复合偏误	{D[Y]}
多字和无法识别的字复合偏误	{D[?]}
别字和繁体字复合偏误	{B[F]}
别字和异体字复合偏误	{B[Y]}
繁体字和错字复合偏误	{F[C]}
繁体字和模糊字复合偏误	{F[*]}

3.5 标注方法

在标注内容和标注代码确定之后，就可以确定标注方法了。所谓标注方法，解决的是怎样用标注代码来对偏误类型进行标注的问题。具体来说，涉及标注代码应该标在什么地方，偏误前还是偏误后；复合偏误的标注方法；人工标注和机器标注的关系等问题。“HSK 语料库”中对标注方法的设定分为以下几个方面：

3.5.1　方式

人标机助，即在标注时主要依靠标注员的手动标注，而相应的计算机标注软件只起辅助作用。现阶段这种标注方法是十分合理的，因为：

一方面，对汉字偏误进行标注必然要依靠标注员的思考、分析与辨认，才能保证标注的正确性；另一方面，现有的语料库标注软件还不完善，单纯利用它们来标注，错误率十分高，所以在标注时只能起到辅助作用。

但是，计算机软件在汉字偏误标注上是大有可为的。繁体字和异体字这两个偏误类型和其他的汉字偏误类型不同，它们不是无规律可循，而是成系统的，在《通用规范汉字表》(2013)中都能找到原型和依据，所以完全可以利用计算机软件直接识别出来，如果这一软件得到开发和利用，那么将能大大提高标注的效率。

3.5.2　位置

在实际标注时有两种情况，一种是原字用计算机无法输入或是原字不存在，比如错字、漏字等，所以要补出该字的正确形式，并附上相应的标注代码标记。另一种是原字用计算机可以输入，这种情况下要将原字改成正确的形式，并保留原字，将原字放在相应的标注代码内。具体的处理方法分为以下几种：

(1) 单一偏误标注：改正错字，标注代码位于其后。

将错误的汉字改为正确的汉字，并把错字放在标注代码内，大写拼音字母之后，同时将标注代码整体放到正确的汉字后面，以作标识。

但其中有几项要特别注意，即错字和模糊字，它们本身的书写方式是不成字或模糊的，所以无法把它们的原始面貌重新标出来，所以只需把它们改成正确的字即可，然后将标注代码放于其后。

漏字本身就是缺少了某个汉字的现象，原句中没有这个字，所以要先补出缺少的字，然后把标注代码放于其后。

至于无法识别的字，更为特殊，从句子和上下文语境中都无法辨认其到底是什么字，所以只需把原字删掉，然后用[?]标记即可。

(2) 复合偏误标注

因为复合偏误内部是两个层次，且第一层次的偏误相对来说更加重要，所以应先标第一层次的偏误类型，然后再标第二层次的偏误类型。最后将标注代码放在需要处理或处理之后的汉字后面。

3.5.3 流程

因为汉字标注只做偏误标注，所以现将汉字偏误标注的流程设定为：先标繁体字和异体字，再标其他的汉字偏误。上文也提到繁体字和异体字可以用计算机软件直接识别出来，所以在进行偏误标注时，应首先对这两个偏误类型利用计算机直接识别并标注出来，这样可以节省人力。然后再标其他类型的偏误，同时也可以再检验一遍计算机软件对繁体字和异体字的标注是否正确，不正确的可以手动改过来。这样的流程设计无疑会提高标注效率，便于操作。

现将标注规范归结为下表 5-5：

表 5-5 汉字标注规范表

汉字标注规范		
标注模式	偏误标注	
标注原则	“既标也改”	
标注内容及代码	单一偏误	
	错字	[C]
	别字	[B]
	漏字	[L]
	多字	[D]
	繁体字	[F]
	异体字	[Y]
	拼音	[P]
	无法识别的字	[?]
	模糊字	[*]
标注内容及代码	复合偏误	
	多字和错字复合偏误	{D[C]}
	多字和繁体字复合偏误	{D[F]}
	多字和异体字复合偏误	{D[Y]}
	多字和无法识别的字复合偏误	{D[?]}
	别字和繁体字复合偏误	{B[F]}
	别字和异体字复合偏误	{B[Y]}
	繁体字和错字复合偏误	{F[C]}
	繁体字和模糊字复合偏误	{F[*]}

续表

汉字标注规范	
标注方法	方式——人标机助 位置——标注代码紧贴在错字后 流程——先标繁体字和异体字，再标其他的汉字偏误

4 标注实验

在形成了初步的汉字标注规范之后，本章在“HSK 语料库”中再随机抽取 10000 字的语料试标，分别找了 3 名有经验的标注员来对此标注规范进行检验，希望在此基础上发现问题，并进行修改，以使本章研究的汉字标注规范更加完善。

在对这 10000 字语料进行标注检验过程中，基本上所发现的问题都在本章研究范围内，故不作赘述。除此之外，发现了一个新问题，即如果句子中出现了多字现象，而且多出来的字是重复的，例如“人家家说年高体弱，你们要好好保重身体。”在这个句子中“家”明显是重复的，也是多余的，那在这种情况下该把哪个字算作多字呢，是第一个“家”还是第二个“家”呢，这涉及的是标注代码标在哪个位置上的问题。

其实把哪个“家”算作多字都不影响，现为了保持“人家”这个词汇的完整性，不在其内部加入多字标注代码，而将第二个“家”算作多字。因此，现补充设定，如果在标注过程中遇到这种情况，以不影响词汇完整性为标注原则，把不影响词汇完整性的那个字算作多字。

5 结 语

针对目前汉语中介语语料库中汉字标注存在的种种问题，为了能让汉语中介语语料库在对外汉字的研究中发挥更大的作用，本章以“HSK 语料库”中的汉字标注规范为基础，通过对留学生的实际语料的考察，发现了其标注规范不足的地方，从而加以改进，使其完善，同时从理论上论证了该汉字标注规范的合理性和可用性，希望能够使其更好地为对外汉字的研究服务，继而为对外汉字的教学服务。当然一个比较全面、科学的汉语中介语语料库的汉字标注规范的建立不是一蹴而就的，要在实际的标注过程中不断进行修改和调整，因此汉字标注规范必然是一个不断完善的动态调整过程。

同时，本章的研究存在着一些不足，如错字的界定还是比较宽泛，不够细致，在实际操作中可量化性不强，希望在后续的学习与研究中能够细化此方面的界定，从而增强实用性。

参考文献

卞觉非（1999）汉字教学：教什么？怎么教？《语言文字应用》第1期。

陈绂（1996）谈对欧美留学生的字词教学，《语言教学与研究》第4期。

陈绂（2001）日本学生书写汉语汉字的讹误及其产生原因，《世界汉语教学》第4期。

陈晓荷（1996）"汉语中介语语料库系统"介绍，《第五届国际汉语教学讨论会论文选》，《第五届国际汉语教学讨论会论文选》编辑委员会，北京大学出版社，北京。

崔岑岑、侯博（2008）留学生汉字书写偏误举隅分析，《现代语言》（语言教学研究版）第4期。

杜同惠（1993）留学生汉字书写差错规律试析，《世界汉语教学》第1期。

范祖奎、池中华（2011）多媒体环境下的中亚留学生汉字学习偏误分析，《乌鲁木齐职业大学学报》第1期。

高立群（2001）外国留学生规则字偏误分析——基于中介语语料库的研究，《语言教学与研究》第5期。

郭圣林（2008）汉字的笔画特点与外国学生汉字笔画偏误，《暨南大学华文学院学报》第4期。

黄昌宁、李涓子（2002）《语料库语言学》，商务印书馆，北京。

江新、柳燕梅（2004）拼音文字背景的外国学生汉字书写错误研究，《世界汉语教学》第1期。

教育部、国家语言文字工作委员会（2011）《GB 13000.1 字符集汉字折笔规范》，http：ling.whu.edu.cn/law/002/2016－04－02/1303.html。（访问日期：2019年2月20日）

教育部、国家语言文字工作委员会（2013）《通用规范汉字表》，语文出版社，北京。

李斌（2007）中介语语料库建设中的语言错误标注方法，《暨南大学华文学院学报》第3期。

李蕊（2008）对外汉字教学研究综述，《现代语文》（语言研究版）第9期。

李宇明（2013）国家通用文字政策论，《世界汉语教学》第1期。

梁彦民（2004）汉字部件区别特征与对外汉字教学，《语言教学与研究》第4期。

刘夏（2009）对外汉语教学工作中简化字优于繁体字，《焦作大学学报》第4期。

刘珣（2000）《对外汉语教育学引论》，北京语言文化大学出版社，北京。

鲁健骥（1993）中介语研究中的几个问题，《语言文字应用》第1期。

吕必松（1993）论汉语中介语的研究，《语言文字应用》第2期。

潘先军（2003）近4年对外汉字教学研究述评，《汉字文化》第3期。

彭泽润（2009）"正体字、副体字"和"简体字、繁体字"——从"识正书简"和"识繁写简"看汉字规范，《北华大学学报》（社会科学版）第5期。

施正宇（1999）外国留学生形符书写偏误分析，《第六届国际汉语教学讨论会论文选》，

《第六届国际汉语教学讨论会论文选》编辑委员会，北京大学出版社，北京。
施正宇（2000）外国留学生字形书写偏误分析，《汉语学习》第2期。
孙文访（2006）不同学习阶段外国留学生汉字偏误类型的统计与成因分析，《识字教育科学化论文集萃》，中国教育学会教育实验研究分会汉字文化教育研究中心主编，中国轻工业出版社，北京。
谭海涛（2003）利用汉字的文化性进行汉字教学，《云南师范大学学报》第6期。
万业馨（2005）《应用汉字学概要》，安徽大学出版社，合肥。
王东海、杜敏、陈淑梅（2009）简评《通用规范汉字表》简繁字的处理原则，《陕西师范大学学报》（哲学社会科学版）第6期。
王建勤（1997）《汉语作为第二语言的习得研究》，北京语言文化大学出版社，北京。
王宁（1997）《汉字汉语基础》，科学出版社，北京。
王艳（2010）基于大规模中介语语料库的错字书写偏误类型研究，《语文学刊》第23期。
尉万传、毕艳霞（2007）东南亚华裔留学生汉字偏误考察报告，《云南师范大学学报》（对外汉语教学与研究版）第6期。
吴门吉、高定国、肖晓云、章睿健（2006）欧美韩日学生汉字认读与书写习得研究，《语言教学与研究》第6期。
肖奚强（2002）外国学生汉字偏误分析，《世界汉语教学》第2期。
谢金良（2009）关于繁体字与简体字的若干思考，《闽江学院学报》第4期。
于晓薇（2010）留学生汉字偏误探源，《襄樊职业技术学院学报》第6期。
原新梅（2003）非汉字文化圈留学生汉字偏误"镜像错位"析，《河南社会科学》第6期。
张宝林（2010）汉语中介语语料库建设的现状与对策，《语言文字应用》第3期。
张宝林（2013）关于通用型汉语中介语语料库标注模式的再认识，《世界汉语教学》第1期。
张瑞朋（2012）留学生汉语中介语语料库建设若干问题探讨——以中山大学汉字偏误中介语语料库为例，《语言文字应用》第2期。
张书岩（2005）《规范汉字表》对异体字的确定，《语言文字应用》第1期。
朱志平（2002）汉字构形学说与对外汉字教学，《语言教学与研究》第4期。
Selinker, L. (1972) Interlanguage. *International Review of Applied Linguistics in Language* 10:3.

附录

在形成了初步的汉字标注规范之后，本章在"HSK语料库"中再随机抽取10000余字的语料试标，来对此标注规范进行检验，希望在此基础上发现问题，并进行修改，以使本章研究的汉字标注规范更加完善。现将其中一篇的标注结果呈现如下：

快乐家庭旅游公司，李文先生收

亲爱的李文先生：

今天，我在报纸上看到你们的招聘广告后，马上回家，拿着笔给您写信。我是学生，在语言学院学习。明年六月左右要毕业。您可能是不太了解我的情况。所以，首先把我的情况给您介绍一下。

我是一九七一年在北京出生的。高中毕业以后，志于旅游业，考上旅游学院英文系。上大学后很用功[B巧]，已经掌握了英语和日语，目前为了赶时代形式，开始学习韩[F韓]国话。我自己敢说性格开[朗L]大方、相貌端正、表达力强，符[B附]合你们的要求。唯一的缺点是还没有工作的经[C]验，可是，我想我还年轻[B青]，自己不断[B继]努力的话，能符合你们公司的要求。

李文先生，把以上简单的介绍参考后给我答复。那么[B末]，我等你们的答复。

再见。

第六章 词汇标注研究①

1 引 言

1.1 研究对象

本章讨论通用型汉语中介语语料库的词汇标注问题。熟语是汉语词汇中比较特殊的一种,此处主要讨论一般词汇的标注问题,熟语标注另有他文专述。

词汇的基础标注(包括分词和词性标注)主要由机器标注实现,机器标注能够达到99%的正确率(黄昌宁、李涓子,2002),但是对于几千万字的语料来说,1%的错误也是很庞大的,因此我们需要对机器标注的分词以及词性标注进行人工校对。

词汇的基础标注主要采取机器标注、人工辅助的方式进行,而词汇偏误标注主要是由人工对各种词汇层面的偏误进行判断,再运用预先设定好的代码进行标注。本章主要研究汉语中介语语料库词汇的偏误标注。

1.2 研究目的

目前一些汉语中介语语料库已经建成,但是由于建库者的认识、经验以及建库的目的不同,在语料标注上尚无统一标准。例如,对于同一类偏误现象,不同的语料库采取了不同的标注方式:一个句子中缺少动词,有的标“缺词”,有的标“缺述语”等。不同语料库的标注代码也不同,给用户带来了不便,也为不同语料库间的资源共享造成了障碍。(张宝林、崔希亮,2013)因此本章拟研究通用型汉语中介语语料库词汇的偏误标注,形成一套比较完备的汉语中介语词汇偏误标注方案,包括标注原则、标注内容、标注代码、标注方法以及标注流程,以期为汉语中介语语料库词汇标注规范的建立提供参考和借鉴。

---

① 本章原题《通用型汉语中介语语料库词汇标注研究》。作者:陈琛,北京语言大学 2011 级汉语国际教育专业硕士研究生。

1.3 研究思路

(1) 从“HSK 语料库”中通过分层抽样选择一定量的词汇偏误语料，从“首都语料库”通过随机抽样选取一定量的词汇偏误语料；

(2) 分析概括抽取出的偏误语料，并结合对外汉语学界对汉语词汇偏误分类的研究，划分词汇偏误类型；

(3) 根据词汇偏误类型制定标注内容、标注代码，形成标注方案；

(4) 进行词汇偏误标注实验，并对实验的结果进行分析，最终确定词汇偏误标注规范。

2 研究现状

2.1 汉语词汇偏误分类的研究

Dulay，H.，Burt，M. & Krashen，S.(1982)将偏误分为遗漏、误加、误代、错序等四类。鲁健骥(1994)将直接或间接搜集到的以英语为母语的初学汉语的学生的偏误做了形式上的归纳，共得到 192 项，并按偏误的类别将它们归为遗漏、误加、误代、错序四大类。

另有一种偏误类型——杂糅，多位学者有不同的研究结论。吕叔湘、朱德熙(1952/2002)认为杂糅是时而要用这种结构，时而要用那种结构，结果两种结构都用了。Hockett，C. F.(1967)提出竞争计划假说，认为杂糅产生于两种结构的竞争。Stemberger，J. P.(1982)、James，C.(2001)将杂糅分为三种：(1)两种结构竞争导致相删除；(2)两种结构简单相加；(3)两种结构有所取有所不取。周小兵(1996)、James，C.(2001)将“杂糅”列为第五种偏误类型。杨翼(1998)将杂糅分为：叠加、拼接、替换、缩减、移位以及嵌入六类。朱其智(2007)则认为只有叠加和拼接这两种真正属于杂糅，替代、缩减、移位、嵌入四种次类型与其他偏误类型相重叠，“替代”相当于“误代”，“缩减”相当于“遗漏”，“移位”相当于“错序”，“嵌入”似乎可以和“拼接”合并。他认为杂糅产生的原因有两个：(1)因近义形式误辨而堆砌；(2)因举棋不定而纠缠。

笔者也认为杂糅与误加有所不同。误加是添加了一个不能出现在某一特定语境下的词语，而杂糅则是两个词语不同时出现在某一特定语境，但由于一些原因导致两个词语同时出现，就造成了偏误。

错序有两个次类：词内部词素错序；词与词之间的错序。笔者认为词内部的词素错序可以归入词汇层面的偏误，而词与词之间的错序则会涉及句子层面的偏误，因此在本章中谈及错序只涉及词内部词素错序。

结合汉语中介语语料库词汇层面实际标注情况，以上的偏误类型还需要结合实际语料分析，细分成几个更具体的偏误类别。

2.2　词汇标注的现状与问题

“HSK 语料库”和“首都语料库”均对语料进行了偏误标注，它们采用基本相同的标注模式。其中“首都语料库”还对语料进行了基础标注，基础标注是在完成了偏误标注的基础上进行的。基础标注中词性标注类别主要参考了《GB/T 20532—2006 信息处理用现代汉语词类标记规范》。“HSK 语料库”给用户提供两个版本的语料，即偏误标注语料和原始语料；“首都语料库”给用户提供了三个版本的语料，即偏误标注语料、基础标注语料和原始语料。

“HSK 语料库”将偏误分为标点、字、词、句、篇章等 5 个层面。

“首都语料库”将偏误分为字层面的偏误（包括标点符号）、词层面的偏误、短语搭配的偏误、句子层面的偏误（只包括单句）、篇章层面的偏误（包括复句）。

这两个语料库在词层面的处理方式基本相同，主要包括错词、缺词、多词、外文词和离合词等 5 类。虽然在偏误标注规范中规定按照“有限的一错多标”对偏误进行标注，但在实际的操作过程中，可能会因为标注员的认识差异，而出现同类偏误做不同标注的情况，略显主观。例如，同样是缺少“都”的情况，有的标注为缺少状语，有的标注为缺词。

(1) 每个人{CJ-zy 都}有才华。

(2) 气温每天{CQ 都}超过三十五度。

因此，在制定偏误标注规范时要尽可能准确地规定偏误类别、偏误层级，以减少实际操作中可能出现的问题。

3　词汇标注的内容与方法

3.1　标注模式

现有的汉语中介语语料库，例如“HSK 语料库”，一般只对学习者的偏误进行标注。偏误标注对汉语中介语偏误研究具有很重要的作用，但是偏误标注仅关注学习者错误的语言表现，而忽视了学习者正确的语言表现（张宝林，2013），这对于全面了解学习者的汉语掌握情况是不够的。因此，需要在偏误标注的基础上，也对学习者正确的语言现象进行基础标注。

因此本章在词汇标注上采用“偏误标注＋基础标注”的模式。但由于词汇的基础标注基本上由机器标注完成，因此词汇标注规范的制定主要是针对词汇偏误的。

3.2　标注原则

张宝林(2004)提出建设语料库的六条原则：真实性原则、全面性原则、平衡性原则、简洁性原则、方便性原则和开放性原则。张宝林(2013)提出五条语料标注原则：全面性、科学性、忠实原著、标准化与通用化。在此基础上结合词汇标注的特殊性，笔者认为词汇标注应遵循以下原则：

(1) 全面性原则

即在制定标注规范时，要结合理论研究和对具体语料的分析，对汉语中介语词汇偏误情况有尽可能全面的了解，制定全面的标注规范，使学习者的每一个词汇偏误现象都有类可归。

(2) 科学性原则

语料标注的科学性，一是语料标注要准确，只有准确的语料标注才能为相关研究提供准确的数据支持；二是语料标注要有一致性，对于同一类词汇偏误的判断以及标注要一致，切忌出现前后不一致或自相矛盾的现象。

由于对分词和词性标注已经有相关的国家标准，因此在进行通用型汉语中介语语料库机器自动分词及词性标注时可以《GB/T 20532—2006 信息处理用现代汉语词类标记规范》为蓝本，参照北京大学开放研究数据平台公布的《现代汉语语法信息词典》作为词语切分与词性标注的基本参照。离合词偏误标注就以《现代汉语词典》(第 6 版)为标准。

(3) 经济性原则

现阶段词汇偏误标注主要采取人标机助的方式，标注员的工作量很大。这就要明确标注内容、标注方法，并设计标注代码，要在保证全面性的前提下尽可能简洁，删减不必要的标注内容，遵循经济性原则，以减轻标注员和研究者理解和记忆的负担。

(4) 通用性原则

指所设计的标注代码应尽可能与现有语料库的标注代码保持一致，以便于不同语料库之间的资源共享，也可以方便研究者使用不同的语料库。

(5) 开放性原则

语言本身是一个具有开放性的符号系统，中介语中所包含的语言现象，特别是偏误现象，完全可能是没有预料到的，标注规范中没有的。因此，设计标注规范时必须使语料库具有一定的开放性，以容纳那些未曾料到的偏误现象。

3.3　词汇偏误标注内容

3.3.1　词汇偏误分类

3.3.1.1　偏误大类的确定

笔者总结前人对词汇偏误的分类研究，并考察汉语中介语语料库词汇层面偏误标注的实际情况，将词汇偏误分为三大类：缺词、多词、错词。如此分类比较方便在语料库中抽取语料和对偏误语料进行更为具体的分类。

3.3.1.2　偏误语料相关数据

在确定偏误大类的基础上，我们在"HSK语料库"(1.1版)中采用分层抽样的方法对每一种偏误大类进行偏误语料的抽取。我们将作文分数作为分类的标准，把偏误语料分为三类：作文分数＜60；60≤作文分数≤80；作文分数＞80。这样将语料分为不及格、中等、优秀三个等级，可以更好地观察不同作文水平的学生的偏误情况。然后在每一类中采用随机抽样的方式，抽取总偏误语料的5%作为样本，观察偏误情况。一共抽取缺词偏误语料878条，多词偏误语料971条，错词偏误语料2460条，共计4309条偏误语料。

在"首都语料库"中利用Access随机抽出50篇作文语料，共计约3万字。

3.3.1.3　偏误语料分析

(1) 缺词的类型

缺词是指在句子中遗漏了某个词。分为两个次类：缺虚词和缺实词。之所以这样分类，主要是因为虚词和实词在句子中的语法功能不同：虚词只表示一种语法意义，不能单独充当句子成分，而实词可以单独充当句子成分。又由于词汇偏误标注主要依靠人工标注完成，如将所有的具体词类(如名词、动词、形容词等)都标注出来，将使标注员的工作量大大增加，可能导致标注的错误率上升，进而影响语料库的质量与功能。

1) 缺虚词

指助词、连词、介词等的缺失。在汉语中，虚词虽然不充当句子成分，但却是表达句子语法意义的一个重要手段。例如：

(3) 还有我最近开始踢足球。

(4) 他的身边坐两位老人和小孩。

例(3)的"足球"后面缺少"了"，导致不成句；例(4)中"坐"的后面缺少"着"或"了"，不能构成完整的存现句。

2）缺实词

指名词、动词、形容词、代词、数词、量词等的缺失。例如：

（5）因为祥林嫂嫁过二次的女人。①

（6）我是您们第二女儿。

例（5）中“祥林嫂”后面缺少判断动词“是”；例（6）中“二”后面缺少量词“个”。

（2）多词的类型

多词是指在句子中添加了本不应该使用的词，即句中出现了多余的词。与缺词分类类似，笔者将多词分为两个次类：多虚词和多实词。

1）多虚词

（7）我的家附近有亚运村。

（8）“我”发现了孩子脸色苍白。

例（7）“我”“家”之间多了一个“的”，虽然这个虚词不是绝对不可以出现，但从修饰语和中心词组合来看，是不应该用的；例（8）“发现”后面的“了”多余。

2）多实词

（9）那里的演员都是穿得漂亮，打扮得不错。

（10）你真是个我的好朋友。

例（9）多了判断动词“是”；例（10）多了量词“个”。

（3）错词的类型

错词指在一个特定的语言环境里使用了一个不合适的词，造成词不达意。包括以下几个类型：

1）生造词

学习者所使用的词在汉语中是没有的，是学习者自己“造”出来的词。

在“首都语料库”中生造词共有383个，占错词总数的10.88%，这一比例还是比较高的，值得给予充分重视。

（11）去她家的时候每次笑面承迎我。

（12）免费下载歌曲引起了人们不再买昂贵的CD，而导致了光碟CD的卖量逐渐下降的后果情况，这对歌星也对流行歌曲的发展起着重要性。

---

① 例（2）中还有错词偏误，在“缺实词”一类中不再做分析。其他偏误句采用同样方式处理。

例(11)中的“笑面承迎”在汉语中是没有的，在该语境中应用“笑脸相迎”，同时“我”也要通过介词提到该词语的前面；例(12)中的“卖量”也是汉语中不存在的词，汉语相对应的词是“销量”或“销售量”。

2）外文词

学习者想表达某个意思，却不知道在汉语中应用哪个词，因而直接用英语或其母语中的词代替。通过外文词，可以了解哪些汉语词是学习者想要使用而没能掌握的，进而观察到学习者掌握汉语词汇的具体情况。

外文词在“HSK 语料库”中共有 2146 条记录，占错词总数的4.17%，值得关注。例如：

(13) 因爲我不是中國人，我一點兒不懂中文和中國人的種種 culture。

(14) 我马上卒业大学。

例(13)中学习者因不会写中文“文化”而使用英文“culture”；例(14)中“卒业”是日文中“毕业”的汉字词。

3）词中语素的顺序错位

学习者将复合词的构词语素弄颠倒了位置。此种偏误在“首都语料库”中只检索到 20 条记录，数量不多。但要标注学习者全部的语言表现，该类偏误也不可忽略。

(15) 一起看电影，一起吃顿饭，一起商量自己的困难……代沟什么时候可以失消了。

4）离合词误用

离合词是汉语中比较特殊的一类词，也是二语学习者比较难掌握的一类词，他们常把离合词当作一个普通的词使用。学界一向认为离合词是对外汉语教学中的重点和难点。

(16) 现在我也有机会见面他们。

(17) 我想应推销员的聘。

例(16)中“见面”是动宾式离合词，后面不能直接加宾语，应改为“和他们见面”；例(17)中“应聘”不是离合词，而学习者误以为是离合词，应改为“我想应聘推销员”。

5）同义词叠加

同义词叠加指在某个具体语境中使用了两个或多个词义相同或相近的词。这种偏误与多词有所不同：多词是在一个语言环境中使用了不应有的词，而同义词叠加是指这两个词或多个词单独出现在这个语境中都是对的，但它们同时出现造成了用词的冗余。例如：

(18) 我就不用想就可以说我是很非常喜欢。

例(18)中“很”和“非常”都可以用于该句中，但同时使用就导致了同义词叠加的偏误。

6) 词替换

此类偏误是学习者最容易犯的，可能由于学习者词汇量有限，还未学到应该用的词，只能选一个学过的词；或是学习者不太清楚两个词具体在什么情况下可以使用。

(19) 孩子能不能成为个好孩子，关键在于父母的教导，你们会是他们的好影响，所以说，父母是孩子的。

(20) 他是韩国人，还有跟我一样的岁。

例(19)中的“影响”在“是”字句中和主语“他们”搭配不当，应用“榜样”；例(20)中我们一般说“同岁”或是“跟我一样的年龄”，但学习者却使用了“岁”，搭配不当，应将“岁”改为“年龄”“岁数”等。

7)单音节词和双音节词误用

含有相同语素的单音节词和双音节词由于意义相近，学习者很容易张冠李戴用错词，形成偏误。这一类词也是对外汉语词汇教学中的一个难点，应多注意语法、语用上的差别。

(21) 母亲对孩子的教育影响最大，孩子最需要母亲的爱情。

(22) 过节日是最热闹，尤其是过春节。

例(21)学习者将“爱”误用为了“爱情”；例(22)将“节”误用为了“节日”。

8) 近义词或形近词的误用

(23) 我们是二年以前见了面。

(24) 父母的心一切都给了孩子。

例(23)中学习者将“两”错用为“二”；例(24)则是混淆了“全”与“一切”的用法，此处应用“全”而非“一切”。

9) 同音词或音近词的误用

(25) 我知道他说得是开玩笑。

(26) 不吸烟也是我的正当权力。

例(25)中将“的”错用为“得”；例(26)将“权利”错用为“权力”。

3.3.2　标注内容

本章将标注词汇层面的偏误共分为10种，分属于3个大类。缺词包括缺虚词、缺实词；多词包括多虚词、多实词；错词包括生造词、外文词、构词语素错位、离合词误用、同义词叠加、别词（包括词替换、单双音节词的误用、近义词或形近词的误用、同音词或音近词的误用）。

词汇层面的偏误标注，我们只标出偏误类别而不对偏误进行改正。原因有三，一是对于同一个偏误，不同的标注员可能会有不同的改法，而研究者可能并不认同；二是我们对于语料的标注是为了方便研究者查询与获取研究用的语料，而不是代替研究者做研究；三是"只标不改"可以提高标注的准确率以及标注的效率。

"HSK语料库"和"首都语料库"均未标注缺词和多词的次类，本节将分别对缺词和多词的次类进行标注。

缺虚词和缺实词虽然都是由于词的残缺造成偏误，但是虚词和实词在句子中的地位和作用是不同的。这样标注可以方便研究，如果研究者要查找某一词类的偏误情况，可以根据这个词是属于实词还是虚词缩小查找范围，使得查找更有效率。

将多词分为多虚词和多实词也是基于同样的考虑。

(1) 缺虚词，用[QXC]标记，用于标记文中应该有却没有的虚词。在缺虚词的位置后加此标记。如例(3)标注为"还有我最近开始踢足球[QXC]"。

(2) 缺实词，用[QSC]标记，用于标记文中应该有却没有的实词。在缺实词的位置后加此标记。如例(5)标注为"因为祥林嫂[QSC]嫁过二次的女人"。

(3) 多虚词，用[DXC]标记，用于标记文中不应该有却有了的虚词。在多余虚词的位置后加此标记。如例(7)标注为"我【的】[DXC]家附近有亚运村"。

(4) 多实词，用[DSC]标记，用于标记文中不应该有却有了的实词。在多余实词的位置后加此标记。如例(10)标注为"你真是【个】[DSC]我的好朋友"。

(5) 别词，用[CCb]标记，用于标记文中该用甲词而使用了乙词的情况。在别词出现的位置后加[CCb]标记。

将词替换、单双音节词的误用、近义词或形近词的误用、同音词或音近词的误用归入别词，是因为这几类词误用在表现形式上都属于应用某一个词却使用了另一词的情况。如果将这些偏误分别立类，虽然在一定程度上方便了研究者的使用，但是这样做有一个很大的弊端，就是标注越细出现错误的概率就越高，为了追求标注的细致而忽略标注的质量，这样做未免画蛇添足了。偏误类型都需要标注员人工认定和标注，如果分类过多过细，会大大增加标注员的工作负担，进而有可能导致标注质量的降低。因此，我们将这些偏误类别归入“别词”中。如例(20)标注为：“他是韩国人，还有跟我一样的【岁】[CCb]”。

(6) 生造词，用[CCz]标记，用于标记学习者自造的汉语中不存在的词。在使用生造词的位置后加上此标记。

如例(12)，“卖量”为学习者自造词，标注为：“免费下载歌曲引起了人们不再买昂贵的 CD，而导致了光碟 CD 的【卖量】[CCz]逐渐下降的后果情况，这对歌星也对流行歌曲的发展起着重要性”。

(7) 离合词误用，用[CCh]标记，用于标记和离合词有关的偏误。

离合词是汉语中比较特殊的一类词，也是二语学习者比较难掌握的一类词。将离合词的误用单独列出，可以观察整个语料库离合词偏误的整体情况，也方便研究者做离合词偏误的相关研究，为他们提供更为直接的数据，同时也提高语料库的实用性。

对离合词误用有两种标注方式：

例(16)标注为：“现在我也有机会【见面】[CCh1]他们”。

例(17)标注为：“我想【应推销员的聘】[CCh2]”。

第一种标注方式可以标注离合词误用的偏误，第二种标注方式可以标注非离合词错用为离合词的偏误。这样可以将离合词误用和非离合词误用为离合词通过不同的标注方法来加以区别。这样也便于研究者做相关的研究。

(8) 外文词，用[CCw]标记，用于标记用外文词替代汉语词的情况。在使用外文词的位置后加上此标记。

对于外文词的标注，可以让研究者清楚地观察到在某一阶段学习者的汉语词汇掌握情况，有哪些词是这一阶段学习者应该掌握但却未能掌握的，可以为对外汉语词汇教学提供另外一种参考。如例(13)标注为“因爲我不是中國人，我一點兒不懂中文和中國人的種種【culture】[CCw]”。

(9) 构词语素错位，用[CCx]标记，用于标记将词中构词成分写错顺序的偏误。在构词语素错位的位置后加上此标记。如例(15)标注为“一起看电影，一起吃顿饭，一起商量自己的困难……代沟什么时候可以【失消】[CCx]了”。

(10) 同义词叠加，用[CDJ]标记，用于标记在一个语境里同时使用了两个或多个同义词的情况；在出现词叠加的位置后加上此标记。如例(18)

标注为“我就不用想就可以说我是【很非常】[CDJ]喜欢”。

3.4　标注代码

表 6-1　标注代码

标注代码	偏误名称	示例
[QXC]	缺虚词	还有我最近开始踢足球[QXC]。
[QSC]	缺实词	因为祥林嫂[QSC]嫁过二次的女人。
[DXC]	多虚词	我【的】[DXC]家附近有亚运村。
[DSC]	多实词	你真是【个】[DSC]我的好朋友。
[CCb]	别词	他是韩国人，还有跟我一样的【岁】[CCb]。
[CCz]	生造词	免费下载歌曲引起了人们不再买昂贵的 CD，而导致了光碟 CD 的【卖量】[CCz]逐渐下降的后果情况，这对歌星也对流行歌曲的发展起着重要性。
[CCh]	离合词误用	现在我也有机会【见面】[CCh1]他们。 我想【应推销员的聘】[CCh2]。
[CCw]	外文词	因为爲我不是中國人，我一點兒不懂中文和中國人的種種【culture】[CCw]。
[CCx]	构词语素错位	一起看电影，一起吃顿饭，一起商量自己的困难……代沟什么时候可以【失消】[CCx]了。
[CDJ]	同义词叠加	我就不用想就可以说我是【很非常】[CDJ]喜欢。

3.5　标注方法

3.5.1　词汇基础标注方法

词汇的基础标注主要是分词和词性标注，机器标注在这方面已经进入实用阶段，因此词汇基础标注主要采取机器自动标注，然后加入人工修订的环节，以对机器自动标注的结果进行检查和修正。

由于在中文信息处理中已有关于机器自动分词和词性标注的国家标准。因此本标注规范中的词汇层面的基础标注主要参照《GB/T 20532—2006 信息处理用现代汉语词类标记规范》，并以北京大学公布的《现代汉语语法信息词典》作为辅助参照。

3.5.2　词汇偏误标注方法

目前计算机尚不能对各种语言现象自动做出判断并标注，因此词汇的偏误标注主要通过手工标注来完成。为了提高标注效率，减轻标注员记忆负担，可以由软件研发人员开发辅助标注工具，实现“人标机助”。

词汇偏误标注采用“只标不改”的标注方法。这样做不仅可以减轻标注员的负担，提高标注效率，也可以提高标注质量。

3.6　标注流程

3.6.1　基础标注和偏误标注顺序

采用“搭积木”式的语料库标注方式，不同于之前所建造的语料库要在同一版语料中表现所有层面的语言现象，可以选择在一版语料中做词汇层面的偏误标注，在另一版中做词汇层面的基础标注。因此，先标词汇层面的偏误标注还是基础标注没有太大的影响。由于机器处理语料的速度远快于人工，因而可以先进行词汇基础标注，以便尽快对标注结果进行检查与修正。

3.6.2　偏误标注流程

(1) 辨别偏误

辨别偏误即明确语料是否存在偏误，以及偏误是否是词汇层面的偏误，是哪一个类型的偏误。辨别偏误是语料库建设中一个很重要的环节，也是难度很大的一个环节。只有确定了存在偏误以及偏误的层级和类型才能进行偏误标注。

(2) 标注偏误

在辨别偏误之后，即可进行偏误标注。词汇偏误标注的内容包括：缺词，下位是缺虚词、缺实词；多词，下位是多虚词、多实词；错词，下位是别词、生造词、离合词误用、外文词、构词语素错位、同义词叠加。

4　词汇偏误标注实验

4.1　实验目的

检验词汇偏误标注方案的可行性。

4.2　实验对象

本研究以北京语言大学汉语水平考试中心语言学及应用语言学、课程与教学论、汉语国际教育专业二、三年级的研究生为实验对象，共 15 人参加了本次词汇偏误标注可操作性测试实验。

4.3 实验工具

（1）词汇偏误标注方案；

（2）学习者语料两篇（A篇524字，B篇809字，两篇语料均来自土耳其奥坎大学中文翻译系二年级上学期写作考试）；

（3）包含10种词汇偏误的语料20条，并以此进行试标注实验。

4.4 实验过程

（1）实验前

制作词汇偏误标注方案，包括：标注原则、标注方法、标注内容、标注代码、标注方式以及标注流程。

分发学习者语料。

在标注实验开始前笔者与参与实验的15名被试就偏误认定、偏误归类以及词汇偏误标注方案的细节进行了沟通。

以20条偏误语料为范例，15名被试分别对其进行预标注实验，预标注完成后全体实验人员对每条语料中的偏误点进行讨论并归类，达成一致意见。

（2）实验中

向参与实验的15名被试说明本次实验的目的，即向15名被试介绍词汇偏误标注方案，由这15名被试对语料进行标注，验证本方案的可行性。

为尽可能将所有偏误标出，以及测试语料标注的正确度，本实验共进行两次标注：

第一次标注，15名被试根据词汇偏误标注方案分别对第一篇语料进行词汇偏误标注。

第二次标注，15名被试根据词汇偏误标注方案分别对第二篇语料进行词汇偏误标注，并进行两两校对。

（3）实验后

将学习者语料、词汇偏误标注方案、每一名被试的标注语料核对并存档。

4.5 实验结果及统计分析

（1）第一次标注实验统计情况，见下面表6-2和表6-3。

表 6-2　包含偏误点的句子

(1) 因为每个个人的感觉都可以不同的。
(2) 因为帮助就是很好的事。
(3) 我要实现了自己的理想。
(4) 她们觉得在衣柜里没有衣服。
(5) 还幸福就是“爱”。
(6) 比如说我的男朋友给我一个花，
(7) 他看了我的脸，
(8) 他吻了我的时候我的心里有说不出的爱。
(9) 我爱一个男人的时候一切都非常美丽的世界。
(10) 我说了很多幸福。
(11) 把一个孩子说不出的幸福。
(12) 我希望一天我也成为一个母亲。
(13) 我们应该总是笑了。

表 6-3　偏误句标注统计

偏误句	偏误标注	比例
(1)	因为每个【个】[DSC]人	80%
	因为每个【个人】[CCb]	20%
	感觉都可以[QSC]不同的。	80%
	感觉都可以不同【的】[DXC]。	10%
(2)	帮助[QSC]就是很好的事。	80%
(3)	我要实现【了】[DXC]自己的理想。	93.3%
(4)	她们觉得【在】[DXC]衣柜里没有衣服。	80%
(5)	还[QSC]幸福就是“爱”。	53.3%
	【还】[CCb]幸福就是“爱”。	46.7%
(6)	比如说我的男朋友给我一【个】[CCb]花，	100%
(7)	他看【了】[CCb]我的脸，	93.3%
(8)	他吻【了】[DXC]我的时候我的心里有说不出的爱。	93.3%
(9)	我爱一个男人的时候一切都非常美丽的【世界】[DSC]。	100%
(10)	我说了很多[QSC]幸福。	80%

续表

偏误句	偏误标注	比例
(11)	【把】[CCb]一个孩子	20%
	[QSC]说不出的幸福。	20%
(12)	我希望[QSC]一天我也成为一个母亲。	100%
(13)	我们应该【总是】[CCb]笑【了】[DSC]。	53.3%
	我们应该总是笑【了】[CCb]。	20%

* 注:部分统计数据未达到100%是由于一部分被试未认定它们属于偏误。

偏误标注结果分析:

会出现类似"因为每个【个】[DSC]人""因为每个【个人】[CCb]人"不同的偏误类型,笔者认为主要是被试没有在这一语境下搞清楚到底是多了一个词还是词替换。笔者和部分被试在实验后就偏误句(11)进行沟通时,还发现有的被试认为这是一个偏误句,但是不理解原句要表达什么,因此就没有将其标注出来。

(2) 第二次实验结果统计,如下表。

表 6-4 包含偏误点的句子

(1)空时间我总时读书。
(2)如果说;爱情小兑,个人发展小说……
(3)但是我认为在我很小的时候这本书第一次学习我偏爱和邪恶。
(4)这个国家里生活了一个王和一个女王。
(5)她要这个女儿拥有红色的口,白色的脸,黑色的头发。
(6)但是她出生她的女儿的时候她死了。
(7)以后王结婚了一个新女王。
(8)她是一个很漂亮但是还是她是一个不好的人。
(9)她总时盯着这面镜和问它:"在世界上最漂亮的女人是谁?"
(10)因为女王要成为在世界上最漂亮的女人。
(11)但是公主出生一前镜子说"在世界上最漂亮的女人是你。"
(12)她叫来了一名仆人来和说他"给我把公主带走一个很大森林里去。
(13)仆人在死她的时候公主开始器了。
(14)他说"你是一个人见人爱的女儿,我不要死你。"
(15)她走森林里的时候遇到了七个小矮人。
(16)仆人回来的时候,女王问她的镜子:"在世界上最漂亮的女人是谁?"
(17)她叫仆人来和死他。

续表

(18)要是一个王子来和吻她，公主可能醒。
(19)一天王子来了和吻她。
(20)他们结婚了和快乐的生活着。
(21)我知道这是少人的书。
(22)但是我爱这本书因为这本书学习我好人每时间赢。

表 6-5 偏误句标注统计

偏误句	偏误标注	比例
(1)	【空时间】[CCz]我总时读书。	20%
	【空】[CCb]时间我总时读书。	80%
(2)	【如果】[CCb]说；爱情小兑，个人发展小说……	100%
(3)	但是我认为在我很小的时候这本书第一次【学习】[CCb]我偏爱和邪恶。	100%
(4)	这个国家里生活【了】[CCb]一个王和一个女王。	100%
(5)	她要这个女儿拥有红色的【口】[CCb]，白色的脸，黑色的头发。	100%
(6)	但是她【出生】[CCb]她的女儿的时候她死了。	100%
(7)	以后王【结婚】[CCh1]了一个新女王。	100%
(8)	她是一个很漂亮[QSC]但是【还是】[DXC]她是一个不好的人。	53.3%
	她【是一个】[DSC]很漂亮但是【还是】[DXC]她是一个不好的人。	20%
(9)	她总时盯着这面镜和问它："【在】[DXC]世界上最漂亮的女人是谁？"	80%
(10)	因为女王要成为【在】[DXC]世界上最漂亮的女人。	93.3%
(11)	但是公主出生以后镜子开始说："【在】[DXC]世界上最漂亮的女人是你但是公主比你更漂亮。"	80%
(12)	她叫来了一名仆人【来】[DSC]和说他	53.3%
	她叫来了一名仆人来【和】[CCb]说他	20%
	她叫来了一名仆人来和【说】[CCb]他	93.3%
	"给我把公主带【走】[CCb]一个很大森林里去。"	93.3%
	"给我把公主带走一个很大[QXC]森林里去。"	80%

续表

(13)	仆人在[QSC]死她的时候公主开始器了。	20%
	仆人在【死】[CCb]她的时候公主开始器了。	80%
(14)	他说"你是一个人见人爱的【女儿】[CCb]，	100%
	我不要[QSC]死你。"	20%
	我不要【死】[CCb]你。"	80%
(15)	她走[QXC]森林里的时候遇到了七个小矮[C]人。	80%
(16)	仆人回来的时候，女王问她的镜子："【在】[DXC]世界上最漂亮的女人是谁?"	80%
(17)	她叫仆人来和【死】[CCb]他。	80%
	她叫仆人来【和】[DXC]死他。	20%
(18)	要是一个王子来【和】[DXC]吻她，	100%
	公主可能[QSC]醒。	80%
	公主[QXC]可能醒。	10%
(19)	一天王子来了【和】[CCb]吻她。	53.3%
	一天王子来了【和】[DXC]吻她。	46.7%
(20)	他们结婚了【和】[CCb]快乐的生活着。	100%
	他们结婚了和快乐【的】[CCb]生活着。	53.3%
(21)	我知道这是【少人】[CCb]的书。	93.3%
(22)	但是我爱这本书因为这本书【学习】[CCb]我好人每时间赢。	93.3%
	但是我爱这本书因为这本书学习我好人【每时间】[CCz][QXC]赢。	20%

偏误标注结果分析：

出现偏误句(1)(22)中"生造词"的情况，不是所有的被试都能准确地判断出来，部分标注员更倾向于做"别词"处理。这可能是因为被试不熟悉如何判定特征不是特别明显的"生造词"。

偏误句(8)中两种标注方式都成立，但是笔者更倾向于第一种标注方法，因为第一种标注方法在原句上改动更小，也更加贴合作者的意图。

偏误句(13)(14)(17)中究竟是标注"缺词"还是"别词"，大部分被试认为属于"别词"，笔者认为标注"缺词"的被试可能对"别词"中"词替换"这一偏误次类的认识不够明确。

4.6 实验结论

实验数据表明，以本章制定的词汇偏误标注规范为依据所进行的词汇偏误标注具有比较高的一致性。

但是在实验过程中发现，由于被试的专业知识背景、认知能力以及标注时的精神状态不同，对同一个偏误点的理解判定存在着一定的差异，因此笔者建议在实际标注过程中，采用互相检验的方法，可以提高标注的正确率，避免出现偏误标注不统一的现象。

除此之外，在大规模的偏误标注之前，需要对标注员就词汇偏误认定、词汇偏误分类以及词汇偏误标注进行培训。标注员的专业水准将直接影响到整个词汇偏误标注的质量。

5 结 语

5.1 研究结论

本章在对语料库中具体语料进行详细分析的基础上，结合前人对词汇偏误的研究，总结出了词汇偏误的类型，包括：缺虚词、缺实词、多虚词、多实词、生造词、离合词误用、外文词、构词语素错位、同义词叠加、词替换、单音节和双音节词误用、近义词或形近词误用、同音词或音近词误用等。并在词汇偏误分类的基础上制定了通用型汉语中介语语料库词汇偏误标注内容，包括：缺虚词、缺实词、多虚词、多实词、别词、生造词、离合词误用、外文词、构词语素错位以及同义词叠加等。

本标注规范在语料标注方式上和以往的语料库标注有所不同，本章对词汇偏误标注采取只标注偏误类别而不对偏误进行改正的做法。这样可以减轻标注员的标注负担，提高标注员的标注效率，更可以提高语料标注的正确率，使得语料库具有更大的实用价值。

本标注规范在标注流程上也与以往的语料库有所不同。本章中词汇基础标注和偏误标注分属于不同系统，互相之间没有干扰。所以我们可以采用转录语料后先进行词汇层面的基础标注，使用机器自动分词及词性标注，然后由人工对词汇进行偏误标注。

以往语料库标注没有一套详尽、规范的标注规范，这不仅影响到标注质量，也影响到语料库的使用价值。本章在通用型汉语中介语语料库词汇标注实际需求的基础上结合前人的研究，制定出了一套相对完整的通用型汉语中介语语料库词汇标注规范。本规范包括词汇标注模式、词汇标注原则、词汇标注方法、词汇偏误标注内容、词汇偏误标注代码、词汇偏误标注流程。我们将采用“偏误标注＋基础标注”的模式对语料进行标注，以全面性、科学性、通用性、开放性等为词汇标注原则，标注代码尽可能与之前已做过的偏误标注的语料库保持一致，以方便广大用户使用。

5.2　研究不足

本章探讨的词汇偏误标注内容与以往的语料库标注内容基本相同，但增加了缺词和多词的次类，即“缺虚词”“缺实词”“多虚词”“多实词”，还多了一个新的标注内容“同义词叠加”。笔者将词汇偏误标注内容细化，如近义词或形近词的误用等，却将此类偏误类型都统归于别词当中，没有将其分立出来，对研究者通过我们的语料库所做的相关研究来说可能不够方便。

另外，笔者安排的标注实验被试数量较少，虽然得出的结论使本章所制定的词汇标注规范具有可行性，但还需要更多的实践操作加以证实。这是我们下一步努力的方向。

参考文献

黄昌宁、李涓子 (2002)《语料库语言学》，商务印书馆，北京。

教育部语言文字应用研究所(2006)《GB/T 20532—2006 信息处理用现代汉语词类标记规范》，http://www.doc88.com/p-1816882387931.html。(访问日期:2019 年 2 月 20 日)

梁茂成、李文中、许家金 (2010)《语料库应用教程》，外语教学与研究出版社，北京。

鲁健骥 (1984) 中介语理论与外国人学习汉语的语音偏误分析，《语言教学与研究》第 3 期。

鲁健骥 (1987) 外国人学习汉语的词语偏误分析，《语言教学与研究》第 4 期。

鲁健骥 (1994) 外国人学汉语的语法偏误分析，《语言教学与研究》第 1 期。

吕叔湘、朱德熙 (1952/2002)《语法修辞讲话》，辽宁教育出版社，沈阳。

任常慧 (2001)《汉语教学中的偏误分析》，武汉大学出版社，武汉。

杨翼 (1998) B 级证书获得者作文中的杂糅现象分析，《语言教学与研究》第 1 期。

俞士汶、朱学锋(2017)《现代汉语语法信息词典》，http://doi.org/10.18170/DVN/EDQWIL，北京大学开放研究数据平台。(访问日期:2019 年 2 月 20 日)

张宝林 (2004) 关于“HSK 动态作文语料库”的建设构想，《第三届全国语言文字应用学术研讨会论文集》，中国应用语言学会编，香港科技联合出版社，香港。

张宝林 (2006) “HSK 动态作文语料库”标注问题，《数字化汉语教学的研究与应用》，张普等主编，语文出版社，北京。

张宝林 (2010) 汉语中介语语料库建设的现状与对策，《语言文字应用》第 3 期。

张宝林（2013）关于通用型汉语中介语语料库标注模式的再认识，《世界汉语教学》第1期。

张宝林、崔希亮（2013）“全球汉语中介语语料库建设和研究”的设计理念，《语言教学与研究》第5期。

周小兵（1996）《第二语言教学论》，河北教育出版社，石家庄。

周小兵、王宇（2007）与范围副词“都”有关的偏误分析，《汉语学习》第1期。

朱其智（2007）留学生汉语杂糅偏误分析，《汉语学习》第3期

Dulay, H., Burt, M., Krashen, S.（1982）*Language Two*. Oxford: Oxford University Press.

Hockett, C. F.（1967）Where the tongue slips, there slips 1. In Friedrich, P.（ed.）*To Honour Roman Jakobson: Essays on the Occasion of His Seventieth Birthday*. The Hague, Paris: Mouton.

James, C.（2001）*Errors in Language Learning and Use: Exploring Error Analysis*＝语言学习和语言使用中的错误：错误分析探讨. Beijing: Foreign Language Teaching and Research Press.

Stemberger, J. P.（1982）Syntactic errors in speech. *Journal of Psycho-lingustic Research* 4.

附录

1. 20条偏误语料

1. 在我们的生活中每个孩子第一依靠的人是父母，父母也是成为第一任老师。
2. 小时候由于爸爸的工作的关系，我曾经搬家过5次。
3. 我们艰难的时候，她老是帮忙我们。
4. 二年后我要毕[B比]业大学的时候、他给我说一件事。
5. 我对流行歌曲有感兴趣。
6. 后来，经过一段[B断]时间，我们对小鸟[B乌]的兴趣越来越淡薄了。
7. 最后，孩子的兴趣无一没有跟父母的兴趣相干。
8. 我曾经旅游过世界十五个国家。
9. 稿费也一二万。
10. 因为全世界的空气，地土已经污染多了。
11. 人们看到大田EXPO，忍不住感叹起来了。
12. 如果它在发生在森林或住宅区的话，后果就是不堪设想。
13. 朋友们一起拿某人取笑的时候，她绝对不同参，不听见别人的话。
14. 我认为安乐死是应该取的。
15. 如果过多吸烟就会得到癌症。
16. 我们从“三个和尚没水喝”这个故事可以得到不少教训。
17. 我来韩国已经四多月。
18. 人人之间该需要理解、让步和容纳。

19. 大部分人开始吸烟是摆脱压力和烦恼，但[B担]也有相当部分的人学吸烟是为了装酷的。尤[B优]其是那些青少年。

20. 可是时间不等我，一转眼，我已经成人了，也该上大学。

2. 学习者A篇语料

生活中什么最重要？

世界上最重要的事情就是幸福。幸福有很多意思。因为每个个人的感觉都可以不同的。

有人说幸福就是有钱。有钱就有了一切。但是我觉得有钱不一定幸福。我觉得幸福就是一种快乐的感觉。比如说有时候我帮一个人。这是我的幸福。因为帮助就是很好的事。

有时候幸福就是通过了考试。比如说HSK。要是我通过了HSK我觉得真好。因为我要去中国。我要实现了自己的理想。

每个人都知道女人都爱买东西。因为她们觉得在衣柜[C]里没有衣服。我觉得一样！所以我买了东西的时候我觉得真好。

还幸福就是"爱"。我们应该爱自己，爱家人，爱朋友，爱每个人……我觉得爱是很好的感觉。如果我们的心里装满[C]爱，没钱也会觉得富有，病了也会乐观。我认为这样活一辈子才有意义。爱让我们快乐。比如说我的男朋友给我一个花，他看了我的脸，他对我说一个很好的句了，他吻了我的时候我的心里有说不出的爱。我爱一个男人的时候一切都非常美丽的世界。这个是爱，这个是幸福。

我说了很多幸福。但是我觉得世界上最重要的幸福就是成为一个母亲。把一个孩子说不出的幸福。因为他是我们的一部分。我希望一天我也成为一个母亲。

我们需要看一下正面的世界。我们应该总是笑了。我们应该不忘记这个；幸福的时候我们的生活比较好。生活的关健[C]就是幸福。

3. 学习者B篇语料

我最喜[C]爱的一本书

我喜欢读书。空时间我总时读书。我卖了很多个种的书。如果说；爱情小兑，个人发展小说……但是在我很小的时候我读了一本书。它的名子是"白雪公主和七个小矮[C]人。"我最爱的一本书是这个。我不知道为什么我爱这本书。但是我认为在我很小的时候这本书第一次学习我偏爱和邪恶。

Grimm Kordester写了这本书在1812。现在我要写这本书的内容。

在很远很远的地方有一个国家。这个国家里生活了一个王和一个女王。这个女王不能成为一个母亲。所以她觉得真不好。她总时要一个女儿。她要这个女儿拥[C]有红色的口，白色的脸[C]，黑色的头发。一天女王成为了一个母亲。但是她出生她的女儿的时候她死了。每个人都觉得不好。以后王结婚了一个新女王。她是一个很漂亮但是还[C]是她是一个不好的人。每个人都不喜[C]欢她。新女王有一面镜子。她总时盯着这面镜和问它："在世界上最[C]漂亮的女人是谁？"因为女王要成为在世界上最[C]漂亮的女人。公主出生一前镜子说"在世界上最[C]漂亮的女人是你。"但是公主出生以后镜子开始说:“在世界上最漂亮的女人是你但是公主比你更漂亮。”女王觉得很生气。她叫来了一名仆人来和说他“给我把公主带走一个很大森林里去。我希望再也不看见她。”仆人带公主走了。他们到了一个大森林。仆人在死她的时候公主开始器了。仆人觉得真不好。他说“你是一个人见人爱的女儿,我不要死你。”和他走了。仆人走以后公主一个人很害怕。她走森林里的时候遇到了七个小矮[C]人。我们开始同居[C]。

仆人回来的时候,女王问她的镜子:“在世界上最[C]漂亮的女人是谁?”镜说“你是很漂亮,但是公主比你更漂亮。”女王觉得很生气。她叫仆人来和死他。她决定死公主自己。一天她找[C]至公主的家。她去了她的家。但是公主不认识她。因为女王看起来象一个老人。女王给公主一个平果。她一吃平果就晕了。要是一个王子来和吻她,公主可能醒。一天王子来了和吻她。他们结婚了和快乐的生活着。

我知道这是少人的书。但是我爱这本书因为这本书学习我好人每时间赢。

第七章　熟语标注研究[①]

1 引　言

1.1　研究对象

本章的研究对象是通用型汉语中介语语料库中的熟语标注问题。熟语是指结构固定、意义具有整体性的一种特殊语言现象。笔者研究的是熟语的标注而不是熟语本身。对熟语清晰的认识是进行熟语标注的前提，只有明确了熟语的定义、范围和分类，才能对熟语进行标注，熟语标注的研究离不开熟语本体的研究。因此，笔者也对熟语的定义、范围和分类进行了讨论，但着眼点不在解决熟语本体研究中的难题和争议，而在标注过程中如何合理地处理这些难题和争议。

1.2　研究目的

已建成的汉语中介语语料库对熟语的处理都比较简单，偏误标注只涉及成语一类，尚无系统的熟语标注方案。本章从标注模式和原则、标注内容、标注方法三方面对熟语标注进行研究，着重从理论上探讨现有熟语标注方法的合理与不合理之处，在此基础上扬长避短，构拟出更为成熟、可行并且使用方便的熟语标注方案。

1.3　研究方法和语料来源

笔者在研究过程中使用了观察法、逻辑法和实验法三种方法。通过对语料实际情况的观察，归纳总结出语料中的熟语使用情况和偏误情况，再结合熟语本体、教学等方面的研究成果，进行理论性的讨论，并在此基础上制定一套熟语标注方案。根据标注方案对语料进行标注实验，通过实验来证明方案的可行性，并对其进行进一步的修改完善。

---

① 本章原题《通用型汉语中介语语料库熟语标注研究》。作者：唐倩，北京语言大学 2011 级课程与教学论专业硕士研究生。

2 理论背景

2.1 研究现状

通用型汉语中介语语料库中的熟语标注研究主要建立在熟语本体研究、熟语偏误和习得研究以及熟语标注研究的基础上。

“熟语”不是本土的概念，而是 20 世纪 50 年代末由俄语“фразеология”一词翻译引进的。(云生，1959)不同的学者对这一概念有着不同的理解，由此引发了关于熟语的种属概念、外延和分类的讨论。目前，熟语作为种概念的地位已得到肯定；成语、惯用语、歇后语、谚语和俗语作为熟语属概念也已得到公认，格言是否属于熟语尚有争议；而不同的熟语类型之间具体应该如何区分还没有明确的标准，值得提出的是，崔希亮(2005)通过音节和结构来对熟语进行划分的方法在熟语标注研究中有一定的可操作性。

熟语习得和偏误研究都是针对某一种具体的熟语种类而非熟语这个整体。目前在中国知网(CNKI)上可见的相关研究共 21 篇，其中 12 篇是关于惯用语的，其余 9 篇是关于成语的，未见关于其他熟语种类的相关研究。所有研究中只有《基于 HSK 动态作文语料库外国留学生成语习得偏误研究》(郭睿，2012)一篇使用了中介语语料库进行研究，中介语语料库对这类研究的贡献不足。笔者认为已建成的中介语语料库中熟语标注的不系统、不完善是造成此类研究不足的原因之一。

熟语标注的研究主要涉及两方面，一方面是熟语标注研究，另一方面是现有的熟语标注方法。专门针对熟语标注的研究成果比较少，一类是针对熟语词性和词汇范畴标记问题的(安娜，2004)，另一类是关于熟语单位的研究(杨建国，2005)。目前可见的通用型汉语中介语语料库中，北京语言大学的“HSK 语料库”和“首都语料库”对熟语进行了偏误标注。它们都是把熟语中的成语和惯用语两类当作词的等价物来处理。此外，“首都语料库”还对熟语进行了基础标注，采用的是《GB/T 20532—2006 信息处理用现代汉语词类标记规范》中的处理方法。除语用所的标记规范外，北京大学研制的《北京大学现代汉语语料库基本加工规范》(2002)也是常用的一种词汇处理规范。上述两种标注规范都是同时对熟语进行分类和词性的标注。国内对熟语标注的探讨比较注重形式和句法功能层面，而英国的 UCREL Sematic Analysis System(USAS)可对熟语进行语义标注，对国内的熟语标注研究也颇有借鉴意义。

2.2　研究意义

笔者用“首都语料库”中自带的词统计功能对已标注的语料进行了统计。“首都语料库”收录约 100 万字语料，共出现 11704 词，其中熟语 382 个，包括 289 个成语和 93 个惯用语，约占所有词的 3.26%，未见俗语、谚语、歇后语等熟语种类。笔者又从“首都语料库”中随机抽取了 145 篇，共计约 27000 字、2175 条原始语料进行考察，发现其中共出现熟语 98 条，约占 4.51%，并且出现了一条非常典型的俗语“好女不嫁二夫，再婚不如寡妇”。通过对原始语料的考察发现，原始语料中熟语出现的比例高于“首都语料库”中自动统计的比例，但熟语在语料库中未作为整体处理，现有的熟语标注方法仍有所遗漏。

熟语承载了丰富的中华文化，是汉语言中不可或缺的组成部分。然而熟语中丰富的文化因素却给不同文化背景的汉语学习者造成了理解和掌握上的困难。目前汉语中介语语料库中尚未见针对熟语的系统标注方法。研究者要利用语料库进行相关研究、指导熟语教学，还有所不便。

对现有的熟语标注方法进行探讨和改进，形成一套更为系统、科学、可行、方便的熟语标注方案，能更好地为熟语习得和偏误研究提供方便，促进汉语熟语的研究和教学。

3　熟语的界定

3.1　熟语的定义和范围界定

熟语在形式上可以是词组或句子，具有结构固定性、意义整体性和习用性等特点。而熟语作为一个种概念，具体包含哪些属概念，在学界还有很大的争议。笔者倾向于熟语包含成语、俗语、谚语、惯用语和歇后语的观点。

成语、惯用语和歇后语是熟语，这一点已得到公认，并且语料中也确实存在一定比例的成语和惯用语，尽管目前考察的语料中未见歇后语，但由于笔者并未进行穷尽性研究，不能断定留学生写作过程中完全不会使用歇后语。熟语二层标注法(安娜、刘海涛、侯敏，2004)中亦涉及成语、惯用语和歇后语。

俗语和谚语也具备明显的熟语性，形式上是词组或短句，结构上是固定的，意义上具有整体性，是人们相沿习用的语言结构。在笔者考察的语料中确实出现了“好女不嫁二夫，再婚不如寡妇”这一俗语，从语料标注全面性出发，凡是语料中出现过或是经过理论探讨，可能出现在语料中的现象，都应该给予相应的标记。

综上，笔者认为通用型汉语中介语语料库中标注的熟语种类应包括成语、惯用语、歇后语、俗语和谚语。

3.2 不同熟语类型辨析

要对不同的熟语类型进行分辨，需要首先对其进行定义。由于熟语本身的复杂性，不同研究者对每一熟语类型的定义也有所差别，笔者决定采用接受度较高的《现代汉语词典》(第5版)中的定义。

成语：人们长期以来习用的、简洁精辟的定型词组或短句，大多由四个字组成，一般都有出处。

惯用语：常以口语色彩较浓的固定词组表达一个完整的意思，多用其比喻义。

歇后语：由两个部分组成，前一部分像谜面，后一部分像谜底。

俗语：通俗并广泛流行的定型的语句，一般简练而形象化，大多数是劳动人民创造出来的。

谚语：在群众中间流传的固定语句，用简单通俗的话反映出深刻的道理。

熟语分类问题目前尚未形成广泛的共识。不同熟语类型之间有什么区别、一个具体的词组或短句究竟属于哪一类，这些都是有争议的。研制熟语标注规范时应对这些问题进行辨析和规定，才能避免标注过程中因界定不清而产生误标。

熟语的辨析可以从结构、语义、语法、语用等多方面进行，详见表7-1：

表7-1 熟语辨析表

熟语类型	形式特征	出处	语法功能	意义特征	语言风格
成语	四字格为主	多为典故，一般有具体出处	可以充当句子成分	语义一般与典故相关	有一定书面语色彩，比较典雅
惯用语	三字格为主	来源于人民群众，不一定有具体出处	可以充当句子成分	多用比喻义，贬义居多	口语色彩重，比较通俗
歇后语	有前、后半句，前半句为谜面，后半句为谜底	不一定有具体出处	可以充当句子成分	后半句的语义为所要表达的意义	口语色彩重，比较通俗

续表

熟语类型	形式特征	出处	语法功能	意义特征	语言风格
俗语	短句，单体结构	来源人民群众，不一定有具体出处	可以充当句子成分	社会文化内容丰富	口语色彩非常重，生动形象，非常通俗
谚语	短句，复体结构	不一定有具体出处	不充当句子成分	一般要表达深刻的道理	比较通俗

崔希亮(2005)谈到，《分类实用成语词典》(高光烈，1987)中四字格成语占98.4%，其余的许多条目如“丁是丁卯是卯”“一不做二不休”都可以看作是别的熟语形式；而《惯用语例释》(1985)中三字格的惯用语占67.5%，一些长度上大于或小于三字格的都不是最小的固定格式，少数六音节的惯用语仍是以三字格为基础。而俗语多为五、六、七言的单体结构，谚语大部分为双体结构。可见同一种熟语结构上还是非常整齐的。从结构上来判断熟语类型，尽管有片面、武断之嫌，但遇到某些从出处、语法功能、意义特征和语言风格上都难以判断的熟语，为保证熟语标注的一致性，可适当借鉴这种判断方法。

4 标注模式和原则

4.1 熟语标注模式

标注是语料深加工的重要环节，也是一个语种语料库建设水平的重要标志。(刘连元，1996)经过标注的熟语料库比原始语料具有更大、更多的使用价值。(黄昌宁、李涓子，2002)目前中介语语料库中有只进行偏误标注和“偏误标注＋基础标注”两种标注模式。已建成的汉语中介语语料库都比较重视偏误标注，研究者利用中介语语料库进行偏误分析非常方便。但只进行偏误标注的语料库在功能上有其局限性，只能查到偏误语料，不能查到学生正确的语言表现；只能查到带有标志词的病句，不能查到回避了标志词的病句。(张宝林，2011)对语料进行基础标注能避免这种现象，既能检索偏误表现，又能检索正确表现，对学习者使用汉语的情况进行全面的呈现。

“偏误标注＋基础标注”两版标注的模式已在“首都语料库”中得到了比较好的实践。原始语料录入系统后由标注员进行标点、字、词、句、篇章层面的偏误标注，将各层面的错误表现分门别类地标注出来，再对正确的部分进行词性、句法、句式的标注。研究者使用时既可以查到偏误语料，又可以检索出正确的表现；既可以通过标志词来检索，又可以通过句型、句式来检索没有标志词的相关语料。

本章研究也采用“偏误标注＋基础标注”的标注模式来对熟语进行标注。熟语是一个种概念，包含了成语、惯用语、歇后语、俗语、谚语等不同类型，熟语研究既可以是针对某一种或几种熟语类型的研究，也可以是针对熟语整体的研究。对熟语进行基础标注，可以划分熟语类型、标注熟语词性，能方便研究者提取不同类型的熟语语料；而不同熟语类型的偏误表现具有共通性，将熟语作为一个整体来进行偏误的分类工作则能使得偏误类型更加简明，避免重复和冗余。偏误标注和基础标注相结合，使用者能够提取某一种熟语，对其进行偏误和正确表现的研究，也可以提取所有熟语，进行整体研究。

4.2 熟语标注原则

张宝林(2011)提出了建设语料库的六条原则：真实性原则、全面性原则、平衡性原则、简洁性原则、方便性原则和开放性原则。在此基础上结合熟语标注本身的特殊性，笔者认为熟语标注应遵循以下几个主要原则：

(1) 全面性原则：熟语范围的确定和熟语偏误类型的划分应力求囊括语料中已出现或可能出现的熟语种类和偏误表现。

(2) 系统性原则：熟语标注规范作为通用型汉语中介语语料库标注规范中的一部分，应与字、词、句法等不同层面标注规范形成系统，既要划清熟语标注与其他层面标注的界限，又要保证熟语标注和其他层面标注存在于同一系统中的整体性。

(3) 统一性原则：不同熟语类型的偏误标注要保持统一。通用型汉语中介语语料库中的熟语偏误标注是把熟语当作一个整体进行标注，而不是针对某一种熟语类型的标注，不同熟语类型的同类偏误表现的标注要采用统一的分类标准。如成语的错序偏误和俗语的错序偏误，都应该标注为熟语的错序偏误，而不是分别标注为词的错序和语句错误。

5 标注内容

5.1 熟语偏误标注内容

5.1.1 熟语偏误的判定

前文提到熟语具有稳固的结构，但这种稳固不是绝对的。熟语的结构是在时间的长河中经过人们的相沿习用而趋于稳固的，同样也会随着语言的发展而发生新的变化。母语者使用熟语时为了取得更好的修辞效果，有时会对熟语进行一定程度的活用。这种活用大多表现在熟语的形式上，包括词序的变化，如“滴水穿石”和“水滴石穿”、“满目琳琅”和“琳琅满目”；熟语内部语素的替换，如“拒人于千里之外”“拒我于千里之外”等。从母语者的角度而言，这种活用能更好地表达说话者的意图，然而作为语言学习者，学习语言首先需要做到正确和规范，在正确和规范的基础上才可能进行灵活的运用。

汉语中介语语料库的标注是为研究学习者使用汉语的情况提供方便，标注的对象是中介语而非母语，应该更加注重语言的规范性。因此，笔者认为熟语偏误的判断应该从严，对于形式上出现变化的熟语，着重考量形式变化之后熟语的意义是否发生变化，这种意义的变化是否与前后文试图表达的语义一致，形式变化之后的表达是否符合母语者的语言习惯。例如“唱相反的调”为“唱反调”的异化形式，“唱反调”原本表达的意义是“对着干”，而“唱相反的调”更接近字面的意义，并且这种表达并不符合母语者的语言习惯，因此应该判断为熟语的偏误。

另有一种熟语形式变化的情况比较难判断，即熟语的化用——学生用自己的语言来表达熟语的意义，例如“不孝有三里面，无后是最大的不孝”和“失败是成功的妈妈”。我们能够看出这两句话化用自“不孝有三，无后为大”“失败是成功之母”，形式发生了变化，意义却没有改变，也表达出了作者的原意，不能说是错误的表达。但这种表达方式并不符合母语者的表达习惯，是学习者对汉语熟语的一种不规范的活用，也是学习者对该熟语并未完全掌握的表现，笔者认为应该在偏误标注中对这种现象进行标注。

5.1.2　熟语偏误的分类

熟语偏误研究中的偏误分类大多囊括了出现在熟语中的字、词、句法、语义和语用的偏误，比较全面地展现了熟语偏误的整体面貌。但由于这些偏误分类自成系统，包含了不同层面的偏误，并且都是针对某一种熟语类型的分类，并不能直接应用于通用型汉语中介语语料库中的熟语偏误标注。而“HSK 语料库”和“首都语料库”中对熟语偏误的分类完全等同于一般词汇，也分为缺词、多词和误用(包括错序、别词、生造、外文词、离合词和存疑)三大类，实质上只是形式层面上的分类。从“首都语料库”的实际标注情况来看，并没有出现缺词和多词偏误的熟语，除了惯用语有离合这类偏误以外，熟语偏误基本集中于误用中的别词和生造两类。实际上，熟语的误用却有很多不同的情况，并不能简单用“别词”来概括。因此有必要对熟语偏误进行更细致的分类。

笔者考察了“HSK 语料库”中 200 篇、共计约 60000 字的原始语料，“首都语料库”中 145 篇、共计约 27000 字的原始语料和教学过程中接触到的学生汉语作文文本语料，对语料中出现的所有熟语偏误表现进行了全面系统的整理和分类。语料中出现的熟语偏误表现整体上可以分为形式偏误和使用偏误两大类型。

(1) 形式偏误

形式偏误表现为书写出来的熟语本身的形式不正确，包括别字、多字、漏字、错序、替换和误化。

1) 别字是指熟语中的语素书写有形式上的偏误，包括音近替换和形近替换，反映的是留学生汉字字形和字音上的偏误。例如：

(1) 你怎么没精打彩(采)的，发生什么不好的事情了吗？

2) 多字是指熟语中出现多余的字，俗语、谚语、歇后语中还可能出现多余的词。例如：

(2) 开会的时候，米莉总是喜欢跟我们唱(相)反(的)调。

(3) 他们不知道发生了什么，大(的)眼瞪小(的)眼。

3) 漏字是指熟语中应该有的字没有写，俗语、格言、谚语、歇后语中还可能有缺少的词。例如：

(4) 我只是做了我的分内事而已，请大家别给我戴(高)帽。

4) 错序是指熟语中的语素顺序颠倒。例如：

(5) 这次考试，玛丽考的(得)非常好，真是红满堂(满堂红)啊！

(6) 每天叹声唉气(唉声叹气)也没有用，你要高高兴兴。

5) 替换是指构成熟语的部分语素被其他语素所替代而造成的偏误，与别字的区别在于词语替换不仅限于个别字，也可能是一个词，并且用来替换的词语与正确的词语之间意义上并非毫无关系，而是同义、近义或相关联的词。例如：

(7) 长城真长，真是百闻不如一看(见)。

6) 误化是指对熟语的错误化用，表现为将形式固定的熟语用学习者自己的话来表达，意义上无偏差但表达上不符合母语者表达习惯，不规范。例如：

(8) 他说：“不孝有三里面，无后是最大的不孝(不孝有三，无后为大)。”

(9) 因为失败是成功的妈妈(失败是成功之母),我们互相帮助的时候我们公司可以成为一个最巨大的公司。

(2) 使用偏误

使用偏误是指书写出来的熟语本身是正确的,但放在句中不能正确表达句子的意义或者不符合句法规则,包括离合偏误、搭配偏误、句法偏误、语义偏误和语用偏误。

1) 离合偏误是指具备离合性的熟语后面带了宾语等不应该出现的句子成分,或不具备离合词特性的熟语被当作了离合词,在该熟语的中间插入了句子成分。例如:

(10) 妈妈:你从来没开夜车过(开过夜车),今天你竟然开夜车了。

(11) 他总是高高在上,难怪别人总是拒了他于千里之外(拒他于千里之外了)。

2) 搭配偏误是指所使用的熟语和前后的成分搭配不当。例如:

(12) 他那脾气你不知道,我不止一次喝(吃)过闭门羹。(“吃闭门羹”为固定搭配,不可替换)

(13) 他说,不能遇到困难敲(打)退堂鼓。(“打退堂鼓”为固定搭配,不可替换)

3) 句法偏误是指所使用的熟语担任了错误的语法功能。例如:

(14) 感到闷恨、无聊的人们都到咖啡店和她聊一聊,和她聊后人们都津津有味。(“津津有味”不能做谓语)

(15) 他板上钉钉地说:“我一定去!”(“板上钉钉”不能做状语)

4) 语义偏误是指所使用的熟语在句法上是正确的,但语义上却有所偏误,包括语义不匹配、语义重复和语义矛盾。语义不匹配是指“语不达意”的情况,所使用的熟语语义与要表达的意义不匹配;语义重复是指所使用的熟语与要表达的意义虽然匹配,但有所重复的情况;语义矛盾是指所使用的熟语语义与要表达的意义虽然匹配,却和前后文相矛盾的情况。例如:

(16) 这种困难是在人生当中没什么大不了的,就是冰山一角(微不足道)的。(此处要表达的语义是“小”“不重要”,而“冰山一角”是指只能看到事物的一部分,不能看到全部,与要表达的意义不匹配。)

(17) 老师对我们的关心在所有地方都无所不在。(“无所不在”已有

"所有地方"的含义,和"所有地方"语义重复)

(18) 经过班长的组织,我们几个很好的朋友终于不期而遇的见到了。("不期而遇"有"不经过组织和计划"的意义,和"经过组织"语义矛盾)

5) 语用偏误是指所使用的熟语在句法和意义上都正确,但感情色彩或使用语境不正确。例如:

(19) 对大学生来说,同居是不同凡响的。("不同凡响"为褒义,此处应用贬义词)

5.1.3 通用型汉语中介语语料库中的熟语偏误标注内容

在语料考察的过程中,笔者共发现了13种熟语偏误类型,这些偏误类型涉及各个层面,为使通用型汉语中介语语料库中的熟语偏误标注和其他层面的标注形成系统,还需对这些偏误类型进行进一步的讨论。

形式偏误中多字、漏字、别字表现为单个字的偏误,出现在熟语的局部位置,和一般词汇中的多字、漏字、别字并无本质区别,通过字层面的偏误标注即可准确标注出来,熟语偏误标注中无须再重复标注。

替换偏误表现为熟语中部分语素被替代,实际上和一般词汇的别词偏误相同,可以在词汇偏误标注中得到准确的标注,熟语偏误标注中也无须重复标注。

错序和词语替换两种偏误和词层面的偏误有所重合。部分熟语中的错序,如"叹声唉气(唉声叹气)""心里有十五桶水——八上七下(七上八下)"等,和一般词汇中的错序("运命"——"命运")表现一致,通过词层面的偏误标注可以准确标注出来;但另一部分熟语中的错序则无法通过词层面的偏误标注进行标注,如"后事不忘,前事之师(前事不忘,后事之师)"。根据熟语标注的统一性原则,熟语偏误标注是针对熟语整体的偏误标注,不同的熟语类型在同一种偏误上的处理应该保持统一,因此,笔者认为熟语的错序偏误应该区别于一般词汇的错序,列入熟语偏误标注的内容当中。

误化偏误表现为单个熟语整体上的形式变化,是熟语特有的偏误类型,应该列入熟语偏误标注的内容当中。

熟语的使用偏误是熟语偏误标注的重点,使用偏误中的句法偏误和搭配偏误都和句层面的偏误标注有重合,两者具体情况不同,需区别对待。熟语的句法偏误和一般词汇的句法偏误都表现为担任了错误的语法功能,在句法偏误标注中能够得到准确的标注,不必单独再标。熟语的搭配偏误是固定搭配的偏误，例(12)中“喝闭门羹”中的“喝”和“羹”、例(13)中“敲退堂鼓”中的“敲”和“鼓”从句法层面来看是可以搭配的，之所以判断为错误的表达，是由于“吃闭门羹”和“打退堂鼓”虽然是词组，但作为熟语，应该是一个整体，其中的搭配是经过历史沉淀固定下来、人们相沿习用的，不能更改。因此，熟语的搭配偏误需要列入熟语偏误标注内容中。

离合偏误和一般词汇的离合偏误有所重复，但一般词汇的离合偏误不能准确标注出发生在词组和短句形式的熟语中的离合偏误，如例(11)中的“拒了人于千里之外”。遵循熟语标注的统一性原则，离合偏误也应该列入熟语偏误标注内容当中。

语义(包括语义不匹配、语义重复、语义矛盾)偏误、语用偏误和字、词、句层面的偏误标注无重合，应当列入熟语偏误标注的内容中。

综上，通用型汉语中介语语料库中的熟语偏误标注内容详见表7-2：

表7-2 熟语偏误标注内容

偏误	例句
错序	每天叹声唉气(唉声叹气)也没有用，你要高高兴兴。
误化	他说：“不孝有三里面，无后是最大的不孝(不孝有三，无后为大)。”
离合偏误	妈妈：你从来没开夜车过(开过夜车)，今天你竟然开夜车了。
搭配偏误	他那脾气你不知道，我不止一次喝(吃)过闭门羹。
语义不匹配	这种困难是在人生当中没什么大不了的，就是冰山一角(微不足道)的。
语义重复	老师对我们的关心在所有地方都无所不在。
语义矛盾	经过班长的组织，我们几个很好的朋友终于不期而遇的见到了。
语用偏误	对大学生来说，同居是不同凡响(非同小可)的。

5.2 熟语基础标注内容

熟语的分类是熟语基础标注的一项重要内容。之前的讨论从理论上论证了基础标注中应标注的熟语类型(成语、惯用语、俗语、谚语和歇后语)及其差别。在语料库的实际建设过程中，熟语的基础标注可以通过自动分词来实现。

词性标注是进行句法标注的基础，充当句子成分的熟语作为一个整体，如果不进行词性标注将会影响到下一步句法标注的进行。然而，熟语不同于一般词汇，具有其特殊性。首先从形式上讲，熟语中除了词的形式，还有词组和短句；其次，熟语除了做句子成分，往往单独成句。熟语的这两个特点使得其词性有时难以判断。“好女不嫁二夫”“天要下雨娘要嫁人”等俗语或“周瑜打黄盖——一个愿打，一个愿挨”“猪八戒照镜子——里外不是人”等歇后语，都是词组、短句的形式，并且常常独立成句，它们的词性判断起来有一定的困难。因此，熟语的词性标注需要根据具体情况来处理。

目前国内使用较多的《北京大学现代汉语语料库基本加工规范》(2002)和《GB/T 20532—2006 信息处理用现代汉语词类标记规范》都对熟语进行了分类标注和词性标注。这两种标注规范采取的都是先标注熟语类型，再在每种熟语类型下面划分子类来标注词性，如将习用语分为名词性习用语、动词性习用语、形容词性习用语等子类。这种处理方法既能划分出熟语的类型，又能满足下一步句法标注的需求，但二者的词类标注中已经有名词、动词、形容词等词性标注，再根据词性分子类，实际上增加了标注的复杂程度，稍显冗余。此外，《北京大学现代汉语语料库基本加工规范》(2002)把熟语分为成语和习用语两类，《GB/T 20532—2006 信息处理用现代汉语词类标记规范》中则统称为习用语，对熟语类型的划分还比较粗略，词性标注考虑的都是以词或词组形式出现、充当句子成分的熟语，而未涉及歇后语、俗语等短句形式的熟语。

安娜、刘海涛、侯敏(2004)提出了熟语的二层标注法，先对熟语进行词性标注(名词、动词、形容词等)，然后再进行分类标注(成语、习用语、歇后语等)，把词性标记和分类标记放在了两个不同的层面上，而不再按照词性对每一类熟语进行分类。这种方法也能满足句法分析的需要，却更为简洁，在不影响标注结果的情况下简化了需要标注的内容。文中还把熟语分为词汇单位和非词汇单位，成语、惯用语、歇后语等词汇单位作为整体进行词性标注，其中歇后语的词性可依据谜底的语法功能来确定，而谚语之类非词汇单位往往单独成句，不充当句子成分，只需对其组成单位进行标注，整体上不必再标注词性。这种处理方法兼顾了充当句子成分的熟语和不充当句子成分的熟语，比较全面。

综合比较上述几种词性标注处理方式，笔者认为用二层标注法来标注熟语词性非常可行。在此基础上，可更进一步，采用三层标注的方法：先将熟语分为词汇单位和非词汇单位两类；然后进行词性标注，词汇单位标注整体的词性，非词汇单位则对其组成单位分别进行词性标注；最后进行分类标注；非词汇单位也作为一个整体标注分类。词汇单位，如“再接再厉”和“马大哈”，先标注为词汇单位，再分别标注为动词和名词，最后标注类型，“再接再厉”为成语、“马大哈”为惯用语。非词汇单位，如“好女不嫁二夫”，先标注为非词汇单位，再分别标注“好”“女”“不”“嫁”“二”“夫”的词性，最后将其整体括起来，标注为俗语。

6　标注方法

语料标注的可以通过手工标注、人标机助、机标人助、计算机自动标注等方式来实现。(张宝林，2013)手工标注和人标机助都主要靠人工来完成标注工作，前者纯粹由标注员手工输入标注代码，后者在人工标注的过程中使用计算机程序来帮助标注员输入标注代码，减轻标注员的记忆负担。机标人助和计算机自动标注主要靠计算机程序来进行标注工作，前者在计算机标注的基础上利用人工进行校对，后者则完全靠计算机标注。目前，人标机助是最主要的标注方式，而分词和词性标注一般采用的是机标人助的方式。(张宝林，2013)

偏误标注还难以完全通过机器标注来实现，大多仍采取人标机助的方式。熟语偏误涉及成语、惯用语、俗语、谚语和歇后语五种不同类型，情况比较复杂，采用人标机助的方法比较合适。语料标注代码繁多，人工书写和记忆对标注员来说负担太大。利用计算机程序来帮助标注员输入标注代码，大大减轻了标注员的记忆负担，方便可行。

词汇的基础标注要标注的是词汇的类型和词性，可以通过机标人助的标注方法。一般词汇通过计算机自动标注，标注准确率可达到99%。(黄昌宁、李涓子，2002)计算机自动标注后再进行一遍人工校对，能够进一步保证词汇基础标注的准确性。熟语基础标注也是标注熟语的类型和词性，也可以通过机标人助的方法来标注。但熟语基础标注还有其特殊性。本章在“熟语基础标注内容”一节中谈到熟语中不仅有词，也有词组和短句。从熟语分类标注的角度看，各种形式的熟语都应该作为一个整体来标注；从熟语词性标注的角度看，一些形式上为短句的熟语无法作为整体来标注词性，只能对其组成单位逐一标注。后提出的“三层标注法”可以解决这一矛盾，提高机器标注的准确性。熟语结构上比较复杂，既有单体结构，又有复体结构，单体结构中字数也各不相同，既有“穿小鞋”“健步如飞”这样的三字格、四字格，也有“百闻不如一见”这样的六字格，甚至更多。利用计算机程序处理如此复杂的情况，无论采用普通的标注方法，还是采用“三层标注法”，都无法保证百分百的准确。因此，在熟语基础标注中，机器自动标注后的人工校对工作显得更加重要。

7 标注方案和标注实验

7.1 熟语标注方案

7.1.1 标注内容、流程和方法

标注内容:偏误标注+基础标注。

标注流程:偏误标注——机器自动基础标注——人工校对。

标注方法:偏误标注采用人标机助、基础标注采用机标人助的方法。

7.1.2 偏误标注方案

本方案代码建立在北京语言大学“首都语料库”的偏误标注方案基础之上,完全相同之处不再设计代码,新标注项的代码设计也套用上述两者的系统。

偏误标注代码:以中括号“[]”表示熟语的偏误,括号中前半部分书写偏误代码,后半部分书写正确形式。

表 7-3 偏误标注代码表

偏误	定义	代码及诠释	标注位置	标注示例	与词、句层面的关系
错序	熟语中的语素顺序颠倒。	[CYx]C为“错”首字母大写,Y为“熟语”的“语”首字母大写,下同。x为“序”首字母小写。	标在错序熟语整体后。	这次考试,玛丽考的(得)非常好,真是红满堂[CYx满堂红]啊!	为保持词汇单位和非词汇单位熟语的统一性,将熟语单独标注,不放在词、句层面标注。
误化	对熟语的不规范化用。	[CYw]w为“误”首字母小写。	标在误化熟语整体后。	他说:“不孝有三里面,无后是最大的不孝[CYw不孝有三,无后为大]”。	熟语特有偏误。

续表

偏误	定义	代码及诠释	标注位置	标注示例	与词、句层面的关系
离合偏误	具备离合词特性的熟语后面带了宾语等不应该出现的句子成分，或不具备离合词特性的熟语被当作了离合词使用。	[CYh]h为“合”首字母小写。	离合词带宾语等成分的情况标在所误带的成分后，不是离合词误用为离合的情况标在该误用词后。	妈妈：你从来没开夜车过[CYh开过夜车]，今天你竟然开夜车了。	为保持词汇单位和非词汇单位熟语的统一性，将熟语单独标注，不放在词、句层面标注。
搭配偏误	所使用的熟语和前后成分搭配不当。	[CYd] d取“搭配”中“搭”首字母小写。	标在搭配错误的成分后。	他那脾气你不知道，我不止一次喝[CYd吃]过闭门羹。	为保持词汇单位和非词汇单位熟语的统一性，将熟语单独标注，不放在词、句层面标注。
语义不匹配	所使用的熟语语义与要表达的语义不匹配。	[CYbp] bp取“语义不匹配”中“不”和“配”首字母小写。	标在该熟语整体后。	这种困难是在人生当中没什么大不了的，就是冰山一角[CYbp微不足道]的。	与词、句层面无重合。
语义重复	所使用的熟语和前后文语义上有所重复。	[CYyf] yf取“语义重复”中“义”和“复”首字母小写。	标在该熟语后并标明重复的部分。	老师对我们的关心在所有地方都无所不在[CYyf所有]。	与词、句层面无重合。

续表

偏误	定义	代码及诠释	标注位置	标注示例	与词、句层面的关系
语义矛盾	所使用的熟语和前后文在语义上自相矛盾。	[CYyd]yd 取"语义矛盾"中"义"和"盾"首字母小写。	标在该熟语后并标明矛盾的部分。	经过班长的组织，我们几个很好的朋友终于不期而遇[CYyd 组织]的见到了。	与词、句层面无重合。
语用偏误	所使用的熟语在句法和意义上都正确，但感情色彩或使用语境不正确。	[CYy]y 取"语用"中"用"首字母小写。	标在该熟语整体后。	对大学生来说，同居是不同凡响[CYy 非同小可]的。	与词、句层面无重合。

7.1.3 基础标注方案

本方案所设计标注代码，以《GB/T 20532—2006 信息处理用现代汉语词类标记规范》为基础，完全相同之处不再设计新的代码。

表 7-4 基础标注代码表

名称	代码	诠释
成语	cy	取"成语"拼音首字母小写
惯用语	gy	取"惯用"拼音首字母小写
歇后语	xh	取"歇后"拼音首字母小写
俗语	su	为区别于句标注中的"述语(sy)"，取"俗"拼音小写
谚语	yy	取"谚语"拼音首字母小写

注意事项：熟语词性标注沿用《GB/T 20532—2006 信息处理用现代汉语词类标记规范》中的代码，即：名词/n，动词/v，形容词/a，副词/v。成语、惯用语、歇后语的词性标注添加在分类标注之后，如名词性成语标注为"cy/n"，动词性惯用语标注为"gy/v"。俗语和谚语整体用实心括号【】括起来添加分类标注，然后再对其组成单位单独标注词性，如"【严师/n 出/v 高徒/n】yy"。

7.2　熟语标注实验

7.2.1　实验说明

熟语基础标注采用机标人助的方式，通过计算机程序自动分词并标注类型和词性，然后再用人工校对，对其进行标注试验，同时涉及标注程序的设计。本章旨在从理论层面探讨熟语标注规范，并提供可行的标注代码和规则，而非具体设计提取、切分熟语单位的规则和程序，因此暂不进行基础标注规范的标注试验，只进行熟语偏误标注规范的人工标注试验。

7.2.2　实验设计

实验目的：验证熟语偏误标注方案在实际标注中的可行性。

实验对象：来自北京语言大学课程与教学论、语言学与应用语言学、汉语国际教育三个专业的硕士研究生，共 18 人。

实验材料：本章构拟的熟语偏误标注规范，含有熟语的单句语料 40 条(收集自华北电力大学国际教育学院汉语基础下班、中级上班、中级下班学生课堂作文)。

实验过程：

(1) 实验前：发放本章构拟的熟语偏误标注规范，并就标注规范中偏误的判断和偏误类型的分辨与被试人员进行简单沟通。

(2) 实验中：发放需要标注的语料，由被试人员单独进行标注，然后以两名被试为一个小组，相互检查标注的情况。

(3) 实验后：回收语料并存档，检查标注情况，对标注结果进行分析。

7.2.3　试验结果分析

本次试验发放出的 18 份试验材料全部收回，检查语料标注情况后，统计了漏标(有熟语偏误但没标)、误标(没有熟语偏误但标了)以及不同被试之间标注是否一致的情况。

发放的所有语料中共有 15 个句子中有熟语偏误，这 15 个句子中的熟语偏误全都被标注出来，没有出现漏标的情况。没有熟语偏误的句子中有 1 句出现了 3 例误标：

(20) 我的总裁是真二百五，所以给让员工每天加班。

3 例误标都将“二百五”标注为语用偏误。

15 个偏误句子中有 2 句出现了标注不一致的情况：

(21) 减肥好像是现在每个女人都在做的事，或曾经做过的事。减肥的原因大相径庭[CYbp 各不相同]。

(22) 来到中国以后,老师对我真好,我感动痛哭流涕[CYy 热泪盈眶]。

例(21)有两名被试标注为语用偏误,例(22)有三名被试标注为语义不匹配,一名被试标注为语义矛盾。

从标注实验的结果来看,本章构拟的熟语偏误标注在实际标注中基本是可行的,但还存在一些问题。出现误标和标注不一致的原因有很多,标注员的专业水平不同、标注时的状态不同、对标注规范的理解不同等都可能造成误标和标注不一致。本次实验中出现的 3 例误标、6 例标注不一致的情况都和语用偏误相关,说明标注员对语用偏误的判断以及语用偏误和语义偏误的分辨还有不同的理解。要在实际标注中解决这一问题,首先必须进一步明确语用偏误的判断和语义、语用偏误的辨析;其次应该强化对标注员的培训,通过对有疑问的偏误类型的共同讨论,统一标准;最后可以采用小组标注的标注方式,将标注员分为两到三人的小组,小组内对标注不一致的情况进行讨论,达成一致后再形成最终的标注成果。

8 结 语

熟语不仅是一种特殊的词汇,更承载了丰富的中华文化,对熟语的掌握和运用可以作为判断留学生汉语水平的标准之一。

语料库在今天已经成为语言学研究的一种重要工具,汉语中介语语料库更是对中介语研究和对外汉语教学研究都做出了重要贡献,涌现了大量基于汉语中介语语料库的研究成果以及对汉语中介语语料库本身进行研究的成果。但语料库在熟语研究和熟语教学研究方面发挥的作用目前还很有限。本章在现有的词标注基础上对熟语偏误进行了细致的归纳,分成了错序、误化、离合偏误、搭配偏误、语义不匹配、语义重复、语义矛盾和语用偏误八大类;基础标注方面增加了歇后语、俗语、谚语三种熟语分类的标注,并在“二层标注法”的基础上进一步提出“三层标注法”,对熟语进行词性标注。希望本章的研究能促进基于汉语中介语语料库的汉语熟语研究。

参考文献

安娜 (2004) 基于语料库的英汉熟语标注研究,《第二届全国学生计算语言学研讨会论文集》,中国知网。

安娜、刘海涛、侯敏 (2004) 语料库中熟语的标记问题,《中文信息学报》第 1 期。

楚坤红 (2009) 熟语分类论,《社科纵横》(新理论版)第 2 期。

崔希亮（2005）《汉语熟语与中国人文世界》，北京语言大学出版社，北京。

方晓（2011）《留学生习得汉语惯用语研究》，华中科技大学硕士学位论文。

高光烈（1987）《分类实用成语词典》，吉林文史出版社，长春。

郭睿（2012）《基于 HSK 动态作文语料库外国留学生成语习得偏误研究》，湖北工业大学硕士学位论文。

郭盛（2012）《俄罗斯学生汉字偏误研究》，黑龙江大学硕士论文。

汉语大词典编纂处（2007）《汉语成语大辞典》，上海辞书出版社，上海。

侯朝龙（2011）《从学生偏误角度探讨对外汉语中高级阶段的成语教学》，复旦大学硕士学位论文。

胡裕树（1981）《现代汉语》（增订本），上海教育出版社，上海。

黄伯荣、廖序东（1979）《现代汉语》（试用本），甘肃人民出版社，兰州。

黄伯荣、廖序东（2007）《现代汉语》（增订四版），高等教育出版社，北京。

黄昌宁、李涓子（2002）《语料库语言学》，商务印书馆，北京。

[越]黄阮泰河（2012）《越南学生习得汉语惯用语偏误分析》，吉林大学硕士学位论文。

蒋辰超（2012）《韩国留学生"是……的"句习得及相关偏误研究》，苏州大学硕士论文。

教育部语言文字应用研究所（2006）《GB/T 20532—2006 信息处理用现代汉语词类标记规范》，http://www.doc88.com/p-1816882387931.html。（访问日期 2019 年 2 月 20 日）

李治平、维特罗夫·巴维尔·巴夫罗维奇（2007）关于汉语熟语问题的讨论，《湖北师范学院学报》（哲学社会科学版）第 3 期。

刘连元（1996）现代汉语语料库研制，《语言文字应用》第 3 期。

鲁健骥（1984）中介语理论与外国人学习汉语的语音偏误分析，《语言教学与研究》第 3 期。

马国凡、吴学恒（2001a）《熟语大全——成语集锦》，内蒙古人民出版社，呼和浩特。

马国凡、吴学恒（2001b）《熟语大全——惯用语集锦》，内蒙古人民出版社，呼和浩特。

马国凡、吴学恒（2001c）《熟语大全——俗语集锦》，内蒙古人民出版社，呼和浩特。

马国凡、吴学恒（2001d）《熟语大全——歇后语集锦》，内蒙古人民出版社，呼和浩特。

马国凡、吴学恒（2001e）《熟语大全——谚语集锦》，内蒙古人民出版社，呼和浩特。

宁榘（1980）《谚语、格言、歇后语》，湖北人民出版社，武汉。

牛思涌（1989）熟语探微，《郑州大学学报》（哲学社会科学版）第 3 期。

潘洪超（2011）对外汉语教学中的惯用语偏误分析及启示，《现代语文》（语言教学研究版）第 7 期。

潘先军（2006）简论对外汉语教学中的成语问题，《汉字文化》第 1 期。

秦立东（2007）《基于俄汉熟语语料库的俄语熟语模式化及自动识别》，黑龙江大学硕士学位论文。

孙洪德（2011）《汉语俗语词典》，商务印书馆，北京。

孙维张（1982）关于"熟语"的概念，《汉语学习》第 3 期。

孙维张（1989）《汉语熟语学》，吉林教育出版社，长春。

谭宏（2009）汉语惯用语特征分析与对外汉语教学，《齐齐哈尔师范高等专科学校学报》

第 1 期。
唐枢 (1995)《中华成语熟语辞海》,学苑出版社,北京。
唐松波 (1960) 熟语和成语的种属关系,《中国语文》第 11 期。
汪海燕 (2012)《留学生成语使用偏误分析》,苏州大学硕士学位论文。
王耀辉 (1998) 简论熟语的交叉与转化,《临沂师专学报》第 1 期。
王永鹏、潘桂妮 (2012) 对外汉语教学中惯用语的偏误分析及教学策略,《科教导刊》(中旬刊)第 1 期。
温端政 (2009)《现代汉语歇后语词典》,上海辞书出版社,上海。
吴愁 (2012)《德语母语者汉语词汇习得偏误研究》,北京大学硕士学位论文。
武占坤 (2000)《中华谚谣研究》,河北大学出版社,保定。
徐建中 (1992) 俗语,一种独立的熟语语种,《衡阳师专学报》(社会科学版)第 1 期。
徐宗才、应俊玲 (1985)《惯用语例释》,北京语言学院出版社,北京。
薛玺 (1990) 成语与惯用语、歇后语辨略,《内蒙古电大学刊》第 2 期。
杨建国 (2005)《基于动态流通语料库(DCC)的汉语熟语单位研究》,北京语言大学博士学位论文。
杨兴发、王发国 (2005)《汉语熟语词典》,四川辞书出版社,成都。
姚锡远 (1998)"熟语"的种属地位及其定义域,《汉字文化》第 2 期。
姚锡远 (2005)《熟语学纲要》,中国传媒大学出版社,北京。
俞士汶、段慧明、朱学锋、孙斌 (2002) 北京大学现代汉语语料库基本加工规范,《中文信息学报》第 5 期。
袁毓林、马辉、周韧、曹宏(2009)《汉语词类划分手册》,北京语言大学出版社,北京。
云生 (1959) 关于"熟语",《中国语文》第 7 期。
曾小兵、邱丽娜、张普 (2010) 中介语语料库中成语的使用情况调查与分析,《汉语国际教育"三教"问题——第六届对外汉语学术研讨会论文集》,北京语言大学对外汉语研究中心编,外语教学与研究出版社,北京。
张宝林 (2011)《现状与对策——汉语作为第二语言的教学研究》,北京语言大学出版社,北京。
张宝林 (2013) 关于通用型汉语中介语语料库标注模式的再认识,《世界汉语教学》第 1 期。
张虹 (2003)《日本留学生汉语声调习得及偏误分析》,福建师范大学硕士学位论文。
张文一 (2006)《中高级程度留学生汉语四字格成语习得与教学》,暨南大学硕士学位论文。
中国社会科学院语言研究所词典编辑室(2005)《现代汉语词典》(第 5 版),商务印书馆,北京。

第八章　短语标注研究[①]

1　引　言

语料标注是中介语语料库建设中至关重要的一环，经过标注的语料提供了大量有价值的附加信息，然而，现在的汉语中介语语料库还存在标注方法不统一、标注内容不全面、标注质量不高等一系列标注问题，如在标注内容上，关于汉语短语标注的研究就很少，笔者目前所能接触到的唯一一个对汉语短语进行了标注的汉语中介语语料库是"首都外国留学生汉语文本语料库"，而且笔者在使用该语料库的时候也发现了一些问题，如：

(1) 该语料库在短语层面标注了 11 种，其中还包括了很少归于短语的 2 种形式——音节搭配和固定格式，对于短语的分类向来各家说法不一，少到三五种，多到十几种，建库者为什么选择了这 11 种？依据是什么？如果出现了其他的短语类型，该怎么标呢？

(2) 对一些已有短语类型的标注笔者也不能认同，以"数量搭配错误"和"介宾结构错误"为例，笔者检索"数量搭配错误"后，选取第一例的一部分："几天等着明星为了看一遍{CZsl}明星"，根据标注符号的说明，我们知道"{CZsl}"表示前面的"一遍"数量搭配错误，但"一遍"是我们经常用到的搭配，并未出错，只是因为和后面的"明星"搭配才出现了错误，因此，笔者认为这并不属于"数量搭配错误"。"介宾结构错误"也同理，如"他向任何人{CZjb}说话都很直接"，在这里"向任何人"这个介宾结构并没有错误，只是和后面的内容结合起来才有问题。

为了试着解决这些问题，本章将按照简单随机抽样的方法，从"HSK语料库"中抽取 300 篇语料，结合已有的汉语短语的本体研究成果和汉语短语的教学与习得研究情况，观察并分析这些语料，提出一个完整的短语标注方案，以期能为以后的汉语中介语语料库建设提供参考。

---

① 本章原题《汉语中介语语料库短语标注研究》。作者：胡凡霞，北京语言大学 2010 级课程与教学论专业硕士研究生。

2 偏误类型考察及统计分析

2.1 汉语短语结构类型分类

总结短语的偏误类型，首先要对汉语短语目前的分类情况有全面掌握，这样才能在分析语料时做到不遗不漏，下面我们从汉语语法专著、汉语短语研究专著、现代汉语教材和对外汉语语法辞书中各选取几本具有代表性的著作，力求从中概括出较为全面的汉语短语结构类型。

2.1.1 汉语语法专著

首先我们选取了几本包含短语研究内容的、经典的汉语语法专著，它们是王力的《中国现代语法》(1985)、吕叔湘的《汉语语法分析问题》(1979)、赵元任的《汉语口语语法》(1979)和朱德熙的《语法讲义》(1982)。

王力(1985)提出了“仂语”的名称，并分为主从仂语和等立仂语两类。其中，主从仂语又分为三类，分别是：(1)次品和首品联结者，如“矮人”；(2)末品和次品联结者，如“拿起来”；(3)三品联结者，如“最强的国家”。等立仂语，即同品联结，如“张先生和李先生”。

吕叔湘(1979)把短语按结构分为四类，分别是：(1)并列式，如“调查研究”；(2)主从式，如“自然条件”；(3)主谓式，如“你知道”；(4)其他方式，如介名短语。

赵元任(1979)提到了五种短语类型，分别是：(1)并列结构，如“酸甜苦辣”；(2)主从结构，如“咱们的钱”；(3)动宾结构，如“喜欢那个人”；(4)连动式，如“告假坐飞机回家省亲”，在这里，赵元任把“介词＋宾语＋谓词性成分”的格式也归入了连动式，如“把杯子打破了”；(5)动补结构，如“睡在床上”。

朱德熙(1982)集中讲述了六种句法结构，充分体现了“词组本位”的主导思想，分别是：(1)主谓结构，如“那幢房子早就拆迁了”；(2)述宾结构，如“擦玻璃”；(3)述补结构，如“看得见”；(4)偏正结构，如“木头房子”，在这里，朱德熙取消了同位词组，而将其归入了偏正结构；(5)联合结构，如“淡而无味”；(6)连谓结构，如“站着唱、跟你开玩笑、请客人吃饭”，在这里，朱德熙把介词结构修饰动词或动词词组算作连谓结构的一种，这一点和赵元任(1979)相同，另外，还取消了兼语结构，也将其归入连谓结构中。

上面是一些经典的语法著作中关于短语结构类型的讨论，这些类型在以后的短语研究中都有涉及。

2.1.2　汉语短语研究专著

专门研究汉语短语的著作不多，在这里我们选取了华宏仪的《汉语词组》(1984)、邵霭吉的《现代汉语词组》(1985)和范晓的《短语》(1991)三本。

为了清楚明了，我们将他们的分类以表格的形式表示出来，具体如表 8-1：

表 8-1　汉语短语研究专著中的短语分类

	基本词组	特殊词组	有特定标志词组	复合短语	派生短语
华《汉语词组》	主谓词组、动宾词组、补充词组、偏正词组、联合词组、连动词组	兼语词组、复指词组、紧缩词组	方位词组、能愿词组、趋向词组、数量词组、指量词组、指数量词组、介词词组、“的”字词组、“所”字词组、比况词组		
邵《现代汉语词组》	主谓词组、述宾词组、偏正词组、补充词组、联合词组、同位词组	连谓词组、兼语词组、紧缩词组	方位词组、量词词组、介词词组、助词词组(“的”字词组、比况词组、“所”字词组)		
范《短语》				主谓短语、述宾短语、述补短语、定心短语、并列短语、顺递短语、兼语短语、复指短语、状心短语、重叠短语	方位短语、量词短语、介词短语、助词短语(“的”字短语、“所”字短语、“似的”短语)

2.1.3　现代汉语教材

我们选取了四本影响力较大的汉语教材，即胡裕树主编的《现代汉语》(增订本)(1981)，黄伯荣、廖序东主编的《现代汉语》(增订四版)(2007)、邵敬敏主编的《现代汉语通论》(第二版)(2007)、张斌主编的《新编现代汉语》(第二版)(2008)。

胡裕树本将短语分为词组、结构。词组类型包括偏正词组、后补词组、动宾词组、主谓词组、联合词组、同位词组、连动词组、兼语词组、数量词组、方位词组;结构类型包括介词结构、“的”字结构、“所”字结构。

黄、廖本将短语分为基本类型、其他类型。基本类型包括主谓短语、动宾短语、偏正短语、状中短语、中补短语、联合短语;其他类型包括连谓短语、兼语短语、同位短语、方位短语、量词短语、介词短语、助词短语。

张斌本将短语分为实词与实词组合、实词与虚词组合。实词与实词组合包括偏正短语、述补短语、述宾短语、主谓短语、联合短语、同位短语、连动短语、兼语短语、量词短语、方位短语;实词与虚词组合包括介词短语、“的”字短语、“所”字短语、比况短语。

邵敬敏本将短语分为词组、结构。词组类型包括偏正词组、述补词组、述宾词组、主谓词组、联合词组、同位词组、连谓词组、兼语词组;结构类型包括介词结构、量词结构、方位结构、“的”字结构。

我们可以看出,几本现代汉语教材在短语分类上基本大同小异,只是在名称上略有出入,这与教材的特点有关,教材在知识内容的选取上,一般不会求新求异,而更注重稳定性。

2.1.4 对外汉语语法辞书

关于对外汉语语法书,我们选取了两本影响力比较大的,刘月华等的《实用现代汉语语法》(增订本)(2001)和房玉清的《实用汉语语法》(第二次修订本)(2008),其中刘月华等的《实用现代汉语语法》对短语的叙述较少。具体如表 8-2:

表 8-2 对外汉语语法书中的短语分类

	实词与实词组合	实词与虚词组合
刘本	名词短语、动词短语、形容词短语、主谓短语	介词短语、“的”字短语
房本	附加结构、联合结构、偏正结构、重叠结构、连动结构、述补结构、数量结构、兼语结构、述宾结构、同位结构、主谓结构	

从上表可以看出,刘月华等(2001)没有区分短语的结构类和功能类,房玉清(2008)的分析则比较详细。

2.1.5 汉语短语结构类型

在上面四个方面讨论的基础上,我们合并同类项,力求给出一个较全面的短语结构分类。我们根据“实词＋实词”构成和“实词＋虚词”构成,把短语分为两大类，具体情况如表 8-3：

表 8-3　汉语短语结构类型

<table>
<tr><td rowspan="18">实词与实词组合</td><td colspan="2">主谓短语</td></tr>
<tr><td colspan="2">述宾短语</td></tr>
<tr><td colspan="2">述补短语</td></tr>
<tr><td rowspan="2">偏正短语</td><td>定中短语</td></tr>
<tr><td>状中短语</td></tr>
<tr><td colspan="2">联合短语</td></tr>
<tr><td colspan="2">连谓短语</td></tr>
<tr><td colspan="2">兼语短语</td></tr>
<tr><td colspan="2">同位短语</td></tr>
<tr><td colspan="2">方位短语</td></tr>
<tr><td rowspan="4">量词短语</td><td>数量短语</td></tr>
<tr><td>指量短语</td></tr>
<tr><td>指数量短语</td></tr>
<tr><td>问量短语</td></tr>
<tr><td colspan="2">能愿短语</td></tr>
<tr><td colspan="2">趋向短语</td></tr>
<tr><td colspan="2">重叠短语</td></tr>
<tr><td colspan="2">紧缩短语</td></tr>
<tr><td rowspan="8">实词与虚词组合</td><td colspan="2">介词短语</td></tr>
<tr><td rowspan="7">附加结构</td><td>结构助词</td></tr>
<tr><td>动态助词</td></tr>
<tr><td>比况助词</td></tr>
<tr><td>语气助词</td></tr>
<tr><td>时间助词</td></tr>
<tr><td>数量助词</td></tr>
<tr><td>关系助词</td></tr>
</table>

表 8-3 共计 26 个小类，大体涵盖了现代汉语短语的全部类型。这些研究成果将是笔者进行短语标注内容研究的重要依据和基础，但这并不意味着笔者不加选择，对这 26 个小类全部进行标注。笔者将主要考虑以下

四个方面：

(1) 标注内容的必要性，即对外汉语教学和相关研究是否需要。

例如，述补短语种类多，补语语义指向复杂，一直是汉语语法学界和对外汉语教学界关注的热点和难点，正如陆俭明(1990)所指出，述补结构是对外汉语教学中的一个难点。汉语老师感到难教，外国学生感到难学，更觉得难于掌握。因此，对于这样的短语就非常具有标注的必要。

(2) 标注内容的可行性，主要指工作量的大小。

如果要标注的内容太多，工作量太大，那标注根本就不具有可行性。如房玉清(2008)在"附加结构"中分出了"结构助词"一类，这里的结构助词不仅包括"了""着""过"等，还包括"起来""下去"等趋向复合词。"了""着""过"等助词在语料中出现的频率非常高，如果对其进行一一标注，特别是做基础标注，工作量势必会大大增加，根本不具有标注的可行性，而且标注出来会显得系统非常烦琐。

(3) 标注内容的普及性，即标注类型应尽量为大家广泛接受。

有一些短语类型并不常见，可能只是个别人的研究成果，这样的我们不建议进行标注，因为语料库是要为大多数使用者服务的，如果我们的标注内容并不是大多数人所熟悉的，不是大多数人已经接受了的，那就会影响语料库的使用价值。如华宏仪(1984)在量词短语中，分出了"指数量词组"这一小类，很少有人会这样分，我们把这一小类归入定中短语，如"这一块蛋糕"，就是一个包含数量短语的定中短语。另外，还提到了"能愿词组"，如"应该感谢"，大家更习惯把这一类看作是能愿动词做状语，属于状中短语；还有"趋向词组"可以直接归到"述补词组"中，"紧缩词组"我们更习惯称为"固定格式"。

(4) 标注内容的概括性。

有一些短语类型内部包括很多小类，如果对每一个小类都一一标注出来，工作量会很大，不具备可行性，也没有必要，而且有些小类可能也不是大家所熟悉和广泛接受的，这样就违反了上面的第 3 条原则，这时候就要对一些标注内容进行适当地概括，如表 8-3 中我们把量词短语分为 4 小类，附加结构分为 7 小类，对这些小类我们完全没必要分开标注，因为那样不仅会耗费大量的精力和时间，而且会增加很多标注代码，增加标注员和使用者的记忆负担，给他们带来不便，因此在标注时，把这 4 小类和 7 小类分别概括为"量词短语"和"附加结构"两类即可。

(5) 标注内容的全面性，即不应该有概括不进去的情况。

这是语料标注一个最基本的要求。只有标注全面了，才能最大限度地为使用者服务，才能更好地保证研究的全面性和准确性。当然，这一点和上面的"可行性"和"普及性"并不是矛盾的，因为我们所谓的"可行性"和"普及性"并不是说对部分内容完全不标，而是概括性地"标"，这同样能保证标注内容的全面性。由此可见，这几个原则是相辅相成，缺一不可的。

以上面 5 个原则为基础，对标注内容进行简单取舍和概括后，最终形成的短语类型如下：

表 8-4　汉语短语标注类型

<table>
<tr><td rowspan="14">实词与实词组合</td><td colspan="2">主谓短语</td></tr>
<tr><td colspan="2">述宾短语</td></tr>
<tr><td colspan="2">述补短语</td></tr>
<tr><td rowspan="2">偏正短语</td><td>定中短语</td></tr>
<tr><td>状中短语</td></tr>
<tr><td colspan="2">联合短语</td></tr>
<tr><td colspan="2">连谓短语</td></tr>
<tr><td colspan="2">兼语短语</td></tr>
<tr><td colspan="2">同位短语</td></tr>
<tr><td colspan="2">方位短语</td></tr>
<tr><td colspan="2">量词短语</td></tr>
<tr><td colspan="2">重叠短语</td></tr>
<tr><td colspan="2">固定格式</td></tr>
<tr><td rowspan="2">实词与虚词组合</td><td colspan="2">介宾短语</td></tr>
<tr><td colspan="2">附加结构</td></tr>
</table>

表 8-4 汉语短语标注类型共 15 小类。我们将以此为基础观察语料，并进行语料标注内容的探讨。

2.2　汉语短语的偏误类型考察及统计分析

2.2.1　语料的抽取及处理

关于语料的抽取，由于时间和精力有限，笔者不可能对"HSK 语料库"(1.1 版)中的全部语料进行分析，于是随机抽取了 300 篇语料，共约 14 万字。在语料的处理上，有以下方面需要说明：

(1) 我们所谓的短语偏误是指结构内部词语之间在词性、音节、用法等方面的不搭配，不包括因缺词而造成结构未成形的情况，如：

(1)他很想住在家里，但因为学校离家很远，所以他只能（ ）学校。

在这个例子中，最后一个分句缺动词“住”，因为残缺，所以这个述宾短语就没有形成，这样的偏误不在本章研究范围之内。之所以不包括因成分残缺而未形成的情况，是因为这样的情况又多又复杂，分析起来很困难，如果把这些都归入短语的研究范围，不利于语法成分的深入细致研究。

(2) 在分析语料的时候，我们还排除了以下两种情况：

1) 因生造词而造成的短语偏误，如：

(2) 那时我真的很哀心。

显然，作者想表达的意思是“伤心”，但错写成了“哀心”，这样的我们看作是生造词的问题，属于词层面的研究，不在本章研究范围内。因为从语法和语义上说，学生都已经掌握了“很＋adj.”这个状中结构，只是弄错了其中的形容词，自己生造了一个。

2) 因错用固定短语而造成的短语偏误，如：

(3) 人们却明知故做。

(4) 俗话说：“失败是成功的母。”

“明知故犯”错用成了“明知故做”，“失败是成功之母”错用成“失败是成功的母”，这属于固定短语中的成语和俗语偏误。此外，还有一些谚语、歇后语等的偏误，我们把这一类因错用固定短语而造成的短语偏误看作是词层面的问题，不是我们的研究内容。

2.2.2 汉语短语的偏误类型考察

通过分析14万字左右的语料，我们共发现了744例带偏误的短语，共分为12种偏误类型，下面我们将按偏误率由高到低的顺序依次进行介绍：

(1) 述宾短语偏误

这类偏误共203例，占全部偏误的27.29%，是偏误率最高的一个类型。如：

(5) 愿望从事像她那么好的历史教育的工作

(6) 拯救了许多人民的困难

例(5)“愿望”是个名词，后面不能带宾语；例(6)“拯救”和“困难”语义上显然不搭配。

(2) 状中短语偏误

这类偏误共187例，占所有偏误的25.14%。如：

(7) 越来越增多

(8) 生动地做事情

例(7)“越来越”后面只能是形容词,语法上不搭配;例(8)“生动”和“做事情”语义完全不搭配。

(3) 定中短语偏误

这类偏误共171例,占所有偏误的22.99%。如:

(9) 很大的存在

(10) 经历的经验

例(9)中“很大”不能形容“存在”;例(10)“经历”的是“事情”“事件”,“积累”的是“经验”,语义不搭配。

(4) 主谓短语偏误

这类偏误共123例,占所有偏误的16.53%。如:

(11) 年轻人的思想和行动非常敏感

(12) 他们的汉语的进步的可能性不好

例(11)中“敏感”一般是形容人敏感,“思想”是敏锐,“行动”是敏捷;例(12)中“可能性”只有大小之分,没有好坏之分。

(5) 介宾短语偏误

这类偏误共24例,占所有偏误的3.23%。如:

(13) 从平常的情况下

(14) 随着提高人们的素质

例(13)是介词误用,应改成“在平常的情况下”;例(14)是宾语用错的情况,介词“随着”后面多加名词或者名词性短语做宾语,不能带述宾短语,所以应改成“随着人们素质的提高”。

(6) 述补短语偏误

这类偏误共18例,占所有偏误的2.42%。如:

(15) 生活得充满

(16) 扔掉自己的脚下

例(15)“充满”是及物动词,后边必须有宾语;例(16)“扔掉”的只能是某种东西,所以后面应该加名词。

(7) 兼语短语偏误

这类偏误共10例,占所有偏误的1.34%。主要是因为一些介词混用而导致的偏误,如:

(17) 给大家心理安定

(18) 对吸烟者免除自己的嗜好

例(17)中的"给"和例(18)中的"对"都应该换成表示使令意义的"让"或"使"。

(8) 联合短语偏误

这类偏误有3例,占所有偏误的0.40%。如:

(19) (注重)环境污染问题而人类和地球的关系

(20) 听听声音而诉苦

例(19)混淆了连词"而"和"和"的用法,"而"连接的常常是形容词性词语,而"和"主要连接的是名词性词语,同时它也可以连接一些谓词性词语,所以将其中的"而"改成"以及"就正确了。例(20)"而"前后是不同类型的词语,不能并列在一起。

(9) 固定格式偏误

这类偏误仅2例,占所有偏误的0.27%。如:

(21) 越打越干劲

(22) 因长辈和晚辈之间互相没有想理解的心来造成的这个"代沟"问题

例(21)在"越X越Y"这一固定格式中,X、Y都不能是名词性词语,所以可以改成"越打越有干劲",例(22)"因……而……"这一固定格式表示因果关系,有"因为……,所以……"之意,所以应改成"因长辈和晚辈之间互相没有想理解的心而造成的这个'代沟'问题"。

(10) 连谓短语偏误

这类偏误只有1例,占所有偏误的0.13%。如:

(23) 小孩们处于华文在印尼受限制的时代成长

连谓短语在时间上表示一种先后顺序,但这一例中"处于华文在印尼受限制的时代"和"成长"是同时进行的,并没有时间上的先后。

(11) 同位短语偏误

这类偏误只有1例,占所有偏误的0.13%。如:

(24) (看过)吸烟危害健康的这种广告

例(24)中间多加了一个助词"的"。

(12) 方位短语偏误

这类偏误只有1例，占所有偏误的0.13%。如：

(25) 学习汉语之间

“之间”须用于两个或两个以上的对象中，“学习汉语”只是一件事，可改成“学习汉语期间”。

2.2.3 汉语短语的偏误类型统计

通过上面的分析，我们发现汉语短语的偏误类型还是比较复杂的，为了对其偏误情况有一个更直观、更具体的了解，我们按偏误率由高到低的顺序对偏误情况做了一个简单的统计。具体如下：

表8-5 汉语短语的偏误类型及其数据统计

偏误类型	偏误数量	所占全部偏误的比例
述宾短语	203	27.29%
状中短语	187	25.14%
定中短语	171	22.99%
主谓短语	123	16.53%
介宾短语	24	3.23%
述补短语	18	2.42%
兼语短语	10	1.34%
联合短语	3	0.40%
固定格式	2	0.27%
连谓短语	1	0.13%
同位短语	1	0.13%
方位短语	1	0.13%
偏误总数	744	100%

通过表8-5我们可以很清楚地看出各种短语类型所占的比例，这将为我们下一步标注内容的确定和标注规范的制定提供重要依据。

3 标注规范的制定

所谓“规范”，即“约定俗成或明文规定的标准”(《现代汉语词典》第6版)。语料标注的规范就是语料标注的标准，指导和约束着语料的标注，直接决定着语料标注的原则、内容和方法。(张宝林，2010)因此，关于汉语短语标注规范的制定，我们将从标注原则、标注内容、标注方法及代码、标注流程四个方面进行论述。

3.1 标注原则

确定标注原则是制定标注规范的前提条件，它指导和制约着标注的内容和方法。

3.1.1 全面性

主要是指短语标注内容的全面。包括两方面的含义：

(1) 短语标注类型的全面

现在汉语短语的本体研究已经取得了丰硕的成果，我们在对短语进行标注的时候，要基于这些成果尽可能涵盖短语的全部类型，这样才能最大程度地发挥语料库的作用，为使用者提供便利。假如我们只是想当然地标注几种类型，使用者在检索的时候根本检索不到需要的语料，这势必会大大降低语料库的使用价值，违背语料库的建库目的。

(2) 偏误标注和基础标注缺一不可

一直以来，汉语中介语语料库都非常重视对偏误现象的标注，如"HSK 语料库"已经对字、词、句、篇、标点符号等各方面进行了标注，标注内容相对来说比较全面，这就为偏误分析提供了便利条件。

然而偏误分析只研究中介语的偏误部分，而且是横切面式的静态分析，并未研究中介语的正确部分(刘珣，2000)，这样就会使研究带有片面性，影响研究结果的科学性，因为它只关注了偏误现象，而没有和正确的语言现象做对比，形成的认识也必将是不全面的。

正如鲁健骥(1999)所指出，中介语研究对象应是二语学习者语言的整体，只有这样，才能认识语言学习过程的全貌。因此，我们在进行汉语习得研究的时候，不仅要考察学生的偏误情况，还要关注其正确的语言表达，不仅要进行偏误分析，还要进行表现分析，只有将这两方面结合起来，得出的结论才会是科学合理的。

基于这样的认识，张宝林(2008)提出了"基础标注"的概念，"基础标注"是对语料中正确的语言现象进行的标注，并进一步提出了"偏误标注＋基础标注"的模式，并认为"偏误标注＋基础标注"将成为汉语中介语语料库语料标注的新模式，并为其他语料库的建设提供借鉴。

因此，我们在对汉语短语进行标注的时候，也应该采取"偏误标注＋基础标注"的模式，不仅要标注带偏误的，还要标注正确的，这样才能保证标注的全面性和研究结果的科学性。

3.1.2 科学性

主要指标注内容和标注方法要科学。包括两个方面：

(1) 标注内容的科学性

即短语标注中标注类型的确定是有科学依据的，不是随意决定的。我们概括时所选取的都是学术影响大、采用范围广、被大家广为接受和认可的著作或教材，这样概括出来的短语类型在现阶段才是最科学的。

(2) 标注方法的科学性

标注方法有很多种，如手工标注、计算机自动标注等。无论采取什么标注方法都要保证它是科学的。当然，最理想的状态是可以全部实现计算机自动标注，但如果自动标注错误率很高，那这种方法就是不科学的，需要进行新的探索。

在短语标注中，科学性是全面性的前提，如果不能保证标注的科学性，即使标注得再全面，也是没有意义的。

3.1.3 一致性

主要是指对短语类型的判断和标注代码的使用要有一致性。两个同一类型的短语，不能此处判断为这一种，彼处又判断为另一种，这就对标注员提出了专业要求，他们要有扎实的专业知识，同时还要对他们进行严格有效的培训，对一些有争议的地方要统一意见以保证标注的一致性；标注代码也同样，要严格使用确定的代码标注，不能前后不一，自相矛盾，否则会直接影响语料的检索。

3.1.4 简洁性

主要指标注代码的简洁性。标注代码的设计既要简单易用，又要具有区别性。对标注员来说，如果代码太复杂，会大大增加他们的记忆负担，在工作量大、精神状态不好的情况下，就会很容易发生前后代码不一致的情况；对语料库的使用者来说，标注代码本身就很陌生，如果再设计得太复杂，会大大降低使用效率，进而降低整个语料库的使用价值。

3.2 标注内容

确定了标注原则以后，下一步就要确定标注内容。汉语短语的标注内容包括偏误标注和基础标注两个方面。

3.2.1 汉语短语的偏误标注

关于偏误标注的内容，我们将综合语料偏误分析、汉语本体的研究成果和“首都语料库”的短语标注说明等多方面的内容来确定。

根据前文的语料分析，我们在14万字左右的语料中发现了12类带偏误的短语类型，这12类都包含在我们概括的短语类型中见(表8-4)，所以都要加标注。

对照我们根据短语本体研究成果概括出的短语类型(见表8-4)，除了语料中出现的这12类，还有3类没有出现，即重叠短语、量词短语和附加结构，这3类在语料中没有出现并不就意味着没有偏误，因为14万字的语料相对于424万字的语料库来说还是很小的一部分，在这14万字语料中没有出现的类型并不能保证在整个语料库中也不会出现，所以这3类也是要标注的。

最后我们还要参考“首都语料库”中关于短语内容的标注说明。该语料库共标注了11种短语类型，其中只有一种没有包括在表8-4中，即音节搭配偏误，如“但是我们的好回忆忘不了”，从音节韵律上说，此处“好回忆”改成“美好回忆”更合适。我们在该语料库进行检索后发现共有29例这样的情况，接着我们又对带偏误的方位短语和述补短语进行检索，各有3例和32例，这样比较以后我们发现音节搭配不当的情况，相对来说还是不少的，因此这种情况也应该在我们的标注范围内。

最后，根据上面的分析，我们确定了最终的偏误标注内容，结果如下：

表8-6 汉语短语偏误标注的类型(共16类)

<table>
<tr><td rowspan="13">实词与实词组合</td><td colspan="2">主谓短语</td></tr>
<tr><td colspan="2">述宾短语</td></tr>
<tr><td colspan="2">述补短语</td></tr>
<tr><td rowspan="2">偏正短语</td><td>状中短语</td></tr>
<tr><td>定中短语</td></tr>
<tr><td colspan="2">联合短语</td></tr>
<tr><td colspan="2">连谓短语</td></tr>
<tr><td colspan="2">兼语短语</td></tr>
<tr><td colspan="2">同位短语</td></tr>
<tr><td colspan="2">方位短语</td></tr>
<tr><td colspan="2">量词短语</td></tr>
<tr><td colspan="2">重叠短语</td></tr>
<tr><td colspan="2">固定格式</td></tr>
<tr><td rowspan="2">实词与虚词组合</td><td colspan="2">介宾短语</td></tr>
<tr><td colspan="2">附加结构</td></tr>
<tr><td>其他</td><td colspan="2">音节搭配</td></tr>
</table>

3.2.2 汉语短语的基础标注

上面我们已经提到，为了标注的全面性和研究结论的可靠性，我们在偏误标注以后，还要进行基础标注，即对语料中正确的短语类型进行标注。

基础标注的短语类型和偏误标注的应该是大体一致的，这样使用者才能做对比分析，所以也要标注表 8-6 中的 16 类。

另外，很多短语是复合短语，即有两个或两个以上的层次，我们在进行偏误标注的时候，对每一个有偏误的层次都进行了标注。同样在进行基础标注的时候，我们也要考虑每一个层次，这样在做表现分析的时候得出来的数据才是科学合理的。

3.3 标注方法及代码

3.3.1 标注方法

标注方法有很多种，包括手工标注、机标人助、人标机助和计算机自动标注等。

理想的状态是可以全部采用计算机自动标注或者是机标人助，这样大部分的工作就可以由机器直接完成，然后由人工对标注结果进行检查和修改即可。但限于中文信息处理的发展水平，目前机器自动标注只在分词和词性标注这一层面上进入到了使用阶段，其正确率可达到 99%。（黄昌宁、李涓子，2002）因此，目前在短语标注中要实现计算机自动标注还不可能，即使是实现机标人助，也很困难。

如果全部采取手工标注，工作量会非常大，非常耗时费力，而且对标注员来说这是一项十分繁重的工作，他们的专业水平、工作态度、精神状态等都会直接影响到标注质量，进而会影响整个语料库的使用价值。因此，全部采用手工标注也不可行。

目前，“首都语料库”对短语的标注采用的是“人标机助”的方法，即标注工作主要是由人工完成，但软件研制人员会开发一些辅助的标注工具，从而在一定程度上降低工作人员的工作强度。标注工具在这个标注过程中是非常重要的，因为它可以通过“一键 OK”的方式代替标注人员记忆代码及其含义、频繁选择和点击字母的工作，最大程度地减轻他们的劳动强度，使他们可以把精力集中在分析、研究、判断、确认语料中各种语言现象及其类型上，从而提高标注效率。（张宝林，2010）而且，还能在相当程度上保证使用代码的前后一致性，因此，这是目前情况下，相对比较理想的一种标注方法，我们在标注短语的时候也建议采取“人标机助”的方法，当然随着科技的发展和研究的深入，新的标注方法会不断出现，将会为短语标注提供更多的可能性，帮助我们把短语标注工作做得更好。

3.3.2 标注代码

标注代码可以采用汉语拼音字母、英文字母、阿拉伯数字、置标语言等进行编码。

"HSK 语料库"和"首都语料库"都采用的是汉语拼音字母的形式。我们认为,最理想的状态是所有的汉语中介语语料库使用的代码都是统一的、一致的,那样才能最大程度地方便用户使用和实现语料的资源共享,然而,目前的情况是业界并没有一种通用的标注代码,各语料库都有自己的一套,这样不仅很难实现语料的共享和融合,而且还给用户凭空增添了很多不便。

鉴于这种认识,我们短语标注代码的设计将在充分借鉴和参考"HSK语料库"和"首都语料库"的代码的基础上进行。一方面,它们的代码设计比较全面,像"首都语料库"在短语层面已经设计出了 11 种代码;另一方面,它们的代码简洁、易于记忆和使用,不会增加使用者和标注者的记忆负担。

"首都语料库"采用汉语拼音首字母缩写,如"{CZsb}","CZ"是"词组"的汉语拼音首字母,"sb"是"述宾"的汉语拼音首字母,依此类推。但是这样会遇到一个问题,即述宾短语和述补短语的代码是一样的,都是"{CZsb}",为了进行区分,该语料库把述补短语的代码设计为"{CZsbu}",这样既做到了区分,又易记易用。

我们认为这种方法是非常合理可行的,首先汉语拼音不同于英语,大多数人都懂,这样使用者一看就能明白,而且不会混淆;其次,大写的汉语拼音首字母在前,标记了短语的错误性质,这样使用者就不会和其他层面(如字层面、句式层面等)的标注内容混淆,节省了时间,提高了效率。

但是,"首都语料库"只对短语进行了偏误标注,没有基础标注,所以只有一套标注代码。我们认为偏误标注的代码和基础标注的代码应有所区别,这样看起来才能清楚明了,不易混淆,特别是当偏误标注和基础标注呈现在同一版面上时。

因此,我们决定在进行偏误标注时,在字母"CZ"前面再增加一个大写字母"C",这个"C"是"错"字的汉语拼音首字母,所以"述宾短语偏误"就可以标作"{CCZsb}",依此类推;基础标注的代码只要去掉第一个大写"C"即可,这样就把偏误标注和基础标注的代码区分开来了。

在这里,有一种情况需要注意。随着语料的增多,出现新的短语类型也是极有可能的。面对新出现的类型,我们不能置之不理,所以我们在代码中设一个“其他”项，即{CCZqt}，这样可以先把新出现的类型归纳进来，等对语料库进行更新维护的时候，再统一处理，正如“HSK 语料库”1.0版中的一些不足和错误在 1.1 版中都得到了补充和纠正一样。

鉴于上面的分析，我们最终确定的标注代码如下：

表 8-7　汉语短语偏误标注的代码

	汉语短语的偏误类型		标注代码
实词与实词组合	主谓短语偏误		{CCZzw}
	述宾短语偏误		{CCZsb}
	述补短语偏误		{CCZsbu}
	偏正短语偏误	状中短语偏误	{CCZzz}
		定中短语偏误	{CCZdz}
	联合短语偏误		{CCZlh}
	连谓短语偏误		{CCZlw}
	兼语短语偏误		{CCZjy}
	同位短语偏误		{CCZtw}
	方位短语偏误		{CCZfw}
	量词短语偏误		{CCZlc}
	重叠短语偏误		{CCZcd}
	固定格式偏误		{CCZgd}
实词与虚词组合	介宾短语偏误		{CCZjb}
	附加结构偏误		{CCZfj}
音节组合	音节搭配偏误		{CCZyj}
其他偏误			{CCZqt}

表 8-8　汉语短语基础标注的代码

	汉语短语的类型		标注代码
实词与实词组合	主谓短语		{CZzw}
	述宾短语		{CZsb}
	述补短语		{CZsbu}
	偏正短语	状中短语	{CZzz}
		定中短语	{CZdz}

续表

<table>
<tr><th></th><th>汉语短语的偏误类型</th><th>标注代码</th></tr>
<tr><td rowspan="8">实词与实词组合</td><td>联合短语</td><td>{CZlh}</td></tr>
<tr><td>连谓短语</td><td>{CZlw}</td></tr>
<tr><td>兼语短语</td><td>{CZjy}</td></tr>
<tr><td>同位短语</td><td>{CZtw}</td></tr>
<tr><td>方位短语</td><td>{CZfw}</td></tr>
<tr><td>量词短语</td><td>{CZlc}</td></tr>
<tr><td>重叠短语</td><td>{CZcd}</td></tr>
<tr><td>固定格式</td><td>{CZgd}</td></tr>
<tr><td rowspan="2">实词与虚词组合</td><td>介宾短语</td><td>{CZjb}</td></tr>
<tr><td>附加结构</td><td>{CZfj}</td></tr>
<tr><td>音节组合</td><td>音节搭配</td><td>{CZyj}</td></tr>
<tr><td colspan="2">其他类型</td><td>{CZqt}</td></tr>
</table>

标注代码设计出来以后，还有一个问题，即标注位置的问题，换言之，这些标注符号应该标在什么地方，是短语之前、之中还是之后，或者别的地方。我们仍然参考"首都语料库"的标注方法，标在短语的后面。先看两个偏误标注的例子：

(26) 而且生活条件越来越提高{CCZzz}。

(27) 地球的气温变暖{CCZzw}。

我们建议标注符号紧跟在偏误短语的后面，如果后面有标点的话，则在偏误短语之后，标点之前。我们标注的短语偏误都是已经出现的，不包括因缺词而造成结构未形成的情况，而且我们的标注符号都清楚地代表了不同的偏误类型，使用者只要看到标注符号，就可以很容易地从前面找到偏误短语。

再看两个基础标注的例子：

(28) 我的{CZfj}专业{CZdz}是汉语{CZsb}{CZzw}。

(29) 本人对旅游行业{CZjb}有着{CZfj}极大{CZzz}的{CZfj}兴趣{CZdz}{CZsb}{CZzz}{CZzw}。

基础标注的代码也是紧跟在每个短语的后面，如果后面有标点的话，标在短语之后，标点之前。从上面两例我们可以看到，最后标点的前面都标注了两种或两种以上的短语类型，这是因为我们的基础标注要考虑各个层面，如例(28)中后面的“{CZsb}”表示前面的“是汉语”是一个述宾短语，而紧跟其后的“{CZzw}”是一个更大层次上的短语，表示“我的专业是汉语”是一个主谓成分，后面一例同理。

3.4　标注流程

偏误标注和基础标注可以在两版语料中分别标注，也可以在同一版语料中一次完成，即有两种标注流程。“首都语料库”采用了前一种，即首先把语料复制为两版，在第一版中做偏误标注，第二版中做基础标注，两版语料相互隔离，可以分别单独呈现，也可以同时对比呈现，为汉语中介语的表现分析提供了条件。

在这里，我们仍然借鉴“首都语料库”的做法，把短语的标注也分为两版，先做偏误标注，再做基础标注，偏误短语只做偏误标注，正确的短语只做基础标注，而且两版语料既可以单独呈现，也可以同时呈现。

我们之所以这样做，是因为偏误标注和基础标注的内容非常丰富，如果在一版中呈现，代码会非常多，看上去会非常混乱，不直观，不具有可读性，如果使用者在看到标注内容的时候就“望而生畏”，那么标注也就失去了其应有的意义，语料库也会降低其使用价值。

4　结　语

标注是语料库建设的重要环节，标注内容的多少和质量的好坏影响着整个语料库的价值，因此现在人们越来越重视对标注的研究。在语料库的标注中，短语标注是重要一环，因为无论是从汉语本体研究还是对外汉语教学和习得研究来看，短语都处于重要的语法地位，然而，令人遗憾的是，关于汉语短语的标注目前鲜有人涉及，本章正是在此背景下完成的。

本章主要是为汉语中介语语料库中的短语标注制定了一个标注规范，包括标注的原则、标注内容、标注方法及代码、标注流程四个部分。关于标注原则，提出了全面性、科学性等4项原则；在标注内容上，为了使研究结论更加科学、可信，我们提出偏误标注和基础标注都要标注，并根据短语的本体研究成果、教学习得的研究成果和一部分语料的实际分析结果，确定了标注的类型，共16类；基于此，我们又提出了“人标机助”的标注方法，并借鉴“首都语料库”的做法，设计了标注代码；最后，我们又简单论述了标注的流程，即分成两版，先做偏误标注，再做基础标注。至此，形成短语标注规范。

本章不可避免地还会存在一些问题，但笔者希望本研究可以引起更多学者，特别是语料库方面的专家，对于短语标注问题的注意，同时也希望可以为汉语中介语语料库的标注建设、汉语短语的本体研究等提供参考。

参考文献

范晓 (1991)《短语》，商务印书馆，北京。

房玉清 (2008)《实用汉语语法》(第二次修订本)，北京语言大学出版社，北京。

胡裕树 (1981)《现代汉语》(增订本)，上海教育出版社，上海。

华宏仪 (1984)《汉语词组》，山东教育出版社，济南。

黄伯荣、廖序东 (2007)《现代汉语》(增订四版)，高等教育出版社，北京。

黄昌宁、李涓子 (2002)《语料库语言学》，商务印书馆，北京。

刘珣 (2000)《对外汉语教育学引论》，北京语言文化大学出版社，北京。

刘月华、潘文娱、故韡 (2001)《实用现代汉语语法》(增订本)，商务印书馆，北京。

鲁健骥 (1999)《对外汉语教学思考集》，北京语言文化大学出版社，北京。

陆俭明 (1990) 述补结构的复杂性——《现代汉语补语研究资料》序，《语言教学与研究》第 1 期。

吕叔湘 (1979)《汉语语法分析问题》，商务印书馆，北京。

邵霭吉 (1985)《现代汉语词组》，湖北教育出版社，武汉。

邵敬敏 (2007)《现代汉语通论》(第二版)，上海教育出版社，上海。

王力 (1985)《中国现代语法》，商务印书馆，北京。

赵元任 (1979)《汉语口语语法》，商务印书馆，北京。

张宝林 (2008)“外国留学生汉语学习过程语料库”总体设计，《数字化汉语教学进展与深化》，张普、徐娟、甘瑞瑗主编，清华大学出版社，北京。

张宝林 (2010) 回避与泛化——基于“HSK 动态作文语料库”的“把”字句习得考察，《世界汉语教学》第 2 期。

张斌 (2008)《新编现代汉语》(第二版)，复旦大学出版社，上海。

中国社会科学院语言研究所词典编辑室(2012)《现代汉语词典》(第 6 版)，商务印书馆，北京。

朱德熙 (1982)《语法讲义》，商务印书馆，北京。

第九章　句标注研究[①]

1　引　言

句标注[②]，即对语料句层面进行的标注，是汉语中介语语料库各层面标注中的重要组成部分，它涉及句子成分、句类、句型、句式、相关句误等多项目的标注，根据标注模式的不同，分为句基础标注和句偏误标注两种。

本章以北京语言大学的"HSK 语料库"和"首都语料库"(合称为"两库"，"两库"语料标注体系在下文中称为"北语系统")的句标注为基础，结合对现代汉语中介语语料库的句标注方案的调查，剖析句标注的来源及构成，对比、总结并改进句标注的标注项和标注符号，最终形成在规范性、开放性、全面性方面表现更好的汉语中介语句标注的标注项集和标注集备选方案。

2　汉语中介语语料库句标注项的确定及其依据

2.1　汉语中介语语料标注的来源

根据语料库语言学领域中两种泾渭分明的研究方法——基于语料库的(corpus-based)方法与语料库驱动的(corpus-driven)方法，可分析出两种标注方案：(1)"基于语言学"的方式，即完全照搬业已形成的语言学系统和描写框架形成标注；(2)"基于语料标注"的方式，即坚决拒绝业已形成的语言学系统和描写框架的影响，由研究者对大批语料的实际表现进行考察来形成标注。(Sinclair, J., 2002；Fitzpatrick, E. & Seegmiller, M. S., 2002)这两种方案提供了中介语语料标注的基本来源："语言学理论"和"语料标

① 本章原题《汉语中介语语料库句标注集研究》。作者：徐枫洁，北京语言大学 2009 级语言学及应用语言学专业硕士研究生；屈梅娟，四川外国语大学中文系讲师，北京语言大学 2009 级语言学及应用语言学专业硕士研究生。

② 本章研究所及的句标注属于单句层面，复句、句群不在研究范围内。

注”。

“语言学理论”和“语料标注”这两种基本来源，在现有汉语中介语语料库句标注实践中具体体现为四种形式：语言学理论依据、对外汉语教学与研究依据、语料标注依据、其他语料库相关标注规范依据。

2.1.1 语言学理论依据

标注的“语言学理论依据”，具体是指语料库建设者根据语料库建设的实际，参照某一种或某几种汉语语言学理论和研究成果，所形成的语言学理论指导。换言之，即所进行的语料标注是以某种或某几种语言学理论为基础的。该依据能够为语料标注提供系统而全面的备选标注项以及相应的标注说明。

汉语学界已经在汉语描写方面积累了大量的成果，具体可以参考邵敬敏(2006)、邵敬敏等(2009)。比起理论语法，教学语法更适合承担提供汉语中介语语料库标注的语言学理论依据的重任，因为教学语法是综合社会公认的古往今来的各家学说而成的，而理论语法或专家语法却还有待于实践的检验，尚未成为定论。(张志公，1982)教学语法不仅社会公认度高，而且一般来讲，它掌握起来比理论语法相对要容易，适合用来入门。

要形成汉语中介语的句标注项和标注集，其语言学理论依据可以参考在母语教学领域中较有影响力的教学语法系统，如《中学教学语法系统提要(试用)》(人民教育出版社中学语文室，1984)；其他可以参考《新编现代汉语》(张静，1980)、《现代汉语》(增订本)(胡裕树，1981)、《现代汉语》(张志公，1982)、《现代汉语》(邢福义，1991)、《现代汉语通论》(邵敬敏，2001)、《现代汉语》(增订四版)(黄伯荣、廖序东，2007)等。

根据表9-1的对比统计，针对句标注覆盖的内容而言，“北语系统”虽未详尽列出语言学教材中提到的语言点，但是依然可见其具有较好的代表性、全面性和系统性。

表9-1 “北语系统”与语言学相关教材对比

项目	二者皆列出的项目	语言学教材列出、“北语系统”未列出的项目(列举)
句子成分	主语、谓语、述语、宾语、定语、补语、状语、中心语	外位成分、辅助性语法成分(邢福义，1991)； 提示成分、独立成分(邵敬敏，2001)

续表

项目	二者皆列出的项目	语言学教材列出、"北语系统"未列出的项目(列举)
句类	双重否定句、是非问句、特指问句、正反问句、选择问句、反问句、祈使句、感叹句	询问句(黄伯荣、廖序东,2007); 肯定句、否定句、强调句(人民教育出版社中学语文室,1984); 陈述句、设问句(邵敬敏,2001)
句型	形容词谓语句、名词谓语句、主谓谓语句、名词性非主谓句、形容词性非主谓句、动词性非主谓句、叹词非主谓句、象声词非主谓句	动词谓语句(张志公,1982); 特殊非谓语句(邵敬敏,2001)
句式	"把"字句、"被"字句、"比"字句、"连"字句、"有"字句、"是"字句、"是……的"句 1、"是……的"句 2、存现句、兼语句、连动句、重动句、双宾句、紧缩句	主动句、被动句、使动句、判断句(张静,1980); 比较句、"对"字句(邵敬敏,2001)

2.1.2　对外汉语教学与研究依据

在汉语中介语标注项确定过程中,需要参考对外汉语教学和研究成果。此类依据可以通过吸收、整合对外汉语教学成果、对外汉语研究成果等途径获得。多种途径的结合,不仅有利于实现标注的系统性和全面性,也有利于为标注的颗粒度①细化提供更多的参考。

2.1.2.1　对外汉语教学成果

"对外汉语教学成果"主要指在对外汉语教学实践中会直接使用到的教学大纲和教材。这两者是标注项目研究的重要依据,表 9-2 列出了本章研究中采用的一些在对外汉语教学界影响较大的大纲和教材。

---

① 所谓的"颗粒度"(granularity),原是摄影界术语,用在此处表示"将信息进行细化和具体化的程度",有"粗粒度"和"细粒度"两种相对的概念。某个语言点的颗粒度越细,说明研究者对其分析越细化越具体化。比如对于包含"是"字的句子,只进行一种标注("是……的"句)的标注系统与进行两种标注("是……的"句 1 和"是……的"句 2)的标注系统相比,前者的颗粒度较大,而后者的颗粒度较小。

表 9-2 对外汉语教学成果

形式	成果名称
教学大纲	《〈现代汉语基本句型〉系列内容》(北京语言学院句型研究小组,1989—1991)①; 《对外汉语教学语法大纲》(王还,1995); 《中高级对外汉语教学等级大纲:词汇、语法》(孙瑞珍,1995); 《汉语水平等级标准与语法等级大纲》(1996); 《对外汉语教学初级阶段教学大纲:语法大纲·功能大纲·情景大纲·考试大纲》(杨寄洲,1999); 《高等学校外国留学生汉语教学大纲:长期进修(附件)》(2002); 《高等学校外国留学生汉语言专业教学大纲(附件二)》(2002); 《国际汉语教学通用课程大纲》(2008)
教材	《实用现代汉语语法》(增订本)(刘月华、潘文娱、故韡,2001); 《实用汉语语法》(第二次修订本)(房玉清,2008)

笔者对上述大纲、教材做了简单的句层面的语法列项调查,通过与"首都语料库"句基础标注项进行比较发现,后者并非全包含前者,甚至有些比较重要的项目,如陈述句、否定句等,在"首都语料库"中并没有出现,具体细节内容见表 9-3。

表 9-3 "首都语料库"句基础标注与对外汉语大纲、教材对比

项目	二者皆列出的项目	大纲等列出、"首都语料库"未列出的项目(列举)
句子成分	主语、谓语、述语、宾语、定语、补语、状语、中心语	复指、插说(刘月华、潘文娱、故韡,2001;王还,1994); 关联成分、独立成分(房玉清,2008)
句类	双重否定、是非问句、特指问句、正反问句、选择问句、反问句、祈使句、感叹句	陈述句、否定句(孙瑞珍,1995)

① 这一系列文章"主要目的是为了编写对外基础汉语教材及汉语教师备课参考之用",且"初稿写成之后,除在学校内部使用外,还曾寄赠有关院校、单位的同行们。……又为语言信息处理界的同志所关心"。(北京语言学院句型研究小组,1989)可见,这一系列文章在当时对外汉语教学界是有一定影响力的,起到了某种程度上的语法教学大纲的作用。

续表

项目	二者皆列出的项目	大纲等列出、“首都语料库”未列出的项目(列举)
句型	形容词谓语句、名词谓语句、主谓谓语句、名词性非主谓句、形容词性非主谓句、动词性非主谓句、叹词非主谓句	动词谓语句、介词结构做谓语(孙瑞珍,1995)
句式	“把”字句、“被”字句、“比”字句、“连”字句、“有”字句、“是”字句、“是……的”句 1、“是……的”句 2、存现句、兼语句、连动句、双宾句、紧缩句	“在”字句、类同的表达、比较句、被动句(《国际汉语教学通用课程大纲》,2008); 主动句(房玉清,2008); 省略、倒装、变换(孙瑞珍,1995)

2.1.2.2　对外汉语研究成果

“对外汉语研究成果”主要包括对对外汉语教学及习得研究中出现的中介语问题进行研究的期刊和专著。仅就汉语中介语句式研究而言,有一类偏误研究文献引起了笔者的关注,即基于大规模汉语中介语语料库统计,集合多方力量(国家、省部级、校级项目,有梯队地跨校、跨团队合作),形成的考察留学生汉语语言点习得的系列汇编,其中有一些比较全面系统的研究,如周小兵等(2007)、肖奚强等(2008)、肖奚强等(2009)。这些来自语言学理论、对外汉语教学和语料考察的成果,都可以拿来并用到细粒度标注的研究中去。

表 9-4　基于大规模语料库的句式研究成果统计

著作	句式成果
周小兵等(2007)	被动句、比较句、“比”字句、疑问句、“是……的”句、“得”字句
肖奚强等(2008)	“除了”句式、“跟……(不)一样”句式、中动句、“让”字句、“是……的”句
肖奚强等(2009)	“把”字句、“被”字句、“除了”句、“给”字句、“连……也/都”句、“让”字句、“是……的”句、“有”字句、重动句、存现句、兼语句、连动句、结果补语句、趋向补语句、数量补语句、能性结构句、双宾句、形容词谓语句、主谓谓语句、中动句

2.1.3　语料标注依据

张宝林(2009)提到对1600多篇作文答卷进行试标而产生的初步标注"草案"就是语料标注依据,"北语系统"对"供用句"这一标注项"先设立后删除"的处理也是语料标注过程中标注依据不断调整和完善的表现。

2.1.4　其他语料库相关标注规范依据

借鉴其他各类语料库的建设经验,能够为我们进行中介语语料库标注规范建设省去不少力气,而这也同时是母语同中介语之间的一个较好的对比研究的过程。在标注的规范性问题上,行业内的国家标准尤其值得我们借鉴。

目前,汉语母语者语料库的句标注方面尚未出台相应的国家标准,但是已经出台了词类的相应标准《GB/T 20532—2006 信息处理用现代汉语词类标记规范》。该规范是国家目前颁布的、唯一的语言标记规范,虽然是关于母语者语料的词类标记的,但是其对标注项集和标注集制定,对汉语中介语标注研究有很大启发。

2.2　汉语中介语语料库句标注项集

结合上文分析,本节形成了一个汉语中介语语料库句标注项集的备选方案,其主体来自于"北语系统",并参考李盛微(2009)、胡晓清等(2011)的体系,以及表9-1、表9-3、表9-4的调查结果。该标注项集内容见表9-5。

本章的研究目标之一,是形成一个较规范的、可扩充的、可以全面描述汉语中介语句层面的标注备选方案。本方案仅供学界探讨,并非实际规定,也当然不可能包含所有汉语中介语句标注中可能出现的语言点,考虑到本章要研究的是汉语中介语语料的句标注,本节提供的这133个标注项与前文相关调查成果,并非成简单的"全包含"关系,如笔者对表9-1中没有出现在其他成果中的语言点,进行了有选择的删减处理。

表9-5　汉语中介语语料库句标注项集(133项①)

	句偏误标注(72项)	句基础标注(62项)
单句标记	(1项)	
错句标记	无	(1项)

① 句偏误标注(72项)和句基础标注(62项)共应有134项,但是由于单句标记重复计算一次,所以本表中的标注项实际上共计133项。

续表

	句偏误标注(72 项)	句基础标注(62 项)
句子成分	(24 项,含成分缺失和赘余两种)主语、谓语、述语、宾语、补语、定语、状语、中心语、复指、关联、插说(或独立)	(13 项)主语、谓语、述语、宾语、补语、定语、状语、中心语、复指、关联、插说(或独立)、存疑
句类	(11 项)陈述句、肯定句、否定句、双重否定句、是非疑问句、特指疑问句、正反疑问句、选择疑问句、反问句、祈使句、感叹句	(12 项)陈述句、肯定句、否定句、双重否定句、是非疑问句、特指疑问句、正反疑问句、选择疑问句、反问句、设问句、祈使句、感叹句
句型	(13 项)名词谓语句、动词谓语句、形容词谓语句、主谓谓语句、名词主语句、动词主语句、形容词主语句、主谓主语句、名词性非主谓句、动词性非主谓句、形容词性非主谓句、叹词非主谓句、象声词非主谓句	(13 项)名词谓语句、动词谓语句、形容词谓语句、主谓谓语句、名词主语句、动词主语句、形容词主语句、主谓主语句、名词性非主谓句、动词性非主谓句、形容词性非主谓句、叹词非主谓句、象声词非主谓句
句式	(19 项)主动句、被动句、比较句、"把"字句、"在"字句、"连"字句、"有"字句、"是"字句、"是……的"句 1、"是……的"句 2、存现句、兼语句、连动句、重动句、双宾语句、紧缩句、供用句、中动句、"像"字句	(22 项)主动句、被动句、比较句、"把"字句、"在"字句、"连"字句、"有"字句、"是"字句、"是……的"句 1、"是……的"句 2、存现句、兼语句、连动句、重动句、双宾语句、紧缩句、供用句、变换句、倒装句、省略句、中动句、"像"字句
其他	(4 项)语序错误、错句存疑、句式杂糅错误、未完句	

3 汉语中介语语料库句标注集的制定与说明

在确定句标注项之后,须对标注项符号化和具体化,按照一定的格式形成句标注集。基于标注实践的需要，往往在确定标注集之余，在标注规范中对句标注意义和操作方法进行文字说明，我们称之为“标注说明”。形成了“标注集”和“标注说明”，语料库便真正实现了从内容到形式的标注。

结合相关中介语语料标注经验和成果，本节将形成一个汉语中介语语料库句标注集的简单改进方案，并对标注说明进行简单的分析。

3.1　基于“北语系统”句标注集的考察

本节对“北语系统”的形式与内容格式提出如下改进讨论：

(1)代表不同意义的字符大小写在形式上的统一。如“HSK 语料库”“其他句误”类中，“{CJZR}”(句式杂糅错误)中的“ZR”是大写字母，而其他标注都是用小写字母表示。

(2)标示所使用语言来源的统一。“{}”里英文符号与汉语拼音符号混用，如：“{Jfzwn}”(名词性非主谓句)，其中的字母分别表示“句、非、主、谓、名”，其中“n”是英文 noun 的首字母，而其他的标注符号则都是汉语拼音首字母的大小写。笔者建议全部使用汉语拼音首字母，更方便标注员、标注复查员识记、施标与核查，降低标注员培训的难度。

(3)属性逻辑层次的统一。“{}”内应使用同一种属性逻辑排列顺序，建议使用“属种”顺序。

(4)该体系内，对“句类”的偏误标注待补充。

3.2　一个汉语中介语语料库句标注集的实例

笔者在“北语系统”分析基础上，参照《GB/T 20532—2006 信息处理用现代汉语词类标记规范》，形成了更系统、更规范的汉语中介语语料库句标注项集(133 例，见表 9-6)。但它只考虑会有哪些标注项，以及如何给这些标注项以较规范的标注符号，并没有对其下位细类做规定，语料库的建设者们可以选择其中的部分标注项，也可以参考该体系构建特定的标注项目集。

该标注项集按标注模式分为两类：句偏误标注和句基础标注。其中句偏误标注 72 个，分别是单句标记(1 个)、句子成分缺失或赘余(24 个)、句类偏误(11 个)、句型偏误(13 个)、句式偏误(19 个)、其他句偏误(4 个)；句基础标注 62 个，分别是单句标记(1 个)、错句标记(1 个)、句子成分标记(13 个)、句类标记(12 个)、句型标记(13 个)、句式标记(22 个)。除去重复标记(单句标记出现两次)，本例中共有 133 个标注符号，其格式说明如下：

(1)使用圆折括号“{}”添加标注，如“{CJSba}{JSba}”等。使用“[]”标示短语范围，如“这是[一段]{J-dy1}[富有讽刺]{J-dy2}的反话。”

(2)标注符号占用 5—9 个字节，如“{J-?}”(句基础标注之成分标注存疑)占用 5 个字节、“{CJ+zhuy}”(句偏误标注之主语赘余)占用 9 个字节、“{CJXzhzw}”(句偏误标注中句型标注之主谓主语句)占用 9 个字节。

(3)“{}”内所有字母均是语言点汉语名称的拼音首字母缩写。其中独立出现的大写字母分别为：“CJ”(句偏误标注)、“J”(句基础标注)、“L”(句类标注)、“X”(句型标注)、“S”(句式标注)。其他下位属性标注为汉语拼音小写。如“{CJSzr}”(句式杂糅错误)，其中的字母分别是“错、句、式、杂、糅”的汉语拼音首字母的大小写；“{JSgy}”(供用句)，其中的字母分别是“句、式、供、用”的汉语拼音首字母的大小写。

(4)格式的意义为“标注大类(大写字母)—标注小类(小写字母)—(次序号码或前几个汉字的距离内)”。如“{J-sy2}”(句基础标注中成分标注的述语 2)的字母“J、sy、2”意义分别是：句基础标注(标注大类)、述语(标注小类)、第二个(次序号码，该符号所标示的是该句中的第二个述语)。“人造的景点不比上{CJx3}它。”一句中，“{CJx3}”的字母“CJ、x、3”的意义分别是：句偏误标注(标注大类)、语序错误(标注小类)、前三个汉字(该偏误发生在本标记前三个汉字的距离内)。

(5)“{}”内字母代表的概念之间的属性层次。如“{CJLfsh}”(句偏误标注中句类标注的双重否定句)的字母“CJ、L、f、sh”意义分别是：句偏误标注、句类、否定句、双重(否定句)。“{CJXzhm}”(句偏误标注中句型标注的名词主语句)的字母“CJ、X、zh、m”意义分别是：句偏误标注、句型、主语句、名词(主语句)。“{CJXfzws}”(句偏误标注中句型标注的象声词非主谓句)的字母“CJ、X、fzw、s”意义分别是：句偏误标注、句型、非主谓句、象声词。

(6)标注符号后不再加语言点的具体解释，如“{JSgy}”(供用句)、“{JSjs}”(紧缩句)。

(7)本表中的例句，除特殊说明外，皆来自于“HSK 语料库”和“首都语料库”。

表 9-6　汉语中介语语料库句标注集及其运用举例

一、偏误标注			
项目	标注符号	符号意义	举例
单句标记(1 项)	#	单句	所以不能说网络 QQ #。
	备注：1. 标示该句是一个单句；2. 符号标注在句末标点之前。		

续表 1

一、偏误标注			
项目	标注符号	符号意义	举例
句子成分缺失或赘余（24 项）	{CJ-/+zhuy}	主语	她又遇到了好机会。她{CJ+zhuy}在贸易公司工作的机会。
	{CJ-/+wy}	谓语	只有所有人的行为{CJ-wy}，才能实现保护。
	{CJ-/+sy}	述语	他的努力{CJ-sy}校果。
	{CJ-/+by}	宾语	好让{CJ-by}感染到这一份欢乐。
	{CJ-/+buy}	补语	如果你遇到过{CJ+buy}困难的事情，老师可以帮助你。
	{CJ-/+dy}	定语	韩国一个民族之间发生了一{CJ-dy}大战争，
	{CJ-/+zy}	状语	他比我已经{CJ+zy}有更多的经验。
	{CJ-/+zxy}	中心语	所以她迷上刘德华而且迷到无法自拔的{CJ-zxy}。
	{CJ-/+fz}	复指	他们崇拜自己心目中的对像{CJ-fz}对于正在青春期的青少年来说是一件很正常的事情。
	{CJ-/+gl}	关联	因为温哥华是一个靠海边的城市，{CJ-gl}温哥华的经济很发达。
	{CJ-/+cs} 或者 {CJ-/+dl}	插说 或者 独立	拿比如{CJ+dl}我表妹妹来说，
	备注：1. 标示该句某种句子成分缺失或者赘余；2. 符号标在句中偏误处之后；3. {}内是否可以补入成分，根据不同标注要求而定。		

续表 2

一、偏误标注			
项目	标注符号	符号意义	举例
句类偏误 (11 项)	{CJLkd}	肯定句	他就随着父母到美国，那里他掌握了英语{CJLkd}。
	{CJLfd}	否定句	二来，我认为即使吸烟对身体有害，也毫不有好处{CJLfd}。
	{CJLfsh}	双重否定句	不得不全家人的生活只靠从奶奶开的一个小饭店来的一些钱{CJLfsh}。
	{CJLcs}	陈述句	因为她很重视的人刘德华{CJLcs}。
	{CJLywsf}	是非疑问句	这个剧情，你想去观赏呢{CJLywsf}？
	{CJLywtz}	特指疑问句	那么在正常的事情面前，家长们那么担心呢{CJLywtz}？
	{CJLywzf}	正反疑问句	不知道老师了解我的老乡{CJLywzf}？
	{CJLywxz}	选择疑问句	你打算回你家乡或去旅行{CJLywxz}？
	{CJLywf}	反问句	最恶的是，大人的追星族，女人比较多，她们却不照顾家庭、孩子，为了明星跑出去，这是怎么可能的{CJLywf}！
	{CJLqs}	祈使句	别不好意思吧{CJLqs}！
	{CJLgt}	感叹句	祝你顺利考试{CJLgt}！
	备注：1. 标示该句存在句类偏误；2. 符号标在句尾符号、#之前。		

续表 3

一、偏误标注			
项目	标注符号	符号意义	举例
句型偏误（13 项）	{CJXwm}	名词谓语句	可能有家长和孩子在观念上的存在差异{CJXwm}。
	{CJXwd}	动词谓语句	首尔很美丽的城市{CJXwd}，
	{CJXwx}	形容词谓语句	有时老干部们从经验来办事有效的{CJXwx}。
	{CJXwzw}	主谓谓语句	其实她的平时学习不太好{CJXwzw}，
	{CJXzhm}	名词主语句	她的思想中一个是人会骗人{CJXzhm}，
	{CJXzhd}	动词主语句	爱别人让自乙和别人幸福{CJXzhd}。
	{CJXzhx}	形容词主语句	最难过是语言不同的问题{CJXzhx}。
	{CJXzhzw}	主谓主语句	而现在看我的情况，我父母那么的是对的{CJXzhzw}。
	{CJXfzwm}	名词性非主谓句	50 岁代的阿姨们{CJXfzwm}。
	{CJXfzwd}	动词性非主谓句	天气越来越热，容易日射病{CJXfzwd}，
	{CJXfzwx}	形容词性非主谓句	很有意思了吧{CJXfzwx}。
	{CJXfzwt}	叹词非主谓句	（语料中暂未发现）
	{CJXfzws}	象声词非主谓句	（语料中暂未发现）
	备注：1. 标示该句句型偏误；2. 符号标在句尾符号、# 之前。		
句式偏误（19 项）	{CJSzhud}	主动句	有的青少年为了明星送很贵的礼物{CJSzhud}，
	{CJSbei}	被动句	这时候，我感动她对我的温暖的心{CJSbei}。
	{CJSbi}	比较句	那位老人爱他向自已的孩子{CJSbi}。

续表 4

一、偏误标注			
项目	标注符号	符号意义	举例
	{CJSba}	“把”字句	我看到您公司招聘启事以后把这封信写{CJSba}。
	{CJSz}	“在”字句	追明星这件事虽然孩子们的知识上或身体上没有什么帮助{CJSz}。
	{CJSl}	“连”字句	她为了追星，连学校也旷课{CJSl}，好几天没回家。
	{CJSy}	“有”字句	他的努力校果{CJSy}。
	{CJSs}	“是”字句	北京又干净又美丽的城市{CJSs}。
	{CJSsd1}	“是……的”句 1	还有一件事儿是也是 2004 年发生了{CJSsd1}。
	{CJSsd2}	“是……的”句 2	可是现在家庭有很大的变化，家庭的气氛是很重要{CJSsd2}。
	{CJScx}	存现句	可又一位新来的侯医生{CJScx}，
	{CJSjy}	兼语句	不过中国有词叫做良师益友{CJSjy}，
	{CJSld}	连动句	所以她们的父母强行阻止来解决她们的问题{CJSld}。
	{CJSchd}	重动句	青少年追星得很严重的话{CJSchd}，
	{CJSshb}	双宾语句	她很爱玩，常常给我愉快{CJSshb}。
	{CJSjs}	紧缩句	想做就做，不想做不这样{CJSjs}。
	{CJSgy}	供用句	（语料中暂未发现）
	{CJSzhod}	中动句	他看起来帅哥{CJSzhod}，
	{CJSx}	“像”字句	在日本也发生像同样的事情{CJSx}。
	备注：1. 标示该句句式偏误；2. 符号标在句尾符号、# 之前。		

续表 5

一、偏误标注			
项目	标注符号	符号意义	举例
其他句偏误 （4 项）	{CJx 数字}	语序错误	人造的景点不比上{CJx3}它。
	{CJwwj}	未完句	所以我们必须{CJwwj}
	{CJzr 数字}	句式杂糅错误	比如说，对身体不好还有对学习成绩肯定下降{CJzr9}。
	{CJ?}	错句存疑	这个问题遇到少粮食和挨饿{CJ?}。
	备注：1. 标示该句存在其他句误；2. 符号标在偏误处之后；3. {}内的数字标示该偏误出现在标注前几个汉字的范围内。		
二、基础标注			
项目	标注符号	符号意义	举例
单句标记 （1 项）	#	单句	可是现实不是这样#。
	备注：1. 标示该句是一个单句；2. 符号在句末标点之前标注。		
错句标记 （1 项）	*	错句	泰国的城市是曼谷*#。
	备注：1. 标示该句是基础标注过程中出现的偏误句；2. 符号紧邻#，在#之前标注。		
句子成分标记 （13 项）	{J-zhuy 数字}	主语	这{J-zhuys}显然是极不公正的。
	{J-wy 数字}	谓语	她自己明白{J-wys}了。
	{J-sy 数字}	述语	就去{J-sy1}欺负{J-sy2}比他弱小的小尼姑。
	{J-by 数字}	宾语	给他{J-by1}自信{J-bys2}。
	{J-buy 数字}	补语	我的被子比平时变重{J-buy}了。
	{J-dy 数字}	定语	这是[一段]{J-dy1}[富有讽刺]{J-dy2}的反话。
	{J-zy 数字}	状语	所以不能{J-zy1}每天{J-zy2}见我妈。
	{J-zxy}	中心语	比如说：贫困的人{J-zxy}，孤寂的人{J-zxy}

续表 6

二、基础标注			
项目	标注符号	符号意义	举例
	{J-fz}	复指	以前有一个儿子的妈妈，她{J-fz}的儿子非常喜欢篮球和乔丹那个队。
	{J-gl}	关联	但是{J-gl}一些父母不喜欢这样的爱好。
	{J-cs} 或者{J-dl}	插说或者独立	我想，一般来说{J-cs}，孩子们的第一个偶像是自己的父母。
	{J-?}	存疑	这我觉得很难说{J-?}。
	备注：1. 标示该句中的成分；2. 符号紧邻句子成分之后标示；3. 多层句子成分使用在标注符号后、{}内加数字的形式，如两层状语，则标注{J-zy1}、{J-zy2}；使用[]标示两个及两个以上词语共同作为成分的范围；若没有多层成分，{}内不必加数字。		
句类标记（12项）	{JLcs}	陈述句	有一名高中生特别喜欢一位歌手{JLcs}，
	{JLkd}	肯定句	我在中国认识的一个年轻人就是我的女朋友{JLkd}。
	{JLfd}	否定句	没有时间跟自己的孩子交流{JLfd}。
	{JLfsh}	双重否定句	我不得不答应了{JLfsh}。
	{JLyws}	是非疑问句	现在您很忙吗{JLyws}？
	{JLywt}	特指疑问句	原因是什么{JLywt}？
	{JLywz}	正反疑问句	“吃饭了没？”{JLywz}
	{JLywx}	选择疑问句	孩子追星对家长有好处还是坏处{JLywx}？
	{JLywf}	反问句	难道对学习没有兴趣的学生都不能找到工作吗{JLywf}？
	{JLyws}	设问句	为什么孩子追星。是因为孩子看电视的时间比较长{JLyws}，
	{JLqs}	祈使句	哈里发说“你决定吧！”{JLqs}
	{JLgt}	感叹句	然后尽量努力生活吧{JLgt}！
	备注：1. 标示该句的句类；2. 符号标在句尾符号、#、* 之前。		

续表 7

二、基础标注			
项目	标注符号	符号意义	举例
句型标记（13 项）	{JXwm}	名词谓语句	古名喀土穆（阿拉伯话象鼻。）{JXwm}
	{JXwd}	动词谓语句	我离开了韩国{JXwd}。
	{JXwx}	形容词谓语句	她的眼睛比较大{JXwx}，
	{JXwzw}	主谓谓语句	这我觉得很难说{JXwzw}，
	{JXzhm}	名词主语句	她的性格也不错{JXzhm}。
	{JXzhd}	动词主语句	崇拜明星是一种爱好{JXzhd}，
	{JXzhx}	形容词主语句	还是少点比较好吧{JXzhx}。
	{JXzhzw}	主谓主语句	孩子喜欢明星也许是理所当然的{JXzhzw}，
	{JXfzwm}	名词性非主谓句	老师{JXfzwm}！
	{JXfzwd}	动词性非主谓句	症状一：不分场合盲目模仿明星的行为举止{JXfzwd}。
	{JXfzwx}	形容词性非主谓句	很可爱{JXfzwx}，
	{JXfzwt}	叹词非主谓句	“啊{JXfzwt}！原来是你！”
	{JXfzws}	象声词非主谓句	星期六，我正听音乐，“砰砰”{JXfzws}，
	备注：1. 标示该句的句型；2. 符号标在句尾符号、#、* 之前。		
句式标记（22 项）	{JSzd}	主动句	我写了这么多了{JSzd}。
	{JSbd}	被动句	当时，他的钱已经花完了{JSbd}，
	{JSbi}	比较句	可他的汉语水平比我高得多{JSbi}。
	{JSba}	“把”字句	他把一杯茶递给我说{JSba}，
	{JSz}	“在”字句	我爸爸公司在北京{JSz}，
	{JSlz}	“连”字句	当时我连一句汉语都不会说{JSlz}，
	{JSy}	“有”字句	美国有很有名的歌手{JSy}，
	{JSs}	“是”字句	青少年是一个国家的希望{JSs}，

续表 8

二、基础标注			
项目	标注符号	符号意义	举例
	{JSsd1}	“是……的”句 1	我的父亲也是这样做的{JSsd1}。
	{JSsd2}	“是……的”句 2	这种说法是对的吗{JSsd2}?
	{JScx}	存现句	北临青尼罗河有两个很有名的饭店{JScx},
	{JSjy}	兼语句	甚至要明星爱我{JSjy}。
	{JSld}	连动句	他们没有地方可以去解除学习的压力{JSld}。
	{JSchd}	重动句	在中国学汉语学了两年{JSchd}。
	{JSshb}	双宾语句	我们会称他思想家{JSshb}。
	{JSjs}	紧缩句	不学习就不能成功{JSjs},
	{JSgy}	供用句	一个小时一百块{JSgy}。
	{JSbh}	变换句	我说的,你同意吗,班长{JSbh}?
	{JSdz}	倒装句	(语料中暂未发现)
	{JSsl}	省略句	她很喜欢这首歌,唱得不错{JSsl},
	{JSzhod}	中动句	说起来很容易{JSzhod},但做起来很难{JSzhod}。
	{JSx}	“像”字句	我盼望能申请到像导游这样有挑战性的工作{JSx}。
	备注:1.标示该句的句式;2.符号标在句尾符号、#、* 之前。		

4　结　语

汉语中介语语料库的建设与研究,除了有利于语言教学,也有利于帮助学者们从更加开阔的视角来了解汉语、研究汉语,进而产生自己的创新性成果,前景非常乐观,值得学界对它予以重视,并持续贡献才智。

参考文献

北京语言学院句型研究小组(1989a)现代汉语基本句型,《世界汉语教学》第 1 期。

北京语言学院句型研究小组(1989b)现代汉语基本句型(续一)第一部分单句(甲),《世界汉语教学》第 3 期。

北京语言学院句型研究小组(1989c)现代汉语基本句型(续二),《世界汉语教学》第 4 期。

北京语言学院句型研究小组(1990)现代汉语基本句型(续三),《世界汉语教学》第 1 期。

北京语言学院句型研究小组(1991)现代汉语基本句型(续完)第一部分单句(丁),《世界汉语教学》第 1 期。

储诚志、陈小荷 (1993) 建立"汉语中介语语料库系统"的基本设想,《世界汉语教学》第 3 期。

崔希亮、张宝林 (2011) 全球汉语学习者语料库建设方案,《语言文字应用》第 2 期。

房玉清(2008)《实用汉语语法》(第二次修订本),北京语言大学出版社,北京。

国家对外汉语教学领导小组办公室(2002a)《高等学校外国留学生汉语教学大纲:长期进修(附件)》,北京语言文化大学出版社,北京。

国家对外汉语教学领导小组办公室(2002b)《高等学校外国留学生汉语言专业教学大纲》,北京语言文化大学出版社,北京。

国家对外汉语教学领导小组办公室汉语水平考试部(1996)《汉语水平等级标准与语法等级大纲》,高等教育出版社,北京。

国家汉语国际推广领导小组办公室(2008)《国际汉语教学通用课程大纲》,外语教学与研究出版社,北京。

胡晓清等(2011) 韩国留学生汉语中介语语料库的标注研究,《首届汉语中介语语料库建设与应用国际学术讨论会论文选集》,肖奚强、张旺熹主编,世界图书出版公司,北京。

胡裕树(1981)《现代汉语》(增订本),上海教育出版社,上海。

黄伯荣、廖序东(2007)《现代汉语》(增订版),高等教育出版社,北京。

教育部语言文字应用研究所(2006)《GB/T 20532—2006 信息处理用现代汉语词类标记规范》,http://www.doc88.com/p-1816882387931.html。(访问日期:2019 年 2 月 20 日)

李斌 (2007) 中介语语料库建设中的语言错误标注方法,《暨南大学华文学院学报》第 3 期。

李盛微 (2010)《外国留学生汉语习得作文语料库偏误分类及标注设计》,上海交通大学硕士论文。

刘月华、潘文娱、故韡 (2001)《实用现代汉语语法》(增订本),商务印书馆,北京。

人民教育出版社中学语文室(1984)中学教学语法系统提要(试用),《语文教学通讯》第 3 期。

邵敬敏(2001)《现代汉语通论》,上海教育出版社,上海。

邵敬敏(2006)《汉语语法学史稿》,商务印书馆,北京。

邵敬敏、任芝锳、李家树、税昌锡、吴立红(2009)《汉语语法专题研究》(增订本),北京大学出版社,北京。

孙瑞珍(1995)《中高级对外汉语教学等级大纲:词汇·语法》,北京大学出版社,北京。

王还(1995)《对外汉语教学语法大纲》,北京语言学院出版社,北京。

肖奚强等(2008)《汉语中介语语法问题研究》,商务印书馆,北京。

肖奚强等(2009)《外国学生汉语句式学习难度及分级排序研究》,高等教育出版社,北京。

邢福义(1991)《现代汉语》,高等教育出版社,北京。

杨寄洲(1999)《对外汉语教学初级阶段教学大纲》,北京语言文化大学出版社,北京。

张宝林(2006)"HSK动态作文语料库"的标注问题,《数字化汉语教学的研究与应用》,张普等主编,语文出版社,北京。

张宝林(2008)"外国留学生汉语学习过程语料库"总体设计,《数字化汉语教学进展与深化》,张普、徐娟、甘瑞媛主编,清华大学出版社,北京。

张宝林(2009)"HSK动态作文语料库"的特色与功能,《国际汉语教育》第4期。

张静(1980)《新编现代汉语》,上海教育出版社,上海。

张志公(1982)《现代汉语》,人民教育出版社,北京。

周小兵、朱其智、邓小宁等(2007)《外国人学汉语语法偏误研究》,北京语言大学出版社,北京。

Fitzpatrick, E. & Seegmiller, M. S. (2002) The Mont Clair Electronic Language Database Project. In Connor, U. & Upton, T. A. (eds.) *Applied Corpus Linguistics: A Multidimensional Perspective* = 应用语料库语言学的多维视角. Beijing: World Book Publishing Company.

Sinclair, J. (2002) Intuition and annotation—the discussion continues. In Aijmer, K. & Altenberg, B. (eds.) *Advances in Corpus Linguistics* = 语料库语言学的进展. Beijing: World Book Publishing Company.

第十章　特殊句式标注研究[①]

1　引　言

汉语特殊句式以其结构上的特殊性，历来受到语法学界以及对外汉语教学界的重视。然而，已建成的汉语中介语语料库对特殊句式的处理存在标注范围不一、标注程度不够、标注的准确性有待提高等问题。因此，本章探讨汉语中介语语料库的特殊句式标注，以期对汉语中介语语料库的特殊句式标注提供一些参考。

汉语中介语语料库的特殊句式标注，便于分析特殊句式的偏误和习得情况，有利于特殊句式的对外汉语教学与研究；也有利于完善汉语中介语语料库的标注，更方便研究者查询，从而使其在教学和研究中发挥更大的作用。

本章在研究中主要采用文献查阅法和实验法。参考已有的特殊句式本体研究和对外汉语教学研究成果，结合语料的考察，确定特殊句式的标注范围和具体内容，并探讨标注原则、标注模式、标注方法和代码，从而构拟一个比较全面的汉语中介语语料库特殊句式标注方案。最后，从“HSK语料库”和“首都语料库”中提取一定数量的语料进行试验标注，发现标注中的具体问题，补充和完善标注方案。

2　理论背景

特殊句式的研究可以追溯至 19 世纪末，马建忠（1898）在“实字卷之五”“动字相承五之二”里总结了古代汉语中动词连用的规律。此后特殊句式的研究范围逐渐扩大，特别是 20 世纪七八十年代以来，许多之前没有讨论过的特殊句式，如可逆句、“比”字句、“连”字句、“有”字句、存现句等开始引起研究者的重视，这为汉语中介语语料库特殊句式标注范围的确定提供了理论基础。研究者们还对许多特殊句式进行内部分类，深化了特殊句式

---

① 本章原题《汉语中介语语料库特殊句式标注规范研究》。作者：薛华丽，青岛西海岸新区育才初级中学教师，北京语言大学 2011 级语言学及应用语言学专业硕士研究生。

研究，不过，各家的划分方法和分类结果不一致，有时差别较大，因此特殊句式标注很难直接借鉴这些研究成果，还需要我们有选择地归纳、整合，并结合语料进行实际讨论与分析。

在对外汉语教学领域，研究者们既有着眼于某种特殊句式偏误表现的，如熊文新(1996)、申雪(2009)；也有着眼于特殊句式习得顺序的，如施家炜(1998)、周文华等(2009)；还有专门探讨某种母语背景的学生学习特殊句式的表现的，如柳英绿(2000)、王振来(2004)。在这些研究中，研究者们往往重视各特殊句式次类的考察以及偏误类型和原因的探讨，这为汉语中介语语料库特殊句式标注内容的确定提供了参考。不过也存在一些问题，一方面，各家的次类划分情况不一致；另一方面，许多研究者对偏误类型和原因的探讨过于简单，研究角度比较狭窄(张宝林，2011)，基本沿用了鲁健骥(1993)提出的遗漏、增添、替代、错序等四大偏误类型以及母语负迁移、过度泛化、文化影响、学习策略等偏误原因，使得各特殊句式的研究缺乏针对性和个性化。

已有的特殊句式标注研究方面，中山大学"汉字偏误标注的汉语连续性中介语语料库"只标注了 5 种特殊句式；北京语言大学"HSK 语料库"标注了 11 种特殊句式，种类比较全面，不过，该库和中山大学语料库都只标注了偏误语句，没有标注正确语句；北京语言大学"首都语料库"标注了 14 种特殊句式，种类越多，提供的可查询范围就越广，不过，有些特殊句式尚有争议，标注员在标注时也判断不清，例如在该库 100 万字语料中只标注了 4 例的供用句①，其标注结果准确与否有待商榷。徐枫洁(2011)通过考察语料库已有标注和对外汉语研究成果，形成了一个标注项目共计 133 项的句标注备选方案，其中特殊句式标注包括 19 项偏误标注和 22 项基础标注，其分类是比较全面的，为汉语中介语语料库标注提供了一个可供参考的方案。然而通过分析，我们认为，一方面，其分类结果需要精简，有些句式可以合并到其他句式中，例如表比较的"像"字句可以合并到比较句中，还有些句式可以暂不标注，例如尚有争议的供用句以及在对外汉语教学中研究较少的"在"字句、变换句、倒装句、省略句等②；另一方面，目前的特殊句式标注只关注大类，而忽视各句式的次类和偏误类型，标注既然是为了方便

① 这四个句子是："一小时一百块""什么时候我不太清楚""在这家医院里发生的事情，我们在现实生活中也经常遇到""孩子永远是孩子"。

② 从中国知网(CNKI)相关文献统计来看，专门研究"在"字句的文献只有 17 篇；而变换句研究只有 1 篇，并且研究的是《诗经》中的变换句；专门研究倒装句的只有 8 篇；专门研究省略句的只有 22 篇。

研究，就应该对教学和研究中受到重视的次类和偏误类型进行标注，以便于使用者查询、参考。

3　标注的模式与原则

对偏误进行标注已经成为中介语语料库研究者的共识，如南京师范大学的“外国学生汉语中介语偏误信息语料库”、中山大学的“汉字偏误标注的汉语连续性中介语语料库”、北京语言大学的“HSK 语料库”以及“中国英语学习者语料库”等，偏误标注固然可以满足偏误研究的需要，但只关注偏误，而忽略正确的语言表现，不利于研究者全面认识学习者的语言习得情况。因此，我们的标注模式借鉴“首都语料库”所采用的“偏误标注＋基础标注”的模式。偏误标注的对象是错误运用了特殊句式的句子，基础标注的对象是正确运用了特殊句式的句子。这样做的好处是，既可以满足偏误分析的需要，对汉语中介语特殊句式偏误研究起到推动作用；又可以看到学习者正确的特殊句式语言表现，使我们对外国人习得汉语特殊句式的情况形成客观、全面、综合的认识。

标注还应遵循一定的原则，这也是制定标注方案的指导思想。张宝林(2013)认为通用型汉语中介语语料库的语料标注应该遵循四个基本原则：全面性、科学性、忠于原作、标准化与通用化。

我们参考了以上观点，认为汉语中介语语料库特殊句式的标注应遵循以下几条原则：

(1) 全面性

“全面性”指的是所涵盖的特殊句式种类全面。在确定特殊句式范围时，应参考现代汉语本体研究以及对外汉语教学大纲、教材，并考察语料，本着服务对外汉语教学的原则，确定研究和教学中常用到的特殊句式。在现有的汉语中介语语料库中，特殊句式的标注只关注特殊句式大类，而忽视了在教学和研究中越来越受到重视的次类和偏误类型，这与研究的现状和趋势是不相符的，因此在特殊句式标注中应该增加各特殊句式次类标注和偏误类型标注，使标注内容更全面。

(2) 科学性

“科学性”指的是所做的标注符合语言学理论。为了保证特殊句式标注的准确性，第一，需要制定详细的标注规范，对标注中涵盖的特殊句式范围、具体标注内容以及各自的代码进行清晰的描述；第二，标注员需要经过专门的现代汉语语法学习，具备扎实的专业知识，还应该对标注规范特别熟悉，对标注中涵盖的特殊句式种类及其次类、偏误类型以及各自的代码牢记于心；第三，校对、审验的环节不可缺少,这是因为大型汉语中介语语料库的标注是由多名标注员完成的,只标注一遍的结果,其准确性和一致性都难以保证。

(3) 只标不改

"只标不改"指的是在标注中不能破坏留学生的原始表达。对于语料中正确的特殊句式,只需在句子后面添加相应代码;对于语料中错误的特殊句式,标注员不做任何改正,而是保留所有的错误,使标注后呈现的句子仍然是原始语料,同样只需用标注符号指明错误类型即可。这样做,可以保证语料库使用者看到的都是汉语学习者的真实语言表现。

(4) 简洁性

"简洁性"指的是标注代码的简洁性,代码的设计符合标注员和语料库使用者的习惯,易于识记、一目了然。代码过于复杂,会加重标注员的记忆负担,增加由于记错、粗心而错标的可能性;对语料库使用者来说,穿插在文字语料中的代码符号本来就是一种阅读上的障碍,如果代码的设计令人难以捉摸就会更加费解。

4 标注内容

4.1 "句式"的概念

研究者由于观察角度不同、理论不同,因此对"句式"的概念产生了不同的理解。从已有的研究来看,"句式"所指至少有以下几个方面:

(1) 把那些具有明显结构特点的句子称为"句式",如邢福义(1986)收录了《现代汉语里的一种双主语句式》《"越 X,越 Y"句式》《试论"A",否则"B"句式》等多篇文章,专门讨论某些特殊句子类型。

(2) 将"把"字句、"被"字句、存现句、连动句、兼语句、双宾句等句子类型称为句式,经常也称为"特殊句式",如倪宝元等(1986)、张志公等(1996)、黄伯荣等(2007)。

(3) 运用变换理论分析句子之间相互转换的关系时,采用"句式变换"的说法,如胡裕树(1981)探讨了"句式的变换及其应用",陆俭明(1990)指出"变换分析可用来分化歧义句式,或给某句式分类、定性"。

(4) 有时句类也由各种"句式"表示,如李宇明(1989)讨论了表示疑问句类的"NP 呢?"句式,袁毓林(1993)提到了表示祈使句类的"V 着!""别 V!""别 V 了!""A 一点儿!"等句式。

(5) 从语义层面认识"句式"。徐通锵(1997)把"句式"看作"话题—说明"

的语义关系的概括;沈家煊(2000)认为,"论元的数目或类属不同,就成了不同的句式";张伯江(2000)也有类似的看法,他将句子的语义结构模式看作句式。

张斌(2002)把语言单位概括为实体类别、关系类别和特征类别三种,而且实体类别或关系类别中的特殊类就是特征类别。在此基础上,将"把"字句、"被"字句等看作动词谓语句里的特殊类,由句子结构上的特殊标志或某些特殊性而划分出来的类别,也叫特殊句式。邵敬敏(2001)、黄伯荣等(2007)也将句式看作就单句的局部结构特点定出的类名。

本研究中"句式"所指与邵敬敏(2001)、张斌(2002)、黄伯荣等(2007)等关于"句式"的概念一致,即由句子结构中的某些特殊性或特殊标志而划分出来的句子类别,因其特殊性即称为"特殊句式"。

4.2 范围界定

研究者对特殊句式的范围有不同的界定,这里我们参考了几部影响较大、使用较广泛并且专列了某一或某几个章节来讲述特殊句式的现代汉语教材以及对外汉语教学大纲,对各自所涉及的特殊句式统计如下:

表 10-1 现代汉语教材

	邢福义《现代汉语》	北京大学中文系现代汉语教研室《现代汉语专题教程》	邵敬敏《现代汉语通论》	黄伯荣、廖序东《现代汉语》	张斌《新编现代汉语》
"把"字句	Y	Y	Y	Y	Y
"被"字句	Y	Y	Y	Y	Y
连动句	Y			Y	Y
兼语句	Y	Y		Y	Y
双宾句	Y	Y	Y	Y	
存现句	Y		Y	Y	Y
比较句		Y		Y	
"有"字句		Y			
"是"字句		Y			

续表

	邢福义《现代汉语》	北京大学中文系现代汉语教研室《现代汉语专题教程》	邵敬敏《现代汉语通论》	黄伯荣、廖序东《现代汉语》	张斌《新编现代汉语》
“是……的”句(一)		Y①			
“是……的”句(二)		Y			
主谓谓语句	Y		Y		Y
可逆句					Y
其他					

注：表格中的 Y 表示该著作中包含某类特殊句式，空白表示不包含，下表同。

表 10-2　对外汉语教学大纲

	王还《对外汉语教学语法大纲》	国家汉办《汉语水平等级标准与语法等级大纲》	国家汉办《高等学校外国留学生汉语言专业教学大纲》	国家汉办《高等学校外国留学生汉语教学大纲：长期进修》	国家汉办《国际汉语教学通用课程大纲》
“把”字句	Y	Y	Y	Y	Y
“被”字句	Y	Y	Y	Y	Y
连动句	Y	Y	Y	Y	Y
兼语句	Y	Y	Y	Y	Y
双宾句					Y
存现句	Y	Y	Y	Y	Y
比较句	Y	Y	Y	Y	Y

① 该教材中“是……的”句没有再分“是……的”句(一)和“是……的”句(二)，但教材中所举的两个例句(“陈校长是昨天回来的。”“她这样做是合情合理的。”)分别属于这两个句式。

续表

	王还《对外汉语教学语法大纲》	国家汉办《汉语水平等级标准与语法等级大纲》	国家汉办《高等学校外国留学生汉语言专业教学大纲》	国家汉办《高等学校外国留学生汉语教学大纲：长期进修》	国家汉办《国际汉语教学通用课程大纲》
“有”字句	Y	Y	Y	Y	Y
“是”字句	Y	Y	Y	Y	Y
“是……的”句(一)	Y	Y	Y	Y	Y
“是……的”句(二)	Y	Y	Y	Y	
主谓谓语句					
可逆句					
其他			兼语与连动套用	两种句式套用	“在”字句

特殊句式是根据句子的局部特点分出的类。它是一个开放的系统，人们可以发现句子的无数局部特点，因而理论上就应该有无数句式。我们本着服务对外汉语教学的原则，综合参考以上各家的分类，首先确定了特殊句式的类型，“把”字句、“被”字句、存现句、连动句、兼语句、比较句、“有”字句、“是”字句、“是……的”句(一)、“是……的”句(二)、双宾句等 11 类。其中，“把”字句、“被”字句出现在 5 部教材和 5 部大纲中，兼语句、存现句出现在 4 部教材和 5 部大纲中，双宾句出现在 4 部教材和 1 部大纲中，连动句出现在 3 部教材和 5 部大纲中，主谓谓语句出现在 3 部教材中，比较句出现在 2 部教材和 5 部大纲中，“有”字句、“是”字句、“是……的”句(一)出现在 1 部教材和 5 部大纲中，“是……的”句(二)出现在 1 部教材和 4 部大纲中，可逆句出现在 1 部教材中。

徐枫洁(2011)在句式标注中除了以上类别以外，还涵盖了其他的类别，句式偏误标注中包括主动句、“在”字句、“连”字句、重动句、紧缩句、供用句、中动句、“像”字句，句式基础标注中包括主动句、“连”字句、重动句、紧缩句、供用句、中动句、“像”字句、变换句、倒装句、省略句。其分类是比较全面的，为汉语中介语语料库标注提供了一个全面、开放的备选方案。

然而通过分析，我们认为有些可以合并到其他句式，有些可以暂不标注，而有些通过考察语料发现确实应该进行标注。

徐枫洁(2011)在其标注项目中所列的“像”字句是一种用“像”字表比较的表达方式，可以归入比较句，例如其文章中所举的例子“我盼望能申请到像导游这样有挑战性的工作”，“像导游这样有挑战性的工作”都是表比较的。

从中国知网(CNKI)相关文献统计来看，专门研究“在”字句的文献只有 17 篇；而变换句研究只有 1 篇[①]，并且研究的是《诗经》中的变换句；专门研究现代汉语倒装句的只有 8 篇；专门研究现代汉语省略句的只有 22 篇。很难据此说明它们在研究中取得了普遍重视的地位，因此我们认为可以暂不标注。

供用句、紧缩句、重动句、“连”字句这四类在“首都语料库”中都标注了，同时“连”字句偏误在“HSK 语料库”中也标注了。

在“首都语料库”全部 100 万字语料中，供用句只标注了 4 句，而且这 4 句话到底是不是供用句，还值得商榷。这说明，对于有争议的特殊句式，标注员标注起来比较困难，因此我们认为可以暂不对此类特殊句式做标注。碰到这类有特殊性而又拿不准、不确定的句式，标注员可以借鉴“HSK 语料库”和“首都语料库”对标注内容不确定时所采取的办法，即用一个问号标明此处存疑。这样既能降低标注错误，又能方便语料库使用者查询和研究更多有特殊性的句子。

紧缩句在该语料库中共检索到 175 条，说明这是值得关注的标注项目。但是，紧缩句是特殊的复句，属于复句的范围，因此在特殊句式标注中暂不设一类单独标注。如果在语料中碰到紧缩句，我们不妨将其还原成有语气停顿的几个分句，并在相应位置标注所使用的特殊句式。

重动句在“首都语料库”中共出现 73 例，包括 64 例基础语料和 9 例偏误语料。该句式自从 20 世纪 40 年代王力《中国语法理论》中提到以后，越来越多的研究者开始关注这一现象，如黄月圆(1996)、李讷等(1997)、项开喜(1997)、戴耀晶(1998)、王灿龙(1999)、杨玉玲(1999)、肖奚强等(2004)，还有不少硕博士论文专门研究这一句式，例如张静(2004)、孙红玲(2005)、姜丹丹(2009)、刘梨花(2010)、贺忠华(2012)等，这些硕博士论文还给出了对外汉语教学中重动句的教学建议，这说明重动句研究，特别是重动句在对外汉语教学方面的研究，比较受研究者的重视，因此我们应该在汉语中

---

① 李小军(2002)。

介语语料库中进行标注。

“连”字句在“HSK语料库”中出现了15条偏误语料，在“首都语料库”中出现52条标注语料，其中基础标注47条，偏误标注5条。“连”字句在教学和研究中也越来越引起重视，《新实用汉语课本》《发展汉语》《阶梯汉语》《汉语教程》《成功之路》《实践汉语》等对外汉语教材都将“连……都/也。”这一句式作为一项教学内容；徐春秀(2007)、丁琳(2009)、张东平(2011)等对“连”字句的教学进行了相关分析。因此，汉语中介语语料库也应该对此类句式进行标注。

综上，本研究的特殊句式标注范围包括“把”字句、“被”字句、存现句、连动句、兼语句、比较句、“有”字句、“是”字句、“是……的”句(一)、“是……的”句(二)、双宾句、重动句和“连”字句等13类。

4.3 偏误标注内容

偏误标注是对错误使用了特殊句式的句子进行标注，具体标注内容是各特殊句式的偏误类型。鲁健骥(1984)将偏误分为遗漏、误加、误代、错序四种类型，朱其智、周小兵(2007)又加上了杂糅偏误。我们确定分类时，首先参考了这几种大类别，然后考察各特殊句式的偏误研究成果，特别是研究者们所作的偏误分类，最后结合语料分析，确定本研究的偏误分类体系，共82类(分类结果详见本章附录)。

偏误分类有利于考察偏误类型，方便研究者查询和使用语料。当然，偏误可以从句法、语义、语用等不同的角度进行分析，例如，成分的缺失既可以看作遗漏，也可以认为是由于掌握不好而回避使用某个词语或表达方式。因此，语料库中所做的标注对使用者来说，只是一种参考，并非准确无误、完美无缺。语料库建设者只能在考察研究现状的基础上，尽量满足研究者的需要，为研究者查询和使用提供方便。

现有的汉语中介语语料库对特殊句式的偏误标注，只关注特殊句式大类别，忽略了各特殊句式具体的偏误类型，例如中山大学“汉字偏误标注的汉语连续性中介语语料库”标注了5种特殊句式，北京语言大学的“HSK语料库”标注了11种特殊句式，“首都语料库”标注了14种特殊句式。这样的处理方式，可以满足使用者对特殊句式大类偏误的查询，然而想要查询某种具体偏误类型的例句，例如“把”字句中“把”的宾语是无定的这种偏误类型，使用者就不得不从“把”字句全部偏误句中挨个查找，费时费力。因此，我们对各特殊句式进行具体的偏误类型划分，方便使用者查找相关语料；当然，如果使用者不考虑具体偏误类型或者不参考语料库所做的偏误分类而打算另做分析时，也可以很方便地提取出某种特殊句式全部偏误语料。

4.4　基础标注内容

基础标注是对正确使用了特殊句式的句子进行标注，具体标注内容是各特殊句式的内部类别。通过考察对外汉语教材，我们发现个别特殊句式（例如“把”字句、“有”字句、比较句）在教学中采取了“分散难点”的策略，将一种特殊句式按不同的结构或意义划为几类，分次讲解，这有利于降低难度、逐一击破，能有效提高和巩固特殊句式的教学效果。这说明掌握特殊句式中的各个次类也是对外汉语教学的一个重点，而现有的汉语中介语语料库的特殊句式标注还不能提供特殊句式次类查询。因此，我们在研究中将每种特殊句式划分为不同的次类，按次类标注特殊句式，这样便于研究者快速查询各特殊句式具体类别，考察留学生在习得某一特殊句式时，掌握得很好的表达方式是哪种或哪几种，难点或盲点（几乎不会，因而回避该表达方式）又是哪种或哪几种。标注中划分次类与汉语教材中特殊句式分散难点、分类讲解的做法一致，这也有利于特殊句式教学研究。

在对各特殊句式进行内部分类时，我们除了借鉴汉语本体研究和对外汉语教学研究中对特殊句式的次类划分以外，主要参考了王还（1995）、国家对外汉语教学领导小组办公室汉语水平考试部（1996）、刘月华等（2001）三部系统性比较强、影响比较大的对外汉语教学著作。最终综合各家，共分为77类，分类结果详见本章附录。

基础标注有利于语料库使用者查询学习者习得特殊句式的正确语言表现，也可以方便研究者对各特殊句式次类的研究。我们在考察教材、研究及语料的基础上，对各特殊句式进行了比较细致的分类，希望能够满足语料库使用者可能存在的各特殊句式小类的查询需要。与偏误标注的分类一样，基础标注的分类对语料库使用者来说也只是一种参考，如果研究者不赞成我们的分类体系或者有其他的研究目的而不需要区分各特殊句式次类语料，也可以方便地提取出某类特殊句式全部的正确语料。因此，语料库细致的分类和标注只会给研究者可能的查询需要提供便利，而不会影响学者们使用。

5　标注方法

目前汉语中介语语料库的标注除了分词和词性标注以外，主要依赖人工标注。特殊句式标注的方法是，由标注员判断特殊句式的类别（基础标注）以及运用是否正确（偏误标注）。在此基础上，可以利用专门设计的软件辅助人工标注。具体的做法是，在需要标注的地方，右击鼠标，会出现一个选择对话框，在这个选择对话框中有标注规范中所涉及的全部标注类别，标注员根据判断选择某一类别，单击确定键后，标注代码就加上了。这样做的好处是标注员不需要记忆标注代码，只要准确地判断出类别，通过对话框选择某类别代码就可以了，能保证标注代码的一致性，避免因标注员的疏忽而导致的代码错误，同时也提高了标注的效率，省去了键盘输入代码的环节。“HSK 语料库”和“首都语料库”采用的就是这样的方法，实践证明，“人标机助”是一种行之有效的标注方法。

标注代码方面，采用拼音字母大小写的形式，正确的句子以“{}”为标志，偏误的句子以“[]”为标志。例如谓语动词后面带结果补语的“把”字句标注为“{Jba-jg}”，主语使用有误的“把”字句标注为[CJba-zhy]。

6 标注试验

通过上文分析，汉语中介语语料库特殊句式标注方案包含标注模式、标注原则、标注范围和具体的标注内容以及标注方法和代码(详见附录)。

构拟出标注方案后，还需要进行检验。因此，我们提取部分留学生语料进行特殊句式标注试验，通过一定数量的句式标注，总结问题，完善标注方案。语料规模方面，除了重动句和“连”字句以外，其他特殊句式从提取出的语料中按顺序选取 100 个正确句子和 100 个偏误句子，而重动句正确句子 81 句、偏误句子 66 句，“连”字句正确句子 79 句、偏误句子 60 句，共计 2486 个例句，50000 多字。笔者标注了全部的 2486 条语料，除此以外，还请五名语言学及应用语言学专业的研究生同学进行了少量语料的试标，帮助发现标注中的具体问题。主要问题如下：

(1) 标注内容增多，标注的一致性受到影响。例如对“他把墨盒塞在一个发音不标准的学生的口里”这句话进行标注时，参与标注的六名标注员(五名同学和笔者自己)，有四人将其标注为{Jba-jc}，表示谓语动词后面带介词短语补语的“把”字句，另外两人将其标注为{Jba-by}，表示谓语动词后面有其他宾语的“把”字句。碰到这种情况，标注员就需要一起讨论，必要时查阅资料或咨询专家，争取保证标注的准确性。如果标注员们在集体讨论、查阅资料或寻求建议之后，不能得出确定的结论，可以做存疑处理或者暂定一个共同的处理办法，尽量保证一致性，这样也方便后续的修改完善工作。

(2) 关于“一错多标”的问题。有的句子中既有字、词层面的偏误，又有句层面的偏误，我们认为一个层面的标注不应该影响其他层面的标注，每个层面的偏误情况都应该标注出来，这样有利于全面考察学习者的汉语习得情况。例如"现在他在南京 LG 电子公司的总经理"这句话中，"在"可以换成"是"，从词层面来看，属于用词有误；从句层面来看，在有的研究中被看作"是"的误代，即该用"是"字而用了其他动词(江敏，2009)。对于这种情况，在进行词层面的标注时应标注相应信息，在进行句层面的标注时同样也应标注相应信息，两个方面并不冲突，但应保证标注代码的添加位置准确①、表意清晰，避免混淆。

(3) 有时偏误的判断需要参考上下文，也就是将一个句子放在语段中考察。例如，如果没有具体语境，单看"健康放在第一位"这句话，我们可能倾向于将它归为正确的句子或者不能确定其恰当与否，而当我们考察上下文，"先进国来讲的话，已经食粮够了，所以他们不使用化肥和农药，健康放在第一位"，从衔接的角度来看，后两句话应该是共用一个主语，这里的"健康放在第一位"属于该用"把"字句而未用的偏误类型，标注为[Jba-gy]。

7　结　语

本章探讨了汉语中介语语料库特殊句式标注的相关问题，构拟了一个包含标注范围、具体标注内容、标注模式、标注原则、标注方法和代码的特殊句式标注方案，并提取了 2486 条语料进行试验标注，发现标注中需要注意的问题，检验和完善标注方案。特殊句式标注是汉语中介语语料库标注的重要部分，希望我们的研究能为深化汉语中介语语料库标注提供一些有用的参考。

参考文献

戴耀晶(1998)试说汉语重动句的语法价值，《汉语学习》第 2 期。

丁琳(2009)《留学生使用"连"字句的偏误及教学对策研究》，吉林大学硕士学位论文。

范晓 (1996)《三个平面的语法观》，北京语言文化大学出版社，北京。

国家对外汉语教学领导小组办公室 (2002a)《高等学校外国留学生汉语教学大纲：长期进修》，北京语言文化大学出版社，北京。

国家对外汉语教学领导小组办公室 (2002b)《高等学校外国留学生汉语言专业教学大纲》，北京语言文化大学出版社，北京。

国家对外汉语教学领导小组办公室汉语水平考试部 (1996)《汉语水平等级标准与语法等级大纲》，高等教育出版社，北京。

国家汉语国际推广领导小组办公室 (2008)《国际汉语教学通用课程大纲》，外语教学与

① 词层面的标注代码添加在句中相应词语后，句层面的标注代码添加在句末标点符号前。

研究出版社，北京。
贺忠华（2012）《重动句及其对外汉语教学研究》，辽宁大学硕士学位论文。
胡裕树（1981）《现代汉语》（增订本），上海教育出版社，上海。
胡裕树（1994）汉语语法研究的回顾与展望，《复旦学报》（社会科学版）第5期。
黄伯荣、廖序东（2007）《现代汉语》（增订四版），高等教育出版社，北京。
黄月圆（1996）把/被结构与动词重复结构的互补分布现象，《中国语文》第2期。
江 敏（2009）《对外汉语中的“是”字句及偏误分析——针对母语背景为俄语的留学生》，新疆大学硕士学位论文。
姜丹丹（2009）《现代汉语重动句研究述评》，吉林大学硕士学位论文。
李斌（2007）中介语语料库建设中的语言错误标注方法，《暨南大学华文学院学报》第3期。
李讷、石毓智（1997）汉语动词拷贝结构的演化过程，《国外语言学》第3期。
李宇明（1989）“NP呢？”句式的理解，《汉语学习》第3期。
刘梨花（2010）《对外汉语教学角度的现代汉语重动句考察》，湖南师范大学硕士学位论文。
刘珣（2010）《新实用汉语课本》（第2版），北京语言大学出版社，北京。
刘月华、潘文娱、故韡（2001）《实用现代汉语语法》（增订本），商务印书馆，北京。
柳英绿（2000）韩汉语被动句对比——韩国留学生“被”动句偏误分析，《汉语学习》第6期。
鲁健骥（1984）中介语理论与外国人学习汉语的语音偏误分析，《语言教学与研究》第3期。
鲁健骥（1993）中介语研究中的几个问题，《语言文字应用》第1期。
陆俭明（1990）变换分析在汉语语法研究中的运用，《湖北大学学报》（哲学社会科学版）第3期。
马建忠（1898）《马氏文通》，商务印书馆，上海。
倪宝元、张宗正（1986）《实用汉语语法》，福建人民出版社，福州。
邱军等（2008）《成功之路》，北京语言大学出版社，北京。
荣继华等（2006）《发展汉语》，北京语言大学出版社，北京。
邵敬敏（2001）《现代汉语通论》，上海教育出版社，上海。
申雪（2009）基于语料库的外国学生双宾语句偏误分析，《语文学刊》第24期。
沈家煊（2000）句式和配价，《中国语文》第4期。
施家炜（1998）外国留学生22类现代汉语句式的习得顺序研究，《世界汉语教学》第4期。
孙红玲（2005）《现代汉语重动句研究》，北京语言大学博士学位论文。
王灿龙（1999）重动句补议，《中国语文》第2期。
王还（1995）《对外汉语教学语法大纲》，北京语言学院出版社，北京。
王振来（2004）韩国留学生学习被动表述的偏误分析，《云南师范大学学报》（对外汉语教学与研究版）第4期。
项开喜（1997）汉语重动句式的功能研究，《中国语文》第4期。

肖奚强、张旺熹 (2011)《首届汉语中介语语料库建设与应用国际学术讨论会论文选集》,世界图书出版公司,北京。
肖奚强、张静(2004)现代汉语重动句研究综述,《南京广播电视大学学报》第1期。
邢福义 (1986)《语法问题探讨集》,湖北教育出版社,武汉。
邢福义 (1991)《现代汉语》,高等教育出版社,北京。
熊文新(1996)留学生"把"字结构的表现分析,《世界汉语教学》第1期。
徐春秀(2007)谈对外汉语教学中的"连"字句,《科技信息》(科学教研版)第33期。
徐枫洁 (2011)《汉语中介语语料库文本句标注问题初探》,《第七届全国语言文字应用学术研讨会文集》,中国应用语言学会编,湘潭大学出版社,湘潭。
徐通锵(1997)《语言论——语义型语言的结构原理和研究方法》,东北师范大学出版社,长春。
杨寄洲 (2009)《汉语教程》,北京语言大学出版社,北京。
杨玉玲(1999)重动句和"把"字句的使用考察,《世界汉语教学》第2期。
袁毓林(1993)《现代汉语祈使句研究》,北京大学出版社,北京。
张宝林 (2011)《现状与对策——汉语作为第二语言的教学研究》,北京语言大学出版社,北京。
张宝林 (2013) 关于通用型汉语中介语语料库标注模式的再认识,《世界汉语教学》第1期。
张斌 (2002)《新编现代汉语》,复旦大学出版社,上海。
张斌 (2010)《现代汉语描写语法》,商务印书馆,北京。
张伯江(2000)论"把"字句的句式语义,《语言研究》第1期。
张东平 (2011)《"连"字句再认识及其教学》,辽宁大学硕士学位论文。
张静(2004)《现代汉语重动句研究》,南京师范大学硕士学位论文。
张志公、庄文中 (1996)《汉语知识新编》,人民教育出版社,北京。
周文华、肖奚强(2009)基于语料库的外国学生"被"字句习得研究,《暨南大学华文学院学报》第2期。
周小兵等 (2007)《阶梯汉语》,华语教学出版社,北京。
朱其智、周小兵 (2007) 语法偏误类别的考察,《语言文字应用》第1期。
朱志平、刘兰民 (2009)《实践汉语》,北京师范大学出版社,北京。

附录

1. 偏误标注内容及其代码

特殊句式类别	偏误标注内容	代码	示例	比例
“把”字句	(1)主语使用有误(遗漏、误代等)	[CJba-zhy]	公共汽车到了，把门打开了[CJba-zhy]。	1%
	(2)谓语使用有误	[CJba-wy]	有人把他做一位先知[CJba-wy]。	23%
	(3)“把”字宾语是无定的	[CJba-by]	我看完这新闻上的例子后，自己把28岁的兰州女子骂起来[CJba-by]。	1%
	(4)动词后面补语、“得”“了”等成分使用有误	[CJba-buy]	我们要把好处发展更好一些[CJba-buy]。	5%
	(5)语序有误	[CJba-yx]	那么为什么早点儿把它不解决呢[CJba-yx]?	3%
	(6)该用而未用	[CJba-gy]	我放我的电脑地上[CJba-gy]。	47%
	(7)不该用而用了	[CJba-bgy]	谦谦把她又小又软的手擦掉我的眼泪[CJba-bgy]。	22%
“被”字句	(1)主语使用有误	[CJbei-zhy]	他去旅游，我没有去旅游。被带去看又宽又长的街道[CJbei-zhy]。	3%
	(2)谓语使用有误	[CJbei-wy]	左撇子的她被老师不能用左手写字[CJbei-wy]。	22%
	(3)“被”字宾语使用有误	[CJbei-by]	干嘛我要为别人办事，我可不想被占我的便宜呀[CJbei-by]。	2%

续表 1

特殊句式类别	偏误标注内容	代码	示例	比例
	(4)动词后面补语、“得”“了”等成分使用有误	[CJbei-buy]	以前呢,父母叫儿女办的事情都办不好的话,被父母臭骂得厉害[CJbei-zhy][CJbei-buy]。	1%
	(5)语序有误	[CJbei-yx]	经过了好几年,但被那位女教师的学生们教过却还记得她[CJbei-yx]。	14%
	(6)该用而未用	[CJbei-gy]	一般的和尚在观念上常常视为具有高品质的修养人[CJbei-gy]。	30%
	(7)不该用而用了	[CJbei-bgy]	坐在我的面前一个小女孩被旅途晕车了[CJbei-bgy]。	30%
存现句	(1)处所词语前误加介词	[CJcx-wjj]	在路上都种着川柳[CJcx-wjj]。	79%
	(2)方位词使用有误(遗漏、多余或误代)	[CJcx-fwc]	五道口里有很多大学[CJcx-fwc]。	13%
	(3)谓语动词段有误(误代、冗余或不完整)	[CJcx-wy]	我的左边有玛丽[CJcx-wy]。	11%
连动句	(1)主语使用有误(遗漏或多余)	[CJld-zhy]	我给你开个药方,吃点药休息一会儿[CJld-zhy]。	5%
	(2)谓语动词使用有误(误代或用法有误)	[CJld-wy]	有一天美国国际人才基金会的人来到韩国见了她一次,后来在那儿的人希望她来美国学习[CJld-wy]。	35%

续表 2

特殊句式类别	偏误标注内容	代码	示例	比例
	(3)宾语使用有误(遗漏或多余)	[CJld-by]	它很有名，所以各地学校组织来看它[CJld-by]。	8%
	(4)状语使用有误(冗余或错序)	[CJld-zy]	我就和他一起搬到华清嘉园一起住[CJld-zy]。	9%
	(5)动词性结构冗余	[CJld-dry]	我第一次出国到别的国家留学[CJld-dry]。	6%
	(6)两个或多个动词性词语语序有误	[CJld-dyx]	我们买完电脑以后回家坐公共汽车[CJld-dyx]。	13%
	(7)动词与宾语语序有误	[CJld-dbyx]	这次我看了贵公司的招聘启事后，希望贵公司去工作[CJld-dbyx]。	7%
	(8)遗漏第一个动词	[CJld-ylv1]	你们俩协力山下抬水[CJld-ylv1]。	13%
	(9)遗漏第二个动词	[CJld-ylv2]	我们不来主动[CJld-ylv2]，就不会实现我们希望的国家。	4%
	(10)该用而未用	[CJld-gy]	有一天，她为了取钱去银行[CJld-gy]。	1%
兼语句	(1)主语遗漏	[CJjy-zhy]	由“三个和尚没水喝”，使我想到一个问题[CJjy-zhy]。	15%
	(2)第一个动词使用有误	[CJjy-v1]	公司使他在新复兴工业城市里开拓新市场[CJjy-v1]。	10%
	(3)第二个动词使用有误	[CJjy-v2]	这样的态度使孩子这样的问题[CJjy-v2]。	15%
	(4)兼语遗漏	[CJjy-jy]	如果贵公司让当导游的话[CJjy-jy]，我很高兴。	12%
	(5)语序有误	[CJjy-yx]	我妈妈非得不可让我上比较好的大学[CJjy-yx]。	1%

续表 3

特殊句式类别	偏误标注内容	代码	示例	比例
	(6)该用而未用	[CJjy-gy]	为了更了解我的情况[CJjy-gy]，我寄给你们有关文件。	50%
	(7)不该用而用了	[CJjy-bgy]	与人沟通，不是容易的事情，可是我们不应该让它放弃[CJjy-bgy]。	1%
比较句	(1)补语使用有误	[CJbj-buy]	他的汉语水平比我高得很[CJbj-buy]。	4%
	(2)形容词使用有误(遗漏或误代)	[CJbj-adj]	抽烟人比不抽烟人吐痰[CJbj-adj]。	16%
	(3)副词使用有误(多余或误代)	[CJbj-adv]	他们的努力比他们收到的钱很少[CJbj-adv]。	36%
	(4)比较对象有误	[CJbj-dx]	我们消费者比价格重视质量、安全性[CJbj-dx]。	10%
	(5)"比""像""像……一样""不如"等比较词使用有误	[CJbj-bjc]	京都那个城市里没有比北京那么高的建筑物[CJbj-bjc]。	19%
	(6)"这么""那么"用反	[CJbj-zhm]	在韩国也常常堵车，可没有在北京那么厉害[CJbj-zhm]。	2%
	(7)比较句的否定偏误	[CJbj-fd]	道路比北京不宽、不多[CJbj-fd]。	11%
	(8)语序有误	[CJbj-yx]	比以前现在的发展速度还快[CJbj-yx]。	16%
	(9)句式杂糅	[CJbj-zr]	这样过于关心不如一切都不管他们做什么[CJbj-zr]。	2%

续表 4

特殊句式类别	偏误标注内容	代码	示例	比例
“有”字句	(1)遗漏“有”字	[CJy-yl]	在世界上很多需要帮助的人[CJy-yl]。	57%
	(2)误加“有”字	[CJy-wj]	他在这个情况下都有救了很多人的命[CJy-wj]。	30%
	(3)语序有误	[CJy-yx]	他的成就对每个阿位伯人都也有好处[CJy-yx]。	4%
	(4)该用“有”而误用了其他动词	[CJy-gy]	每个阶段都是一些痛苦[CJy-gy]。	12%
“是”字句	(1)主宾意义上不搭配	[CJsh-dp]	今天的孩子也是以后国家的经济发展[CJsh-dp]。	5%
	(2)遗漏“是”字	[CJsh-yl]	她很重视的人刘德华[CJsh-yl]。	63%
	(3)误加“是”字	[CJsh-wj]	父亲天天是过这样的生活[CJsh-wj]。	26%
	(4)语序有误	[CJsh-yx]	这是之所以我难忘的事[CJsh-yx],是因为我来中国以后第一次遇到的麻烦的事。	3%
	(5)该用“是”而误用了其他动词	[CJsh-gy]	我旁边在语言大学二年级的学生[CJsh-gy]。	4%
“是……的”句(一)	(1)遗漏“是”字	[CJshd1-shi]	他 1924 年在韩国木甫出生的[CJshd1-shi]。	36%
	(2)“的”使用有误(遗漏或用“了”误代)	[CJshd1-de]	我哥哥是小的时候变成一个残疾人[CJshd1-de]。	42%
	(3)语序有误	[CJshd1-yx]	我跟我的女朋友是在中国 2003 年认识的[CJshd1-yx]。	3%

续表 5

特殊句式类别	偏误标注内容	代码	示例	比例
	(4)该用而未用	[CJshd1-gy]	公司职员不是自愿来北京留学的，被公司派来留学[CJshd1-gy]。	16%
	(5)不该用而用了	[CJshd1-bgy]	这是我第一次来中国的[CJshd1-bgy]。	3%
"是……的"句(二)	(1)遗漏"是"字	[CJshd2-shi]	那样对孩子不好的[CJshd2-shi]。	26%
	(2)"的"使用有误（遗漏或用"了"误代）	[CJshd2-de]	我觉得自己的价值是别人不能评价[CJshd2-de]。	65%
	(3)语序有误	[CJshd2-yx]	那个人好不好都是受影响老师的[CJshd2-yx]。	8%
	(4)"是""的"中间成分有误	[CJshd2-zhj]	我觉得要找到一个好朋友是不容易找到的[CJshd2-zhj]。	1%
	(5)该用而未用	[CJshd2-gy]	她做的饭世界上最好吃[CJshd2-gy]。	2%
	(6)不该用而用了	[CJshd2-bgy]	大邱是位于韩国东南部的[CJshd2-bgy]。	2%
双宾句	(1)谓语动词使用不当	[CJshb-wy]	老师留我们作业[CJshb-wy]。	12%
	(2)第一个宾语遗漏	[CJshb-by1]	要走的及已走的阶段都会给予不同的经验[CJshb-by1]。	23%
	(3)第二个宾语使用不当	[CJshb-by2]	这篇短文好像告诉我们成长环境[CJshb-by2]。	18%
	(4)语序有误	[CJshb-yx]	他给了葡萄很多人[CJshb-yx]。	12%
	(5)该用而未用	[CJshb-gy]	我父亲对我教了"男子汉应要强"[CJshb-gy]。	24%

续表 6

特殊句式类别	偏误标注内容	代码	示例	比例
	(6)不该用而用了	[CJshb-bgy]	我变得非常自大骄傲，总是添别人麻烦[CJshb-bgy]。	11%
重动句	(1)补语有误(包括"得""了"等补语标志词遗漏或误代)	[CJchd-buy]	我第一次访问中国朋友的时候，看他洗蔬菜洗得很长时间[CJchd-buy]。	20%
	(2)第一个动词使用有误(遗漏或误代)	[CJchd-v1]	要不，我不能骑马学得那么快[CJchd-v1]!	6%
	(3)第二个动词使用有误(遗漏或误代)	[CJchd-v2]	青少年追星得很严重[CJchd-v2]。	42%
	(4)句子冗余	[CJchd-ry]	他还莞尔一笑，说我开车时开得勇敢[CJchd-ry]。	5%
	(5)语序有误	[CJchd-yx]	虽然上了三年级，但不太会说话说得流利[CJchd-yx]。	3%
	(6)该用而未用	[CJchd-gy]	妈妈每天担心我，有时想念着我流泪啊[CJchd-gy]!	2%
	(7)不该用而用了	[CJchd-bgy]	每一个桥都装饰装得非常好看[CJchd-bgy]。	26%
"连"字句	(1)"连"字使用有误(遗漏或误代)	[CJl-l]	然后甚至怎么修理打印机的毛病都学会[CJl-l]。	17%
	(2)"都/也"使用有误(遗漏、冗余或误代)	[CJl-dy]	连他们要更久地生存[CJl-dy]。	17%
	(3)"连"字后强调的成分有误	[CJl-qd]	她为了追星，连学校也旷课[CJl-qd]。	22%

续表 7

特殊句式类别	偏误标注内容	代码	示例	比例
	(4)“都/也”后成分有误	[CJl-dyh]	你们有这么多人,如何连一顿饭也做不到呢[CJl-dyh]。	25%
	(5)语序有误	[CJl-yx]	不知道连我的名字也用汉语怎么叫[CJl-yx]。	20%
	(6)不该用而用了	[CJl-bgy]	在现在的社会中,连女人都比得上男人[CJl-bgy],有些还超越男人了。	10%

注:有的偏误句中存在不止一种偏误小类,因此有的类别总计大于100%。

2. 基础标注内容及其代码

特殊句式类别	基础标注内容	代码	示例	比例
“把”字句	(1)谓语动词后面带结果补语	{Jba-jg}	那都是你们老人家把他给宠坏了{Jba-jg}。	7%
	(2)谓语动词后面带趋向补语	{Jba-qx}	怎样把一个坏学生改变过来{Jba-qx}。	5%
	(3)谓语动词后面带情态补语	{Jba-qt}	头上出来的血把我吓得大哭大叫{Jba-qt}。	3%
	(4)谓语动词后面带数量补语	{Jba-shl}	我们可以自己把书本读一遍{Jba-shl}。	0%
	(5)谓语动词后面带介词短语补语	{Jba-jc}	人们根本不把新人放在眼里{Jba-jc}。	8%
	(6)谓语动词后面带程度补语	{Jba-chdu}	他们把我吓坏了{Jba-chdu}。	0%
	(7)谓语动词后跟动态助词“了”	{Jba-le}	我不得不去图书馆把书还了{Jba-le}。	5%
	(8)谓语动词后跟动态助词“着”	{Jba-zhe}	在这儿不能把手机开着{Jba-zhe}。	0%

续表 1

特殊句式类别	基础标注内容	代码	示例	比例
	(9)谓语动词为重叠式	{Jba-chd}	你呀,什么时候才能把问题好好想一想呢{Jba-chd}?	0%
	(10)谓语动词后有其他宾语	{Jba-by}	以后用笔和纸把我的心情告诉你们{Jba-by}。	67%
	(11)谓语动词前有其他状语	{Jba-zy}	把东西到处扔{Jba-zy}。	1%
	(12)谓语是单个动词	{Jba-d}	把歌曲的范围缩小{Jba-d}。	4%
"被"字句	(1)谓语动词后面带结果补语	{Jbei-jg}	那天晚上她过马路的时候被车撞死了{Jbei-jg}。	20%
	(2)谓语动词后面带趋向补语	{Jbei-qx}	我头一次见到她时,就是被她的美丽吸引过去了{Jbei-qx}。	1%
	(3)谓语动词后面带情态补语	{Jbei-qt}	他被问得说不出话来{Jbei-qt}。	2%
	(4)谓语动词后面带数量补语	{Jbei-shl}	虽然被骗了不少次{Jbei-shl},但他还是努力后成功了。	1%
	(5)谓语动词后面带介词短语补语	{Jbei-jc}	他被关在牢里{Jbei-jc},度过了五年。	5%
	(6)谓语动词后面带程度补语	{Jbei-chdu}	我被你吓死{Jbei-chdu}了。	0%
	(7)谓语动词后跟动态助词"了"	{Jbei-le}	他的功绩被称赞了{Jbei-le}。	25%
	(8)谓语动词后跟动态助词"着"	{Jbei-zhe}	父母会被这些问题困扰着{Jbei-zhe}。	1%
	(9)谓语动词为重叠式	{Jbei-chd}	这么被你拍一拍{Jbei-chd},腰就不疼了。	0%

续表 2

特殊句式类别	基础标注内容	代码	示例	比例
	(10)谓语动词后有其他宾语	{Jbei-by}	卢武铉即被中止总统权力{Jbei-by},由国务总理代行总统权力。	22%
	(11)谓语动词前有其他状语	{Jbei-zy}	一切丑恶的现象应该被消灭{Jbei-zy}。	0%
	(12)谓语是单个动词	{Jbei-d}	如果有人没有能力,很容易被淘汰{Jbei-d}。	23%
存现句	(1)谓语动词隐去	{Jcx-0}	满地甜枣{Jcx-0}。	0%
	(2)以“是”为谓语动词	{Jcx-shi}	两侧尽是悬崖峭壁{Jcx-shi}。	1%
	(3)以“有”为谓语动词	{Jcx-you}	河床中央有一小岛{Jcx-you}。	84%
	(4)动词后带“着”	{Jcx-zhe}	我的前边坐着一个大约五六岁的小女孩儿{Jcx-zhe}。	7%
	(5)动词后带“了”	{Jcx-le}	1986 年,厂里来了一位名叫谢进兴的新厂长{Jcx-le}。	3%
	(6)动词后带结果补语或趋向补语	{Jcx-buy}	路上开满了花{Jcx-buy}。	5%
连动句	(1)后一动作表目的	{Jld-md}	有时候她跟同学们一起去海淀体育馆打保龄球{Jld-md}。	69%
	(2)后一动作或性状表示前一动作的结果	{Jld-jg}	婆婆听了很高兴{Jld-jg}。	4%
	(3)前一动作是后一动作的方式	{Jld-fsh}	孩子看着父母学习,也听着父母的话学习{Jld-fsh}。	11%

续表 3

特殊句式类别	基础标注内容	代码	示例	比例
	(4)第一个动词是“有”或“没有”	{Jld-you}	他们没有地方可以去解除学习的压力{Jld-you}。	5%
	(5)前后从正反两个方面说明一个事实	{Jld-zhf}	待房间里不出门{Jld-zhf}。	2%
	(6)表示前后发生的动作或情况	{Jld-xh}	开门看见一位不认识的女人{Jld-xh}。	9%
兼语句	(1)表示使令意义	{Jjy-shl}	日记本里写的内容让妈妈后悔了{Jjy-shl}。	74%
	(2)表示称谓或认定意义	{Jjy-chw}	你爹妈怎么会选他当女婿呢{Jjy-chw}?	0%
	(3)表示爱、恨等心理意义	{Jjy-xl}	她恨日本人,也恨你们巴结日本人{Jjy-xl}。	3%
	(4)兼语的谓语是说明或描写性内容	{Jjy-shm}	我认识了一个朋友叫阿富{Jjy-shm}。	1%
	(5)第一个动词是“有”或“没有”	{Jjy-you}	不过中国有个词叫做良师益友{Jjy-you}。	21%
	(6)第一个动词是“是”	{Jjy-shi}	是我把事情办砸了{Jjy-shi}。	1%
比较句	(1)“和”(或“跟”“同”“与”“像”)字比较句	{Jbj-he}	我的爸爸和千千万万的人一样平凡{Jbj-he}。	41%
	(2)“有”(或“没有”)字比较句	{Jbj-you}	母亲的负担也没有以前那么重了{Jbj-you}。	11%
	(3)“比”字句	{Jbj-bi}	母子关系比以前好多了{Jbj-bi}。	41%
	(4)“不如”比较句	{Jbj-br}	如今的歌或许已不如30、40年前那么积极、光明{Jbj-br}。	7%

续表 4

特殊句式类别	基础标注内容	代码	示例	比例
	(5)“过”字和“于”字比较句	{Jbj-gy}	孩子的学习成绩就会高过其他同年龄的小朋友{Jbj-gy}。	0%
“有”字句	(1)表示领有或具有	{Jy-ly}	她有成熟的想法{Jy-ly}。	47%
	(2)表示存在	{Jy-cz}	山下的湖上有一座白色的桥{Jy-cz}。	38%
	(3)表示发生或出现	{Jy-fsh}	建筑方面也有了很大的进步{Jy-fsh}。	0%
	(4)表示列举和包括	{Jy-lb}	一年有春夏秋冬四个季节{Jy-lb}。	15%
	(5)表示达到	{Jy-dd}	他有两米多高{Jy-dd}。	0%
“是”字句	(1)表示等同	{Jsh-dt}	喀土穆在苏丹是第一大城市{Jsh-dt}。	29%
	(2)表示说明或归类	{Jsh-shm}	死亡也是生活中的一个部分{Jsh-shm}。	69%
	(3)表示存在	{Jsh-cz}	我旁边是语言大学二年级的学生{Jsh-cz}。	0%
	(4)表示肯定或强调	{Jsh-kd}	谣言总是谣言，事实总是事实{Jsh-kd}。	2%
“是……的”句(一)	(1)强调时间、处所、方式、条件、目的、对象、工具等	{Jshd(1)-shj}	我的父亲是 1946 年 10 月 11 日在现在朝鲜北方一个小村里出生的{Jshd(1)-shj}。	85%
	(2)强调施事	{Jshd(1)-shi}	其实大部分青少年的问题是父母或者社会给影响的{Jshd(1)-shi}。	12%
	(3)强调全句的主语	{Jshd(1)-zhy}	是你自己不签的{Jshd(1)-zhy}。	1%
	(4)强调受事	{Jshd(1)-shou}	我是吃的米饭{Jshd(1)-shou}。	0%

续表 5

特殊句式类别	基础标注内容	代码	示例	比例
	(5)强调引起某种结果的行为或原因	{Jshd(1)-yy}	我脸红是太阳晒的{Jshd(1)-yy}。	2%
“是……的”句(二)	(1)“是……的”中间是动词词组	{Jshd(2)-dcz}	追星和学习是分得开的{Jshd(2)-dcz}。	31%
	(2)“是……的”中间是形容词词组	{Jshd(2)-xcz}	孩子们被明星迷惑是不奇怪的{Jshd(2)-xcz}。	42%
	(3)“是……的”中间是单个词语(动词、形容词或副词)	{Jshd(2)-d}	一个人追星是可以的{Jshd(2)-d}。	26%
	(4)“是……的”用在作为谓语的主谓词组中	{Jshd(2)-zhw}	胡乔木同志的意见,我是赞成的{Jshd(2)-zhw}。	1%
双宾语	(1)给予类	{Jshb-jy}	那时父母对我的态度给我很大的帮助{Jshb-jy}。	57%
	(2)取得类	{Jshb-qd}	芮乃伟赢他一盘棋{Jshb-qd}。	0%
	(3)述说或教示类	{Jshb-shsh}	他告诉我们一些解决办法{Jshb-shsh}。	38%
	(4)称呼类	{Jshb-chh}	我们班的同学们都叫他叔叔{Jshb-chh}。	5%
重动句	(1)“得”字短语做补语	{Jchd-de}	他讲课讲得深入浅出{Jchd-de}。	84%
	(2)非“得”字短语做补语	{Jchd-0}	我来自日本,我在中国学汉语学了两年{Jchd-0}。	16%
“连”字句	(1)“连”字后有数词或数量短语	{Jl-shl}	当时我连一句汉语都不会说{Jl-shl}。	48%
	(2)“连”字后是名词性词语(不包含数量短语)	{Jl-n}	连与《红楼梦》有关的书评、文章,我都要看{Jl-n}。	36%

续表 6

特殊句式类别	基础标注内容	代码	示例	比例
	(3)“连”字后是动词性词语	{Jl-v}	你应该什么都学会，甚至连怎么修理打印机的小毛病你也要学{Jl-v}。	9%
	(4)“连”字后是主谓短语	{Jl-zhw}	我去上海的时候连你好也不会说{Jl-zhw}。	6%
	(5)“连”字后是介词短语	{Jl-jc}	但是奶奶相反，经常对我好，连对我妈妈也很好{Jl-jc}。	1%
	(6)“连”字后是复句形式	{Jl-fj}	祁老人和天佑太太都许多日子没敢到门口去，连小顺子和妞子偶尔说走了嘴，提到胖婶，老人的白胡子下面都偷偷地发红{Jl-fj}。①	0%

① 例句引自张斌(2010)。

第十一章　篇章标注研究①

1 引　言

目前已建成的汉语中介语语料库的标注内容偏重词汇、短语和句子方面，篇章方面的标注极少。而关于中介语语料库的篇章标注研究，只有1篇篇章回指的偏误标注研究，相关的研究比较缺乏。因此，本章拟探讨汉语中介语语料库篇章标注的问题。

笔者按照简单随机抽样的方法从"HSK语料库"中抽取300篇语料，结合已有的汉语篇章语言学的基本理论、留学生汉语篇章教学与习得的研究状况，初步提出标注内容和标注方法。然后，再从语料中随机抽取100篇作文进行标注实践，对提出的标注方案进行检验和修改。

2 理论基础的选择

黄昌宁、李涓子(2002)提出，为了避免误解和误用，标注规范最好尽可能地建立在大众公认和理论上中性的数据分析基础上。尽管标注肯定会面临某些理论上敏感的决策，但它们的目标是应当尽量被广泛接受和理解。而建立汉语中介语语料库，主要为汉语作为第二语言的教学与习得、中介语和母语的对比等相关研究提供可靠的依据，所以汉语中介语语料库的篇章标注内容研究，应建立在二语研究中广泛接受的篇章理论与对中介语语料的数据分析相结合的基础之上。

汉语作为第二语言教学的篇章教学方兴未艾，虽然很多教材提倡注重成段表达，但是篇章教学语法体系还很不完善。我们观察了十几本教材，篇章教学的内容以训练逻辑连接语的用法为主，训练方式以模仿课文居多，邱军等主编的《成功之路》系列教材的《跨越篇》《冲刺篇》和《成功篇》提出了具体明确的篇章教学内容，如照应、省略、替代、逻辑联系语等。

① 本章原题《汉语中介语语料库篇章标注研究》。作者：王之岭，北京语言大学2010级语言学及应用语言学专业硕士研究生。

从中国知网(CNKI)中可检索到1500篇左右关于中国语言文字类篇章衔接的文章,研究内容主要为留学生篇章衔接与连贯的状况、汉外篇章衔接手段对比以及汉语中某种衔接手段。关于修辞结构理论的文章只有20篇,且大多以介绍该理论为主。而汉语作为第二语言的研究也暂时没有以修辞结构理论为支撑的。哈桑、韩礼德提出的篇章语言学是目前汉语研究中广泛采用的篇章研究理论,而修辞结构不是国内篇章语言学,至少不是汉语作为第二语言教学关注的焦点。

宾州语篇树库采用的语篇词汇化树邻接语法理论,重视语篇连接词在篇章衔接中的作用,而哈桑、韩礼德的篇章语言学理论中的逻辑连接语跟语篇词汇化树邻接语法理论的语篇连接词的范畴基本一致,并且哈桑、韩礼德认为语篇连接词并不局限于逻辑连接语这一类型。因此,本文以现代汉语篇章语法学作为汉语中介语语料库的篇章标注的语言学基础。

黄国文(1988)、郑贵友(2002)指出,衔接与连贯是篇章语言学的基本问题。衔接是将语句连接在一起的有形的手段,它体现在篇章的表层结构上,是形式方面的问题;而连贯则是篇章内部的语义关联,它存在于篇章的底层,属于深层语义方面。连贯主要靠衔接手段来实现或者体现,它是无形的;而衔接可以看作是连贯的标志,是有形的。因此,本章主要以衔接为着眼点探讨汉语中介语语料库篇章标注的问题。

3　中介语语料的篇章分析

Fitzpatrick, E.和Seegmiller, M. S.(2002)认为根据语言学理论制定标注类型表,可以使标注员的标注具有较高的一致性。但同时也有可能限制标注员对语料中现象的分析,不利于真实的语言现象的发现,或容易忽略掉一些语言现象。本文以语言学理论为基础,结合语料,提出初步的标注方案,然后再随机抽取100篇语料进行实际标注,检验标注方案是否可行。

3.1　语料来源

北京语言大学"HSK语料库"包括11569篇作文,容量较大,涵盖议论、叙述、描写等体裁。有关研究表明,中高级阶段学生的篇章偏误较为明显和典型,初级阶段学生的偏误还主要集中在句法层面,"HSK语料库"恰好包含中级和高级水平学生的作文。故本文采用简单随机抽样的方法从"HSK语料库"中抽取了300篇作文,对其进行考察分析。

3.2 篇章分析的基本单位

篇章分析的基本单位为小句，主要指单句，也包括在结构上相当于或大体相当于单句的分句，包括复句中的小句，但不包括做句子成分的主谓短语。

篇章通常由段落、句群或者句子构成，而句子又可以分为单句和复句，复句中的分句结构相对独立，意义相对完整，可以为完成一个特定的、完整的表述提供足够的条件。(郑贵友，2004)因此，复句中的分句也应该作为篇章分析的基本单位。

3.3 偏误情况分析

在300篇语料的观察过程中，有29篇作文没完成，或者句法偏误较多，语义完全不连贯，无法传达一个完整的信息，不具备篇章的特征，故将其排除，只将剩下的271篇作文作为统计的对象。

我们从照应、替代、省略、逻辑连接语、词汇衔接和结构衔接几个方面考察了语料中篇章表达的衔接情况(如表11-1)。发现使用衔接手段的语料有2423条，其中逻辑连接语这一手段使用的最多，有1664条，占所有手段的68.68%，偏误181条，偏误率[①]为10.88%；其次是照应，有489条，占所有手段的20.18%，偏误105条，偏误率为21.47%；第三是省略，有227条，占所有手段的9.37%，偏误61条，偏误率为26.87%。

表11-1 271篇语料的衔接情况

考察的类型	数量	在所有类型中的比例	偏误数量	偏误率	在所有形式偏误中的比例
逻辑连接语	1664	68.68%	181	10.88%	51.42%
照应	489	20.18%	105	21.47%	29.83%
省略	227	9.37%	61	26.87%	17.33%
替代	19	0.78%	2	10.53%	0.57%
词汇衔接	16	0.66%	2	12.5%	0.57%
结构衔接	8	0.33%	1	12.5%	0.28%
总计	2423	100%	352	14.53%	100%

注：该表中指称词省略(即零形式指称)未放入省略一类中，只计入照应一类中。

① 这里的偏误率是指某种手段的偏误数量占这种手段的使用数量的比例。

3.3.1　衔接

3.3.1.1　逻辑连接语

在271篇语料中，逻辑连接语的使用率最高，占所有手段的68.68%；逻辑连接语的偏误有181条，偏误率占10.88%，偏误数量也比较多。"HSK语料库"和"首都语料库"对篇章偏误进行了简单的标注，标注的篇章信息有两类——逻辑连接词偏误和语义不连贯。"HSK语料库"没有将这两类分开标注，而"首都语料库"将其分开标注，其中逻辑连接词偏误(在"首都语料库"中称其为"篇章形式偏误")有327条，占"首都语料库"的篇章偏误的一半多。这也说明逻辑连接语偏误是比较明显的。这里将这类偏误细分为三类：逻辑连接语的冗余、逻辑连接语的残缺、逻辑连接语的误用。

(1) 逻辑连接语的冗余

逻辑连接语的冗余是指在语料中，有些句子并不存在某种逻辑关系，但却用了表示这种关系的逻辑连接语的偏误现象。如：

(1) ①我看着爸爸一直到开车，②所以我的心里最深地刻着的就是他的似笑非笑似的那张脸。③现在我才明白那时候他的心里难过得很，在我的面前不好哭，笑又不会笑。

第①句和第②句之间不存在因果关系，但却用了因果逻辑连接词"所以"。实际上，第①和第②句在时间上是同步关系，不需要用逻辑连接词。

(2) 逻辑连接语的残缺

与上一类相反，有些语段存在某种逻辑关系，应用逻辑连接语而未用。如：

(2) ①最后在沟通方面，如大家观点、看法不同，应[C]* 仔细思亮，②不应[C]各持己见，③各走極端。④容纳人家意见，⑤在沟通上一直没問題。

第④句和第⑤句读起来像是没有关系的两个句子。但综合前文，这个语段要表达的是只有双方换位思考，互相包容，才能解决沟通问题。从第①句到第③句主要说大家的意见不同时，要从对方的角度想，不要固执己见。第④句和第⑤句要表达的是如果能够接受对方的意见，那么在沟通上就没有问题，但这两句之间缺少了条件或假设关联词。

---

* [C]是"HSK语料库"的标注符号，用来标注考生写出的不存在的错字。

(3) 逻辑连接语的误用

除了上述两种情况外,语料中还存在该用逻辑连接语而用错的情况。这种类型的偏误在逻辑连接语中最多。

(3) ①我[C]一位好友的父亲,辛劳一生终患上晚期肝癌,②尽管不断接受各种治疗、手续,③但病反而更加严重。④六十多公斤的人,不到几个月,只剩下20公斤的骨头架了,⑤医生也肯定他活不了几日了。

"尽管……但……""……反而……"是常见的两组转折逻辑连接语,文中两种用法都出现了,但两种形式都不完整,用法错误。

(4) ①有一天,父亲叫了三个兄弟,②把一根棍子给他们,③让他们折断。④他们很容易折断了这一根棍子。⑤其次,父亲给他们两根棍子。⑥这次虽然使点劲儿,⑦但他们还是折断了。⑧最后,父亲给他们三根棍子,⑨让他们折断。⑩这回,他们怎么也折不断这三根棍子。

原文中的"……,其次……,最后……"应改为"……,然后……,最后……",表示动作的先后顺序。

3.3.1.2 照应

在语料考察中,使用数量位居第二的是照应,有489条,占所有手段的20.18%,偏误105条,偏误率为21.47%。

由于照应的偏误率较大,我们将照应的偏误分为指称对象不明确、指称词冗余、指称词误用三种类型。指称词误用包括指称词之间的混用,也包括指称衔接与其他手段的混用。

(1) 指称对象不明确

有一些句子中出现了指称词,但却找不到它的指称对象,出现了指称不明确的现象。

(5) ①对这样的挫折,每个人都有自己的想法,②有自己的观点,怎样能解决遇到的麻烦,③我们都不应该在困难的对面站[C]着,④我们一定要处理。⑤如果这样不开始解决问题,⑥肯定困难越来越多,⑦影响我们的工作、我们的生活、社会发展。

这段语料在第⑤句之前没有提到解决问题相关的内容,不知道第⑤句中的"这样"指称的对象是什么。

（2）指称词冗余

指称词冗余指的是指称词该省略而未省略的偏误，也可以说是该用零形式指称而用了其他指称形式的偏误。如：

（6）①通过读很多的书，我学了很多的事情。②特别是落合信彦的书。③他是一位有名的国际报道记者，作者，国际政治专家。④他从20多岁跟美国人合作着经营一个石油会社。⑤他作为一个工作人员走遍了什么非州哇，南州，中近东，欧州等等，⑥有石油的地方都去了。⑦他在这个工作取得了成功后一九七九年开始執筆活动。⑧他利用了他自己吸取的贸易，卖买的经验，发表了许多的国际经济小说。⑨他写的小说基本上都是自己的经验。

这段语料主要描述了“落合信彦”的生平，而且是按照时间顺序进行的描述，具备了承前省略主语的条件。但语料中，第②句点明了“我”喜欢的书是落合信彦的之后，从第③句到第⑨句的主语却全都用了指称词“他”，显得有些啰唆，语段不太顺畅。

指称词冗余这一偏误类型，是从冗余的角度看的。假如从省略的角度看，这种偏误是该省略而未省略。这样就出现了类型的交叉，导致数据重复统计。由于零形式指称是汉语中较为特殊也较为常见的一类指称，受到学者们的关注，因此我们将其作为单独的一项。但是为了避免偏误类型的交叉、数据的重复统计，我们没有将指称词省略的偏误和正确现象再放入下文省略一类中。

（3）指称词误用

指称词误用在指称词的偏误中比较多，包括同一类型的指称词之间的混用、不同类型的指称词之间的混用等现象。如：

（7）①记住民以食为天，②他们才是安定的源[C]泉。

“民以食为天”是第②句的主语，应该用指示指称词“这”来指称，这里误用了人称指称词。

（8）①反而，西方发达国家，他们的科学水平已经达到了一定的水平。②所以每年出现多途的农产物。③但是他们有几个原因，④即便[C]它们放进水里，⑤不给他们。

③④⑤三句中分别出现了“他们”“它们”和“他们”三个指称词，其中第一个“他们”可以由第①句推出指的是西方发达国家，“它们”根据上下文语境及日常逻辑，指的应该是多余的粮食，但是最后一个“他们”指的是什么

却不知道。一个整句中出现了三个指称词，指称的对象比较混乱。另外，逻辑连接语“即便……也……”的用法也没有掌握。

3.3.1.3 省略

省略是汉语篇章形式连贯所采用的最主要的语法手段之一，也是语言交际过程中的常见现象。

我们以名词省略、动词省略和小句省略三个类别为着眼点，对语料进行考察。发现语料中含省略的共 227 条，占所有手段的 9.37%，偏误 61 条，偏误率 26.87%，偏误率较高。我们将偏误类型分为应该省而未省和不该省而省了两类。

(1) 应该省而未省

语料中存在很多读起来有些啰唆，语义或结构不太紧凑或不太流畅的句子。我们将这类现象归为应该省略而未省的偏误类型。如：

(9) ①我是日本大学国际关系系国际关系学部的学生。②我现在主要是研究国际经济和国际政治。③我能在大学学习有关国际关系系觉得很幸福。④因为我从高中时希望能在大学研究国际关系。

田然(2003)曾总结过主语省略的 4 个篇章条件：(1)按照时间先后描述时，后面小句对前面单一主语进行省略；(2)描述主语的动作行为先后时，承前省略主语；(3)描述介绍某一人物时，承前省略；(4)排比句式承前省略主语。而主语的省略项数可绵延至整个段落结束。例(9)是一个典型的描述某个人的语段，具备了省略主语的条件。但原文第②句没有省略，显得有些啰唆。

(2) 不该省而省了

另外，语料中也存在一些不该省而省了的现象，导致语义表达不明确，或者内容逻辑混乱等。如：

(10) ①综合“代沟”产生主要原因，不离文化、年龄、教育、生活环境、溝通几个原素。②首先在年龄方面，这个是不能在实际因素方面解决，③因父母与子女年龄一定有差距，④但如在人為方面，下功夫即可，⑤雖人老但心境不老，⑥对事物看法多方面……

这段话的陈述对象是代沟，主要讲代沟产生的原因。但从第⑤句开始转变主题，至少有一句应出现主语“父母”。在主题转变的情况下，主语不可以省略。

3.3.1.4　替代

从语料分析结果看，替代只有19条，占所有手段的0.78%，偏误2条，偏误率10.53%。替代的使用数量比较少，相应的偏误数量也比较少，因此不再细分小类。

(11) ①可是在[C]生长期间，如不使用化肥和农药[C]，②产量肯定是会大大降低的。③虽然，可制成"绿[C]色食品"，④但是无何来供应给[C]饥[C]饿[C]的一群人食用呢！⑤这[C]是一个矛与盾的问题，⑥我们只能选[C]其一来处理饥[C]饿[C]的一群。⑦我认为应该放弃"绿[C]色[C]食[L]* 品"，解决饥[C]饿[C]问题。

作文题目为《绿色食品与饥饿》，主要想考察在产量少的健康食品和世界性的饥饿问题之间要如何抉择。作者的观点是，绿色食品产量低，饥饿人口太多，绿色食品无法满足需要。第④句指出要帮助世界上数量较多的"饥饿的一群人"，第⑥句中用"饥饿的一群"来替代，替代的形式不正确，应用"饥饿的人"来替代。

3.3.1.5　词汇衔接

在所考察的语料中，词汇衔接手段运用得较少，占0.66%，偏误也比较少。在作文《记我的父亲》和《对我影响最大的人》中，开始提出了叙述的对象后，通篇用"我的父亲"来叙述；或者只用"他"来指称叙述对象。如：

(12) ①我认为，我的父亲是世界[C]上最好的爸爸。②我当官已经十五年了。③所以我的父亲总是对我说：当官一定为了国家，人民努力工作，不要见钱眼开。

文中总以"我的父亲"这个形式出现，显得啰唆，不连贯。

3.3.1.6　结构衔接

语料中的结构衔接现象比较少，并且只发现了一个结构衔接的偏误。

(13) (一) ①如果一个孩子的父母双方都喝酒，②这孩子的生活里也就少不了酒精。③长大后也许会成为个"酒鬼"。

(二) ④可是如果这孩子父母双方都滴酒不沾，⑤这孩子从小也就没有地方可以得到酒。⑥也就自然的降低了成为"酒鬼"的可

* [L]是"HSK语料库"中的标注符号，标示括号前的字是漏掉的字。

能性。

(三) ⑦父母在家里经常大喊大叫的,⑧这孩子也会有着暴燥的性格。

(四) ⑨当然,如果这孩子的父母都很热爱运动,⑩这个孩子长大也会多少的继乘其父母热爱运动的身体,⑪从而也多少会成为一个运动健将。

这四个段落(一)(二)(四)都采用了“如果……就……”的形式,但是第(三)段并没有用,虽然对意义没有太大的影响,但是按照母语者的语感,此处应用排比,原文这样处理使得排比的结构不完整,大的语段不够连贯。

3.3.2 连贯

在语料分析中,除了形式上的偏误,我们还发现了许多语义混乱、前后关联不大、逻辑不通的语段。我们把这种偏误称为语义不连贯。如:

(14) ①教育孩子是非常重要的事,②这不仅对孩子的将来有关,③而且这件事关系到孩子[L]的一生中,他长大之后,面对社会,然后孩子自己也当了父母。④我认为父母不可以轻看教育孩子,⑤就算父母再有钱也没有用。

虽然语段中存在一些句法偏误,但是我们能看出整个语段应该是讲教育孩子的重要性的,第②句说教育与孩子的将来有关,第③句讲教育关系到孩子的一生,影响到长大后的生活,两句语义有些重复啰唆。另外,在上文没有提到父母只重视钱的情况下,第④句和第⑤句之间语义跨度有点儿大。

(15) ①本人现急需这份工作,②因家中尚有妻儿要养,③希望您能够早日覆信。④除此之外,本人对于贵公司所给的各种福利也非常喜欢。

第①句到第③句表达了求职者想要得到这份工作的意愿。第④句却突然跳出来求职者对公司的福利的看法,很突兀,前后语义跨度大。

4 标注方案

标注方案是对标注原则、标注深度、标注内容、标注代码、标注方法的整体设计,在此基础上可以形成一个完整的汉语中介语语料库的篇章标注规范。

4.1　标注原则

标注原则是制定标注规范的前提，对标注的内容和方法有重要的制约作用，同时也对标注的过程和结果具有指导意义。篇章标注应遵循科学性、全面性和尊重原文三个原则。

4.1.1　科学性原则

科学性是指篇章标注要正确、准确，符合汉语篇章语法学的一般规则，对同类语言现象的判断与标注要一致。

为了保证标注的科学性，首先要求标注内容要建立在大众公认的篇章语法学的基本理论和对语料的实际观察相结合的基础上。

其次，要求标注员掌握篇章语言学衔接手段的基本概念、分类和运用准则，能够准确地判断每一种篇章现象；熟练掌握标注规范，严格遵守标注规范的要求；具有认真负责的态度，保证标注的准确性、前后的一致性等。

最后，为了保证语料标注结果的准确性，应适时复审，纠正标注中的错误。

4.1.2　全面性原则

语料库要为广大的研究者提供便利，因此，语料标注内容应涵盖篇章语言学的基本内容，具有全面性。本章综合考虑了汉语篇章语言学本体的理论、汉语作为第二语言的篇章习得和教学的研究现状，确定了标注的内容，能够涵盖篇章衔接的基本内容。

另外，鲁健骥(1999)认为中介语的研究对象应是学习者语言的整体，只有这样，才能认识语言学习过程的全貌。如果只看偏误，不看正确的表现，会使分析出现偏差。假如一种现象的偏误数量很多，就判断这类现象的偏误率很高，这是不正确的。因为也有可能这种现象本身的使用数量较多，偏误只占总量的比例很小，那么偏误率并不高。所以，既要考察中介语的偏误状况，也考察中介语的正确表现；标注既要对偏误进行标示，也要对正确的语言现象进行标示。

4.1.3　尊重原文

此原则是指不随意改动语料，在去掉标注后应该能够恢复到原来的生语料库。(黄昌宁、李涓子，2002)这一原则是每一个语料库标注的基本原则。在标注过程中，我们应尽量尊重语料的原貌，只标注现象，不改变语料的原貌。

4.2　标注深度

所谓标注深度，是指标注的深入程度。例如：

(16) ①我怎么知道[C]绿色食品的好怀,真的,假的?②我们只相信食品上写的内容。③建康是很重要的④所[C]以个人的能力有限界,⑤政府,国际机关和个人的协调是最重要的。

第④句不应用因果逻辑连接语“所以”,而应用转折逻辑词。这个偏误属于逻辑连接语范围的偏误,也是两个逻辑连接语之间的误用,又是因果类逻辑连接语和转折类逻辑连接语的偏误。那么,我们应该标注到逻辑连接语的偏误,还是逻辑连接语之间的误用,还是因果类逻辑连接语和转折类逻辑连接语的误用呢?这就涉及标注深度的问题了。

语料库建设的初衷是为研究者提供有价值的信息,并且这些信息能够反复使用。于是,有的研究者认为,无论做什么研究,从语料库中提取的信息都可以直接为研究服务,语料库应该对语料信息进行详尽细致的标注。但是实际上这样是行不通的,这样标注存在一些问题:

(1) 并不是每一个语言点,研究者都能达成共识。有一些语言点的研究还存在争议,若采用一家之言,难以服众;若都采用,就会出现体系混乱。

(2) 研究者的研究视角不同,要采用的信息不同,分类不同,语料库不可能详尽地给出所有的信息。

(3)标注的信息太多,对于标注员来说,记忆负担过重,标注过细,最后会导致标注效率降低。

(4)标注信息过多,相对应的标注符号就会很多,使得整个语料库满是标注符号,给使用者带来诸多不便。

以例(16)为例,若标注得详细一些,需要三种标注符号——因果类逻辑连接语偏误的标注、转折类逻辑连接语偏误的标注和逻辑连接词误用的标注。若按拼音首字母进行赋码,那么初步的标注结果如下:

(17) ①我怎么知道[C]绿色食品的好怀,真的,假的?②我们只相信食品上写的内容。③建康是很重要的④所[C]以个人的能力有限界,④所[C]以个人的能力有限界{LJY-yg}/{LJY-zz}+{LJY-wy}。⑤政府,国际机关和个人的协调是最重要的。

我们可以看到第④句标注符号过多,如果满篇都是这么长的标注符号,看起来非常费劲,常常需要在标注说明中去寻找代码代表的意义,这样也给使用带来了不便。

作为语料库的建设者,我们要为大多数用户提供便于进一步研究的信息,而不是所有的信息,因此,我们只为使用者提供语料的初步分析、大的框架以及检索的渠道。研究者通过语料库在线系统,对所需的信息进行准确检索，然后再进行分析研究。

如果在使用的过程中，发现需要更为细化的分析，标注大的框架也便于向语料库继续添加新的信息，便于语料库资源的进一步扩展。

4.3　标注内容及代码

以篇章语言学的基本理论为基础，结合对实际的语料观察和分析，本节确定了篇章基础标注和偏误标注的基本内容。

目前，汉语中介语语料库的标注代码大多采用的是汉语拼音首字母。也有研究（如李斌，2007）提出可以采用 XML 置标语言来编写，使语料库能在不同的软件环境中得以共享，但是，XML 是面向机器的语言，使用这种语言进行标注，结果十分繁复，对于语料库用户来说，阅读起来很不直观，也很不方便。（张宝林，2013）因此笔者采用汉语拼音首字母进行编码。标注内容及代码见表 11-2 和表 11-3。

表 11-2　篇章偏误标注的代码

标注所属大类		偏误类型及代码
衔接	逻辑连接语	逻辑连接语冗余{LJY-ry}
		逻辑连接语残缺{LJY-cq}
		逻辑连接语误用{LJY-wy}
	照应（指称）	指称对象不明确{ZC-bmq}
		指称词误用{ZC-wy}
		指称词冗余{ZC-ry}
	省略	应该省而未省{SL-ws}
		不该省而省了{SL-bgs}
	替代	替代偏误{TDPW}
	词汇衔接	词汇衔接偏误{CHXJPW}
	结构衔接	结构衔接偏误{JGXJPW}
连贯	连贯	语义不连贯{YYblg}

在语料分析过程中，我们发现替代、词汇衔接和结构衔接的数量少，所占比例较小，所以这 3 类暂时不按照细分的小类进行标注。在今后的标注过程中，如有必要，可在大类下做进一步细致的标注。

零形式指称是指称词省略的现象，是汉语指称词中较特殊的一种现象，所以我们把它也作为了一个标注项。但是指称词省略也是一种省略现象，两者之间有交叉，为了避免交叉，我们把指称词省略从省略的标注内容中抽离出来。研究者要研究省略，除了需要检索省略的标注项外，还需要检索零形式指称的标注项。

表 11-3　篇章基础标注的代码

	标注所属大类	基础标注类型及代码
衔接	逻辑连接语{LJY}	因果类逻辑连接语{LJY-yg}
		转折类逻辑连接语{LJY-zz}
		顺序类逻辑连接语{LJY-sx}
		并列类逻辑连接语{LJY-bl}
	照应(指称){ZC}	指示指称{ZC-zs}
		人称指称{ZC-rc}
		零形式指称{ZC-lxs}
	省略{SL}	名词省略{SL-mc}
		动词省略{SL-dc}
		小句省略{SL-xj}
	替代	替代{TD}
	词汇衔接	词汇衔接{CHXJ}
	结构衔接	结构衔接{JGXJ}

4.4　标注方式和实例

“首都语料库”已经采用了“偏误标注＋基础标注”的模式，为了避免出现在一版中标注信息太多，不便查阅的现象，它分别在两版相同的语料中做了偏误标注和基础标注。但是篇章标注的偏误标注和基础标注不需要在两版语料中分开进行：

(1)“首都语料库”的标注信息涵盖了字、词、短语、句、篇章多个层面。而此次标注只包含篇章层面的信息，较“首都语料库”的信息少了很多。

(2)“首都语料库”标注了字、词层面的偏误，并在基础标注中对词性进行了标注，标注之后实现了句与句之间的偏误标注和基础标注的一一对应。而本标注不需要对字词进行标注，也不需要实现一一对应。

目前汉语中介语语料库大部分采用以人工标注为主、以机器标注为辅的标注方式，对于段落和小句的切分可采用机器自动标注、人工检查的方式，而具体的标注项则主要依靠人工完成。

如前所述，小句(包括复句中的分句)是篇章分析的基本单位。我们在进行标注之前要切分基本单位。

标注时，先对基本单位进行切分，用不同的序号区分段落和小句，然后再进行偏误标注和基础标注。逻辑连接语偏误、结构衔接偏误和语义不连贯的类型至少跨越两个小句，有的甚至跨越段落，我们在语段的最后添加标注符号。以例(18)为标注示例：

(18) (一) ①如果一个孩子的父母双方都喝酒，②这孩子的生活里也就少不了酒精{LJY-yg(一)①—②}。③长大后也许会成为个“酒鬼”。

(二) ①可是如果这孩子父母双方都滴酒不沾{LJY-zz}，②这孩子从小也就没有地方可以得到酒。③也就自然的降低了成为“酒鬼”的可能性{LJY-yg(二)①—③}。

(三) ①父母在家里经常大喊大叫的，②这孩子也会有着暴燥的性格。{JGXJPW：(一)①—(三)②}

(一)(二)(三)用于标示段落，①②③用于标示段落内的小句。第一段第①句和第②句正确使用了假设逻辑连接词，假设逻辑连接词属于因果类逻辑连接语，所以应在第②句句末用{LJC-yg}标示，并随后加上使用因果类逻辑连接语的范围{(一)①—②}。第二段的三句也正确使用了假设逻辑连接语，同理，在第③句句末加上{LJY-yg 二①—③}的标注。三段之间存在结构衔接的偏误，所以在整个结构衔接手段的末尾添加标注符号“{JGXJPW：(一)①—(三)②}”，表示第一段第①小句到第三段第②小句之间存在结构衔接的偏误。

而对于照应、省略、替代和词汇衔接，主要涉及的是词语，因此，这个标注只标在所用词的后面或者省略词的位置即可。以例(19)为标注示例：

(19) (二)①综合“代沟”主要产生原因，不离文化、年龄、教育、生活环境、溝通几个原素。②首先在年龄方面，这个是不能在实际因素方面解决，③因父母与[C]子女年龄一定有差距{LJC-yg(二)②—③}，④但如在人為方面，下功夫即可{LJC-zz②—④}。⑤{SL-bgs}雖人老但心境不老，⑥对事物看法多方面，……

例(19)选自作文的第二段，故用(二)来标示。前面已分析了从第⑤句开始原文转变了主题，不应省略主语。故在主语应该出现的位置添加“不该省略却省了”的偏误符号{SL-bgs}。

正确的省略现象的标注如下：

(20) (二)①一九九四年对我来说，是充满挑战的一年。②我离开了父母、朋友，③{SL-mc}离开了熟悉的生活环境，④{SL-mc}只身到北京念书。⑤在这一年多的留学生活中，我学着独立，⑥{SL-mc}交了许多新朋友，⑦{SL-mc}身边也多了一位良师益友。

这段语料讲述了“我”的行为，具备了承前省略主语的条件，应该省略。所以③④⑥⑦的省略正确，在主语省略的位置标记名词省略符号{SL-mc}。

5 结 语

本章从衔接、连贯的角度对篇章标注进行了探讨，认为篇章标注应遵循科学性、全面性、尊重原文等原则。为了全面地反映汉语学习者篇章习得的表现，应采用“偏误标注＋基础标注”的模式。标注的基本单位为小句，包括复句中的分句。标注内容包括逻辑连接语、照应、省略、替代、词汇衔接、结构衔接、连贯七大类，前三类手段使用的数量和比例较高，所以又细分了小类。标注代码采用汉语拼音首字母缩写，方便研究者使用。

本章没有对汉语口语中介语语料库的标注进行探讨，但这一问题非常有研究价值，期望今后收集到汉语口语中介语语料之后，能够从话语的角度再展开探讨。

参考文献

崔希亮、张宝林（2011）全球汉语学习者语料库建设方案，《语言文字应用》第2期。

高宁慧（1996）留学生的代词偏误与代词在篇章中的使用原则，《世界汉语教学》第2期。

高玮（2010）基于语篇的中介语语料库回指偏误标注研究，《数字化对外汉语教学实践与反思》，张普、宋继华、徐娟主编，清华大学出版社，北京。

胡晓清等（2011）韩国留学生汉语中介语语料库的标注研究，《首届汉语中介语语料库建设与应用国际学术讨论会论文选集》，肖奚强、张旺熹主编，世界图书出版公司，北京。

胡壮麟（1994）《语篇的衔接与连贯》，上海外语教育出版社，上海。

黄昌宁、李涓子（2002）《语料库语言学》，商务印书馆，北京。

黄国文（1988）《语篇分析概要》，湖南教育出版社，长沙。

李艳翠、朱坤华、周国栋（2012）英语语篇结构分析研究综述，《计算机应用研究》第6期。

刘敏贤、杨跃、周正履（2011）语篇标注与宾州语篇树库，《唐都学刊》第2期。

李斌（2007）中介语语料库建设中的语言错误标注方法，《暨南大学华文学院学报》第3期。

鲁健骥（1999）《对外汉语教学思考集》，北京语言文化大学出版社，北京。

邱军（2008）《成功之路·跨越篇》（第二册），北京语言大学出版社，北京。

田然（2003）《现代汉语叙事语篇中NP的省略》，北京语言大学硕士学位论文。

王伟（1994）“修辞结构理论”评介（上），《国外语言学》第4期。

王伟（1995）“修辞结构理论”评介（下），《国外语言学》第2期。

乐明、冯志伟（2005）篇章修辞结构树库概述，《全国第八届计算语言学联合学术会议（JSCL—2005）论文集》，中国知网。

张宝林（2013）关于通用型汉语中介语语料库标注模式的再认识，《世界汉语教学》第1期。

郑贵友（2002）《汉语篇章语言学》，外文出版社，北京。

郑贵友（2004）“小句中枢说”与汉语的篇章分析，《汉语学报》第1期。

Fitzpatrick, E. & Seegmiller, M. S. (2002) The Mont Clair Electronic Language Database Project. In Connor, U. & Upton, T. A. (eds.) *Applied Corpus Linguistics: A Multidimensional Perspective* =应用语料库语言学的多维视角. Beijing: World Book Publishing Company.

Sinclair, J. (2002) Intuition and annotation—the discussion continues. In Aijmer, K. & Altenberg, B. (eds.) *Advances in Corpus Linguistics* =语料库语言学的进展. Beijing: World Book Publishing Company.

Sinclair, J. (2003) *Reading Concordances*. London: Pearson.

附录

我选择朋友的标准

（一）①在我二十多年生活在澳洲的社会中，每一天我都可以碰到很多不同的人：有些有幸认[F 認]识[F 識]的、能作朋友的{TD}、也有些永远[F 遠]没有机[F 機]会再见面的{TD}。②我选择朋友的标准是按他们{ZC-rc}的兴[F 興]趣、人品和性格作比较[F 較]的。③我喜欢跟与自己性格相近的人交朋友。④这{ZC-wy}包括喜欢跑车[F 車]，跑足球和看书[F 書]的兴[F 興]趣。

（二）①我大多的好朋友是从[F 從]小就认[F 認]识[F 識]的了。②这{ZC-zs}是因为[F 爲]在一起长[F 長]大的同时[F 時]，我们一起喜爱的东[F 東]西都会很相近{LJY-yg(二)①—②}。③我们有小时候用到现[F 現]在的秘语，④也有这几[F 幾]年在工作上学到的作事方法{LJY-bl(二)③—④}，⑤{ZC-lxs}都是我们谈得来的原因。

（三）①选择普通朋友的标准我就没有那么着聚了。②只要他们{ZC-rc}是和善、随[F 隨]和，没有架子的③{ZC-lxs}也可以成为[F 爲]我的朋友{LJY-yg(三)②—③}。④这{ZC-zs}也是我在工作的地方受欢近的原因。⑤因为[F 爲]我也是随[F 隨]和没有架子的{LJY-yg(三)④—⑤}。

（四）①我也曾试过跟自己性格相反的人交朋友，②可惜每一次{SL-mc}都不能和气收场[F 場]。③有一位姓黄的大学同学跟我读的科日不一样[F 樣]，④{SL-mc}喜欢的东[F 東]西不一样[F 樣]，⑥以及{SL-mc}跑车[F 車]喜好的种[F 種]类[F 類]也不一样[F 樣]。⑦虽[F 雖]然我极[F 極]试图将我的兴[F 興]趣改过来接近他{ZC-rc}，⑧可是结果{SL-mc}也不能成为[F 爲]好朋友{LJY-zz(四)⑦—⑧}。

（五）①根据[F 據]我的经验所得出的结论[F 論]，选择朋友的标准应[F 應]该是跟自己性格差不多的最为[F 爲]好。②不然{TD}可能会损[F 損]失時间和心血。

第十二章　语体标注研究[①]

1　引　言

1.1　选题缘起

对外汉语学习的最终目的是让汉语学习者能够自如得体地使用汉语进行交际。但实际情况是，很多汉语学习者经常出现语言不得体不恰当的问题，影响了他们的语言表达。

本章拟就汉语中介语语料库语体标注的相关问题进行探讨，借此提高语料库的应用价值，并为汉语语体教学与习得研究提供便于检索的语料资源。

1.2　研究对象

本章的研究对象是汉语中介语语料库中的语体标注问题。

美国语言学家 Selinker，L.(1972)最早提出并定义了“中介语”[②]。而针对中介语语料建设的语料库，学界多将其称之为“中介语语料库”或“学习者语料库”。为叙述方便，我们把以汉语学习者的语料建成的语料库统称为“汉语中介语语料库”[③]。

标注是一种给口语语料库、书面语语料库增添解释的和语言的信息的实践。(黄昌宁、李涓子，2002)本章意在深化语料库中的语体标注的相关

---

① 本章原题《汉语中介语语料库语体标注研究》。作者：王雪莹，山东省诸城第一中学语文教师，北京语言大学 2010 级语言学及应用语言学专业硕士研究生。

② 中介语是“在第二语言习得过程中，学习者通过一定的学习策略，在目的语输入的基础上所形成的一种既不同于其第一语言也不同于目的语、随着学习的进展向目的语逐渐过渡的动态的语言系统”(刘珣，2000)。

③ 徐枫洁(2011)调查并统计了已经建成或正在建设中的 8 个汉语中介语语料库，分别为北京语言大学的“汉语中介语语料库检索系统”“HSK 动态作文语料库”“首都外国留学生汉语文本语料库”，鲁东大学的“韩国留学生汉语中介语语料库”，南京师范大学的“外国学生汉语中介语偏误信息语料库”，苏州大学的“小型外国学生口语中介语语料库”，暨南大学的“留学生汉语中介语语料库”，中山大学的“留学生中介语语料库”。

内容，这对提升一个语料库的使用价值意义重大。

1.3　研究思路

以语体的本体研究成果，以及教学和习得的研究成果为主要依据，采取随机抽样的方法从“HSK语料库”抽取300篇（约10万字）语料，通过对样本语料全面的观察与分析，制定出一套全面、科学的语体标注方案。另外再抽取50篇语料进行试标，检验该方案是否可行，并进一步修改完善，使之可通用于汉语中介语语料库。本章拟具体解决以下几个问题：

（1）分析语料库中的语体使用情况，包括正确表现和偏误表现。

（2）对语体的正确表现和偏误表现进行分析，并做出归纳分类。

（3）制定一套可涵盖语体标注原则、内容、方法、代码及流程的标注方案。

2　研究综述

2.1　语体的定义

本章所指的语体，是从语言功能风格角度定义的概念。我们认同这样的观点：语体是说话的体式（冯胜利，2010），是语言运用的交际功能变体（李泉，2004）。

2.2　语体的分类

关于语体的分类，主要有单层分类、双层分类和多层分类[①]。陶红印（1999）肯定了传统分类将语体分为口语和书面语二分法的可取之处。张伯江（2007）提出在合适的语体里寻找合适的实例，在合适的语体里合理地解释实例。所以，具体采用什么样的标准对语体进行分类应该取决于研究的目的。

本章主要研究目的是服务于对外汉语教学，这就决定了我们对语体进

① 单层分类：陈望道（1997）以社会交际功能作为标准，把语体分为实用体和艺术体，或分为公文体、政论体、科学体和文艺体等。双层分类：先把语体分为口语语体和书面语语体，书面语语体下再分为文艺语体、科技语体、政论语体和公文语体，张弓（1963）、王德春（1983）等是这类划分的代表。多层分类：这种分类体系最为详细的是黎运汉（1989），首先分为口语语体和书卷语体，然后对其下位又各进行了细分。

行分类的维度。综合各家关于语体分类的观点①,我们认为,服务于对外汉语语体教学的分类以典型口语语体、典型书面语语体以及通用语体的三分法为宜:

(1) 口语语体:传媒一般为口头,符合口语语言特征和语用特征,书面语中一般不用。

(2) 书面语语体:传媒一般为书面,符合书面语语言特征和语用特征,口语中一般不用。

(3) 通用语体:介于口语和书面语两种语体的两极之间。

2.3 语料库语体标注现状

国外的语料库中,我们考察了几个比较有影响的英语语料库②。这些语料库,在标注内容上,基本仅限于词性、短语、句法的范围,未涉及语体;在标注模式上也只有基础标注,没有偏误标注。

国内汉语语料库的标注内容主要侧重分词和词性标注。"首都语料库"对语料中的语体信息进行了标注,并且设计了一套标注代码:

{smyc}:书面语词标记;

{smyj}:书面语句标记;

{kyc}:口语词标记;

{kyj}:口语句标记。

代码采用汉语拼音首字母缩写的方式,置于大括号中。这是对汉语中介语语料库标注内容的深化,但是分类还比较粗略,且只有基础标注而没有偏误标注。

由此可见,在语体标注内容和标注方法上,亟待进一步完善。在标注工作开始之前,还需充分了解口语语体和书面语体的特点。

---

① 韩荔华(1994)将语体分为口语语体、书面语语体和通语风格;吴丽君(2004)提出了口语体书面语、书面语体书面语等概念,并对其与口语、书面语、语体词汇三者的关系进行了分析;李泉(2003)分口语语体、书面语语体、中性语体;吕必松(2007)认为除口语与书面语之外,"有第三种语体的存在";冯胜利(2010)按正式度的高低把现代汉语分为俚语、白话和书面语。

② 主要有8个语料库:SEU语料库、布朗语料库、LOB语料库、伦敦—隆德英语口语语料库、COBUILD语料库、朗文语料库、英国国家语料库及国际英语语料库。

2.4　口语语体和书面语语体特点

口语语体和书面语语体的特点研究成果较多①，大体区别在词汇和语法层面。

2.4.1　*词汇层面*

词汇是一种语言中词和固定短语的总汇。口语语体的词汇和书面语语体的词汇各有其特点。

2.4.1.1　词层面

《汉语水平等级标准与语法教学大纲》(1996)把现代汉语的词分为12种：名词、代词、动词、形容词、数词、量词、副词、介词、连词、助词、叹词和象声词。郭锐(2002)分类更细，包括了名词、动词、形容词、状态词、时间词、处所词、方位词、量词、数词、数量词、指示词、区别词、副词、拟声词、代词、介语、连词、语气词、助词、叹词等二十种。黄伯荣、廖序东(2007)将词语分为实词和虚词，其中实词包括名词、动词、形容词、区别词、数词、量词、副词、代词、拟声词、叹词；虚词包括介词、连词、助词、语气词。本章综合以上的研究成果，将现代汉语的词分为14种：名词、动词、形容词、区别词、数词、量词、副词、代词、连词、介词、助词、拟声词、叹词、语气词。

各类词中，语气词、拟声词和叹词等3类都属于典型的口语词；区别词、代词、数词、量词、介词、连词、助词等7类每类数量不是太多，可以列举，并且它们有很大一部分是通用词，即便是非通用词，也很容易确定其语体属性，如“该、于、此”等。相较而言，名词、动词、形容词、副词这几类数量庞大，种类较多，它们在口语语体和书面语语体上的区别需再进一步考察。

(1) 名词

1) 口语语体中的名词。如：

加词缀：凳子、奔头、老鼠
儿化：头儿、明儿、小孩儿
轻声：东西

2) 书面语语体中的名词。如：

① 可见于王德春(1980)，武占坤、王勤(1983)，Biber, D.(1988)，胡明扬(1993)，盛炎(1994)，冯胜利(2010)等。

岁月、夜幕、产物、氯化钠

3）还有一部分分别用于口语语体和书面语语体，并且是相互对应的同义词。如：

妈妈—母亲、行当—职业、脑袋—头部（音节相同）
哥哥—兄、爹—父亲、一辈子——生（音节不同）

（2）动词

1）口语语体中的动词。如：

搅和、小瞧、折腾、嫌

2）书面语语体中的动词。如：

静卧、连中、私查、屹立

3）还有一部分分别用于口语语体和书面语语体，并且是相互对应的同义词。如：

烧—燃、去—往、琢磨—思考、回头—回首 （音节相同）
花—耗资、打—殴打、死—逝世、有—具备（音节不同）

（3）形容词

1）口语语体中的形容词。如：

够呛、黑不溜秋、啰里啰唆、傻样儿

2）书面语语体中的形容词。如：

博大、坎坷、璀璨、愚昧

3）还有一部分分别用于口语语体和书面语语体，并且是相互对应的同义词。如：

犟—固执、贪—贪婪、帅—英俊、累—疲倦

（4）副词

1）口语语体中的副词。如：

好在、到底、压根、不管

2）书面语语体中的副词。如：

何尝、略、可谓、逐年

3）还有一部分分别用于口语语体和书面语语体，并且是相互对应的同义词。如：

还—尚、正好—恰逢、单单—唯独、很—颇(音节相同)
还—仍旧、老—总是、准——定、特别—甚(音节不同)

2.4.1.2　固定短语层面

(1) 用于口语语体的固定短语

1) 口语习语。如：

哭鼻子、节骨眼儿、美得你、呆头呆脑

2) 俗语。如：

八九不离十、热锅上的蚂蚁、鸡蛋里挑骨头、吹胡子瞪眼

3) 谚语。如：

种瓜得瓜，种豆得豆；一朝被蛇咬，十年怕井绳

4) 歇后语。如：

小葱拌豆腐——清二白；泥菩萨过河—自身难保

5) 惯用语。如：

敲边鼓、开夜车、磨洋工、戴高帽

(2) 用于书面语语体的固定短语

1) 固定短语。如：

与此同时、综上所述、由此可见、反之

2) 成语。如：

贻笑大方、摩肩接踵、脍炙人口、赫赫有名

2.4.2　语法层面

口语语体和书面语语体的区别主要表现在词类、短语和句法三个方面。

2.4.2.1　词类

14类词中语气词、拟声词、叹词的口语语体色彩明显。名词、动词、形容词、副词等4类在语体方面的区别前文有详细描述。根据郭锐(2002)对二十种词类出现频率的统计分析，名词、副词在口语和书面语中差别较大，动词、形容词差别不明显。数词一般没有语体色彩的差异。区别词、代词、介词3类很大一部分是通用语体，但也有一些语体色彩非常明显，如“慢性—急性、我—鄙人、把—将、要是—假若、的—之、虽然—虽”。大部分量词没有语体

区别，但是有一小部分基本只出现在书面语语体中，如物量词（“一丝希望、一串笑声”），这类词主要作用是描写后面的名词或者使抽象的事物具体化；还有一类复合量词也多用于书面语语体中，如“人次、秒平方米”等。

2.4.2.2　短语

口语语体中典型的短语类型除前文所提到的俗语、谚语等，还有其他比较典型的，像“的”字短语。如：

卖菜的、教书的、扫大街的、穿红衣的

书面语语体中典型的短语类型，像“所”字短语。如：

所了解、所需、所依靠、所见所闻

2.4.2.3　句法

口语语体和书面语语体在句法方面的不同点有：

(1) 口语语体

1）省略。

① 省略动词“是”“有”类。如：

我北京人。（省略“是”）
他一个妹妹在上海读书。（省略“有”）

② 省略连词。如：

天气不好，不去上学了。（省略“因为……，所以……”）

③ 省略介词类“把”“对(对于)”“关于”“至于”“被”等。如：

身份证拿出来！（省略“把”）
报考研究生问题，我想再说几句。（省略“关于”）

2）追加。如：

得了吧你。（“你”属追加成分）
你怎么来了怎么？（“怎么”属追加成分）

3）重复。如：

坐、坐、坐，喝茶喝茶。
我保证不喝酒了，我保证。

4）插说(插入语)。如：

这天气看起来快要下雪了。（“看起来”属插入成分）

据说，井冈山的毛竹有一万多根。（“据说”属插入成分）

5）倒装。如：

快说吧，你！（主语倒装）
都岔气了，笑得。（谓语倒装）

6）形容词直接做谓语。如：

他个子很高。
脸红了。

7）常用口语句式。如：

非……不可：再这样下去，你非完蛋不可。
一来……二来……：这次回家，一来可以放松自己，二来可以照顾父母。
动不动就……：这孩子动不动就生气，真拿他没办法。

（2）书面语语体
1）欧化句式（特别表现在拥有长定语或多层状语）。如：

这是我们党领导全国各族人民继续沿着中国特色社会主义道路阔步前进的五年。（长定语）
老师在休息室里热情地同他交谈。（多层状语）

2）完整的关联词。如：

因为这次没有认真准备，所以对突如其来的情况手足无措。

3）文言句式。如：

为 NP 而 V：为现代化而奋斗。
以……为……：李白的诗歌以夸张为能。
开……之先河：《狂人日记》开中国现代白话文之先河。

通过比较，我们可以看出，典型的口语语体和典型的书面语语体在词、短语、句式上存在着显著的差别。这是我们进行语体基础标注的分类依据，也为语体偏误标注提供分类借鉴。

3　语料观察分析

我们研究口语语体和书面语语体的区别，主要着重词汇和语法两个层面，主要判定依据如下：

(1)《汉语口语》:陈建民,北京出版社,1987 年。

(2)《中华书面语词典》:王安节、鲍海涛,吉林文史出版社,2003 年。本书专门收集书面语词(包括少量现代仍然使用的文言词和容易用错的口语词)。

(3)《现代汉语同义词词典》:刘叔新,天津人民出版社,1987 年。全书共收 1640 个同义词组,包括 4600 多个词。若同义词组内的词的辨析涉及语体方面,注释里就会予以说明。

(4)《现代汉语词典》(第 5 版):中国社会科学院语言研究所词典编辑室,商务印书馆,2005 年。对一些语体词分别标注了〈书〉〈口〉,可做参考。

(5)《汉语书面用语初编》:冯胜利,北京语言大学出版社,2006 年。收录了从韵律角度定义的汉语书面语正式语体词(近 700 个)和常用古句式(近 300 条)。

经过分词之后的语料,在确定词或句式的语体属性时,对于语体色彩特别鲜明的,我们凭语感就可断定;对于不太确定的成分,我们将以这五本书为主要参考。

3.1　语料抽取

目前已开放可供使用的语料库中标注内容最为细致深入的当属北京语言大学的“HSK 语料库”,本章选择该库作为语料来源,一方面,作文作为语言输出的书面表现形式,更容易表现学生汉语综合表达的能力;另一方面,考试情境下的语言输出,其独立性和有效性很高,可以在很大程度上反映学生的真实水平。

“HSK 语料库”(1.1 版)所收录的 11569 条记录(即 11569 篇文章)中共包括了 29 个作文题目。文体与语体关系密切,按照当代文体的一般分类,我们将所有文章题目做了以下归类,如表 12-1:

表 12-1　“HSK 语料库”中的文章题目及分类

文体	题目
记叙文	一封求职信、一封写给父母的信、记对我影响最大的一个人、记我的父亲、我的童年、我的城市/乡村生活、我的一个假期、我最喜欢的一本书、我第一次……
议论文	运动员收入、学习汉语的苦与乐、如何看待“安乐死”、如何解决“代沟”问题、如何看待“妻子回家”、如何面对挫折、我对男女分班的看法、我对离婚问题的看法、口香糖与环境卫生、绿色食品与饥饿、关于用自然之声取代噪声的建议、我看流行歌曲、我选择朋友的标准、由“三个和尚没水喝”想到的……、谈有效阅读、我学汉语是为了……、最理想的结交方式、静音环境对人体的危害、吸烟对个人健康和公众利益的影响、父母是孩子的第一任老师

丁金国(2009a、2009b)提到,面对无限量的语篇,研究开始就面临着语篇题材和语体性质的选择,要在无限量的语篇中选取与课题研究目标紧贴相扣的样本。笔者选取其中两个题目下辖的文章作为研究分析对象,分别是《一封求职信》和《一封写给父母的信》。

《一封求职信》是关于求职者给用人单位写信谋职的,所以措辞理应谨慎得体,是非常正式的文体,符合我们前文对书面语语体的界定;从语料中,我们也发现,多数文章用词谨慎、正式度颇高、书面语语体色彩非常明显。例如:

(1) 本人{CC 个人}今年三十岁,大学中文系毕业,曾担任过中学华文教师。平日喜欢阅读有关各地风土民俗的杂志,尤其喜爱研读名山古迹的资料,探讨其史迹源流,小有心得。

求职信中使用"本人""曾""平日""尤其""研读"等词语,不仅使文章显得简洁、得体,而且增加了正式程度,书面语语体色彩强烈。"HSK 语料库"中检索到 592 篇作文,语料数量非常可观,每篇又几乎都含有不同程度的偏误现象,足够进行充分的研究。

第二个题目《一封写给父母的信》恰好与第一个题目相反,与父母闲话家常,措辞无须刻意斟酌,所以正式度低,口语语体色彩非常明显且存在相关偏误。例如:

(2) 妈,我到中国已经有两个多月了。长了这么大还是第一次离开您,却离得这么远。前两天我收到了您的信,看到您常常对我说的那番话,心里有点不是个滋味儿。因为我从那番话里感到您对我的一片爱心。我觉得我自己很笨,离着那么近,却看得不清楚。

上面所举例文中,用"妈妈"而未用"母亲","滋味"用了儿化,这些现象增加了全文的口语语体色彩,其中书面语语体色彩较强的"一片爱心"明显与前后文语体色彩不协调。

我们利用 Visual Foxpro 软件通过编写的随机程序进行抽取,每个题目各得出一组包含 150 个数字的随机数组,共抽取 300 篇约 10 万字语料。

应该指出的是,"HSK 语料库"中的语料并非典型的口语语体与书面语语体,这一点是无可厚非的。前文已经提及,即便媒介为口头也有书面语体的口语,或书面语语料也有正式度很低的口语语体。

3.2　语料分析

在分析过程中,我们将正确和错误的语体表现形式都做了标记。基础标注内容以学界已有研究成果为基础，所以本节语料分析将不考虑语体的正确表现形式。偏误分析部分因为缺少相关研究借鉴，所以需要统计偏误类别，以便下文确定偏误标注内容。

3.2.1 偏误分析

3.2.1.1 书面语语体成分在口语语体中的误用

这一类偏误分析结果主要来自作文《写给父母的一封信》。

(1) 词汇层面

1) 词

(3) 但是有一个“东西”还没有掌握，也还不完全习惯。上述的“东西”是汉语。

(4) 爸爸的生意做得如何？

句(3)“上述”书面语色彩较重，用在该句中不太得体，改为类似“上面说”较好。句(4)“如何”是古文言词，现在多用于正式度高的书面语语体中，用在本句中明显不如“怎么样”更加通俗、合适。

2) 短语

(5) 那么，我无可奈何地写到这里吧。

(6) 我在这儿所了解的、所学到的一切并不少。

句(5)“无可奈何”用在此处不当，若改为“没办法”，则更契合口语语境。句(6)中的“所”字短语，是书面语短语，若去掉“所”，则整句语体色彩较为统一。

(2) 语法层面

(7) 我还认识了很多新朋友，其中以朝鲜同学居多。

(8) 由于恰巧碰上学年考试，故无法快速复[F 復]信。

句(7)出现典型的文言句型“以……居多”，前后语体色彩矛盾。而(8)用了“由于……，故……”也使整句语体色彩不统一，使文章读起来比较生硬艰涩，失去了口语应有的通俗感。

3.2.1.2 口语语体成分在书面语语体中的误用

这一类偏误分析的结果主要来自《一封求职信》。

(1) 词汇层面

1) 词

经过语料分析，词层次的语体偏误表现主要在同义词的误用上。

(9) 我的脑袋里富有关于许多国家的知识。

(10) 现在在北京有很多外国人。我也常常拉外国人。

句(9)"脑袋"是典型的口语词,用在此处不恰当,换成"头脑"或"大脑"更好。句(10)动词"拉"表示"载"义时是口语词,换成"载"或"拉载",则比较得体。

2) 短语

短语部分的偏误主要体现在"的"字短语、离合词、固定格式、"主/状+语气词"等结构在书面语体中的误用。例如:

(11) 我是男的,今年 25 岁。

(12) 在美国××大学留过一年学。

(13) 我已经看过了很多的书,所以我有很多知识,不但有关于中国历史的知识而且也有其它的事情,[BC。]比如说世界历史、科学、文学什么的。

(14) 由于嫁鸡随鸡,嫁狗随狗之故,不得不在此另寻此职。

(15) 我呢,本身热爱旅游职业。

句(11)口语语体中典型的"的"字短语,此处却用在正式的书面语语体中,十分不得体,"我是男的"应改作"本人男"。离合词扩展的短语一般口语中使用较多,如"洗了个澡""理了两回发"等,而(12)在求职信中使用,明显不太妥帖。句(13)"什么的"是一个典型的口语词汇,口语色彩明显,用在此处和前文语体色彩不搭,改作"等"或"等等"较为合适。句(14)"嫁鸡随鸡,嫁狗随狗"是口语中常用的俗语,与句中的书面语句式"由于……之故"不和谐。"主/状+语气词"格式一般不出现在正式的书面语语体中,求职信中若出现则使文章显得不够庄重。句(15)即是如此。

(2) 语法层面

语法层面本身可分为词法和句法。根据语料的分析结果,我们对偏误类型进行归类,逐一列举:

1) 量词的使用上,主要有"多加词缀"和"数量组合中最后一个量词省略"两种偏误。

(16) 如今每次碰到有意思的广告,我就抄录下来,现在收集了一大本子了。

(17) 我的身高是 1 米 75。

句(16)中在量词上加上后缀"子",口语语体色彩特别强烈,用在求职信中降低了文章的正式程度。句(17)在求职信中介绍自己身高是"1 米 75"。在量词中,表达多位数量组合时,一般都要完整的表述。虽然只是省略了最后一个量词，但整个语流色彩却发生了变化，成了谈话语体专用的表达方式。所以，该句应表述成“我的身高是1米75厘米”或“我的身高是1.75米”，这样才不至于使文章的语体色彩前后不统一。

2）误用“儿化”。

(18) 本人今年22岁，身高1.75米，没佩戴眼镜儿。

(19) 家庭状[C]况[F 況]：已婚，有[C]一个[F 個]三岁[F 歲]的男孩[C]儿[F 兒]。

例(18)(19)中，“眼镜儿”“男孩儿”都应该是口语用例，用在求职信中虽不是错，但是会降低文章的正式程度，显得并不庄重。

3）重叠。

(20) 我有一头乌黑的长发，一双黑溜[B 流]溜[B 流]的眼睛。

(21) 在我空闲的时间，我就会和几个老朋友去看电影或唱唱歌。

句(20)中“黑溜溜”，口语色彩较浓。句(21)中动词“唱”是一般的通用词，但是重叠后口语语体色彩加重。

4）使用语气词。

(22) 您好！[BC?]先自我介绍一下吧[BQ。]

(23) 我校最终成为了冠军，我还得到了最佳辩论员的奖呢！

郭锐(2002)的统计结果显示语气词一般用于口语语体，而此处两例均用在求职书信中，减弱了文章的书面语语体色彩。

5）句式

口语句式在书面语语体中的误用。例如：

(24) 往后要是再度光临，就可享有九折折扣，外加一个神秘礼物。(要是……就……)

(25) 自2000年，毕业{CJX}自美国奥克拉荷马州大学之后，便加入香港电视传讯公司担任记者一职，负责采访和剪辑工作。一做就做了五年。(一……就……)

“要是……就……”“一……就……”属于典型的口语句式，用在正式的求职信中不太得体。

3.2.2 偏误分析小结

书语语体在口语语体中的误用，在词汇层面主要包括书面语词的误用、书面短语的误用，语法层面主要包括文言句式和欧氏句式误用。口语语体在书面语语体中的误用，在词汇层面主要包括口语词的误用、口语短语的误用，语法层面主要包括不该省而省略、“儿化”误用、重叠形式误用、语气词误用和口语句式误用。

表 12-2　语料偏误归类

说明	类型	
书面语语体在口语语体中的误用	词汇层面	书面语词的误用
		书面短语的误用
	语法层面	文言句式误用
		欧化句式误用
口语语体中书面语语体的误用	词汇层面	口语词的误用
		口语短语的误用
	语法层面	不该省略而省略
		“儿化”误用
		重叠形式误用
		语气词误用
		口语句式误用

3.3　本章小结

我们根据语体本体的理论研究以及语料分析的结果，在第 3.2 节中对偏误类型进行归并。可以看出，典型口语语体和典型书面语语体的差异显著，特别是在词、短语、句式上存在迥然差异。下面我们将在语料库具体的标注层面探讨语体标注问题，包括标注的原则、内容、方法及代码、流程等。

4　语体标注相关探讨

目前，在各种语言中普遍存在的语料库标注内容有：语法标注（或词性标注）、句法标注、语义标注和话语标注。在公开使用的汉语中介语语料库中，未涉及语体标注部分的相关内容。一直以来，对外汉语教学都对语体教学不够重视，甚至可以说是在某种程度上忽略了语体教学，而在实际使用中是确实存在语体差异的，学生也有了解词语语体色彩的学习要求的。因此，在汉语中介语语料库中进行语体信息标注是必要的。

4.1　语体标注原则

标注原则指导着具体标注过程中的每一个环节，所以具有举足轻重的地位。

4.1.1 全面性

我们的研究是为服务通用型汉语语料库做准备的，这就要求语体的标注内容尽可能全面，不仅要做基础标注，还要做偏误标注。

4.1.2 科学性

标注的科学性原则贯穿标注过程的始终。语体标注要“标什么”“怎么标”，绝对不能主观臆断，必须要综合相关研究的理论成果以及语料的分析结果，做到有理有据。

4.1.3 只标不改

对于语料中语体偏误现象的标注，我们只标不改。这样可以避免由于标注人员的主观认识不同而出现不同的修改结果。

4.2 语体标注内容

基础标注是对语料中正确的语言现象进行标注。前文我们已经对语体使用的偏误类型进行归类，此处我们主要对基础标注内容进行整合，列举如下：

表 12-3 基础标注内容

<table>
<tr><th colspan="2"></th><th>口语语体</th><th>书面语语体</th></tr>
<tr><td rowspan="3">词汇层面</td><td>词</td><td>14 类词中均有口语词</td><td>14 类词中均有书面语词</td></tr>
<tr><td rowspan="2">短语</td><td>固定短语</td><td>固定短语</td></tr>
<tr><td>离合词扩展短语、“的”字短语</td><td>“所”字短语</td></tr>
<tr><td colspan="2">语法层面</td><td>省略、追加、重复、插说、倒装、形容词直接做谓语、常用口语句式</td><td>欧化句式、完整关联词句、文言句式</td></tr>
</table>

4.3 语体标注方法及代码

辅助人工标注的工具研制和使用，不仅可以大大节省单纯人工标注的时间，而且也可以保证代码使用的一致性。所以，我们在具体标注的时候采取“人标机助”的方法，第一轮标注完成后再由其他标注人员进行校对，尽量使标注结果客观准确。标注内容如何在语料库中标记出来，则需要一套合理的代码。

当前语料库中常用的代码标注方法有以下几种：

(1) 字母数字法。用英文单词或汉语拼音的首字母代表词类，用数字表示再细分的小类结构。该方法以简短的符号表示复杂的内容，且二者之间的联系不强，所以不便记忆。

(2) 字母法。即用大写字母与小写字母标注，可以借鉴。

(3) 置标语言。置标语言是目前常用的通用标注语言。但是，"XML 是面向机器阅读的语言，使用这种语言进行标注，结果十分繁复，对于语料标注者和语料用户来说，阅读采用 XML 标注的文本很不直观，也很不方便(张宝林，2013)。

我们对字母数字法和字母法稍作改进，采用汉语拼音首字母缩写的方法。如：基础标注中，"口语词"标为"{KY-c}"，标注语言置于大括号中，"-"前面的字母大写以醒目，"KY"是"口语"的拼音首字母，表示语体属性，"-"后面的字母小写，"c"是"词"的拼音首字母，表示语法成分；偏误标注中，如"书面语语体中口语词的误用"，我们将其标示为"{SW-kyc}"，"S"表示书面语，"W"表示误用，"-"后面紧跟偏误类型，"kyc"即表示口语词。

采用这种标注方法，一方面是为标注者和使用者考虑，拼音缩写可以减轻记忆负担，对大部分汉语研究者来说易于接受；另一方面，这种方法已在"HSK 语料库"中使用，效果良好。我们依据语体领域已有的研究成果，在"HSK 语料库"的基础上进行修改扩充，形成了涵盖词、短语和句式三个层面的偏误标注代码 11 个、基础标注代码 19 个，共计 30 个标注代码。

表 12-4　偏误标注代码

	偏误类型	代码
口语语体中的偏误	书面语词误用	{KW-smyc}
	书面短语误用	{KW-mydy}
	文言句式误用	{KW-yj}
	欧化句式误用	{KW-ohj}
书面语语体中的偏误	口语词误用	{SW-kyc}
	口语短语误用	{SW-kydy}
	不该省略而省略	{SW-sl}
	"儿化"误用	{SW-erh}
	重叠形式误用	{SW-cd}
	语气词误用	{SW-yq}
	口语句式误用	{SW-kyj}

表 12-5 基础标注代码

<table>
<tr><th colspan="3">口语语体</th><th colspan="2">书面语语体</th></tr>
<tr><th colspan="2">基标类型</th><th>代码</th><th>基标类型</th><th>代码</th></tr>
<tr><td colspan="2">词</td><td>{KY-c}</td><td>词</td><td>{SMY-c}</td></tr>
<tr><td rowspan="5">短语</td><td>习语</td><td>{KY-xy}</td><td>固定短语</td><td>{SMY-gdy}</td></tr>
<tr><td>俗语</td><td>{KY-sy}</td><td>“所”字短语</td><td>{SMY-sdy}</td></tr>
<tr><td>谚语</td><td>{KY-yy}</td><td></td><td></td></tr>
<tr><td>歇后语</td><td>{KY-xhy}</td><td></td><td></td></tr>
<tr><td>“的”字短语</td><td>{KY-ddy}</td><td></td><td></td></tr>
<tr><td rowspan="7">语法</td><td>省略</td><td>{KY-sl}</td><td>欧化句式</td><td>{SMY-ohj}</td></tr>
<tr><td>追加</td><td>{KY-zj}</td><td>完整关联词句</td><td>{SMY-wgj}</td></tr>
<tr><td>重复</td><td>{KY-cf}</td><td>文言句式</td><td>{SMY-wyj}</td></tr>
<tr><td>插说</td><td>{KY-cs}</td><td></td><td></td></tr>
<tr><td>倒装</td><td>{KY-dz}</td><td></td><td></td></tr>
<tr><td>形容词直接作谓语</td><td>{KY-xw}</td><td></td><td></td></tr>
<tr><td>常用口语句式</td><td>{KY-j}</td><td></td><td></td></tr>
</table>

4.4 语体标注流程

4.4.1 流程

语体标注流程:分词—词性标注—校对—偏标标注—校对—基础标注—校对。

在标注语料之前,我们首先要利用计算机对语料进行自动分词。在机器进行自动分词和词性标注后,还要进行人工校对,以保证正确率。其他标注也要在这一步的基础上进行。

在实际标注过程中,我们先进行偏误标注,再进行基础标注。把偏误标注和基础标注分为两版,在不同的语料中分别进行,然后通过程序实现两版语料的彼此连接。每一步标注后都要进行人工校对,确保把错误率降到最低。

4.4.2 标注实例及说明

为检验制定的语体标注代码是否合理可行,我们又抽取 50 篇语料进行试标。下面是我们的具体标注举例:

偏误标注:

＃SEN：本人今年 22 岁＃，身高 1.75 米＃，没佩戴眼镜儿{SW-kyc}＃。

我们用"{SW-kyc}"标示该在书面语语体中误用了口语词。

基础标注：

＃SEN：本人{SMY-c}毕业于新加坡国立大学旅游系{SMY-wyj}＃。

我们用"{SMY-c}"标示"本人"一词属正式度较高的书面语语体词。

通过试标，我们发现，在具体操作时由于标注员语感有别，对我们的标注代码不熟悉等原因，存在不一致的标注。针对这一现象，我们有几点建议：

(1) 标注员应是语言学专业出身、对语言学理论掌握较好的人员，确保对语体理论知识的掌握程度够高；

(2) 对标注人员进行系统的培训。将语体标注方案详细介绍给标注员，使其熟悉语体标注的相关内容，并熟记语体标注代码及其意义。

5　结　语

本章选取汉语中介语语料库的语体标注作为研究对象，意在通过研究分析，能够在语体标注层面确定语料库的标注内容和标注方法。在探讨标注内容的部分，现有研究中已发现的类型都是基础标注的参考依据，偏误标注则要从语料考察层面尽可能避免漏标问题。

不能否认，本章的研究结果还存在一定的缺陷：

(1) 口语语体和书面语体位于语体连续统的两端，与通用语体并没有明显的"分水岭"，即便我们在分类时综合了现有理论研究成果和语料分析结果，也极有可能漏掉一些正确表现或偏误的类型。

(2) 在语料来源上，我们选取的文章都是书信体，其初衷是挑选正式度高低差别明显的语料，以便进行对比研究。但是，碍于文体，许多语料在遣词用句上比较局限，可能未能充分展现语体所有现象。

随着语体本体研究的深入、口语语料库的发展以及今后大规模语料的使用，关于语体的标注内容及标注方法都会有一个全新的突破。文末我们尝试制定出的标注代码集也只是作为一个语体标注的备选方案，其是否真正合理可行，还需要在一系列实践中不断验证。

参考文献

曹跃香 (2004) 儿化、儿尾和儿缀等术语在不同平面上之转换使用——兼论“×儿”的规范问题,《广播电视大学学报》(哲学社会科学版)第 3 期。

陈建民 (1984)《汉语口语》,北京出版社,北京。

陈望道 (1997)《修辞学发凡》,上海教育出版社,上海。

丁金国 (2009a) 基于语料库的语体风格研究——兼论量化与质化的关系,《烟台大学学报》(哲学社会科学版) 第 2 期。

丁金国 (2009b)《语体风格分析纲要》,暨南大学出版社,广州。

冯胜利 (2006)《汉语书面用语初编》,北京语言大学出版社,北京。

冯胜利 (2010) 论语体的机制及其语法属性,《中国语文》第 5 期。

郭锐 (2002)《现代汉语词类研究》,商务印书馆,北京。

国家对外汉语教学领导小组办公室汉语水平考试部(1996)《汉语水平等级标准与语法等级大纲》,高等教育出版社,北京。

韩荔华 (1994) 口语、书面语再谈,《北京第二外国语学院学报》第 5 期。

胡明扬 (1993) 语体和语法,《汉语学习》第 2 期。

黄昌宁、李涓子 (2002)《语料库语言学》,商务印书馆,北京。

黎运汉 (1989)《现代汉语语体修辞学》,广西教育出版社,南宁。

李泉 (2003) 基于语体的对外汉语教学语法体系构建,《汉语学习》第 3 期。

李泉 (2004) 面向对外汉语教学的语体研究的范围和内容,《汉语学习》第 1 期。

李熙宗 (2005) 关于语体的定义问题,《复旦学报》(社会科学版) 第 3 期。

刘叔新 (1987)《现代汉语同义词词典》,天津人民出版社,天津。

刘珣 (2000)《对外汉语教育学引论》,北京语言文化大学出版社,北京。

吕必松 (1995) 对外汉语教学概论 (讲义) (续十四),《世界汉语教学》第 4 期。

吕必松(2007)《汉语和汉语作为第二语言教学》,北京大学出版社,北京。

任海波 (2010) 关于中介语语料库建设的几点思考——以“HSK 动态作文语料库”为例,《语言教学与研究》第 6 期。

盛炎 (1994) 跨文化交际中的语体学问题,《语言教学与研究》第 2 期。

陶红印 (1999) 试论语体分类的语法学意义,《当代语言学》第 3 期。

王安节、鲍海涛 (2003)《中华书面语词典》,吉林文史出版社,长春。

王德春(1983)《修辞学探索》,北京出版社,北京。

吴丽君(2004)口语词汇与书面语词汇教学研究,《云南师范大学学报》第 3 期。

武占坤、王勤(1983)《现代汉语词汇概要》,内蒙古人民出版社,呼和浩特。

徐枫洁 (2011)《汉语中介语语料库文本句标注问题初探》,《第七届全国语言文字应用学术研讨会论文集》,中国应用语言学会编,湘潭大学出版社,湘潭。

曾毅平 (2009) 语体理论在对外汉语教学中的应用,《修辞学习》第 5 期。

张宝林(2010)基础标注的内容与方法,《数字化对外汉语教学实践与反思》,张普、宋继华、徐娟主编,清华大学出版社,北京。

张宝林 (2013) 关于通用型汉语中介语语料库标注模式的再认识,《世界汉语教学》第

1 期。

张伯江（2007）语体差异和语法规律，《修辞学习》第 2 期。

张弓（1963）《现代汉语修辞学》，天津人民出版社，天津。

张志公（1985）《现代汉语》，人民教育出版社，北京。

郑梦娟（2004）ABB 式形容词的语体特征分析，《修辞学习》第 6 期。

中国社会科学院语言研究所词典编辑室（2005）《现代汉语词典》（第 5 版），商务印书馆，北京。

Biber，D.（1988）*Variation across Speech and Writing*. Cambridge：Cambridge University Press.

Selinker，L.（1972）Interlanguage. *International Review of Applied Linguistics in Language Teaching* 10：3.

Sinclair，J.（2002）Intuition and annotation—the discussion continues. In Aijmer，K. & Altenberg，B.（eds.）*Advances in Corpus Linguistics* = 语料库语言学的进展. Beijing：World Book Publishing Company.

Sinclair，J.（2003）*Reading Concordances*. London：Pearson.

第十三章　语义标注研究[①]

1 引　言

1.1　研究对象

鲁健骥(1999)认为,中介语研究对象应是学习者语言的整体,只有这样,才能认识语言学习过程的全貌。相比母语语料库标注语言的正确形式,中介语语料库标注更注重偏误形式。中介语语料库对第二语言学习者在语义方面存在的偏误以及正确的语言表现进行语义标注,实现正误的对比,更有助于研究者进行语言表现分析或语言运用分析。

考虑到语义研究范围的广泛、复杂和语料库的实用性等问题,本章拟从汉语语法研究"三个平面"之一的语义平面,来探讨汉语中介语语料库语义标注的模式、原则、内容、方法等问题。

1.2　研究缘起与目的

本研究缘起于当前汉语中介语语料库标注多在句法层面,语义、语用方面标注较少,而学生使用时语义方面又确实存在问题,如"时常在家里弄得乱七八糟"等。

本研究以语义的本体研究、教学及习得研究中出现的问题和当前语料库语义标注的实践为基础,从"HSK语料库"和"首都语料库"抽取语料,实际考察学生写作中存在的语义偏误情况和正确使用情况,结合之前的理论成果归纳语义偏误类型,在此基础上形成一套全面、合理、规范的汉语中介语语料库语义标注方案,以期为语料库建设和标注、汉语教学和习得研究等提供方便和借鉴。

1.3　研究思路

研究方法主要是采用文献综述法、观察法和实验法。

---

① 本章原题《汉语中介语语料库语义标注规范研究》。作者:牟雪,北京语言大学2011级语言学及应用语言学专业硕士研究生。

首先，采用文献综述法从语义的本体研究、教学和习得研究、语料库标注现状等方面进行理论综述，明确本研究的语义概念和范围，确定语义标注的内容，提供观察语料时的理论依据。

然后，采用观察法对抽取的语料进行分析。通过对语料的考察，结合已有的理论研究成果，尽可能全面地归纳出现的偏误类型，基本确定语义偏误标注内容和基础标注内容。

接着，根据标注内容确立相应的标注代码，提出标注模式与原则、标注方法、标注流程等，最终制定出完整、合理的语义标注方案。

最后，采用实验法，根据制定的语义标注方案对随机抽取的新语料进行语义标注实验，验证方案可行性，解决标注过程中的问题。

1.4　预期成果

本研究的最终预期成果是通过对汉语中介语语料库语义标注进行理论探讨，形成一套包括标注模式与标注原则、标注内容、标注代码以及标注方法的语义标注方案，以期为以后的语料库标注提供参考。

2　理论背景

2.1　语义本体研究

语义的概念有广义和狭义之分，前者包括词汇意义、语法意义、逻辑意义、语境意义、社会文化意义等；后者专指词汇意义。首先，对语义概念的广义和狭义理解，本章主要选择了胡裕树(1982)、胡裕树与范晓(1985)、范晓(1985)、何伟渔(1991)、施关淦(1991)、邵敬敏(2011)等的定义。其次，是关于语法研究“三个平面”理论。梳理了汉语语法研究的“三个平面”理论的发展历史和具体内容，以胡裕树、范晓、张斌等人的研究为代表。最后，是汉语语法研究的语义平面的研究内容。关于语义平面的研究内容，各家观点基本一致，主要是跟句法有关的语义，通过比较分析，最终确立了语义标注考察的语义平面内容，包括动核结构(或称谓核结构)、动词的“价”(也称“向”)、名词的“格”(名词跟动词组成语义结构时所担当的语义角色)、语义指向、歧义、词的语义特征、语义的选择限制等。

2.2　对外汉语教学与习得中的语义研究

课堂教学过程中，对外汉语老师常多注重语法教学而忽视语义、语用，导致在课堂上已经熟练掌握的语法点在使用时仍然存在很多问题。

在对外汉语教学方面，大部分关于教学的研究都是将语义作为一个分析角度，或根据语义特点对教学提出相应的建议。蒋吉灵(2012)以“吃”加宾语的结构为例，归纳了“吃”后的8种宾语语义类型，从学生对宾语语义类型的习得情况探寻宾语语义类型在教学中存在的问题，提出要重视语义教学的建议；马玲(2012)对名宾动词语义格教学进行了讨论。

在偏误研究方面，赵金铭(2002)运用“最小差异对”的观点，找出了正确句和错误句的最小本质差异。李彤、王红娟(2006)认为语义偏误包括近义词误用、搭配不合理，搭配不合理主要体现在动宾搭配不合理、完全混淆词义。朱其智、周小兵(2007)把语义偏误看作语法偏误的一种，将语义偏误界定为没有准确表达说话者意图的偏误，这种界定更多关注上下文的关系。李盛微(2009)提出6个偏误层面，语义偏误是其一，并将语义偏误分为7类：句间逻辑顺序错误，句内逻辑顺序错误，语义不清，肯定、否定错用，语义搭配错误，指称残缺和指称错用，但是作者在语义偏误划分时使用的“语义”既包括词的语义，也包括篇章的语义，语义范围更广，而且其中的肯定、否定和指称的归属问题较有争议。张旺熹(1999)认为二语学习者在使用“把”字句时“回避”的直接原因是二语学习者对它的使用规则，特别是语义、语用特征没有掌握好，这一观点也得到了张宝林(2010a)的认同，产生“回避”的根本原因是汉语和其他语言在句子类型上不匹配、不对应；而直接原因则是二语学习者对“把”字句的使用规则(主要是语义、语用特征)没有充分掌握，即目的语知识不足。

真正关于语义偏误的研究成果是极少的，而且在界定语义偏误的时候并不能纯粹地确定某一类型属于语义偏误，有的时候和语用、语篇语义有交叉重合，有的时候还可以认为是词义引起的语义问题，因此在界定语义偏误类型的时候存在一定难度。

2.3 语料库语义标注现状

国内外语料库的语义标注多是语义角色的标注，标注对象仅限于母语语料，其目的多是为了处理自然语言，而非语言研究。国内语义角色分类存在争议，如语义角色分类数量或粗细不一致，不同研究机构采用不同的分类，也或同一个研究机构对不同语料的分类也不一样，既不利于标注也不方便使用。当前国内汉语中介语语料库语义标注研究比较具有代表性的人物有清华大学的周强、北京大学的袁毓林、鲁东大学的亢世勇等。他们的研究为本章讨论提供了很多思考的方向和借鉴价值。张宝林(2013)提到现在的语料库标注缺乏语义方面的标注，提出词语的语义色彩、句子成分的语义角色、动宾结构的语义关系、修饰语的语义指向、词语重叠的语义、歧义句、句式义等方面的标注建议。

本章选择汉语语法研究的语义平面标注作为研究对象，通过综述语义的本体研究、对外汉语教学和习得研究，以及考察现有语料库的语料情况，来探讨语义标注的内容、模式、方法和代码，形成一套完整的标注方案，并通过标注实验，发现语义标注还有哪些问题，进而完善标注方案。

3　标注模式与原则

3.1　标注模式

汉语中介语语料库语义标注沿袭了“首都语料库”[①]“偏误标注＋基础标注”的标注模式。

偏误分析只研究中介语的偏误部分，而且是横切面式的静态分析，并未研究中介语的正确部分(刘珣，2000)，若只关注偏误现象，而缺少对应的正确语言现象，就无法进行两者之间的对比，这样形成的认识也必将是片面的。

考虑到不同的研究需要，张宝林(2008)提出了“基础标注”，即对语料中正确的语言现象进行的标注，进一步提出了“偏误标注＋基础标注”的模式，认为“偏误标注＋基础标注”将成为汉语中介语语料库语料标注的新模式，并为其他语料库的建设提供借鉴。

基础标注主要是标注真实、正确的语义关系，偏误标注则是标注语言使用上语义方面的问题或错误。

中介语语料库不仅要对语义偏误进行标注，还要对正确语言表现进行语义分析，实现正确和偏误的对比，这样才能方便研究者就学生的习得情况进行全方位的考察和对比分析。通过正误的数据统计分析，可以为语言研究、对外汉语教学等方面提供参考和借鉴。

3.2　标注原则

标注原则是制定标注方案、进行标注实践的前提和基础，它制约着标注的内容和方法。本研究的标注原则是在张宝林(2013)通用型汉语中介语语

① 该语料库的标注在继承“HSK语料库”偏误标注基础上，对学生的正确语言表现也进行了标注，称为“基础标注”，实现了正确和偏误的对应。该库的标注内容涉及字、词、句、篇、句法、句式、语体等层面，但没有语义、语用。

料库标注原则“全面性、科学性、忠于原作、标准化与通用化”的基础上，结合语义标注内容制定的。

3.2.1 标注内容的全面性原则

3.2.1.1 偏误与正确全面标注

鉴于汉语中介语语料库语义标注采用“偏误标注＋基础标注”的模式，在进行标注时要确保偏误类型全面标注之外，还要标注和偏误类型相对应的语言正确表现形式，保证二者能进行有效对比。在要求偏误类型全面的同时，也要要求基础标注类型的全面，尽可能涵盖语义平面语义研究的全部内容。

3.2.1.2 有一错即归一类

笔者在观察分析语料中相关语义偏误的时候，始终遵循的重要原则之一就是这条。对于偏误类型，我们认为在语料中只要出现一例，那么它就代表了一种偏误类型。之后若有相同类型的偏误就归入其中，如果抽取的语料中仅有一例，也要保留这一类。因为我们不能保证在其他未考察的或者以后收集的语料中不存在同样的类型。尽管目前可能使用率并不高，但是为了尽可能全面地呈现可能出现的偏误类型，我们并不能因为数量少而忽视这种类型的存在。因此考虑到标注方案的长久适用性，我们将这个原则贯彻始终。此外，随着标注语料数量的不断增加，标注类型也可能出现新的情况，我们还要随时补充新出现的内容，保证标注内容的全面。

3.2.2 标注内容的只标不改原则

只标不改原则是汉语中介语语料库标注的另一个重要原则。语料库要为使用者提供语料来支持所要进行的研究论证，标注工作是为了方便信息提取而不是代替研究，所以应尽可能保证语料的原貌。因此，在偏误标注的时候，我们只对偏误现象进行标注，而不按照标注者的理解去改正偏误。在基础标注中则是只对正确的语言表现进行标注，错误的句子使用统一的符号标记为偏误句。这样的处理可以避免标注者通过修改错误而破坏语料的原貌，真实地呈现出学生的学习情况。

3.2.3 标注代码设计的简洁性原则

设计标注代码的初衷是为了简单、清晰地为语料提供标注，因此，标注代码要简单易记，便于区别。对标注员来说，过于复杂的代码设计会加重记忆负担，如果工作量过大、精神状态不佳，就会导致代码记忆和标注的混乱，从而降低标注的正确率；对使用者来说，他们本来就对语料库的标注代码较为陌生，在使用、分析时存在一定困难，如果碰到设计复杂的标注代码，会严重影响他们的工作效率，使他们被迫放弃使用或选用其他语料库，反而降低了语料库的使用价值。

4　标注内容

4.1　语料选取

用于本研究的语料皆来自“HSK语料库”和“首都语料库”。语料抽取采用了分层随机抽样的方式，首先根据不同文体类型对语料进行分层，然后在不同的分层中使用Access软件随机抽取语料。

汉语中介语语料库的语义偏误标注内容主要是通过两方面确定的。一是根据语料库中实际存在的相关语义平面的偏误，确立偏误类型；二是总结以往的理论研究成果，即使在筛选的语料中并未出现某类型的偏误情况，但是之前的研究明确提出来了，也应做标注分析。

4.2　标注内容

4.2.1　偏误标注内容

动核结构是语义平面研究的重要内容，对于该结构的研究通常和动词的“价”相关联，动词的“价”决定了和它发生语义关系的相关论元个数，而核心谓词和相关论元的关系也决定了动核结构是否成立。语义偏误主要看动核结构中核心谓词和相关论元间的语义关系，状语、补语和谓词的语义关系，语义指向，名词性词语的有定无定等是否存在问题。

对于“有定”“无定”属于语义平面还是语用平面学界仍有争议，范晓、胡裕树(1992)界定语义平面研究内容时，对名词性词语的“有定”“无定”(尤其是存现句、“把”字句、“被”字句)进行了讨论。

4.2.1.1　语义搭配不当

动词和名词能否构成动宾结构，取决于它们语义搭配的可能性。(胡附、文炼，1982)动宾语义搭配不当是根据语义平面研究中语义特征和语义的选择限制等归纳出的一种类型，针对的是动宾结构在句法搭配上合理，但是语义搭配不合理的情况。比如“吃床”“甜星”一类的结构，在句法上是完全合乎句法规则的，但是考虑到各个词的语义特征和语义选择限制等，这样的组合又是不合理的，即语义搭配不当。如：

(1) 家长们用什么方法解决追星这个现象?

(2) 我觉得只要做这样的方法就能帮助孩子。

(3) 实施社会的发展。

上面句子中动宾结构的句法结构是正确的：动词＋名词，但语义搭配不对。例(1)"解决"的通常是带有难度、不易解决、不太好的事，如"问题、困难"，显然"现象"并不符合。例(2)"做"与"这样的方法"不搭配，应该是"按这样的方法做"或"采用这样的方法"。例(3)"实施"后面的宾语一般是某项具体的政策、法令等，而"社会的发展"是比较抽象的事物，语义搭配也不当。这种偏误类型数量是比较多的。胡凡霞(2013)在讨论汉语中介语语料库短语标注的偏误内容时，也将形式正确但语义搭配不当的偏误作为短语偏误的一类。笔者认为这个问题既可以从短语层面进行分析判定，也可以从语义平面进行分析，但是并非属于纯粹的语义偏误。

除了动宾结构的语义搭配问题之外，主谓结构、状中结构、定中结构等也存在语义搭配不当的问题。如：

(4) 年轻人的思想和行动非常敏感。(主谓结构)

(5) 无价地照顾我(状中结构)

(6) 很大的存在(定中结构)

4.2.1.2 语义角色偏误

动词的配价通常决定了动词及其相关论元的数量和语义角色的属性。例如三价动词"给"有三个相关论元，分别是施事、受事和与事，二价动词"爱"有两个相关论元，分别是施事、受事。这一类型的偏误是指学习者在使用时出现了动词的相关论元数量不对或语义角色错误的现象。这类情况在句法层面表现为某一句法成分残缺、多余或使用错误等，在语义平面则可以认为是某一语义角色残缺、多余或使用错误等。如：

(7) 我的父亲1980年9月北京美术学院设计专业毕业，然后从1980年到1985年在北京广告公司从事广告设计。1985年9月派到日本，在那里学习一年广告学。

例(7)动词"派"是二价动词，前后要有两个论元，即施事和受事，而在这个句子中这两者都是残缺的。照应前文是"我的父亲"做主语，那么优选的句式可能是"被"字句，"我的父亲"或"他"做主语，在语义平面则是缺失了动词"派"的受事和"被"字句标记词"被"。这个句子不仅是语义角色的偏误问题，还可以看作是特殊句式的问题。

(8) 从那天开始，曲田和一个星期之内至少一次在咖啡馆见面，一边喝咖啡，一边聊天儿。

例(8)中缺少了"曲田"的与事，因为动词"见面"必然涉及双方，只有一方是不能完成这个动作的，而且连词“和”前后必定是关涉双方，句子中只出现了一方，所以从句法平面看，“和”后面缺失的是主语的一部分；从语义平面看，是语义角色的缺失。

4.2.1.3　句式语义偏误

句式语义的偏误是指学习者在选择使用汉语句式时出现的一种偏误，如本该使用某种句式却使用了其他的句式，或者该使用某一句式表达实际上却未使用，或者混淆了某两种相类似的句式等。如：

(9) 常在家里弄得乱七八糟。

例(9)应该用“把”字句，而学生由于不了解“把”字句表示的意义，又或者是看到“家里”这个处所名词，理所当然地认为是表示处所而用了“在”，导致语义表达出现了问题。

(10) 请人帮他杀死。

该句的意思是“让别人把他杀死”，“别人”是“杀”的施事，对“他”进行“杀”的处置或行为，此处使用“把”字句更合适。

(11) 谦谦把她又小又软的手擦掉我的眼泪。

这个句子属于不该用“把”字句而使用了的情况。句中“她又小又软的手”不是受事，而是表示动作“擦”的工具，此处使用一个普通的动词谓语句即可，而不需要特殊句式。

4.2.1.4　语义指向偏误

语义指向是指句法结构的某一成分在语义上和其他成分(一个或几个)相匹配的可能性。(卢英顺，1995)到目前为止，语义指向研究比较细致，如补语可以指向主语、谓语动词、宾语或其他成分；状语多数指向谓语动词、形容词，也可指向宾语、主语；定语一般指向它后面所修饰的成分。

(12) 妈妈把地板擦得很厉害①。

“把”字句中的补语多是指向“把”的宾语，而在这个句子中补语“厉害”指向的是主语“妈妈”。从句式的标注来看，这个多视为“把”字句的偏误，但是从语义平面来看，属于语义指向的偏误。本章我们将这样的情况视为语义指向的偏误。

4.2.1.5　名词性词语有定无定偏误

① 该例句来自北京大学徐晶凝老师对外汉语教学课堂上留学生的造句。

“有定”和“无定”这组概念究竟属于语义平面还是语用平面，学界并未达成一致意见。有学者认为它们同指称、肯定否定等同属于语用平面，是使用上的问题，但是也有部分学者认为它属于语义平面，在结构中被赋予了语义，如胡裕树、范晓（1985）。此处我们采用胡裕树、范晓（1985）的观点，将有定无定的偏误算作语义偏误类型的一种。

（13）教室里走进来一个王老师。

存现句中动词后面的宾语通常是无定的，如“村子里来了一个人”“家里来客人了”中“一个人”“客人”都是无定的、泛指的，而在这个句子中“王老师”是有定的，因而是偏误句。

（14）他问我：“请把一本书借给我，行吗？”

“把”字句中的宾语通常都是有定的、已知的人或物，而这个句子中的“一本书”是无定的、泛指的，因而这个句子就成了一个不正确的句子。

（15）一个手机被人偷了。

在“被”字句中，表示受事的主语通常是有定的、特指的，“一个手机”显然是泛指、无定的，这就不符合“被”字句的组成规则，因而这个句子就是个错句。

4.2.1.6 语义不清

语义不清这一类型的偏误通常是由于选词不恰当造成的。如肯定、否定错用，句子表达的是肯定，可是选择了一个表示否定的词，导致整个句子语义表达错误。如：

（16）从外表来看，没有一部分比不了。

句子要表达的是“这一部分是最好的，其他都没有这个好”，前面用了否定“没有”，后面就不应再使用“比不了”，而是应该使用“比得了”这一肯定形式，出现这一偏误的情况就是选词不恰当造成的。

4.2.1.7 歧义

造成歧义的原因是多方面的，有的是词汇引起的，有的是组合引起的。（石安石，1994）有的认为造成歧义的原因包括语义上的、句法上的和语用上的。（王维成，1988）虽然在学生的作文中，歧义结构可以通过上下文语境猜测大意，但是我们并不能因此认定句子不存在问题。这里我们将歧义作为一种类型归纳出来。

观察语料并结合已有的理论研究成果，我们总结出了汉语中介语语料库语义偏误的基本类型并且为之赋码，具体整理如表13-1。

表 13-1 语义偏误标注内容

语义偏误类型		代码	例句	备注
语义搭配不当		[YY-yydp]	我觉得只要【做】这样的【方法】[YY-yydp]就能帮助孩子。	
语义角色偏误	残缺	[YY-qjs]	从那天开始，曲田和[YY-qjs]一个星期之内至少一次在咖啡馆见面，一边喝咖啡，一边聊天儿。	
	多余	[YY-djs]		
句式语义偏误		[YY-jsyy]	常在家里弄得乱七八糟。[YY-jsyy]	句式语义偏误多是针对整个句子的，故将代码置于整个句子之后。
语义指向偏误		[YY-yyzx]	妈妈把地板擦得很【厉害】[YY-yyzx]。	
名词性词语有定无定偏误		[YY-ydwd]	他问我："请把【一本】[YY-ydwd]书借给我，行吗？"	
语义不清		[YY-yybq]	从外表来看，【没有】一部分【比不了】[YY-yybq]。	
歧义		[YY-qy]		

4.2.2 基础标注内容

遵循语料库标注的全面性原则，不仅要对偏误进行标注，也要相应地对正确的语言表现进行标注，便于偏误和正确对比，更好地进行习得和偏误研究。语义基础标注的内容也是从核心谓词和相关论元的语义关系、语义指向、名词性词语有定无定等角度确立的。同时，定中短语中定语成分也有多种类型，我们也列入基础标注当中。

4.2.2.1 核心谓词和相关论元的语义关系

动核结构是句子的重要组成部分，对于动核结构的研究也是语义平面研究的一个重点。对句子进行语义分析时，通常要进行动核结构的分析，即对核心谓词和相关论元之间的语义关系进行分析。语义关系在具体标注时不易操作，因此将其具体化为各个成分的语义角色，比较直观。

张黎(1997)谈到有些语义范畴由于有相对应的句式或有显而易见的

语义关系并不难确立。比如，工具范畴的句法表现形式常常用“用”，所以动词前面的“用”字结构一般是表达动作的工具范畴的。陈昌来、袁毓林、邵敬敏、鲁川、亢世勇等人都曾从本体或语料库标注的角度对语义角色进行了分类讨论，分类数量和精细程度不一，有些名异实同，有些名同实异，各家自己的分类情况在不同时期或针对不同语料也有所不同。笔者根据所要标注语料的实际考察，将基础标注的语义角色确定为 11 种：施事、受事、与事(双宾句中间接宾语)、当事(非施非受)、时间、处所、工具、方式、原因、目的、杂类等。

4.2.2.2 语义指向

补语可以指向主语、谓语动词、宾语和其他成分等；状语多数指向谓语动词或形容词，但也可指向宾语和主语；定语一般指向它后面所修饰的成分。在基础标注中，考虑到标注的深度和实用性，我们暂不对定语的语义指向进行标注。

4.2.2.3 名词性词语有定无定

名词性词语的有定无定我们暂划入语义平面的内容，在偏误标注单列一类，基础标注的内容也要涵盖。

4.2.2.4 定语的语义类型

胡裕树、范晓(1985)在谈语法研究的语义平面时提到：“以名词性词语为核心构成的偏正结构(定心结构)来说，对充当定语的词语也可以进行语义解释，通常认为，它们与后边的名词性词语之间的语义关系表现为修饰性的，或限制性的，或者可具体分为三种：一是领属性的，如‘祖国的山河’‘鲁迅的作品’；二是描写性的，如‘蓝蓝的天’‘竹壳的热水瓶’；三是同位性的，如‘人民教师的光荣称号’‘学习雷锋的好榜样’。”综合上面的研究，我们在基础标注的定语语义类型标注时，按照形容词和名词之间的语义关系标注，而不是将定语或名核结构进行语义角色的标注。

表 13-2 基础标注内容及代码

语义标注类型	小类	代码	例句
与动词相关的论元角色	施事	{YYJS-si}	【他】{YYJS-si}第一次来北京。
	受事	{YYJS-so}	我把【手机】{YYJS-so}落在出租车上了。
	与事	{YYJS-ys}	他昨天告诉【大家】{YYJS-ys}一个好消息。
	当事	{YYJS-ds}	【我妈妈】{YYJS-ds}很喜欢中国菜。

续表 1

语义标注类型	小类	代码	例句
与动词相关的论元角色	时间	{YYJS-sj}	我们【明天】{YYJS-sj}不上课，因为要考试了。
	处所、范围	{YYJS-cs/fw}	我每周都【在咖啡馆】{YYJS-cs}和语伴见面。
	工具	{YYJS-gj}	我们都用【铅笔】{YYJS-gj}做试卷。
	方式	{YYJS-fs}	在美国，很多学生【自己开车】{YYJS-fs}上学。
	因果	{YYJS-yg}	他是为了【学习汉语】{YYJS-yg}才来北京的。
	其他	{YYJS-其他}	
语义指向	补语指向主语	{YYZX-buzxzh}	他昨天晚上喝【醉】{YYZX-buzxzh}了。
	补语指向谓语动词	{YYZX-buzxw}	他跑步跑得【很快】{YYZX-buzxw}。
	补语指向宾语	{YYZX-buzxb}	他洗【干净】{YYZX-buzxb}衣服了。
	补语指向其他成分	{YYZX-buzxqt}	他把房间都收拾【好】{YYZX-buzxqt}了。
	状语指向谓语动词或形容词	{YYZX-zzxw}或{YYZX-zzxx}	你【慢点儿】{YYZX-zzxw}吃。
	状语指向主语	{YYZX-zzxzh}	那个女人【胆战心惊】地{YYZX-zzxzh}交出了自己的钱包。
	状语指向宾语	{YYZX-zzxb}	他【一笔一画】地{YYZX-zzxb}写了个汉字。
名词性词语的有定无定	有定	{YD}	你可以帮我把【这】{YD}本书带回宿舍吗？
	无定	{WD}	村子里昨天死了【一个】{WD}老人。

续表 2

语义标注类型	小类	代码	例句
定语的语义	领属性	{DYY-ls}	我已经读了三遍【这个作者】的{DYY-ls}小说了。
	描写性	{DYY-mx}	他有一双【又大又亮】的{DYY-mx}眼睛。
	同位性	{DYY-tw}	他去年获得了"【优秀人民教师】"的{DYY-tw}光荣称号。

4.3 标注代码的制定说明

标注代码的设计要遵循简洁性原则。基础标注和偏误标注的代码形式要有所不同。如果基础标注和偏误标注同时标注在一篇语料中,区分度是必需的,因此我们将偏误标注代码置于"[]"中,基础标注置于"{}"中。采用大小写字母区分的方式进行分类,比如语义大类的代码使用大写字母"YY",而次分类使用小写字母跟在大分类之后,中间用"-"连接。在标注时,为了明晰标注对象,我们统一用"【】"标出标注的对象。

4.4 标注深度

标注深度指语料内容标注时的深浅程度。语料库建设和加工的目的是为语言教学和研究提供具有价值的语料,并且这些语料可以供不同研究目的的研究者反复使用。有人认为语料库的标注应该为使用者提供尽可能详细的信息,但是这存在一些问题。第一,每个人对不同语言点认识不同,难以形成共识的东西就无法让使用者信服,而且同一个问题各家学者都可能存在争议,若是只采用某一家的观点,很可能得不到其他人的认同,若全面吸收进来,会造成系统过于混乱,标注就失去了价值。第二,研究目的不同,研究者所要提取的信息也是不同的,语料库不可能提供所有信息,满足所有需求,而且标注并不能代替研究。第三,详细分类的标注容易造成标注的遗漏或者错误等。第四,过多详细的标注信息势必要求相应的标注代码来标识,这对于标注员和使用者都是记忆负担,而且在制定代码时难以有效避免重复。

5　标注方法

5.1　人标机助

语义不像句法那样有其固定的形式，可以设计固定的程式进行标注，因为语义结构、语义角色和语义偏误的情况，在语言实际使用中是不断变化的，对于语义标注还是要大量依赖于人工标注，但是为了减轻标注员的记忆负担，我们可以用程序代码来辅助。

语义标注的方法是，由标注员判断语义偏误标注和基础标注的类型，在此基础上利用专门设计的软件辅助人工标注。具体的做法是，在需要标注的地方，右击鼠标，会出现一个选择对话框，在这个选择对话框中有标注规范中所涉及的全部标注类别，标注员根据判断选择某一类别，单击确认键后，标注代码就加上了。

5.2　标注流程

语料库语义标注流程主要进行偏误标注和基础标注两大类。因为语料库标注是对各个标注层面进行单独标注，那么语义的偏误标注和基础标注可以在同一版面中进行，因为代码各有设计，非常易于操作。

6　标注方案构拟

6.1　标注实验

制定语义标注方案后，找 3—5 名语言学背景且水平相当的研究生作为标注员，对随机抽取的约 100 篇语料进行标注。

首先，在标注前，要对标注员进行统一的培训，详细介绍标注方案。其次，标注员标注过程中，要及时记录自己碰到的问题，或是在标注方案之外出现的语义类型。然后，在标注员标注完成之后，彼此进行交换校对，检验标注的正确性。最后，将标注过程中出现的各种情况进行整理汇总，讨论提出解决办法。

6.2 标注过程中的问题及解决方案

6.2.1 偏误类型判定问题

语义标注同字、词、句法、语用等其他标注相比，显得更加抽象而且容易掺杂标注员的主观判断。标注员在进行标注分析的时候，可以分成不同的小组，每一组就同样的语料进行标注，只有大家一致同意时才进行标注，持有不同意见时，少数服从多数或者扩大讨论人数，直至出现统一结果再标注。如果实在难以决定，就设置存疑记录，由使用者自己决定划分类型。这样的方法可以避免由于标注员主观性过强导致标注结果分歧较大的问题，保证标注的科学性和准确性。

6.2.2 对于短语语义和句式语义的处理

在实际操作的时候，由于语义标注之前已经进行了短语和句式方面的标注，因此我们暂时不对两者进行实际标注。如果使用者要对此类问题进行分析，可以通过短语或者句式的代码从语料库中提取出相应的语料。

语义平面和句法平面既相互联系又有区别，句法层面的偏误可能是比较直观的，语义平面的问题则需要进行深入分析。我们要做的是方便使用者提取出所需要的语料，然后由他们根据自己的研究目的进行语义分析或者二次标注。

6.2.3 语义角色名称的使用问题

标注过程中对于“使”字句一类的致使句，有的人提出致事、使事的名称，虽然恰当，但是标注员的理解多倾向于动作的施事和受事，我们一致认为施事、受事可以概括大部分的语义角色，不需要将主体进行太细的划分，而且提出可以单独设立一类当事，作为处理明显非施事非受事的主体，大部分的标注员都同意简化语义角色的分类，方便记忆和标注。此外，考虑到语料中双宾句的数量颇多，我们在施事、受事、当事之外另置与事，专门用于标注双宾句的间接宾语，以便更好地区分与动词相关的论元的角色。

详细、完整的语料库语义标注实例（全文标注）见后面附录部分。

7 结 语

汉语中介语语料库语义标注研究为语料库的语义标注提供了规范，形成了系统的标注方案。但是标注方案的制定也存在一些问题，需要在不断的使用中进行修改和更新。比如关于广义的语义标注如何做、当前标注内容使用率不高、语料的适用性、标注方案是否能推广使用等问题。

参考文献

陈昌来 (2003)《现代汉语语义平面问题研究》,学林出版社,上海。

陈昌来 (2005a)《现代汉语三维语法论》,学林出版社,上海。

陈昌来 (2005b) 特殊动词的句法语义属性研究与对外汉语教学,《上海师范大学学报》(哲学社会科学版)第 4 期。

陈虹 (2012) 俄语语料库的标注,《中国俄语教学》第 2 期。

崔刚、盛永梅 (2000) 语料库中语料的标注,《清华大学学报》(哲学社会科学版)第 1 期。

丁崇明、荣晶 (1991) 与语法相关的语义和语用,《思想战线》第 5 期。

范开泰 (1993) 语法分析三个平面,《语言教学与研究》第 3 期。

范开泰 (1998) 语义分析说略,《语法研究和探索 》(四),中国语文杂志社编,北京大学出版社,北京。

范晓(1985)谈词语组合的选择性,《汉语学习》第 3 期。

范晓 (1993) 关于句子合语法或不合语法问题,《中国语文》第 5 期。

范晓 (1996)《三个平面的语法观》,北京语言学院出版社,北京。

范晓 (2003) 说语义成分,《汉语学习》第 1 期。

范晓、胡裕树 (1992) 有关语法研究三个平面的几个问题,《中国语文》第 4 期。

范晓、张豫峰等 (2008)《语法理论纲要 》(修订版),上海译文出版社,上海。

何伟渔 (1991) 关于语法研究的三个平面学说,《上海师范大学学报》第 4 期。

胡凡霞(2013)《汉语中介语语料库的短语标注研究》,北京语言大学硕士学位论文。

胡附、文炼 (1982) 句子分析漫谈,《中国语文》第 3 期。

胡裕树(1982)试论汉语句首的名词性成分,《语言教学与研究》第 4 期。

胡裕树 (1994) 汉语语法研究的回顾与展望,《复旦学报》(社会科学版)第 5 期。

胡裕树、范晓 (1985) 试论语法研究的三个平面,《新疆师范大学学报》(哲学社会科学版)第 2 期。

蒋吉灵 (2012)《现代汉语宾语语义类型分析及习得研究——以“吃+O”的结构为例》,中南民族大学硕士论文。

亢世勇、刘金风、吕玲娜 (2006)中小学语文课文语料标注及相关研究,《首届全国教育教材语言专题学术研讨会论文集》,中国知网。

亢世勇、孙茂松、田珍都 (2003)基于标注语料库的现代汉语句子语义结构研究,*Advances in Computation of Oriental Languages—Proceedings of the 20th International Conference on Computer Processing of Oriental Languages*, Maosong Sun、Tianshun Yao、Chunfa Yuan 著,清华大学出版社,北京。

李盛微 (2009)《外国留学生汉语习得作文语料库偏误分类及标注设计》,上海交通大学硕士论文。

李彤、王红娟(2006)中级阶段外国留学生双音节动词偏误分析,《语言文字应用》第S2期。
李毅 (2005)《基于标注语料库的句子语义成分研究》,烟台师范学院硕士论文。
李毅、亢世勇、孙茂松、孙道功 (2005)基于奥运语料的语义成分标注规范,《全国第八届计算语言学联合学术会议 (JSCL—2005)论文集》,中国知网。
刘珣(2000)《对外汉语教育学引论》,北京语言文化大学出版社,北京。
卢英顺(1995)语义指向研究漫谈,《世界汉语教学》第3期。
鲁川 (2001)《汉语语法的意合网络》,商务印书馆,北京。
鲁川、林杏光 (1989) 现代汉语语法的格关系,《汉语学习》第5期。
鲁健骥 (1993) 状态补语的句法、语义、语用分析在教学中的应用,《语言教学与研究》第2期。
鲁健骥(1999)《对外汉语教学思考集》,北京语言文化大学出版社,北京。
马玲 (2012)《对外汉语名宾语义格教学研究》,新疆大学硕士论文。
孟琮 (1988) 关于主语的语义类,《语法研究和探索》(四),中国语文杂志社编,北京大学出版社,北京。
苗传江、刘智颖 (2003) 现代汉语语料的句子级语义标注,《语言计算与基于内容的文本处理——全国第七届计算语言学联合学术会议论文集》,中国知网。
邵敬敏 (2003) 关于新世纪汉语语法研究的几点思考,《语言科学》第4期。
邵敬敏 (2004) “语义语法”说略,《暨南学报》(人文科学与社会科学版)第1期。
邵敬敏 (2011)《新时期汉语语法学史(1978—2008)》,商务印书馆,北京。
施关淦 (1991) 关于语法研究的三个平面,《中国语文》第6期。
施关淦 (1993) 再论语法研究的三个平面,《汉语学习》第2期。
石安石 (1994)《语义研究》,语文出版社,北京。
王维成(1988)从歧义看句法、语义、语用之间的关系,《语言教学与研究》第1期。
文炼 (1982) 词语之间的搭配关系——语法札记,《中国语文》第1期。
文炼 (1991) 与语言符号有关的问题——兼论语法分析中的三个平面,《中国语文》第2期。
文炼、胡附 (1984) 汉语语序研究中的几个问题,《中国语文》第3期。
伍谦光 (1988)《语义学导论》,湖南教育出版社,长沙。
宇航、周强 (2009) 汉语基本块的内部关系分析,《清华大学学报》(自然科学版)第10期。
袁晖、戴耀晶 (1998)《三个平面:汉语语法研究的多维视野》,语文出版社,北京。
袁毓林 (2002) 论元角色的层级关系和语义特征,《世界汉语教学》第3期。
袁毓林 (2003) 一套汉语动词的论元角色的语法指标,《世界汉语教学》第3期。
袁毓林 (2004) 基于论元结构的语义标注的体系和规范,《基于认知的汉语计算语言学研究》,袁毓林著,北京大学出版社,北京。
袁毓林 (2008)《基于认知的汉语计算语言学研究》,北京大学出版社,北京。
张宝林 (2006)“HSK动态作文语料库”的标注问题,《数字化汉语教学的研究与应用》,

张普等主编，语文出版社，北京。
张宝林(2008)“外国留学生汉语学习过程语料库”总体设计，《数字化汉语教学进展与深化》，张普、徐娟、甘瑞瑗主编，清华大学出版社，北京。
张宝林 (2010a) 回避与泛化——基于“HSK 动态作文语料库”的“把”字句习得考察，《世界汉语教学》第 2 期。
张宝林 (2010b) 汉语中介语语料库建设的现状与对策，《语言文字应用》第 3 期。
张宝林 (2013)关于通用型汉语中介语语料库标注模式的再认识，《世界汉语教学》第 1 期。
张宝林、崔希亮、任杰 (2004) 关于“HSK 动态作文语料库”的建设构想，《第三届全国语言文字应用学术研讨会论文集》，中国应用语言学会编，香港科技联合出版社，香港。
张斌(2010)《现代汉语描写语法》，商务印书馆，北京。
张黎(1997)关于语义范畴——意合语法讨论之二，《汉语学习》第 4 期。
张旺熹(1999)《汉语特殊句法的语义研究》，北京语言文化大学出版社，北京。
赵金铭(2002)外国人语法偏误句子的等级序列，《语言教学与研究》第 2 期。
周强 (2004) 汉语句法树库标注体系，《中文信息学报》第 4 期。
周强 (2007) 汉语基本块描述体系，《中文信息学报》第 3 期。
周强 (2008) 汉语基本块规则的自动学习和扩展进化，《清华大学学报》(自然科学版)第 1 期。
周强、张伟、俞士汶 (1997) 汉语树库的构建，《中文信息学报》第 4 期。
朱其智、周小兵 (2007) 语法偏误类别的考察，《语言文字应用》第 1 期。

附录：语义标注实例

英 雄

——《家{YYJS-L}有追星族{WD}》读后感

在现在的世界上{YYJS-fw}，每个{DYY-ls}国家{YYJS-ds}都{YYZX-zzxzh}会存在追星{DYY-mx}的这个{YD}问题{YYJS-so}#，我{YYJS-si}读的这{YD}篇文章{YYJS-so}就是调查追星{YYJS-so}#，里边{YYJS-fw}{DYY-ls}的内容就是追星{DYY-mx}的影响、处理{DYY-mx}的方法和追星{DYY-mx}的例子#。

这{YD}一篇文章的内容{YYJS-ds}是比较{YYZX-zzxx}有意思的#，每个{DYY-ls}人{YYJS-si}阅读了以后{YYJS-sj}会有不同{DYY-mx}的想法{YYJS-ds}#，对我来说追星{YYJS-so}不算是坏的#，因为如果在追星的人{YYJS-si}会利用自己{YYJS-si}喜欢{DYY-ls}的明星{YYJS-P}{DYY-LS}的{BYY-SO}好处[YY-dpbd]#，那就不是没问题了{YY-yybq}吧#？但是在不同{DYY-mx}的情况下不是那么{YYZX-zzxx}容易#，那我们{YYJS-si}来分析这{YD}个问题{YYJS-so}吧#。

追星{YYjs-so}{DYY-mx}的人{YYJS-si}一般差不多都{YYZX-zzxzh}是年青{DYY-mx}人#，对这{YD}个问题{YYJS-so}我{YYJS-si}都{YYZX-zzxb}理解这

{YD}些青少年{BYY-SO}#，因为每个{DYY-ls}人{YYJS-si}小的时候{YYJS-sj}都{YYZX-zzxzh}有自己{YYJS-si}喜欢{DYY-ls}的明星{YYJS-so}#，或者换句话说就是每个{DYY-ls}人{YYJS-si}都有自己{DYY-ls}的"英雄"{YYJS-so}#如果我{YYJS-si}这样{YYZX-zzxw}说了怎么样#不错吧#！然后{YYJS-sj}我们{YYJS-si}来继续{YYZX-zzxw}看下边{YYJS-so}{DYY-ls}吧#。

我{YYJS-si}看了这{YD}些调查{DYY-mx}数字了以后{YYJS-sj}#[BQ,][YY-qjs]显得很明显{YYZX-buzxzh}#，因为超过了一半[YY-qjs]都是追星{YYJS-so}而没有造成困扰{YYjs-ds}#，但是也有一些{WD}有问题{YYJS-ds}#，我{YYJS-si}觉得出现问题{YYJS-ds}有很多{DYY-ls}的因素[YY-dpbd]{YYJS-qt}#比如太过分{YYZX-zzxw}地追星{YYJS-so}、盲目{YYZX-zzxw}地追星{YYJS-so}等等#。这些{YD}问题{YYJS-so}都{YYZX-zzxzh}可以解决的{CJsd1}#，在这个{YD}文章{YYJS-ds}里边{YYJS-fw}也提出了做法{YYJS-so}#，那一些{YD}做法{YYJS-ds}也成功了#，只有一{CJx}小小{DYY-mx}的部分不成功的{CJxw}{CJsd2}*#.但是我{YYJS-ds}觉得如果是我的话{YYJS-jso}，我{YYJS-si}先{YYJS-sj}{YYZX-zzxw}要理解[YY-dpbd]我{DYY-ls}的子女{YYJS-so}#，为什么他{YYJS-si}喜欢这个{YD}明星{YYJS-so}{YYJS-jso}#，然后{YYJS-sj}{YYZX-zzxw}再看这个{YD}明星{YYJS-si}对我{DYY-ls}的子女{YYJS-so}有多大{DYY-mx}的影响{YYJS-so}{YYJS-jso}#，如果子女{YYJS-si}没有太过分地{YYZX-zzxw}追星{YYJS-so}就没有问题#，就算是他们{DYY-ls}的兴趣{YYJS-ds}#，但是如果他们{YYJS-si}追星{YYJS-so}{CJ-sy追}得太过分{YYZX-buzxw}就应该找办法{YYJS-so}{YYJS-fs}来[YY-cjs]处理好{YYZX-buzxw}了[YY-jsyy]{CJba}{CJchd}#。我{YYJS-ds}觉得我{DYY-ls}的最好{DYY-mx}的做法就是先{YYJS-sj}{YYZX-zzxw}跟子女{YYZX-zzxw}好好地{YYZX-zzxw}说#，不要一开口{YYJS-so}就骂他们{YYJS-so}#，跟他们{YYZX-zzxw}好好地{YYZX-zzxw}说#，慢慢地{YYZX-zzxw}解释#同时{YYJS-sj}我们{YYJS-si}也要理解他们{YYJS-so}{YYJS-so}#，不要用自己的想法{YY-yygx}为主#。[BC,]这个{YD}[YY-qjs]是很大的{DYY-mx}错误#，这{YD}不只是不会解决这个问题[YY-yybq]#而且还会对父亲和子女{DYY-ls}的关系{YYJS-so}不好{YYZX-buzxb}#，所以我{YYJS-si}提供[YY-dpbd]要好好地{YYZX-zzxw}跟子女{YYZX-zzxw}说#。

我{YYJS-si}前边{DYY-ls}说的差不多{YYZX-zzxz}都{YYZX-zzxzh}是替年青{DYY-mx}人说的#，那{YD}下面{YYJS-sj}我{YYJS-si}来说追星{YYJS-ds}对父母{YYJS-so}有什么影响{YYJS-so}#。

子女{YYJS-si}追星{YYJS-so}也带来{YYZX-buzxb}了各种各样{DYY-mx}的问题{YYJS-so}#，父母{YYJS-si}会被这些{YD}问题{YYJS-ds}困扰着#，追星{YYJS-so}是浪费父母{DYY-ls}的钱{YYJS-so}#为什么呢#？因为喜欢明星{YYJS-so}{DYY-mx}的人{YYJS-si}都想去听他{YD}{DYY-ls}的音乐会{YYJS-so}、想看他{YD}{YYJS-si}演{DYY-mx}的电影{YYJS-so}、想买他{YD}{DYY-ls}的光盘{YYJS-so}、衣服{YYJS-so}等等#，如果对富裕{DYY-mx}家庭{YYJS-ds}来看是没问题#，

因为[YY-qjs]有钱#，如果对一般的{DYY-ls}家庭{YYJS-ds}或穷的{DYY-mx}家庭{YYJS-ds}来说呢，[YY-qjs]是一个{WD}重要{DYY-mx}的问题#。

你们{YYJS-si}喜欢的{DYY-ls}明星{YYJS-ds}是谁呢#？

第十四章　语用标注研究[①]

1 引　言

1.1　选题缘起及选题意义

1.1.1　选题缘起

从20世纪90年代开始,中国开始建设外国人学习汉语的中介语语料库。经过20多年的发展,语料库建设已初具规模,并在对外汉语教学及相关研究领域发挥了重要的推动作用。然而目前已建成的汉语中介语语料库标注内容偏重语法层面,没有广泛涉及语用层面。在实际的教学场景中,我们常常会听到留学生说"老师,你去开空调",学生受到表扬时会说"哪儿的话"等诸如此类的语句。这些语句虽然在语法形式上没有错误,但是汉语母语者听起来觉得别扭,因为这些表达在一定的情境下不符合汉语的语用规则,因而笔者将这些不地道的汉语表达作为本章的研究对象。此外,汉语学习者即使语言内容表达正确,却因为忽略交际双方社会地位、权利关系等社会因素,而造成了表达方式的不得体,这种违背语用交际原则的情况也在本章的研究范围内。

1.1.2　选题意义

本章的选题意义主要体现在以下两个方面:

(1) 填补汉语中介语语料库在语用标注层面的空白。

据笔者所知,目前汉语中介语语用偏误层面的标注尚未出现。相关的习得文章中提到了留学生语用偏误的类型,但是界定的标准模糊,没有一个比较系统的归类。在基础标注层面,有学者对单个语用特征如"感谢"进行过研究,然而我们需要对留学生的语用特征进行深入研究,以求对汉语中介语中存在的一些相对典型的语用特征有全面了解。

本章进行的语用标注研究将拓宽汉语中介语语料库中语料标注的范围,

---

① 本章原题《汉语中介语语料库语用标注研究》。作者:杨雯,北京语言大学2010级语言学及应用语言学专业硕士研究生。

使语料库的深加工不仅仅局限于语法层面，从而帮助推动目前正快速发展的多模态式的语料库的建设。

(2) 为对外汉语学科理论建设和课堂教学提供有价值的参考信息。

中高级的留学生即使掌握了绝大部分的语法规则，在实际交际中也存在着语用问题。因为在实际交际中人们往往要考虑说话的语境和背景信息。在二语习得众多假说中，界面接口假说(Sorace, A. & Filiaci, F.,2006)提到，如果语法规则中隐含着某些语义或语用条件，留学生习得这些规则是存在困难的。汉语中介语语料库语用标注能给对外汉语老师提供直观的研究数据和大量标注信息，全面反映出留学生汉语中介语习得各个阶段的语用表现，便于老师发现学生存在的问题，进而完善教学过程，这也正是目前汉语教学迫切需求的。

此外，语用研究也是对外汉语学界的研究热点，我们在偏误标注归纳的偏误类型和在基础标注总结的语用特征，也能为相关学者提供非常有价值的参考信息。

1.2　本章的研究方法及语料来源

本章将主要采用理论阐释法和观察分析法，对语用标注的规范，包括标注的原则、内容、方法、代码等方面，进行相关探讨和研究。

首先，用理论阐释的方法来探讨语用标注的范围，将语用标注层面和语义、语法及篇章层面等区分开来。

然后，在偏误标注方面，用观察法对语料进行偏误分析，归纳偏误类型。同时也将结合笔者在平时教学中的发现语义偏误现象，和文献中总结出来的语用偏误类型，进行重新总结归类。在基础标注层面，也是先用观察法对语料进行分析，记录话语中出现频率高的语用特征，如话语标记、言语行为(建议、指令等)，分析汉语中介语语料库中语用特征的表现形式，并总结概括出基础标注中的语用类型。

最后，我们通过前面的分析整理出一个初步的语用标注方案。先确定标注原则，再借鉴 Bier, B. et al. (2007)提出的方法对语料进行话语分析，拟定一套完整的标注代码集。

考虑到语用信息(如话语标记、言语行为等)的出现多数是在交际层面，我们要选取的样本语料最好是汉语中介语口语语料，并且能够尽可能反映出学生实际水平。本章的语料来自于 2008 年 4 月韩国考生参加汉语口语考试(C-Test)的口语语料，共有 40 篇师生对话，12 万字左右的转录文本。本次口语语料的优势在于：

(1) 对话是在师生之间展开,对话背景隐含了社会地位要素,有助于观察学生能否得体运用语用原则中的礼貌原则和礼貌策略。

(2) 本次对话场合是汉语考试,学生必须按照考试环节进行任务型的对话,有助于考察学生能否运用语用原则中的合作原则和关联性原则。

(3) 鉴于学生的汉语水平不同,其语用表达特征和偏误类型的表现也会有所差异,因此本次语料标注可以较全面地反映学生不同学习阶段的不同语用情况。

2 语用研究综述

2.1 语用学的源起和发展

"语用"或"语用学"译自英语的 pragmatics 一词。Leech, G. (1983)给出的定义是:它是对话语怎样在情景中获得意义的研究。在 20 世纪 30 年代,英国著名的语言学家 Firth, J. R. 提出了关于意义的语境理论,认为语言离开了使用和语境,就谈不上意义了。20 世纪 50 年代末,英国哲学家 Austin, J. 创立了言语行为理论(Speech Act Theory)。这一理论在语用研究中具有重要意义,成了语用研究的核心理论。美国哲学家 Grice, H. P. 从形式逻辑和自然语言的逻辑之间的差异出发,提出了人类会话活动的一条指导原则——合作原则(cooperative principle),对解释人类的语言交际活动起了重大作用。Leech, G. (1983)提出的六项礼貌准则,对言语行为在实际应用过程中采用的原则进行了补充。

2.2 汉语语用研究综述

2.2.1 语用学在我国的引进和发展

随着国内语用学研究的不断发展,国外新的理论和新的观点也能及时在国内得到研究,例如把会话含意的推导和认知结合起来的"相关论"(沈家煊,1988)、把说话过程看作选择顺应语言的"语言顺应论"(钱冠连,1991)、新格赖斯会话含义理论(徐盛桓,1993、1994),以及以语义元素为依据的跨文化语用学(范文芳,1995)。

何自然编写的《语用学概论》(1988)作为国内语言学系列教材之一,内容几乎囊括了 Levinson, S. C.《语用学》(1983)一书的各个部分,也补充了一些其他内容和汉语实例。此外何兆熊编写的《语用学概要》(1989)也比较全面地介绍了国外语用学研究的各个方面。

国外语用学的兴起和发展也影响到我国对汉语的研究，特别是对汉语语法的研究。早期的语用研究还附属于语法的三个平面。胡裕树(1981)提出了语法分析新思路。范开泰(1985)举例说明了语用分析对汉语语法研究的意义，"语用"作为跟句法和语义相关联的一部分，开始纳入汉语语法的研究范围。胡裕树、范晓(1993)讨论了关于语法三个组成部分(句法、语义、语用)的相互关系。这一时期我国很多学者的研究方向是用语用原则解释过去汉语语法难以解释的现象，如对汉语语法中常见的省略和隐含现象从语用新角度加以考察(程雨民，1990；范开泰，1990；徐赳赳，1993；施关淦，1994)，对汉语中的"语用否定"也有较全面的描写和讨论(沈家煊，1993；徐盛桓，1994)。

2.2.2 对外汉语学界相关的语用偏误研究

国外学者对语用偏误的研究开始于 Thomas，J.(1983)，认为语用偏误不是指一般遣词造句中的语言偏误，而是指说话虽然符合语法规则，但表达方式不妥或表达不符合习惯、不够得体的偏误。随着语用学的发展，汉语教学领域也开始关注语用的偏误研究，刘颂浩、田俊杰(1999)通过对76名留学生进行问卷调查，考察了留学生在不同语言交际环境下如何理解和运用语言，并得到语言能力和语用能力没有太大联系的结论。

留学生在习得汉语过程中出现的语用偏误问题，在学界得到了热烈的讨论。吕文华、鲁健骥(1993)将留学生的语用偏误分为语言语用偏误和社交语用偏误，并分析了产生语用偏误的根源以及防止语用偏误的办法。此外，孙德华(2006)采取了问卷调查的方式对留学生的语用偏误类型进行了分类，这篇文章中的分类比较具体且系统，但是语用问题本身就很复杂，有的语用偏误从一个角度看是语言偏误，从另一个角度看则可能是社交语用偏误。

针对不同国别的留学生在汉语习得过程中的语用偏误，也有一些学者进行了相关原因的分析，如李燕洲(2011)、祁琳(2011)等。这些文章都针对性地对不同母语背景的留学生进行了语用偏误分析，基本也是从语言和社交两个角度将语用偏误类型分为语言语用偏误和社交语用偏误。

这种分类的框架也将运用到本章的语用偏误标注研究中，我们再结合语料中具体出现的偏误现象，将语言语用方面的偏误具体分为语音层面、词汇词面、语法层面和语篇层面；社交语用方面的偏误涉及了跨文化交际的词语和语用原则选择、言语行为实施方式等方面。

2.3 国内外语料库关于语用标注的相关研究

中国大陆汉语中介语语料库的建设始于20世纪90年代,第一个语料库即北京语言学院于1995年建成的“汉语中介语语料库检索系统”。此后有南京师范大学的“外国学生汉语中介语偏误信息语料库”、中山大学的“留学生中介语语料库”、暨南大学的“留学生汉语中介语语料库”、北京语言大学的“HSK动态作文语料库”问世。目前汉语中介语语料库正处在一个大发展时期,更多学者投入语料库的建设与研究中,出现了更多的成果,例如北京语言大学的“首都外国留学生汉语文本语料库”“全球汉语中介语语料库”等。

目前国外已有的语料库在语用层面的标注主要是针对一些特殊交际场合的言语行为,例如医生患者的对话,或者电话访谈。这些语料库研究的语料大都来自于任务型对话,如“爱丁堡地图任务语料库”“铁路系统语料库”“航空信息服务项目”和“德国对话翻译项目”。

Maynard, C. & Leicher, S. (2007)针对以教学为目的的学术型口语语料库进行了语用标注,语料来自“密歇根学术英语口语语料库”。此外,Alsop, S. & Nesi, H. (2014) 对“工程课程语料库”的语用标注提出了标注方法,即选取课堂对话中比较典型的语用特征,进行总结归类,最后得到五大语用类型:注释、辅助、幽默(包括讽刺、自嘲)、叙述以及总结(包括复习和预习)。

目前,针对言语行为进行标注还不能做到全自动化,但是标注员可以利用计算机程序作为辅助工具。Garretson, G. 2006年开发出了一个效率较高的兼容XML的Dexter工具软件(http://www.dextercoder.org/tools.html),在线对外免费开放,能够帮助人们半自动地进行言语行为标注。

3 汉语中介语语用偏误标注研究

3.1 语用偏误标注的范围界定

考虑到留学生语用习得偏误类型缺乏一个明确的界定范围,因此笔者在分析语料时,只将发生在语用层的偏误划入标注对象,这些语用偏误主要有以下特点:

(1)句子的语法形式必须是正确的。

本章所要标注的语料在语法形式上必须符合汉语的语法规则，语法形式上的偏误一律不在考察范围内。

(2)句子的语义表达要正确。

语义学和语用学的共同点在于它们都是对意义的研究，但它们是在两个不同层面上对意义进行研究，需要考虑背景信息。留学生不明白词语的引申义而造成整个句子表达错误，这类问题属于语义标注的研究范畴，不在我们的语用标注范围内。

(3)句子在整个篇章衔接中也是自然流畅的，不存在任何指代错误。

"指示"(deixis)是语用学研究的一个重要课题，汉语语法中的一些指示词语，如人称代词、指示代词以及一些表示时间和地点的副词，脱离了语境则影响信息传递。考虑到语用标注更多关注的是语言使用的得体性，因此我们在考察语料过程中将篇章指示衔接偏误的句子归于篇章标注的研究范围，而不在本章的研究范围内。

3.2　语用偏误标注的类型

语用偏误一般可分为两类：语用语言偏误和社交语用偏误。前者指所使用的话语不符合目的语的语言习惯，涉及语言本身的语用问题；后者指因在交际中不了解谈话双方文化背景的差异，导致语言形式选择上出现偏误，涉及社会文化的语用问题。笔者判断话语中是否存在语用偏误，是以其是否违背合作原则、礼貌原则和关联性原则等相关语用原则为标准的。

通过对语料的考察，可以发现语言语用偏误表现在语言的各个层面上，如语音、词汇、语法以及篇章等；社交语用偏误表现为跨文化交际中的词语偏误、语用原则选择偏误、言语行为实施方式的偏误等。除了语料中出现的语用偏误，我们还将分析一些实际生活中留学生常见的语用偏误事实，以补充中语料中未出现的偏误情况。

3.2.1　语言语用偏误

(1) 语音层的语用偏误

1) 重音的语用偏误。如：

(1) *[①]这件衣服看上去很好。

在实际交际中，有的词语需要重读表示强调，而留学生往往注意不到这方面的问题。这句话的重音该放在"很好"上，表示对衣服的赞赏。留学

① 加*为偏误句，本章同。

生要么不知道重读，要么重读了“看上去”，这样一来，传达的言外之意就成了“实际上不怎么样”，违背了话语交际中的礼貌原则，会造成听话人的疑惑。

2）语气的语用偏误。如：

（2）＊你昨天为什么没来上课？

如果用“为什么”向对方发问，语气较强烈，有责问、批评之意。这种情况常常用“怎么……啊？”来缓和语气。

（2）词汇层的语用偏误

1）没有考虑交际场合，用词不当而造成语用偏误，例如称呼语的泛化。如：

（3）＊我发现在北京的超市里，服务员很不礼貌。

留学生常常分不清不同职业的称呼语，如收银员、服务员、售票员等。他们喜欢用“服务员”称呼一切服务行业的人，在实际交际中是不得体的，可能会引起听话人的不满。

2）程度副词运用不当。如：

（4） T：你觉得自己的汉语怎么样？（T代表老师，后同）
＊S：哦，特别好，呵呵！（S代表学生，后同）

中国人在交际中倾向于委婉、谦虚，不习惯使用程度较深的副词，这是出于礼貌和得体性考虑的。

（3）语法层的语用偏误

1）不明白一些特殊句式所暗含的语用含义，造成了不得体表达。如：

（5） T：好，欢迎你参加今天的口语考试，首先能不能简单介绍一下自己？
＊S：我啊？我的名字都知道是吧？

汉语里有很多“焦点（focus）”句式，如反问句、“是……的”句、“连……也……”等，这些句式具有强调作用，语气较强，在使用的过程中要根据对话双方的社会地位和权利关系来衡量表达是否得体。例（5）中的学生可能要表达的信息是：老师应该知道我的名字。实际对话中，老师的地位是高于学生的，不应该用“焦点”句式这种语气较强的句子。

2）承前省略不当造成信息过于简单，违背了合作原则。如：

（6） T：哦，现在你的家人跟你生活在一起。

*S：嗯，一起。

T：一起？

S：嗯，一起住。

汉语是以话题为导向的语言，对话中常常可以把话题省略。但是，如果过于省略，不能给听话者提供足够的话语信息，违反了合作原则中的质量原则，容易造成听话者的困惑。

（4）篇章层的语用偏误

1）不知道正确的应答形式而造成话语衔接的偏误。如：

（7）　T：欢迎你来参加今天的口语考试。

*S：不用谢，不用谢。

许多学生在日常交际场景中接受感谢、道歉时，不明白汉语的表达习惯，出现对话衔接上的偏误，违背了语用关联性原则。

2）听话人打断说话人的话语表达，如：

（8）T：呃：你是去现场看？还是在电视里面看？大部分情况下……

S：（……）呃……更多的情况是在电视看。

3）对于说话人提出的问题，听话人回答的信息量过多，违背合作原则的适量原则。如：

（9）　S：我是比较喜欢挑战性的。

T：你喜欢挑战性的工作，那你觉得这个还不足以说是挑战性的工作？

*S：因为这个公司呢已经有我感觉，这个是，呃，有一些已经达到这样的一个程度，然后呢，这个我刚才就说嘛，这个公司特点是从这个联通的范围……从，联通，来，产生的来说，但是这个联通的想法呢，他们主要是这个保证现在这个水平，不要提高这样的，他们的（用处？）不多，他们规模小，所以他们还是这个，你们也知道吧？

T：好。

4）交际过程中，出现了“离题”的回复，和交谈话题无关。如：

（10）　T：那你现在你——你有没有——最近有没有学习汉语啊，有没有这个时间？

*S：啊，最近啊，因为，那个，我董事长，嗯，那个，八月，八月我董事长呃，派我去东南亚。

我们在语篇层进行语用偏误分析主要是以"关联性原则"为导向，也就是说话人的回复要和说话人的预期有关联，否则交际失败，归入语用偏误范围。

3.2.2 社交语用偏误

跨文化交际中的文化因素对于交际的影响受到越来越多的关注，很多学者都提到过因对目的语文化缺乏了解而导致语用偏误和交际失败的情形，更有人指出对交际符号系统的理解程度往往取决于对文化符号系统的理解程度。

(1) 跨文化交际词语偏误

中西文化差异的表现之一是称呼语使用不同。其实西方人称呼某人的姓是尊称，称呼某人的名字则表示亲密，包括子女对父母或学生对师长也可以直呼其名。而中国人对长辈师长是不能直呼姓名的，必须加上称谓。

此外，每个社会群体中都存在禁忌语，不同语言对禁忌语的选择也体现了文化的差异。此次语料中没有发现学生使用了不当的禁忌语，但在实际生活中，汉语存在很多禁忌语。例如，人们往往用"逝世""去世"替代"死"的说法。教学时，老师要提醒学生在和中国人交际过程中避免使用禁忌语，表示对对方的尊重。

(2) 跨文化交际语用原则偏误

1) 不懂母语文化和汉语文化在遵守合作原则上的差异。

Grice, H. P. (1975)提出合作原则包含四条准则：量的准则、质的准则、关联准则和方式准则。基于中国传统文化的影响，中国人在很多场合更注重方式准则，为此可以牺牲"量"或"质"的准则，以求和合、中庸。

值得注意的是，人们在日常交际中很难做到既保证话语真实又有交际策略，既遵守合作原则又遵守礼貌原则。当合作原则和礼貌原则发生冲突时，中国人往往遵从礼貌原则中的得体准则和一致准则。

(11) S：我，我，我决定我不买，呵呵。
T：呵呵，那你怎么说呢？
*S：我不买。
T：但是你不买的话，那个导游不高兴，你怎么办呢？

虽然学生清楚地表达了自己的意愿，但是中国人在拒绝别人要求的时候往往采取迂回的方式，优先遵守礼貌原则，牺牲合作原则，避免正面冲突。

2)不懂母语文化和汉语文化在遵守礼貌原则上的差异。

虽然人们在交际过程中遵守礼貌原则,但不同文化对礼貌原则的标准有所不同。如:

(12)　T:你汉语说得不错!
　　*S:谢谢!

留学生受母语文化的影响在受到称赞时态度往往是直接的,常回答“谢谢”。而中国人则先表示谦虚,多回答“哪里,哪里”这样的客套话。我们可以认为这是中国文化中以谦虚为美德在交际中的表现。

3) 不懂得母语文化和汉语文化在礼貌策略上的差异。

Brown, P. & Levinson, S. C. (1987)认为,日常生活中有许多言语行为本质上都是威胁面子的。为了减轻言语行为的威胁程度,人们常采取某些礼貌策略,如积极礼貌策略、消极礼貌策略、非公开策略等。

(13)　T:比如说啊你的朋友还有你的工作伙伴在合作的工作中间他有一些表现的不太好的地方,在这种情况下你会怎么做?
　　*S:我叫他一起去我说你平时做的很好,但是你这样做的话发生了什么什么的问题,我说明这样,所以然后我请请你不要做这样,我告诉他。
　　T:那你不担心他的面子上过不去吗?

中国人不习惯公开对抗,因此在表达不满或者不同意时,采用消极的礼貌策略来表达自己的意见,如委婉语、消极观点等。

(3) 跨文化交际言语行为实施偏误

1) 未考虑实施言语行为的合适性条件。

依据语用学中的言语行为理论,要使言语行为得以有效实施,必须符合某些条件,这就是“合适性条件”。现在学界一般认为影响人们实施言语行为的因素大致可以归纳为权利关系、社会背景、实施方式等。我们在日常交际时,常常要考虑指导言语行为的这些合适性条件,否则就会造成话语的不得体,甚至引起冲突。一般说来,未考虑实施言语行为的合适性条件主要有以下两种情况:

① 没有考虑听话人和说话人的权利关系而造成的偏误。

(14)　T:在中国每一天都很高兴?
　　*S:一般。

本次考察的口语语料是在考试情景下的对话,师生间存在着社会等级关系，学生在回答问题时应当遵循礼貌原则，“一般”暗含不满意的情绪，显得不太礼貌。此外“一般”回答得太简单，违背了合作原则中的质量原则。

② 没有考虑说话人和听话人的社会背景而造成的偏误。

(15) *师傅，请您把我送到语言大学吧！

生活中人们说话并不是越客气越好，而是要看交际双方的具体背景情况。对出租车司机的说话方式常常是直接的，过于客气的口气反而不合适。

2) 言语行为实施方式的偏误。

① 受母语文化影响，言语行为的实施方式不同。

(16) T：就是为什么你要带酒？

*S：是这样，喝一点儿酒的时候这样的轻松很好说好说，所以我私人的事情一般工作时候，跟他谈不好说的事情，喝酒以后很轻很轻松的情况下很自然的情况下很好说，而且他也有那个，接受可能理解的程度比较高一些。

例句中，该考生是韩国人，他要实施“劝说”这类言语行为，采取的方式是请人喝酒，这是受到韩国的酒桌文化影响；中国人也喜欢喝酒，但是并不是在“劝说”他人的时候使用，中国人喜欢用面对面交谈的方式解决问题。

② 不了解中国文化某些特殊的言语行为的实施规则。

(17) 什么时候来我家吃饭吧。

中国文化中的邀请分为真邀请和客套邀请，真邀请是说话人明确地说出时间、地点和活动等要素，并且与听话人进行协商并得到他的回复；没有以上要素的邀请只是为了维系现有的良好关系而说的客套话，并非真的邀请。又如：

(18) 改天再聊！

这类约定的客套话是出于礼貌原则的需要，只是话语结束的标记，不是真的约定。

3.3 小结

学生对一些表达形式所蕴含的语用意义理解有误，忽略了说话人的暗示、态度、语境等因素，造成了语言语用偏误。而对话双方的权利关系、社会背景、言语行为实施方式等，均有可能造成社交语用偏误。

4 汉语中介语语用基础标注内容

所谓基础标注是指对语料中正确的语言现象的标注。“首都语料库”中采用了“偏误标注＋基础标注”的新模式。我们对语用的标注不仅要考察语言的偏误现象，同时还应该看到学习者正确的语言表现，这样可以对学生的汉语习得情况进行全方位的对比与研究，从而避免以往的研究中忽略的一些现象。

本章也将采用这一标注模式，对留学生正确的语言进行语用特征分析，并对一些具有代表性的特征进行标注，更加全面地反映留学生的语用情况。

4.1 语用基础标注范围界定

语用标注一般可以从三个层面入手：微观层、中间层和宏观层（Gibbon, D. et al., 2000）。在微观层，先要定义最小的有意义的功能单位，也就是对话中包含的语用特征，然后将其标注出来；中间层的标注内容是子对话的发展序列，通过“对话游戏（dialogue-game）”（Levin, J. A. & Moore, J. A., 1977）呈现；宏观层的标注是从整体把握，把体现交际任务或交际目的的子对话和其他子对话区分开来。

在口语语料库中，语料通常是以对话的形式出现。因而在标注之前，我们应该将所有的对话进行分析和整理。首先，在微观层，我们可以将对话划分为结构单位和功能单位。对话的结构单位可以分解为话语转化（话轮 turns）、句子（sentences）和言语行为（acts），这些结构单位在一起可以组成更大的功能单位，如对话组、篇章。

在整理对话的结构时，根据话语启动（turn-taking）的理论，我们可以将交际参与者之间的对话标注为转折（Turn）、邻接组（AP）和话题（Topic）。

在确定了对话的结构单元之后，可以对话语中具有语用特征的功能单位进行标注。标注之前，可以参考 Allen, J. & Core, M. (1997)提出的从四个角度对句子中的功能单位进行分析，即：交际状态、表达信息层、交际前示功能和交际回溯功能。

语用基础标注一般都是意义表达清楚的句子，信息比较完整。如果出现了不完整的句子，或者句子表达意思含糊有歧义，则属于偏误层面的标注内容，不在基础标注的范围内。在表达信息层，目前比较普遍的做法是针对言语行为中的某个类型(如礼貌用语)进行标注(Brown, P. & Levinson, S. C. ,1987;Watts, R. J. ,2003)。从交际前示功能和交际回溯功能角度出发,Levinson, S. C. (2004)对指示语进行了标注。需要说明的是,指示语这个话语特征相对于对话来说更加依赖于篇章,在中介语语料库中我们更倾向于将其归入篇章标注的范围。

此外,如果从宏观角度出发,还可以对语用标记,如"我认为""所以""现在"等进行标注;或者对话语交际中采用的一些交际策略如委婉(Watts, R. J. ,2003)、冒犯(Culpeper, J. ,1996)等语用特征进行标注。

因为语用特征分布非常广泛,我们不可能对每一项特征都进行标注。目前国际上采取的比较切实可行的语用标注方法是对特殊任务对话中出现的频率较高的语用特征进行标注(O'Keeffe, A. ,Clancy, B. and Adolphs, S. ,2011)。我们要标注的对象是汉语中介语口语语料,并且我们的目的是为对外汉语学界的相关研究提供服务,那么我们要选取的标注内容也要因地制宜,根据对话的特点选取一些出现频率较高的、具有代表性的语用特征进行标注研究。

4.2 语用基础层标注的语用特征

在不同的对话场合中,交际参与者出现的话语也会呈现不同的特点。卫乃兴(2007)在 COLSEC 语料库的标注方法中提到,停顿超过 6 秒,话语权通常会被对方抢走,因此我们在标注"停顿"这个特征时,时间标准是 6 秒。

本次所考察语料是师生对话,首先出现的是"自我介绍",有显著的话语特征;然后考官给出一张图片让考生描述,考生则会有一段陈述,呈现"叙述"特征;在师生互动环节,考生不明白问题时,出现主动提问的"疑问"特征,表达不通畅时会有"停顿"特征,在表达否定观点时,话语中出现"否定"特征。

考官的话语中也会出现一些典型的语用特征,比如学生要求考官再重复一次问题,此时的话语具有"重复"特征;考官会要求学生做一些指定的事情,话语体现出"指令"特征;考官因不明白考生的话,出现"质疑"的语用特征;在学生出现犹豫或停顿时,及时给予提示和建议,话语中出现"提示"和"建议"的语用特征。

我们把观察到的语用特征归纳为以下十个类型,并给出英文缩写代码:

表 14-1　语用特征类型

序号	类型	代码	备注
1	介绍	SPI	说话人自我介绍
2	叙述	NAR	描述图片或叙述故事
3	质疑	D	老师的话语特征
4	疑问	Q	考生的话语特征
5	重复	RE	
6	提示	P	
7	建议	ADV	
8	否定	DIS	
9	幽默	H	如“呵呵”
10	停顿	ST	

4.3　小结

语用基础标注反映了学生实际的交际水平。通过对语用类型的标注，我们可以初步了解学生汉语中介语语用层面的知识的掌握情况。受语料限制，本章对在语用基础层的标注内容局限于师生对话。考虑到汉语中介语口语语料库是个开放型的语料库，今后还可以补充学生在不同场合、与不同交际对象的多种语言材料。

随着语料的丰富，我们可以对更多的语用特征进行标注。对于从事汉语教学研究的老师来说，通过收集语料库数据，还可以深入地对某个语用特征进行研究，比如话语标记“呵呵”“啊”等。汉语中介语语料库是开放型的语料库，今后在语用标注基础层面可以补充标注更多的语用特征类型。

5　汉语中介语语料库语用标注方案

5.1　语用标注原则

语用标注的目的就是给语料库中的每一类语用偏误类型或者语用特征附上一个适当的标记。不同于其他语言层面，如语法层的词性标注，可由计算机自动进行，语用现象的考察需要考虑整个对话背景，自动标注并不容易，所以目前只能由标注人员进行人工标注。因此，我们提倡遵守以下四个标注原则，即全面性、科学性、规范性以及开放性，这些标注原则将指导着具体标注过程中的每一个环节。

5.2 语用标注方法

5.2.1 汉语中介语语料库的采样

留学生的汉语实际运用能力往往体现在实际交际过程中，实时、即兴的口语交际往往更能准确地反映出学习者的汉语语用水平，因此我们需要收集更多口语形式的语料，同时要考虑任务场景、话语类型、话题和学习者背景等多个因素。

5.2.2 话语分析步骤

对转录成文本的语料进行话语分析时，我们借鉴 Bier，D. et al.(2007)提到的方法，主要有七大步骤，如下：

第一步：定义语用功能类型，确立分析框架。

第二步：将整篇对话进行结构分析，并找到话语单元中存在的语用功能单位。

第三步：将功能单位整理归类，确立在话语单元中存在哪些语用类型。

第四步：对每个话语单元进行语言层面分析，包括句子的词汇、句法特点等。

第五步：对话语类型中的语言特点进行描述，只描述典型的特征。

第六步：将整篇对话看作话语单元的序列，体现不同语用功能类型的变化。

第七步：描述语料库中整个会话组织的大致模式。

5.2.3 语用标注代码

目前许多语料库都使用了 XML 技术，可扩展置标语言 XML 依赖于描述一定规则的标签和能够读懂这些标签的应用处理工具来发挥它的功能。本节的标注也将采用这种赋码方法。

需要特别说明的是，我们对汉语中介语语料库的赋码仅是尝试性的，在使用赋码信息进行研究时还需要认真查看文本内容，尽可能避免错误标注。我们对标注代码的设计要保持谨慎态度，并遵守唯一性、合理性、可扩充性、简单试用性、规范性以及系统性等六项原则。

参照以上标准，我们初步拟定了偏误标注和基础标注的代码。因为本章研究语料的任务场景和话语类型有限，为了今后研究的需要，我们在此补充一些言语交际中频率高，比较有代表性的语用特征类型，使汉语中介语语料库在语用层面的标注类型更加丰富。

表 14-2　偏误标注代码

语言语用偏误		社交语用偏误	
语音	重音:〈/LP/P/A〉 语气:〈/LP/P/T〉	社交用语	称呼语:〈/SP/ST/S〉 感谢语:〈/SP/ST/T〉 道别语:〈/SP/ST/G〉
词汇	名词:〈/LP/L/N〉 副词:〈/LP/L/AD〉		致歉语:〈/SP/ST/A〉 禁忌语:〈/SP/ST/F〉
语法	句法:〈/LP/S/S〉 空语类:〈/LP/S/NC〉	语用原则	合作原则:〈/SP/PP/CO〉 礼貌原则:〈/SP/PP/PO〉 礼貌策略:〈/SP/PP/POP〉
篇章	衔接失误:〈/LP/D/M〉 话语中断:〈/LP/D/I〉 信息不足:〈/LP/D/S〉 信息冗余:〈/LP/D/L〉	言语行为的实施方式	合适性条件:〈/SP/SA/C〉 实施方式:〈/SP/SA/M〉

表 14-3　基础标注代码

序号	类型	代码	序号	类型	代码
1	介绍	SPI	9	幽默	H
2	叙述	NAR	10	停顿	ST
3	质疑	D	11	要求	REQ
4	疑问	Q	12	定义	DEF
5	重复	RE	13	布置作业	AH
6	提示	P	14	团体合作	PW
7	建议	ADV	15	举例	EG
8	否定	DIS	16	评价	EVN

5.3　小结

本节从偏误层和基础层两个角度,对语用标注的范围进行了探讨,并归纳了标注的类型,最后总结提出一个较有可行性的语用标注方案,希望能为今后的汉语中介语语料库语用标注提供有价值的参考信息。

6　结　语

本章根据现有语用研究成果,对汉语中介语语料库语用层面的标注内容进行了初步的理论探讨，从偏误标注和基础标注两个层面对留学生的语用表现进行考察分析，并对语用偏误表现和正确表现进行归类，提出了标注方案，希望能给以后的实际标注提供参考信息。

本章在界定偏误标注范围的时候，如何有效地把语义和语用区分开，以及如何把交际文化因素和语用因素区分开，是研究中遇到的难题。尽管最后我们确定了偏误的类型，但仍然会存在争议，因为有的偏误现象的出现既可以看作是语言内部因素导致的，也能看作是跨文化交际中的社会语用因素问题。

由此可见，语用偏误要从不同的角度进行分析，涵盖范围要广。目前不具备自动标注的条件，必须是人工标注，标注过程难免会受主观性因素的影响，如个人的语感差异、对篇章理解差异等，不同的人可能会有不同的解释，得出不同的结论。虽然语篇标注中人为因素的影响是无法避免的，但是在标注过程中我们尽量坚持统一的标准，以保持标注的一致性，从而减少人为的偏差，力求客观地反映学生语用偏误的真实状况，使我们的标注更具科学性。

在进行基础标注的时候，我们发现语料背景比较单一，话语中体现的语用特征可能无法满足更多类型的话语标注，因此我们在最后进行赋码时，增加了出现频率比较高的语用特征，弥补了任务型语料库语用标注的不足，符合汉语中介语语料库开放性的特点。

语料库本身只是一个工具，不能自动生成我们所需的语言信息，特别是语用层面这样基于语篇背景的复杂信息，需要对原始语料进行深度细致地加工，才能给我们相关的教学和研究提供有价值的数据资料。一个比较全面、科学的汉语中介语语料库语用标注的建设不是一蹴而就的，要在实际的标注过程中不断地进行修改和调整，因此我们的标注体系必然需要一个不断完善的动态调整的过程。

参考文献

常敬宇（1986）语境和对外汉语教学，《语言教学与研究》第 2 期。

程雨民（1990）词汇意义、逻辑推理和语用学，《现代外语》第 2 期。

储诚志、陈小荷（1992）建立“汉语中介语语料库系统”的基本设想，《世界汉语教学》第 3 期。

崔刚、盛永梅（2000）语料库中语料的标注，《清华大学学报》（哲学社会科学版）第 1 期。

范开泰（1985）语用分析说略，《中国语文》第 6 期。

范开泰（1990）省略、隐含、暗示，《语言教学与研究》第 2 期。

范文芳（1995）《跨文化语用学：人类交往语义学》评介，《国外语言学》第 3 期。

何兆熊(1989)《语用学概要》,上海外语教育出版社,上海。
何自然(1988)《语用学概论》,湖南教育出版社,长沙。
胡裕树(1981)《现代汉语》(增订本),上海教育出版社,上海。
胡裕树、范晓(1993)试论语法研究的三个平面,《语言教学与研究》第 2 期。
黄昌宁、李涓子(2002)《语料库语言学》,商务印书馆,北京。
李燕洲(2011)浅淡越南留学生汉语语用偏误,《现代语文》(语言研究版)第 1 期。
刘颂浩、田俊杰(1999)留学生汉语语用情况调查,《语言文字应用》第 1 期。
刘旭(2008)少数民族学生学习汉语的语用失误分析,《新疆教育学院学报》第 2 期。
吕文华、鲁健骥(1993)外国人学汉语的语用失误,《汉语学习》第 1 期。
亓海峰、李晓蓉(2011)汉语作为第二语言语用习得的调查与分析,《云南师范大学学报》(对外汉语教学与研究版)第 1 期。
祁琳(2011)俄罗斯留学生汉语习得过程中的语用偏误类型分析,《才智》第 2 期。
钱冠连(1991)《语用学:语言适应理论》——Verschueren 语用学新论述评,《外语教学与研究》第 1 期。
沈家煊(1988)讯递和认知的相关性,《外语教学与研究》第 3 期。
沈家煊(1993)“语用否定”考察,《中国语文》第 5 期。
沈家煊(1996)我国的语用学研究,《外语教学与研究》第 1 期。
施关淦(1994)关于“省略”和“隐含”,《中国语文》第 2 期。
孙德华(2006)留学生汉语语用失误的归类分析,《现代语文》第 3 期。
王韫佳、李吉梅(2001)建立汉语中介语语音语料库的基本设想,《世界汉语教学》第 1 期。
卫乃兴(2007)COLSEC 语料库的设计原则与标注方法,《当代语言学》第 3 期。
徐赳赳(1993)多动词小句中的零形式,《中国语文》第 5 期。
徐盛桓(1993)会话含意理论的新发展,《现代外语》第 2 期。
徐盛桓(1994)新格赖斯会话含意理论和含意否定,《外语教学与研究》第 4 期。
杨翼(1995)语用分析在高级汉语教学中的运用,《世界汉语教学》第 3 期。
俞如珍(1989)Searle 对言语行为的分类,《山东外语教学》第 4 期。
张宝林(2008)“外国留学生汉语学习过程语料库”总体设计,《数字化汉语教学进展与深化》,张普、徐娟、甘瑞瑗主编,清华大学出版社,北京。
张宝林(2010)汉语中介语语料库建设的现状与对策,《语言文字应用》第 3 期。
张宝林、崔希亮、任杰(2004)关于“HSK 动态作文语料库”的建设构想,《第三届全国语言文字应用学术研讨会论文集》,中国应用语言学会编,香港科技联合出版社,香港。
Allen, J. & Core, M. (1997) Draft of DAMSL: Dialog Act Markup in Several Layers. http://www.cs.rochester.edu/research/cisd/resources/damsl/.(访问日期:2019 年 2 月 20 日)
Alsop, S. & Nesi, H. (2014) The pragmatic annotation of a corpus of academic lectures. In Calzolari, N. et al. (eds.) *Proceedings of the Ninth International*

Conference on Language Resources and Evaluation. Reykjavik: European Larguages Resources Association.

Austin, J. L. (1962) *How to Do Things with Words?* Oxford: Oxford University Press.

Battistella, E. L. (1990) *Markedness: The Evaluative Superstructure of Language*. Albany: State University of New York Press.

Bergman, J. (1991) The Relevant Relevance, *Journal of Pragmatics* 16.

Bier, D., Connor, U. & Upton, T. A. (2007) *Discourse on the Move: Using Corpus Analysis to Describe Discourse Structure*. Amsterdam: John Benjamins Publishing Company.

Brown, G. & Yule, G. (1983) *Discourse Analysis*. Cambridge: Cambridge University Press.

Brown, P. & Levinson, S. C. (1987) *Politeness*. Cambridge: Cambridge University Press.

Culpeper, J. (1996) Towards an anatomy of impoliteness. *Journal of Pragmatics* 25.

Ellis, R. (1985) *Understanding Second Language Acquisition*. Oxford: Oxford University Press.

Gibbon, D., Mertins, I. & Moore, R. K. (2013) *Handbook of Multimodal and Spoken Dialogue Systems: Resources, Terminology and Product Evaluation*. New York: Springer-Verlag.

Leech, G. (1983) *Principles of Pragmatics*. London: Longman.

Grice, H. P. (1975) Logic and Conversation. In Cole, P. & Morgan, J. L. (eds.) *Syntax and Semantics*. New York: Academic Press.

Levin, J. A. & Moore, J. A. (1977) Dialogue-Games: Metacommunication Structures for Natural Language Interaction. In Bond, A. H., Gasser, L. (eds.) *Distributed Artificial Intelligence*. San Francisco: Morgan kaufmann.

Levinson, S. C. (1980) Speech act theory: the state of the art. In *Language Teaching and Linguistics Abstracts*, Cambridge: Cambridge University Press.

Levinson, S. C. (1983) *Pragmatics*. Cambridge: Cambridge University Press.

Levinson, S. C. (2004) Deixis and pragmatics. http:// www. researchgate. net/ pullication/254872279_Deixis_and_pragmacics. (访问日期:2019 年 2 月 20 日)

Maynard, C. & Leicher, S. (2007) Pragmatic annotation of an academic spoken corpus for pedagogical purposes. In Fitzpatrick, E. (ed.) *Corpus Linguistics Beyond the Word: Corpus Research from Phrase to Discourse*. Amsterdam: Rodopi B. V.

O'Keeffe, A., Clancy, B. & Adolphs, S. (2011) *Introducing Pragmatics in Use*. Oxford: Rutledge.

Searle, J. R. (1969) *Speech Acts*. Cambridge: Cambridge University Press.

Sorace, A. & Filiaci, F. (2006) Anaphora resolution in near—native speakers of Italian. *Second Language Research* 22:3.

Sperber, D. & Wilson, D. (1986) *Relevance: Communication and Cognition*. Oxford: Blackwell.

Thomas, J. (1983) Cross-cultural pragmatic faliure. *Applied Linguistics* 4.

Watts, R. J. (2003) *Politeness*. Cambridge: Cambridge University Press.

Wolfson, N. (1986) Research methodology and the question of validity. *TESOL Quarterly* 20(4).

第十五章　辞格标注研究[①]

1　引　言

1.1　选题意义

在当前的语言学研究中，语料库已成为十分重要的工具，标志着语言学研究手段的进步。在语言教学领域，语料库也同样具有重要作用，如可以帮助老材编写者更加科学、方便地编写教材；可以帮助老师更加全面、准确地了解学习者的习得情况，有针对性地进行教学，从而提高教学质量。语料库之所以能起到这样的作用，一个重要原因是对收集入库的语料进行了标注，教学中遇到某类语言问题可以在语料库中直接检索到大量语料，方便进行客观分析。由此可见，语料库标注为语料库应用做出了关键性贡献，丰富了作为语言资源的语料库信息（Leech, G. ,1992），也就是说，标注为语料库增添了"附加值"。

汉语中介语语料库建设同样进行了字、词、句、篇章、标点符号等多层面的语料标注，为教学与研究提供了诸多帮助。然而直到目前为止，没有一个汉语中介语语料库从辞格层面对语料进行标注，这不能不说是语料库建设的一个缺陷。因为基于语料库的辞格研究，不但可以拓宽辞格研究的范围，丰富其研究视角，而且可以方便地看到留学生辞格使用的情况和存在的问题，对对外汉语的修辞教学具有很大的启发和指导意义，使辞格教学更有针对性。

1.2　研究目的

本章以"HSK 语料库"和"首都语料库"丰富详实的语料为基础，找出留学生文本语料里使用了哪些辞格，出现了哪些偏误，并进行试标，最终形成包括标注模式、标注原则、标注内容、标注代码、标注方法的通用型汉语

① 本章原题《汉语中介语语料库辞格标注研究》。作者：李瑶，童趣出版有限公司编辑，北京语言大学 2011 级课程与教学论专业硕士研究生。

中介语语料库的辞格标注规范。这样不仅可以填补语料库辞格标注的空白，还可以更好地指导语料库的辞格标注与修辞教学实践，为以后的辞格研究提供更多的优质资源和更好的研究平台。

1.3　研究方法

本章采用的方法有观察法和实验法。

观察法，是对所搜集的语料进行细致考察，找出语料中所有使用了辞格的句子，并对辞格使用是否恰当进行分析。

实验法，是指在制定出相关的辞格标注规范后，对语料进行实际标注，以验证规范的科学性和可操作性。

1.4　预期成果

本章希望制定出一套包含辞格标注模式、标注原则、标注内容、标注代码、标注方法在内的完整的通用型汉语中介语语料库的辞格标注规范，并对其进行理论上的阐释。

2　理论背景

2.1　辞格的本体研究

2.1.1　辞格的定义

2.1.1.1 国内关于辞格的定义

什么叫辞格，这是修辞格理论基本问题之一。我国修辞学界对此至今仍是见仁见智，说法颇多，并无定论。常见对辞格的定义主要有以下三个角度。第一个角度是从辞格的形式和内容方面进行定义。陈望道(1997)指出，辞格内容是富有体验性、具体性的；形式是除利用字义之外，还利用字音、字形的。第二个角度是从辞格的作用方面进行定义，邢福义(2003)将辞格定义为“为提高话语表达效果而运用的一些特殊的修辞方式”。第三个角度是从美学方面，谭永祥(1992)将辞格定义为“富有表现力的、在形式或意义上具有一定规律性的言语美学现象”。

本章所讨论的辞格是具体的修辞方法，也就是留学生在语料中为达到一定的表达效果所具体运用到的某些修辞方式。从上文的论述可以看出关于辞格的定义在学术界并无定论，但是有一点是共通的，即辞格的运用是为了提高语言的表达效果，并且也提到了辞格是一种有规律性的修辞方式。邢福义(2003)关于辞格的定义既简洁又涵盖了以上两点,符合本章所要研究的辞格的特点,因此,我们采取邢福义(2003)的说法:辞格即修辞格,是为提高话语表达效果而运用的一些特殊的修辞方式。

2.1.1.2 国外关于辞格的定义

修辞格是由西方语言学中的“figure of speech”翻译而来。在古代西方修辞学中,修辞格主要是指“比喻”这种修辞手法。

现在西方的一些权威辞书对辞格的界定已经摆脱了“辞格就是比喻”这种概念的束缚,如《不列颠百科全书》(2007)认为辞格是任何有意地对字面陈述或普通用法的偏离,用以强调、澄清或装饰书面或口头语言;《修辞用语手册》认为辞格是词或短语任何明显的或不寻常的结构形式的总称。

2.1.2 辞格的系统与分类研究

2.1.2.1 国内辞格的系统与分类研究

我国关于辞格的系统、分类的研究一般有两种方法。一种是将具体辞格分成几大类。如陈望道(1997)中所建立的辞格系统,将汉语辞格归纳为4类38格。这一辞格分类体系的提出标志着中国的修辞学已建立了较为完备、科学的辞格系统,使汉语辞格的研究真正走上了科学的道路。

另一种方法是直接列出具体的辞格。如黄伯荣、廖序东(2002)就将辞格分为21类,具体为比喻、排比、反问、设问、借代等。

2.1.2.2 国外辞格的系统与分类研究

Genette, G.(1981)对辞格的传统分类进行归纳总结,得出大体分为6类:(1)从意义角度划分的辞格(喻词);(2)从词的形式划分的辞格(措辞辞格);(3)与句子中词语和词的数量有关的辞格(结构辞格);(4)与词语选择与词语安排有关的辞格(表达辞格);(5)与整个句子有关的辞格(风格辞格);(6)与整篇言语有关的辞格(思维辞格)。

比利时的μ学派曾在20世纪70年代创立了一套完整的结构主义辞格系统。该系统分为两大部分,第一部分为基础修辞,讨论基础辞格的内容,并建立了基础辞格系统,主要包括词法辞格、句法辞格、语义辞格和逻辑辞格;第二部分为普通修辞,主要讨论叙事人称辞格和叙事辞格。

2.1.3 辞格的比较研究

辞格的比较研究大概可以分为两个方面:一是我国现有的辞格的比较,二是汉外辞格的比较。

系统的辞格比较研究从20世纪80年代开始,如郑远汉(1982)对10对相邻辞格进行了较为细致的比较。

目前,汉外辞格对比的研究,一般都是对某一组或几组汉语和外语相对应的辞格进行比较分析，找出它们的异同。如胡曙中(1993)对18组辞格进行了详细的比较。也有一部分是从文化的角度进行比较，剖析差异产生的原因，如陈辉(2008)、章恒珍(2011)等。

2.2 汉语作为第二语言的辞格习得及教学研究

对外汉语教学中的修辞教学始终没能确立自己的地位。首先，极少有对外汉语教材系统地介绍修辞知识。其次，关于对外汉语修辞教学的研究屈指可数，具体说到辞格教学的研究就更不多了。

关于辞格教学的研究大概可以分以下几种：(1)对汉语辞格教学的现状进行量化调查。周小兵、洪炜(2010)通过对中高级留学生汉语中介语辞格使用情况的考察，发现留学生辞格使用偏误率比较高，指出了留学生生成辞格的途径，以及产生辞格偏误的原因。(2)对某个辞格在汉语教学中的可行性进行论述，如江海漫(2010)。(3)对辞格或某个辞格在教学中所采用的教学方法进行考察，如曹成龙(2004)。

2.3 汉语中介语语料库和国外英语语料库的辞格标注现状

2.3.1 关于汉语中介语语料库发展现状

随着语料库的不断开发，语料库语言学已经成为语言研究的主流。(Thomas, J. et al.,1996)学者们也越来越认识到语料库对于语言学研究的重要性。我国的语料库建设始于20世纪90年代，虽然与西方相比，出现时间较晚，但发展迅速。目前，国内建成的汉语中介语语料库主要有南京师范大学的“外国学生汉语中介语偏误信息语料库”、中山大学的“留学生中介语语料库”、北京语言大学的“HSK动态作文语料库”以及“首都外国留学生汉语文本语料库”等。这些语料库均为文本语料库。

2.3.2 汉语中介语语料库标注现状

一般语料库标注内容有：语法标注(或词性标注)、句法标注、语义标注和话语标注。(黄昌宁、李涓子，2002)现有的汉语中介语语料库中标注内容并不全面，大多语料库是集中于偏误标注，集中于字、词、句、篇等层面上的标注。还有语料库只是收集了留学生的语料而未做偏误标注，如暨南大学“留学生汉语中介语语料库”。(祖艳凤，2010)目前为止，国内汉语中介语语料库标注较为细致全面的应为“HSK语料库”和“首都语料库”。“HSK语料库”的标注内容涉及了对标点符号、字、词、句、篇章偏误的处理。“首都语料库”除了有偏误标注，还有基础标注。

2.3.3　国外英语语料库标注情况

国外英语语料库标注的类型，主要包括语篇背景信息标注、语法分析、语义标注、语篇标注、韵律标注等。目前国外英语语料库标注中也尚未发现有专门针对辞格的标注。

在我国现有的汉语中介语语料库中，辞格的标注目前尚未涉及。所以，对汉语中介语语料库进行关于辞格标注方面的研究可以在一定程度上填补汉语中介语语料库在标注层面上的空白，使汉语中介语语料库的标注系统更加完善。

3　辞格标注规范的研究和制定

3.1　辞格标注模式

随着语料库不断开发，语料库语言学已经成为语言研究的主流。(Thomas, J. et al., 1996)其中，语料库标注对语料库的应用起到了关键的作用，为语言的研究提供了更多的便利。纵观我国现有的汉语中介语语料库的标注，大多是以偏误标注为主，如“HSK 语料库”“外国学生汉语中介语偏误信息语料库”等。偏误标注可以帮助语料库的使用者进行偏误语料分析，归纳偏误类型，了解偏误产生的原因，进而提出改善教学的建议。可以说，偏误标注对偏误研究和提高教学质量都有很大的推进作用。但是，仅有偏误标注是不够的，因为偏误标注仅仅是对语料中错误的语言现象进行标注，忽视了留学生正确使用语言现象的情况，所得出的研究结论也必定是不全面的。因此，本章在辞格标注方面将采取“偏误标注＋基础标注”的标注模式，对正确、错误的语料均进行标注，力求使语料的标注更加全面、科学。

3.2　标注原则

张宝林(2013)提出通用型汉语中介语语料库的标注有全面性原则、科学性原则、忠于原作、标准化与通用化等四大原则。这些原则是适合于通用型汉语中介语语料库的不同标注内容的共有原则。笔者在张宝林(2013)提出的原则的基础上，根据本章的研究目的和研究内容，将辞格标注的原则定为以下几点：

3.2.1　全面性原则

“全面”顾名思义就是要涵盖所有方面、所有内容，力求做到完整、周密。在内容标注方面，要尽可能考虑到留学生所能应用到的所有辞格类型和偏误类型，尽可能避免在标注过程中，因某种辞格没有纳入辞格标注体系，而造成无法标注的情况出现。这一原则也是辞格标注原则中最基本的原则。

3.2.2　经济性原则

为了保障语料标注的效率，现在中介语语料库的标注大多采取人标机助的方式。因此，标注内容和标注代码的设计要采用经济性原则，即要代码尽可能地清晰、简单，便于操作，不能过于复杂，否则将不利于标注员准确记忆代码内容，影响标注的正确率。我们在对辞格标注代码进行设计时，基础标注的代码采用辞格类型拼音首字母表示，，偏误标注代码则是偏误类型的关键词的拼音首字母表示，只要标注员熟悉辞格分类就可以很快辨别出代码代表的意义。

3.2.3　开放性原则

语言现象总是处于不断地发展变化之中，新的语言现象不断产生，旧的语言现象不断消亡。具体到辞格而言，现在有修辞学家，如谭永祥等，正在不断地开创和研究新的辞格。另外我们所选取的语料只是众多语料中的沧海一粟，很可能无法涵盖所有的辞格。因此，我们的语料标注应该遵从开放性原则，以确保我们的语料库标注体系能够继续容纳新的内容，使语料的标注更加全面、完善。

3.2.4　只标不改原则

对于语料中正确的语言现象我们只对其进行标注即可。对于语料中错误的语言现象进行标注时，学界一般有两种不同的标注方式，一种是既标且改，一种是只标不改。在辞格标注中，我们采取只标不改的方法。原因有以下两点：

(1)基于一些辞格偏误的特殊性和复杂性，若要对偏误标注进行修改，工作量很大，会加重标注员的工作负担，而且会使标注页面显得密密麻麻，不利于使用者查看原始语料。

(2)辞格的一些偏误是句子不得体的问题，而非语法错误。在对这类偏误进行修改时，并无标准答案，往往是由于标注员的不同而见仁见智。如此也会给使用者带来不必要的判断和取舍负担，有可能会降低标注的科学性。

3.2.5　一错一标原则

辞格的偏误分为两个大类，当一个句子的辞格偏误与语法等其他层面的偏误出现重合时，只标记辞格特有的类型。

3.3 辞格标注内容

为保证标注的全面性，根据“偏误标注＋基础标注”的标注模式，本节将对辞格的标注内容分偏误标注内容和基础标注内容两个部分进行描述。

3.3.1 语料的来源和语料的抽样

语料的收集十分重要，对语料的分析是我们进行标注研究的基础。本节观察分析的语料取自“HSK 语料库”和“首都语料库”，并利用等距抽样法和 ACCESS 随机抽样法从两个语料库中各随机抽取了 10 万字左右的语料，共计 20 余万字。

我们从“HSK 语料库”中抽取了 200 篇语料。为了保证所抽取的语料可以涵盖各个考试水平，我们把语料分为 90 分及以上，80—89 分，70—79 分，60—69 分四个分数段，然后以每个分数段中所有作文的篇数的比例为依据，分别抽取 30、50、60、60 篇。

我们再利用 ACCESS 随机抽样的方法，从“首都语料库”中抽取了 350 篇语料。

3.3.2 偏误标注方面

笔者考察的 550 篇语料中，使用辞格的句子共 293 句，偏误的句子有 91 句，偏误率占 31.06％。

目前出现的辞格偏误类型大体上可分为两种情况：

第一，并未直接影响正确使用的偏误。这类情况并不在辞格标注的范围之内。

（1）缺词。如：

（1）春天在山看樱花，夏天在海或者川里游泳，秋天在山看红叶，然后冬天在山滑雪。

（2）多词。如：

（2）由于两条尼罗河汇合后形成两条尼罗河其形如象鼻，古名喀土穆。

（3）错词。如：

（3）个人要意到“物尽天择，适者生存”的道理。

（4）短语搭配错误。如：

(4) 调查中，会采取什么方法解决自己的孩子呢？要动之以情，晓之以理。

以上偏误都并未直接影响到辞格的使用。也就是说，这些句子虽然是错误的，但是我们可以分析判断出学生已经掌握了该辞格的使用方法，出现偏误是由于语法知识不牢固或词汇量不够等其他问题导致的。因此这一种情况不在辞格标注范围之内。关于偏误的标注内容，我们只考虑直接影响辞格正确使用的偏误类型。

第二，直接影响辞格正确使用的偏误。

(1) 辞格所特有的偏误

这类偏误是辞格所特有的，是本节辞格偏误考察的重点。在上文已经提到过我们考察的辞格是为了提高表达效果而运用的一些特殊的修辞方式。因此，在考察辞格偏误时，不仅要看该句对不对、是否合乎语法规则，更重要的是要看这个辞格的运用有没有不当之处，有没有起到想要表达效果。这类辞格偏误的例句有些并没有语法上的错误，或者单说时是一个正确的句子，但是作为一种修辞方式使用就是一种偏误。

1) 设问答非所问。如：

(5) 他们不要麻烦自己和亲人，要求医生或者亲人帮助他们自杀(即安乐死)。在这样的情况下医生应该怎么办？我认为有疾的人应该通过法律办这件事，就是说他应该跟医生，法律人员和亲人商量这个问题，而不是让一个人(比如丈夫)帮助他自杀。

例(5)问的是医生该怎么办，但回答的却是病人怎么办。

2) 设问或反问标点错误或缺失。如：

(6) 如果不做好准备怎么能成功呢。

例(6)句末标点使用错误，应为"?"。

(7) 这有什么好处

例(7)句末则缺少标点，应该加上"?"。

句子是具有一个句调、能够表达一个相对完整的意思的语言单位。(黄伯荣、廖序东，2002)句子和短语的区别就在于有没有标点符号。设问、反问均属于疑问句，疑问句要有表示疑问的语调，所以如果句末缺少了问号，或者将问号标成了其他标点，都应该看作是疑问句的偏误。

3) 引用内容出现错误。如：

(8) "天下可怜的父母心啊！"

例(8)为直接引用,因此引用内容不能擅自修改,而要引用原话。正确应为“可怜天下父母心!”。

4）本体喻体结构不对称。如：

(9) 困难像一朵玫瑰花有很多刺,会让我们感到病苦,会伤害到我们。（周小兵、洪炜,2010）

例(9)中的本体“困难”是名词,但喻体是个动词谓语句,出现了本体喻体结构不对称的问题。应将喻体改为“一朵玫瑰花上的刺”。

5）缺本体。如：

(10) 啃老族出现的原因是从小就是小皇帝,小公主,适应环境的能力较弱。

本句意将“啃老族”比喻成小皇帝、小公主,但是句中却缺失本体,造成了比喻辞格的不完整。而且前一个分句的主语是“啃老族出现的原因”,后一个分句中的主语却变成了“啃老族”,两个分句的主语不一样,所以不能承前省略。该句可以看作缺本体。

6）缺喻词。如：

(11) 想抓两只兔子是极难的事一样,想吃“绿色食品”和不挨饿也是极难的事。

例(11)缺少喻词“像”。“想抓……”和“想吃……”一个是喻体,一个是本体,结构对称。但是在喻体前缺少喻词“像”,使得该句不完整。

7）喻体错误。如：

(12) 饭后抽一支烟很像山仙一样。

例(12)中的喻体错误,应该是“神仙”。在汉语中并不用“山仙”这个词,这个词应该是留学生由于词汇量不足而自创的词。虽然本体、喻体、喻词都有,但是由于喻体的错误,使得该比喻不得体。

8）喻体不得体。如：

这类偏误一般是由文化差异引起的。它们或许在语法上并没有什么错误,但却不符合我们汉语的表达习惯。因此我们也把这种类型的句子算作辞格的偏误。

(13) 怀孕的女性的肚子好像南山一样。(韩国)(周小兵、洪炜,2010)

“南山”是韩国首尔一座很有名的山,因其山势有些像凸起的肚子,因此在韩语里常用南山比喻怀孕女子的肚子。但这种比喻却不符合汉语的表达习惯。

(14) 每一次妈妈哭起来像一朵花开了。(周小兵、洪炜,2010)

在汉语习惯中,花常用来比喻美好的事物,我们一般不会把哭比作花开。

9) 排比结构不同。如:

(15) 韩国在三国时代被叫称徐辣发,高丽时徐发,朝鲜时汉阳,日本殖民地时京城。

例(15)是排比句,排比句要求各分句结构相同或相似。而该句中只有第一个分句有谓语动词,其他分句均缺失了,造成了排比结构的不同。

(2) 其他与语法相关的偏误类型

1) 词层面的偏误

a. 缺词。如:

(16) 我怎么忍心让你睡觉呢?

例(16)缺"不"。原文是讲孩子熬夜学习,母亲劝其睡觉的事。通过语境可以看出,作者想表达的是"我怎么忍心不让你睡觉呢?"。

b. 多词。如:

(17) 他是我生活的一束光线,我爱他象树爱水一样情感,我是一个很幸福的人。(周小兵、洪炜,2010)

例(17)把"我爱他"比作"树爱水",但是"情感"一词是名词,此处不合适,应该删去。

2) 句层面的偏误

a. 句子成分缺少或多余。如:

(18) 是为什么呢? 因为……

例(18)缺少主语,造成疑问句表义不完整。设问是有问有答,明知故问,但如果缺少主语,就使得该句话缺少了问题的所指。

b. 句式混用。如:

(19) 这是不是好收获的吗?

例(19)是反问句和是非句的混用,正确应为"这不是好收获的吗?"。纵观整篇作文,作者想表达的意思是这是很好收获的,但多了一个"是"后就将反问变成了是非问的格式。

c. 句式杂糅。如：

(20) 他的一双眼睛不是一般人的，好像是会说话的眼睛一样那么亮亮。(周小兵、洪炜，2010)

例(20)用了拟人的修辞手法，形容眼睛会说话。但该句将“好像是会说话一样”和“眼睛亮亮的”杂糅在一起，产生了偏误。

d. 语序错误。如：

(21) 这也不是可以的吗？

例(21)想用反问句加强语气，但是语序出现错误。应为“这不也是可以的吗？”。

上文已经说过，关于偏误的标注内容我们只考虑直接影响辞格正确使用的偏误类型。那么如何对其进行界定呢？直接影响辞格正确使用的偏误应包含哪些条件？笔者认为判断的标准有两个：

(1)辞格的运用是否符合其定义的标准和基本要求。例如，排比的定义是把结构相同或相似、语气一致、意思密切关联的句子或句子成分排列起来，使内容和语势增强。如果出现几个句子结构不同却排在一起，那么就属于排比的格式错误。再如，设问从形式上看就是自问自答，但是由于设问是无疑而问，明知故问。因此就要求答语需要对问题进行明确的解答，而不能顾左右而言他。例如上文例(5)。

(2)明确句子辞格错误应用的关键点在哪里。如“你不认为这很美丽的城市吗？”通过上下文语境，我们可以判断出作者想用反问句。我们再用替换法来具体说明。如果我们加上“是”而去掉“不”，例句会变为“你认为这是很美丽的城市吗？”。而这个例句仅仅是一个普通的是非问，不是反问，所以本句的关键点在“不”，而不是后面的“是”字句。留学生之所以会犯这样的错误，是因为他语法知识不牢固，而不是辞格掌握得有问题。所以这个句子就不属于直接影响辞格正确应用的偏误，因此不在我们考察范围之内。

3.3.3 基础标注方面

本章所考察的语料中出现的辞格种类有 10 种，分别为：比喻、设问、排比、反问、引用、夸张、比拟、对比、借代、层递。使用频率最高的是比喻，其次是设问，第三是排比。

出现的句数和频率具体见表 15-1：

表 15-1　辞格的句数和出现比例

辞格类型		句数		所占总句数的比例	
比喻	明喻	87	20	29.69%	6.83%
	暗喻		52		17.75%
	借喻		15		5.12%
设问		71		24.23%	
排比		40		13.65%	
反问		35		11.95%	
引用		25		8.53%	
夸张		14		4.78%	
比拟		10		3.41%	
借代		6		2.05%	
对比		4		1.37%	
层递		1		0.34%	

从上表中可以看出，留学生的辞格使用频率相差较大，比喻和设问两种辞格的使用频率远高于其他，尤其是比喻的使用频率占了近 30%。辞格使用率越高的，我们在标注中越要对其重视。因此，在标注中对比喻做了更细致的分类，即明喻、暗喻、借喻。事实上，经考察发现，在留学生的作文中，明喻、暗喻、借喻均有出现，而且出现频率差异较大。至于其他辞格，我们并未做更细致的分类。有学者将比拟分为拟人和拟物，由于其出现频率并不高，所以笔者认为在进行基础标注时，并不需要再对其分类。

目前在笔者所考察的语料中出现了 10 种辞格，但是这些语料只是语料库中的沧海一粟，并不能保证在剩余的语料中不会出现其他类型的辞格。因此，为了贯彻语料标注全面性原则，笔者需要在此基础上再加入其他一些常见类型，确保标注的全面性。那么应该添加哪些辞格，而添加这些辞格的依据又是什么呢？

目前，修辞学界对于具体修辞格种类的划分，有数百种之多。如谭学纯、濮侃、沈孟璎(2010)归纳的种类有 287 种，但有很大一部分即使是汉语母语者也很少用到。辞格对于留学生来说，是比较难掌握的语言表达技巧，在留学生对外汉语的教材中，只有高级教材会提到辞格，所以笔者认为我们没有必要将那些不常用的辞格列入标注范围。因此，我们只对留学生在言语和写作中的常用辞格进行考察。

常用辞格确定的依据是国内较为流行的几套包含了辞格教学的教材，

分别是《现代汉语》(黄伯荣、廖序东，2002)，《现代汉语》(邢福义、汪国胜，2003)，《新编现代汉语》(张斌，2002)，《现代汉语概论》(留学生版)(刘焱等，2009)，《现代汉语高级教程》(四年级教材)(马树德，2003)。

这些教材中提到的辞格共有 27 种。除了上述提到的 10 种辞格外，还有：双关、粘连、对偶、移用、仿词、反语、婉曲、反复、回环、映衬、通感、顶真、仿拟、镶嵌、警策、错综、移就等。在这 17 种辞格中有 10 种在上述 3 本或 3 本以上教材提到过，分别是双关、粘连、对偶、仿词、反语、婉曲、顶真、回环、映衬、反复。我们将这 10 种辞格加入我们的基础标注内容中。因此，我们基础标注需要标注的辞格共有 20 种，分别是：比喻(明喻、暗喻、借喻)、设问、排比、反问、引用、夸张、比拟、对比、借代、层递、双关、粘连、对偶、仿词、反语、婉曲、顶真、回环、映衬、反复。

3.4　标注方法

3.4.1　人标机助

辞格标注要以人工标注为主。因为辞格是一种修辞手法，除了比喻有一些比较明显的喻词之外，其余的辞格很难找到某种固定的模式或词语。即使是比喻中那些明显的喻词，但也很难将其穷尽式地输入电脑。另外，包含喻词的句子也不一定就是比喻句，对这些句子进行筛选也是一个很大的工程。而那些不包含比喻词的比喻句，也有可能被漏掉。因此，使用计算机进行自动标注并不具备可操作性。但为了提高标注效率，减轻标注员的记忆负担，可以请软件开发人员开发一套相应的软件，辅助标注人员进行标注。

3.4.2　标注位置

辞格可出现在句首、句尾、句中，但为了使标注更加简便，更具操作性，无论是基础标注还是偏误标注，我们均将标注代码放于该句的末尾处(句标记之前)。

3.4.3　标注流程

辞格的偏误标注和基础标注可以同时进行。

由于我们辞格的偏误标注采取只标不改的原则，所以偏误标注和基础标注在顺序上并没有先后区别，可以同时进行。拿到一篇语料我们可以逐句判断，偏误标注、基础标注同时进行，整篇标注完成后再做校对。

3.4.4　具体的标注情况

(1) 辞格的套用

辞格的套用是指一种辞格里又包含着其他辞格，分层组合，形成大套小的包容关系。当遇到这种情况时，我们将采取以下的标注方式：首先用“{}”表示第一层辞格类型，再在其后用“()”标出第二层辞格类型，如排比套比拟可标注为“{PB(BN)}”；若还有第三层，则在第二层的“()”中继续套入“()”，如引用套对偶套比拟可标注为“{YY(DO(BN))}”。例如：

【什么是幸福？

有的人说幸福是自己的收入，是有很多朋友。

有的说是被别人爱上。

有的说幸福永远没有统一的标准，没有人能说清楚怎么遇到幸福】{GSW(PB)}①。

【“有妈的孩子像个宝，没妈的孩子像根草”】{GYY(DB(BY))}。

(2) 一错一标

在辞格的偏误标注中，我们采取一错一标的方法。在辞格特有的偏误中，只有“缺本体”“喻体错误”“缺喻词”“排比结构不同”有可能会和与语法相关的偏误类型重合，其余偏误类型则不会。当发生重合时，只标记辞格特有的偏误类型即可。例如，一个比喻句中做主语的本体残缺，只标[GBY-bq]，不标成分残缺。

4　标注方案构拟与标注实验

4.1　标注方案构拟

4.1.1　偏误标注方案

在偏误标注中，我们先用“【】”来表示我们所要标记的句子，然后用[G]来标记辞格，在“G”后添加某种辞格类型的关键词的拼音首字母大写的形式，最后在其后面用“-”连接具体的偏误类型的代码，用拼音首字母小写的形式表示。例如，设问答非所问则标记为[GSW-dc]，比喻缺本体标记为[GBY-bq]，反问句式混用标记为[GFW-jhy]。

具体的偏误类型代码如下：

(1) 辞格特有的偏误类型：

设问答非所问：[GSW-dc]

设问、反问标点错误：[GSW-bc][GFW-bc]

---

① 代码意义详见本章第4节。

设问、反问标点缺失：[GSW-bq][GFW-bq]
引用内容错误：[GYY-nc]
比喻缺本体：[GBY-bq]
本体喻体结构不对称：[GBY-by]
比喻缺喻词：[GBY-yq]
喻体错误：[GBY-yc]
喻体不得体：[GBY-yt]
排比结构不同：[GPB-jg]
(2) 与语法相关的错误(××表示该种辞格的类型)
缺词：[G××-cq]
错词：[G××-cc]
多词：[G××-cd]
句子成分残缺：[G××-cfq]
句子成分多余：[G××-cfd]
句式混用：[G××-jhy]
句式杂糅：[G××-jzr]
语序错误：[G××-jyx]

4.1.2 基础标注方案

(1) 在基础标注中我们先用“【】”来表示我们所要标记的句子，然后用{G}来标记辞格，在“G”后用拼音首字母的形式表示辞格类型。如“排比”标记为{GPB}。

(2) 比喻辞格下的三个小类，可以直接在“GBY”后加第一个字的小写拼音首字母。如“明喻”标记为{GBYm}。

具体的标注代码见表15-2：

表15-2 辞格基础标注代码表

辞格类型		标注代码
比喻	明喻	{GBYm}
	暗喻	{GBYa}
	借喻	{GBYj}
设问		{GSW}
排比		{GPB}
反问		{GFW}

续表

辞格类型	标注代码
借代	{GJD}
夸张	{GKZ}
引用	{GYY}
比拟	{GBN}
双关	{GSG}
层递	{GCD}
粘连	{GNL}
对偶	{GDO}
对比	{GDB}
仿词	{GFC}
反语	{GFY}
婉曲	{GWQ}
顶真	{GDZ}
回环	{GHH}
映衬	{GYC}
反复	{GFF}

4.2 标注实验

在上文中,我们已经制定了包括标注模式、标注原则、标注内容、标注方法在内的一套较完整的辞格标注规范。这套规范是否合理、科学,是否具有较强的可操作性,还需要通过一些标注实验来进行验证。

4.2.1 实验目的

检验辞格基础标注和偏误标注的可操作性和科学性。

4.2.2 实验对象

本研究以北京语言大学语言学与应用语言学、课程与教学论、汉语国际教育专业一、二年级的30名研究生作为实验对象。

4.2.3 实验工具

(1)被试30人;

(2)辞格基础标注和偏误标注规范;

(3)学习者语料，共40个句子：有的句子使用了辞格，有的句子没有使用辞格；在使用辞格的句子中，有正确使用的句子，也有包含偏误的句子。

4.2.4　实验过程

(1)向30名被试说明本次实验的目的和预期要达到的效果。

(2)在实验前对30名被试进行培训。将辞格标注规范发给被试，就辞格标注的原则、内容、方法对被试进行讲解。

(3)将学习者语料分发给被试，由被试对语料进行标注。

(4)检查被试对语料的标注情况，找出标注过程中存在的问题，并对存在的问题进行分析，找出标注规范中需要改进的地方。

4.2.5　实验结果

30名被试在参与实验的过程中态度积极端正，他们在接受培训后即刻开始进行语料的标注。30名被试均在40分钟内完成了此次测试。测试结果如下：

(1)辞格基础标注的正确率(78.6%)大于偏误标注的正确率(62.4%)。

(2)常见辞格的标出率很高，而相对不常见的辞格和辞格的套用标出率较低。

(3)辞格合语法而不得体的标出率(6.7%)很低。

在实验中遇到的问题主要有：

(1)被试在标注时更加注重语法问题。虽然被试在标注之前接受过培训，但在判断辞格偏误时，仍然先考虑句子是否合乎语法规则。因此很多被试不能把直接影响辞格正确使用的情况标注为偏误，尤其是因文化不同所引起的偏误和留学生自我创造而产生的偏误，没有一个被试标注出来。

出现这种情况主要是由于我们对留学生的语料长期抱着“宽容”的态度，觉得只要语法对了或这句话差不多说得过去就可以将其判断为正确，而忽视了辞格的特殊性。

要解决这个问题应该从三方面入手：

1)我们要对辞格偏误做出更加明确的界定，让标注人员有据可查，有据可依。我们应该向所有标注人员，尤其是刚刚参加标注的人员，提供所有标注规范，并列出这些辞格常出现的偏误类型。让标注人员了解更多具体的标注信息。

2)我们在对标注人员进行培训讲解时，要告诉标注人员所要标注的偏误不仅仅是看句子是否合乎语法规范，也要看句子运用是否得体，是否符合汉语的表达习惯。

3)我们可以邀请一些对外汉语教学经验丰富、对国外文化有较深了解的老师为我们列举一些关于因中外文化不同而导致辞格偏误的常见例子。这样可以更加有效地帮助标注人员找出该类辞格的偏误。

(2)部分被试容易忽略辞格的套用,只发现了比较明显的辞格,而忽视了不太明显的辞格。

造成的这种情况的原因大多是由于被试的不仔细,对辞格的类型不太了解,或对标注规范不熟悉等。这就需要我们在对被试的培训中明确指出,要增强辞格标注意识,避免漏标。

(3)部分被试把不是辞格的句子也标成了辞格的句子。

有的被试在得知自己所做的标注是辞格标注时,就会带着辞格的眼光去审视这些句子,觉得每一个句子都是使用了修辞手法的。有的被试甚至会把词语的并列看成排比。

导致这种情况的原因主要有三:

1) 标注人员对辞格本身的定义和用法掌握不牢固,因此才会出现错标、漏标等问题。

2) 留学生语料和汉语母语语料有很多区别,可能在一个句子里出现很多问题,而我们对留学生的语料常抱有宽容的态度,因此在判断上也会有一定的偏差。

3) 实验所用的标注语料都是从留学生语料中抽取出来的单独的句子,有些句子脱离了上下文语境,语义表达出现模糊,因此实验所标的语料确实比实际标注的语料更有难度。

这就要求标注人员在标注之前一定要熟练掌握所要标注的20个辞格的定义和用法。在标注过程中要注意劳逸结合,这样才可以提高标注的准确率。除此之外,被试也对这次实验提出了一些问题。主要有以下几点:

1) 基础标注的代码简单明确,容易掌握;而偏误标注的代码则比较复杂难记,他们在标注过程中基础标注代码可以直接标上去,而偏误标注的代码则需要参看标注规范才可以标注出来。偏误代码不好记也说明了两个问题,一是偏误标注的代码概况性不强,二是偏误标注的分类还不够完善。

2) 实验材料中所要标注的句子都是单独的句子,有的句子没有上下文语境,单看该句子觉得莫名其妙,会影响被试判断。

3) 标注人员的实际标注材料是成篇的语料而非单独的句子,所以只有单独句子的测试并不能十分准确地判断标注人员对规范的执行情况。因为这些句子是单独被挑出来的,大部分都是带有修辞手法的句子。被试面对这些句子可以标出辞格，不代表在面对成篇的语料时也能准确找出带辞格的句子。笔者认为，实验语料还可以再完善，就是把实验语料分成两部分，一部分是单句测验，一部分是几个小段落的测验，这样得出的结果可能会更准确。

5　结　语

目前，国内汉语中介语语料库中还没有对辞格进行标注。为了填补这方面的空白，提高对外汉语辞格教学的质量，本章在对"HSK 语料库"和"首都语料库"中抽取一定数量的语料进行观察分析的基础上，制定了一套包含辞格标注模式、标注原则、标注内容、标注方法、标注代码等较为完整的辞格标注规范。这套标注规范还存在一些问题，如辞格偏误类型不便记忆，偏误标注内容尚未验证是否全面等，这就需要将来进行更深入的研究。

参考文献

曹成龙（2004）修辞教学与对外汉语教学，《云南师范大学学报》（对外汉语教学与研究版）第 4 期。
陈辉（2008）英汉数量夸张辞格与文化对比，《苏州科技学院学报》（社会科学版）第 1 期。
陈汝东（2004）《当代汉语修辞学》，北京大学出版社，北京。
陈望道（1997）《修辞学发凡》，上海教育出版社，上海。
陈望道（2011）《陈望道全集》第四卷，浙江大学出版社，杭州。
方小兵（2005）英语辞格分类与英汉辞格对比，《金陵科技学院学报》（社会科学版）第 3 期。
冯广艺（2004）修辞格研究中的几个问题，《湖北师范学院学报》（哲学社会科学版）第 1 期。
高万云（2000）辞格的演绎研究，《修辞学习》第 5、6 期合刊。
胡曙中（1993）《英汉修辞比较研究》，上海外语教育出版社，上海。
黄伯荣、廖序东（2002）《现代汉语》，高等教育出版社，北京。
黄昌宁、李涓子（2002）《语料库语言学》，商务印书馆，北京。
江海漫（2010）论对外汉语教学中对偶辞格切入的可行性——读王希杰《修辞学通论》有感，《走向科学大道的修辞学》，山西人民出版社，太原。
雷梅英（2010）英汉辞格比较——Metonymy，Antonomasia，Synecdoche 与借代，《咸宁学院学报》第 12 期。
黎运汉、盛永生（2006）《汉语修辞学》，广东教育出版社，广州。
刘焱、汪如东、周红（2009）《现代汉语概论》（留学生版），上海教育出版社，上海。

马树德（2003）《现代汉语高级教程》（四年级教材），北京语言大学出版社，北京。
美国不列颠百科全书公司（2007）《不列颠百科全书》（国际中文版）（修订版），中国大百科全书出版社，北京。
孟建安（2001）现代汉语修辞格教学之我见，《周口师范高等专科学校学报》第4期。
聂焱（2005）《王希杰修辞思想研究续辑》，中国文联出版社，北京。
彭云（2009）《对外汉语辞格教学研究》，上海交通大学硕士学位论文。
濮侃（2001）汉语修辞格的发展和我们的新认识，《修辞学习》第4期。
沈孟璎（1993）教学辞格系统刍议，《南京师大学报》（社会科学版）第2期。
史尘封（1995）《汉语古今修辞格通编》，天津古籍出版社，天津。
谭学纯、濮侃、沈孟璎（2010）《汉语修辞格大辞典》，上海辞书出版社，上海。
谭永祥（1992）《汉语美学修辞》，北京语言学院出版社，北京。
田荔枝（1996）辞格理论研究述评，《齐鲁学刊》第2期。
王聪聪（2009）对二语习得中转类辞格教学的探讨，《安徽文学》（下半月）第6期。
王玉仁（2000）汉语修辞格分类新探，《辽宁师专学报》（社会科学版）第4期。
文渤燕（2001）语料库及其作用，《国外外语教学》第2期。
吴迪（2006）对外汉语中的修辞教学，《渤海大学学报》（哲学社会科学版）第3期。
邢福义（2003）《现代汉语》，华中师范大学出版社，武汉。
邢福义、汪国胜（2003）《现代汉语》，华中师范大学出版社，武汉。
徐鲁亚（2010）《〈庄子〉三个英译本的译者主体性研究》，上海师范大学硕士学位论文。
张宝林（2006）"HSK动态作文语料库"的标注问题，《数字化汉语教学的研究与应用》，张普等主编，语文出版社，北京。
张宝林（2009）"HSK动态作文语料库"的特色与功能，《国际汉语教育》第4期。
张宝林（2013）关于通用型汉语中介语语料库标注模式的再认识，《世界汉语教学》第1期。
张斌（2002）《新编现代汉语》，复旦大学出版社，上海。
张明华（2003）英汉辞格异同探微，《漳州师范学院学报》（哲学社会科学版）第2期。
张普（1999）关于大规模真实文本语料库的几点理论思考，《语言文字应用》第1期。
张宗正（2002）关于修辞格本质即修辞格同一性的思考，《修辞学习》第3期。
章恒珍（2011）比喻辞格中的汉英文化差异，《韶关学院学报》（社会科学版）第11期。
郑远汉（1982）《辞格辨异》，湖北人民出版社，武汉。
周明强（2006）辞格特征与辞格辨识——谈借喻和借代、移就和比拟的区别，《浙江教育学院学报》第4期。
周小兵、洪炜（2010）中高级留学生汉语中介语辞格使用情况考察，《世界汉语教学》第4期。
周延云（2001）汉语辞格研究综述，《青岛大学师范学院院报》第1期。
宗廷虎（2008）《20世纪中国修辞学》（上、下），中国人民大学出版社，北京。
祖艳凤（2010）《留学生程度副词"比较"偏误分析》，暨南大学硕士学位论文。
Genette, G., Genette, G-Erard (1981) *Figures of Literary Discours*. New York:

Columbia University Press.

Leech, G. (1992) Corpora and theories of linguistic performance. In Svartvik, J. (ed.) *Directions in Corpus Linguistics*. New York: Mouton de Gruyter.

Thomas, J. & Short, M. (1996) *Using Corpora for Language Research*. London: Longman.

附录:辞格标注语料

1. 这里发展很快,睡了一天就可以看到很多建筑物。

2. 人们青少年时追星过,父母也追星过。

3. 最重要的是怎么爱孩子、怎么对待孩子、怎么教育孩子。

4. 很多人来这儿爬山、看花、休息。

5. 不要这么盲目的崇拜他,这有什么好处?

6. 妈,我今天要开夜车学习。

7. 他家后院有棵葡萄树,这几年来它半死不活的。去年竟然焕发了青春。

8. 明星为何叫做明星?演员为何叫做演员?歌手为何叫做歌手?

9. 家长推一把,把孩子推出去,孩子才能自己成长。

10. 一直无业、二老啃光、三餐饱食、四肢无力、五谷不分、六亲不亲、七分任性、八方逍遥,九坐不动、十分无用的人就是啃老族。

11. 我听了妈妈的话后心里很酸。

12. 个子比我稍微高一点,高高的鼻梁儿,中等身材,像只狼一样的尖利眼光,给人一种害怕的感觉。

13. 四季中表示生命的春天已经过去了,到了表示活动的夏天了。

14. 韩国的三国时代时被叫称徐辣发,高丽时徐发,朝鲜时汉阳,日本的殖民地时京城。

15. 这是为很么呢?因为秋天的时候天安很美,真的好像画一样。

16. 那天我没给你打电话现在顺便说一下祝您生日快乐,身体健康,事事顺利。

17. 如果我们有选择地从他们身上学习和接受一些有益的东西,那说不定可以真正地取点"经"。

18. 你不认为这很美丽的城市吗?

19. 这是我的好朋友,我们钢得很。

20. 我每天努力学习,三天打鱼两天晒网是不行的。

21. 那么我们要放弃他们吗?只是希望时间快点过去吗?这是不行的,等他们自己觉悟的时候,也许时间来不及。

22. 春天在山看樱花,夏天在海或者川里游泳,秋天在山看红叶,然后冬天在山滑雪。

23. 由于两条尼罗河汇合后形成两条尼罗河其形如象鼻,古名喀土穆

24. 我们去的地方叫"绿色的海岸",你可能自己问,为什么叫绿色的海岸呢?就是

因为海滩的旁边有许多小公园，有绿的树，也有绿的草。

25. 汉语有“三大”就是使用范围大、人数大、年岁大。

26. 有人帮病人自杀，病人死了。你能说那个人不懂生命的尊严？还能说那个人犯了杀人罪？

27. 贵公司供客户索取指南的架子上，不就有一份非常抢眼的指南吗？

28. 打算进入吃粉笔这一行列，我想也只有父亲的影响力了。

29. 乡村多么的宁静，生活节奏多么的放松，耳闻目睹都是一片平静，人的一举一动都容没于在一片鸟语花香。

30. 与大姑母的独生女小丽共处一室，我常成了代罪羔羊，大姑母也常将闷气往我身上发。

31. 记忆中，我最皮了，常到处跑，经常让姐姐哥哥们找得如热锅上的蚂蚁才干心。

32. 爸爸被挖角，去其他公司工作了。

33. 我的一个朋友眉毛浓密得像毛虫，眼睛细长。

34. 一个星期、一个月、一年、十年时间过去了，我笔记本上只是重复又重复地写下三个项目……

35. 面对如此的挫折，你会怎么做？乐观主义者会把它看做是一个挑战，悲观主义这则把它当做深渊。

36. 孩子的学习、健康、生活、习惯将来都会受到很多不良的影响。

37. 她的相貌是这样：圆圆的脸，金鱼似的眼睛，蒜头鼻子，像小肠子那样的嘴唇。

38. 救人如救火，我不帮，谁来帮？

39. 如果不做好准备，怎么能成功。

40. 他是我生活的一束光，我爱他象树爱水一样情感，我是一个很幸福的人。

第十六章　偏误标注质量研究[①]

1　引　言

1.1　偏误标注质量定义及本章研究范围

"质量"在《现代汉语词典》(第6版)中被解释为"产品或工作的优劣程度",其内涵包括质量形成的过程和结果;有关质量管理与质量保证的国际标准 ISO 8402—1994 定义"质量"为"实体满足明确和隐含需要的能力的特性总和",指明质量的问题是满足人们需求的问题。(徐斌,2001)综合来看,我们认为,偏误标注的质量是指偏误标注的过程与结果的水平,及其满足语料库使用者需求的程度。偏误标注应正确、可靠地描述出各种类型的偏误,为使用者提供真实的偏误信息。

本章研究汉语中介语语料库中由人工完成的偏误标注的质量,不涉及由机器完成的自动标注,也不涉及汉语中介语语料库中的基础标注。

1.2　文献综述

在汉语中介语语料库的建设与研究中,学界讨论了偏误标注标什么、怎么标的问题。在标注内容方面,第一个汉语中介语语料库"汉语中介语语料库检索系统"分字、词、句、篇等不同层面进行偏误标注,后来的语料库如"HSK动态作文语料库"、鲁东大学的"韩国留学生汉语中介语语料库"、在建的"全球汉语中介语语料库"等都沿用这一框架。在标注原则上,标注的正确性、准确性是语料库建设的基本前提。(张宝林,2006)在标注方法上,研究者多认同汉语中介语语料库目前主要靠人工标注偏误,如胡晓清等(2011)指出,留学生中介语语料中由错字、别字、漏字、自造词、错序词等引发的字、词层面的偏误不在少数,人工标注能更好地适应这样的语料。一些研究者对汉语中介语偏误的自动标注进行了探索,如王洁(2011)以

① 本章原题《汉语中介语语料库偏误标注质量研究》。作者:张琪,北京语言大学2011级课程与教学论专业硕士研究生。

“比”字句、“把”字句、“被”字句三种特殊句型作为切入点进行自动标注实验，验证了计算机在偏误标注中自动识别某些类型偏误的可能性。

还有一些研究对影响偏误标注质量的可能因素进行了探讨。王洁、宋柔(2008)指出，语料本身特点及标注者的自身因素是造成标注质量问题的原因。Sandipan, D. et al.(2009)用实证法探索影响孟加拉语及印地语词性标注质量的因素，主要包括标注深度、标注工具、自动标注准确率以及标注员的专业水平、培训时间、标注监督等。李盛微(2009)检验了“外国留学生汉语习得作文语料库”偏误标注中的一致性，其实验表明人的认知能力以及个人精神状态对偏误标注有较大影响。张宝林(2010)提出，如果标注人员没有全面、扎实的语言文字功底，标注中的错误就在所难免；通过标注工具的帮助，在一定程度上可以减少标注一致性的差错。王洁(2011)认为中介语语料本身的特点是不能忽视的一个因素，很多偏误现象在归类时存在歧义，即同一偏误实例既可归入 A 类，又可归入 B 类(甚至还可以归入其他类)，这就给人工标注带来很大难度。

研究者在理论上提出了改进偏误标注中质量的相应对策，但有关偏误标注质量控制的研究在数量和深度上都很有限。李盛微(2009)指出对标注员进行偏误认定训练，帮助其熟悉分类标注非常必要。任海波(2010)提出了完善语料标注的两个方面，一是要考虑语料标注的一致性，二是要考虑语料标注的正确性。张宝林(2010、2013)提出应从对标注人员进行有效培训着手，同时设计完善的、便于操作的标注规范，严格控制标注流程，并在标注后加强审核修改的一系列对策。这些论述为提高偏误标注质量提供了思路，但其可行性和有效性尚未得到进一步验证。

2 偏误标注质量问题及其表现

本章语料主要来自于“HSK 语料库”(1.1 版)和“首都语料库”。“HSK 语料库”(1.1 版)是由北京语言大学开发的、母语非汉语的外国人参加高等汉语水平考试中的作文考试的答卷语料库，共计 424 万字。“首都语料库”也由北京语言大学开发，共收入在北京部分高等院校学习的外国留学生用汉语书写的作文或其他成段、成篇的语料约 100 万字。目前“首都语料库”仍处在建设过程中，语料库中的语料是未经审查定稿的标注材料。从“HSK 语料库”和“首都语料库”中，随机各抽取 10 万字左右的语料作为研究样本。通过对样本语料的穷尽式考察，发现目前偏误标注中存在以下几种质量问题。

2.1 漏标

“漏标”指语料中存在偏误，但没有被标注出来，即有错而未标。这类问题出现频率最高，尤以词、句子层面的漏标现象最多。每漏标一个偏误，用户在检索时就有一个例句不能被查出，语料包含的偏误信息也就不能为人们提取利用。在词和句子层面，漏标的程度还将影响到偏误统计结果的准确度。

表 16-1 漏标语料示例

序号	层面	原有偏误标注	正确标注形式
(1)	标点符号	不愿呆在家中的厨房里，做个好妈而活跃地在社会中与男人并肩地生产。	不愿呆在家中的厨房里[BD,]做个好妈[BQ,]而活跃地在社会中与男人并肩地生产。
(2)	字	我想肯会有。	我想肯[L 定]会有。
(3)	词	请不要轻易的放弃一段婚姻。	请不要轻易地{CCb 的}放弃一段婚姻。
(4)	句	我也对我的孩子像你对我的那样子。	我也对我的孩子{CJX}像你对我的那样子。
(5)	篇	我{CQ 的}国家{CQ 的}人们也越[C]来越要绿色蔬菜{CZsb}。[BC.]所以蔬菜市场缺乏必要的管理[BQ,]农民与商贩直[C]接交易[C]。	{CPxl 我{CQ 的}国家{CQ 的}人们也越[C]来越要绿色蔬菜{CZsb}。[BC.]所以蔬菜市场缺乏必要的管理[BQ,]农民与商贩直[C]接交易[C]。P}

表 16-2 “HSK 语料库”漏标统计 单位：个

漏标总数	标点符号		字				词			句			
	标点缺失	标点错误	别字	漏字	多字	繁体字	错词	多词	缺词	句子成分	句型	语序	杂糅
273	15	20	34	4	2	2	85	18	18	28	26	16	5

表 16-3　“首都语料库”漏标统计　　单位:个

漏标总数	标点符号			字		词			短语	句				语篇
668	标点错误	标点缺失	标点多余	别字	漏字	错词	缺词	多词		句子成分	句型	语序	杂糅	
	53	38	8	25	9	61	45	47	97	133	125	13	5	9

2.2　错标

“错标”指对偏误添加了标记但是标记有错,标记与实际偏误不符,或与标注规范的规定等不符。错标的频率仅次于漏标,在“HSK 语料库”和“首都语料库”的抽样语料中分别出现 189 次、282 次。错标情况大致有四种类型。

2.2.1　混淆标记层面

语料中添加的标记指向的偏误层面与偏误本身不符。错标的大部分语料都可归于这类问题,尤其在“HSK 语料库”中,这一类型占到错标总数的 78%。

表 16-4　混淆标记层面的错标语料示例

序号	原有偏误标注	正确标注形式
(1)	有一天,跟日本的朋友去卡拉 OK 时,我给他们露了一手,他们非常吃惊,对我刮{CC 括}目相看。	有一天,跟日本的朋友去卡拉 OK 时,我给他们露了一手,他们非常吃惊,对我刮[B 括]目相看。
(2)	气温每天{CQ 都}超过三十五度,比烟台热得多。	气温每天{CJ-zy 都}超过三十五度,比烟台热得多。
(3)	但是我感觉北京的天气比起{CCb4 比}韩国的天气太干燥了。	但是我感觉北京的天气比韩国的天气太干燥了{CJbi}。

例(2)中所缺的“都”,按“从大”的标注原则应是状语成分缺失,但语料库中却把“缺状语”标记为所属层次更低的“缺词”。

2.2.2　混淆偏误类型

指标记所指的偏误层面正确,但具体的偏误类型错误。这类现象在词层面、句层面的标注中尤为集中。

表 16-5 混淆偏误类型的错标语料示例

序号	原有偏误标注	正确标注形式
(1)	我看之所以{CJX}流行音乐这么流行的原因,在于它有自己的内在含义和内在魅力。	我看之所以流行音乐这么流行的原因{CJZR},在于它有自己的内在含义和内在魅力。
(2)	如果大家互相帮助、互相合作或者大家轮流去做,那件事一定{CJ+sy是}会成功。	如果大家互相帮助、互相合作或者大家轮流去做,那件事一定是会成功{CJs}。
(3)	我们美好的明天都由我们今天的努力{CJ-sy创造}。	我们美好的明天都由我们今天的努力{CJ-wy创造}。

例(1)中添加了语序错误标记"{CJX}",分析可知,偏误确属句层面,但并非语序问题,应改为杂糅标记"{CJZR}"。例(2)混淆了句层面的特殊句型和句子成分两种偏误类型,当"是"做述语出现偏误时,应归入特殊句型"是"字句的偏误。

2.2.3 标记位置错误

标记本身并没有错误,但标记符号没有添加在标注规范所要求的位置上。

表 16-6 标记位置错误的错标语料示例

序号	原有偏误标注	正确标注形式
(1)	刚[C]来中国的时候一句汉语也不会说{CJ-zhuy我}。	{CJ-zhuy我}刚[C]来中国的时候一句汉语也不会说。
(2)	那次旅游只是十天的事,但{CQ对}我的人生来说{CJs}非常大的一步。	那次旅游只是十天的事,但{CQ对}我的人生来说非常大的一步{CJs}。

例(1)(2)分别为缺主语、"是"字句偏误,标注规范中明确规定:句子成分缺失的标记应处于所缺成分在句中相应的位置,特殊句型的标记则一律处于句尾。原有偏误标注恰好采取了相反的处理方式。

2.2.4 以错改错

偏误标记符号及其位置均正确,但并不能使偏误得到修正。这一类问题出现得较少。

表 16-7　以错议错的错标语料示例

序号	原有偏误标注	正确标注形式
(1)	孩子张[F 長]大了，自立门户后，她还是常常照顾着孙子，外孙。	孩子长[F 長]大了，自立门户后，她还是常常照顾着孙子，外孙。
(2)	我记得那个时候每次都给自己一{CQ 次}短暂[Pzàn]的时间休息。	我记得那个时候每次都给自己一{CQ 段}短暂[Pzàn]的时间休息。

例(1)中有一个繁体字“長”，应在句中补上对应的简体字“长”，而语料库的标注补上的简体字是“张”；例(2)中，缺词符号后补上的量词与语料中的句子成分并不搭配。

2.3　误判

“误判”是指语料中本没有偏误，但却添加了偏误标记，是无错而标错的情况。该现象主要发生在词、短语和句层面，尤以句层面最为突出。

表 16-8　“HSK 语料库”误判统计　　单位：个

误判现象总数	词层面			句层面		
	多词	缺词	错词	句子成分	语序	句型
70	12	6	14	9	17	12

表 16-9　“首都语料库”误判统计　　单位：个

误判现象总数	词层面			短语层面	句层面		
	多词	缺词	错词	短语搭配	句子成分	语序	句型
81	13	4	9	6	9	11	29

表 16-10　误判语料示例

序号	原有偏误标注	语料原句
(1)	现在我们的关系{CJ-sy 变得}很亲密了。	现在我们的关系很亲密了。
(2)	我的家人{CD 就}是我的全部。	我的家人就是我的全部。
(3)	大概 5 年前[BQ,]她在别的地方开了几个美容厅{CZdz}。	大概 5 年前她在别的地方开了几个美容厅。

例(1)中添加了缺述语的偏误标记，但从语料原句看，述语“变得”在句中并不是必须的，句末的助词“了”可表示情况变化。例(2)(3)的语料原句也是通顺、合乎文法的，误判使语料的原貌受到损害。正确的语料被当作偏误检索出来，语料库的真实性和可靠性都会受到影响。

2.4　不一致标注

“HSK语料库”的样本未观察到标注不一致现象，“首都语料库”样本中有关于“是”字句偏误的三种不同标注，举例如下表：

表16-11　有关“是”字句偏误的标注

标注方式	原有偏误标注
句标记	(1)他真好心人{CJs}。
	(2)我的父母不那么有钱的人{CJs}，靠劳动来生活。 (3)大邱是文化和人才丰富{CJs}。
句标记＋ 词层面标记	(4)那位女人{CQ是}真正的教师，伟大的教师{CJs}。 (5)一位母亲{CD是}抱着孩子{CJs}。
句标记＋ 句子成分标记	(6)我觉得我的幸福{CJ-sy是}平平凡凡地生活{CJs}。 (7)我觉得这篇短文告诉我们{CJ＋sy是}{CJ＋sy有}很多{CJy}{CJs}，一个是贫困市民比较集中的地区有很多曾经进过监狱的人。

第一种方式是在单句末尾添加句层面标记“{CJs}”，句中偏误部分不作处理。第二种方式除了句末添加“{CJs}”外，把缺失或多余的“是”处理为词层面的偏误。第三种标注与第二种类似，但标记为句子成分缺失或多余的偏误。根据目前“首都语料库”标注规范，对“是”字句的标注只说明要在句末添加“{CJs}”，句中偏误是否需添加标记、如何添加标记，并无说明。三种标注方式都没有违背标注规范的地方，且与语料实际情况相符，因此我们将“是”字句偏误的这三种处理方式看作标注的不一致。

由于样本规模有限，我们在两个语料库中筛选出出现频率和偏误率均较高的三种特殊句型——“是”字句、“有”字句和“把”字句的全部偏误语料。观察发现，两个语料库都存在标注不一致现象。

表 16-12 “有”字句、“把”字句标注不一致示例

标注方式	原有偏误标注
句标记	(1)在世界上很多需[B 许]要帮助的人{CJy}。 (2)我把我的声调怎么改也改不了{CJba}。
句标记+ 词层面标记	(3)汉语语音的特点有{CCb2 是}两种{CJy}{CJs}。 (4)担心的父母把{CCb2 被}她转学了{CJbei}{CJba}。
句标记+ 句子成分标记	(5)他突然拉着我的手腕匆匆忙忙地{CJ-zy 把我}拖出来了。 (6)父母是对孩子的成长{CJ-sy 有}重大的影响的人{CJy}。

对三类偏误的不同标注方式进行整理和统计，初步得到以下数据：

表 16-13 “有”字句标注一致情况 单位：个

	偏误总数	{CJy}	词层面标记+{CJy}	句层面标记+{CJy}
HSK 语料库	555	543(97.8%)	4	8
首都语料库	200	149(74.5%)	24	27

表 16-14 “把”字句标注一致情况 单位：个

	偏误总数	{CJba}	词层面标记+{CJba}	句层面标记+{CJba}
HSK 语料库	585	581(99.3%)	4	0
首都语料库	137	98(71.5%)	35	4

表 16-15 “是”字句标注一致情况 单位：个

	偏误总数	{CJs}	词层面标记+{CJs}	句层面标记+{CJs}
HSK 语料	1450	1428(98.5%)	13	9
首都语料库	558	404(72.4%)	99	55

总体来看，在“把”字句、“有”字句和“是”字句的标注中，采用第一种标注方式，即只添加句型偏误标记的占多数。在“HSK 语料库”中，使用第一种标注方式的比例平均约为 98.5%，“首都语料库”为 72.8%。这些数值在一定程度上反映了两个语料库中“是”字句、“有”字句和“把”字句的标注一致程度。

3 偏误标注质量的影响因素及分析

除了进行语料统计分析，我们对“HSK 语料库”和“首都语料库”的偏

误标注人员也实施了问卷调查，目的是了解其标注工作的细节以及对偏误标注质量的认识。调查共发放问卷 25 份，回收 20 份，这 20 份均为有效问卷。综合分析，偏误标注质量主要受以下几大因素影响。

3.1 标注员

3.1.1 标注意识

“标注意识”指标注员对偏误标注工作的认识、看法。

首先，标注员应正确认识偏误标注工作的意义。根据调查数据，75％的标注员认为偏误标注“非常重要”，必须严谨地完成标注。

其次，标注员应正确认识偏误标注工作的性质。调查中，有少数标注员对偏误标注的理解是“对语料中的偏误做出修改，使之成为正确的句子”。这一错误的认识必然导致标注质量问题。

表 16-16 错误标注语料示例

	原有偏误标注	正确标注形式
(1)	我对中国{CD 的}关心{CJx}越来越[D 大]。	我对中国{CD 的}关心越来越大{CZzw}。
(2)	三个和尚{CJ＋zy 都}互相吵{CJ＋by 架}起来了。	三个和尚{CJ＋zy 都}互相吵架起来了{CCh}。
(3)	他应当{CQ 为}{CD 作}国家{CD 的}{CQ 尽}义务。	他应当作国家的义务{CZsb}。

以句(3)为例，句中述宾搭配不当，应添上相应标记“{CZsb}”如实描述偏误性质。但原有标注为把“作义务”改为正确的形式“尽义务”，插入多个缺词、多词标记，语料原貌在较大程度上受到破坏，而且所添标记并未指明偏误的实质。

最后，标注员应正确认识语料的特性。偏误标注处理的是学习者语料，用过高或过低的标准评判语料都是不合适的。

表 16-17 误判语料示例

	语料原句	偏误标注语料
(1)	后来我才知道怎么一回事。	后来我们才知道{CJs}怎么一回事。
(2)	有的人拥有了很多钱和别的人都羡慕的社会地位、豪华的车子、房子。	有的人拥有了很多钱和别[D 的]人都羡慕的社会地位、豪华的车子、房子。
(3)	“啃老族”以独生女居多，适应环境的能力较弱。	“啃老族”以独生女居多，{CJ-zhuy 他们}适应环境的能力较弱{CZzw}。

上表例句原是合乎语法、语义通顺的正确的句子，偏误标注虽然可以使句子更完整，但原句本身还不足以被算作“偏误”。

3.1.2　工作态度

在抽样语料中，由于粗心大意或一时疏忽而造成漏标、错标等的情况也不少。

表 16-18　错误标注语料示例

	原有偏误标注	正确标注形式
(1)	他叫“下地下一”，今年 26 岁，是{CJ-by 我的}同班同学。	他叫“下地下一”，今年 26 岁，是{CJ-dy 我的}同班同学。
(2)	所以为了胜利，我不管怎么样，坚持不解地做事儿。	所以为了胜利，我不管怎么样，坚持不解[B 懈]地做事儿。
(3)	妈，临考试前每个学生的情况都是这样，您别担心。{CJ-sy 我}已经习惯了。	妈，临考试前每个学生的情况都是这样，您别担心。{CJ-zhuy 我}已经习惯了。

以上的偏误并不复杂，例(1)所缺成分“我的”明显应为定语，所添标记却是“缺宾语”。如果细心、认真地标注，这类问题应该可以避免。

3.1.3　工作时间

“HSK 语料库”和“首都语料库”对标注时间都未做统一规定。在被调查者中，连续标注 1—2 小时的最多，占 45%；连续标注时间为 3—4 小时的占 30%。标注员普遍认为，标注时间过长会造成疲劳，注意力难以集中。还有超过半数的标注员认为长时间标注容易形成思维和操作的惯性，容易因熟而机械，导致出现“望形判错”的失误。(胡晓清等，2011)

3.1.4　专业水平

专业水平指标注员的语言文字功底以及有关汉语作为第二语言习得方面的知识。张宝林(2010)指出，“HSK 语料库”1.0 版中对存现句的判定基本上都是错的，在 1.1 版中才得以校正。又如“是……的”句的标注，由于标注员对两类“是……的”句把握不准确，“首都语料库”中标记为“是……的”句(一)的错句中，有 25 句实际上属于“是……的”句(二)；而标为“是……的”句(二)的错句中也有 7 个是“是……的”句(一)。

表 16-19 “首都语料库”中“是……的”句错标语料示例

	偏误标注语料	正确标注形式
(1)	28岁女子杜娟疯狂的追星引起的反响是非常大{CJsd1}。	28岁女子杜娟疯狂的追星引起的反响是非常大{CJsd2}。
(2)	父母们不能总是用强行的办法，那样对孩子不好的{CJsd1}。	父母们不能总是用强行的办法，那样对孩子不好的{CJsd2}。
(3)	我也是韩国人，你是不是一个人来{CJsd2}?	我也是韩国人，你是不是一个人来{CJsd1}?
(4)	韩国政府{CQ 的}开发援助也是六年前搬到大田{CJsd2}。	韩国政府{CQ 的}开发援助也是六年前搬到大田{CJsd1}。

3.2 标注原则

“从大”和“忠于原作”是从“HSK 语料库”就开始执行的，并为各个汉语中介语语料库贯彻执行的偏误标注原则，其中“从大”原则是判断偏误所属层面最重要的依据，即偏误标注的优先顺序为：篇〉句〉短语〉词〉字。观察发现，违反“从大”原则是混淆标记层面最主要的原因，这一观点在调查中得到75%的标注员的认同。例如，在“HSK 语料库”抽样语料中，把状语多余、缺失的偏误处理为多词、缺词的语料就多达57条，占到错标总数的30%。

表 16-20 “HSK 语料库”中状语成分错标语料示例

	偏误标注语料	正确标注形式
(1)	我相信{CC 希望}这个愿望肯定{CQ 能}实现。	我相信{CC 希望}这个愿望肯定{CJ-zy 能}实现。
(2)	所以现在的她总是{CQ 很}沮丧。	所以现在的她总是{CJ-zy 很}沮丧。
(3)	这确实是{CD 实在}太不象话了。	这确实是{CJ+zy 实在}太不象话了。
(4)	那么我们最好还是{CD 应该}练好本领去面对那些困难{CD 了}。	那么我们最好还是{CJ+zy 应该}练好本领去面对那些困难{CD 了}。

3.3 标注规范

标注规范不仅是标注员进行标注的操作指南，也是语料库用户理解标记符号、使用语料库的重要参考。一方面，对标注规范的理解和掌握程度会影响标注员的操作。调查显示，在20位标注员中，仅有3位认为自己对标注规范十分熟悉，可以迅速按规范做出标注。

表16-21　错误标注示例

	原有偏误标注	正确标注形式
(1)	他们很热情地帮了我不少的忙使{CJjy}能更快适应，使我在这有家的感觉。	他们很热情地帮了我不少的忙[BQ,]使能更快适应{CJjy}，使我在这有家的感觉。
(2)	人应该{CJ＋wy具有}自己决定自己的前途。	人应该{CJ＋sy具有}自己决定自己的前途。

例(1)中标记添加的位置错误，例(2)中谓语符号"wy"和述语符号"sy"混淆，如果十分熟悉标注规范，就可以避免上述错误。

另一方面，标注规范应该界定简洁、分类合理、表述简洁，能为标注员的理解、记忆和操作提供帮助。标注规范本身的缺陷也是影响标注质量的重要原因，例如下面的句子：

我的老家{CCb4老乡是位于韩国东南部的一个叫浦项的海滨城市{CJs}。

这个句子是"是"字句，但句中的偏误属于词层面。由于标注规范中没有具体界定"{CJs}"的偏误范围，标注员可能认为只要"是"字句中出现了偏误，不管偏误是否与句子结构有关，都应算作"{CJs}"。又如，"HSK语料库"和"首都语料库"的标注规范中设置了一个固定格式错误标记"{CJgd}"，但哪些格式属于固定格式，哪些不属于固定格式，没有进一步界定和说明。不同标注员对"固定格式"可能存在不一致的理解，这难免又会造成漏标、误判、错标和不一致的现象。

3.4　标注工具

标注工具可在一定程度上避免人为造成的符号错误。例如，主语缺失的标记本来是"{CJ-zhuy}"，但有标注员手工输入成"{CJ-zhy}"；述语缺失的标记本为"{CJ-sy}"，也有误输为"{CJ-shuy}"的；还有"有"字句标记{CJy}位置和符号都被修改了的情况。如果使用标注工具，标注员做出判断后只要选择应插入哪个标记就行，省去了手工输入环节，减少了出错的概率。调查显示标注员均倾向使用标注工具，并认同标注工具在减轻工作负担方面的作用。

表 16-22 错误标注示例

	原有偏误标注	正确标注形式
(1)	我崇拜她是因为她的歌很好听而且{CJ-zhy 舞}跳得不错。	我崇拜她是因为她的歌很好听[BQ,]而且{CJ-zhuy 舞}跳得不错。
(2)	{CJ-shuy 看到}警察毫不在乎的样子,我更伤心了。	{CJ-sy 看到}警察毫不在乎的样子,我更伤心了。
(3)	但{CJy 有}目标还不够[BQ,]要有好的材[B 采]料{CJ-zy 才}能帮助我们达到目标。	但{CJ-sy 有}目标还不够{CJy}[BQ,]要有好的材[B 采]料{CJ-zy 才}能帮助我们达到目标。

4 有关偏误标注质量的实验

偏误标注质量是否能通过控制人为因素而得到改进?结合前文,我们做出假设:实施标注培训、提供完善的标注辅助材料,有助于提高偏误标注质量。下面通过实验对该假设做进一步验证。

4.1 被试

实验由北京语言大学语言学及应用语言学专业、课程与教学论专业硕士研究生共 30 人完成。被试均具备一定汉语言文字学功底,具备汉语作为第二语言习得的基础理论知识。在实验前,被试均无语料库偏误标注的实践经验。

4.2 标注材料

在"首都语料库"中随机选取留学生作文三篇,将带有偏误标记的语料还原。由曾参与过偏误标注的五名标注员共同进行偏误认定,形成三篇语料偏误标注的黄金标准(gold standard),以此衡量被试标注的质量。被试的标注结果与黄金标准一致的计为标注正确,否则计为标注错误。

4.3 实验设计

实验的自变量分为有干预和无干预两种情况;因变量为标注质量。通过控制人工干预的水平,比较两组被试的标注质量是否存在显著性差异。

人工干预分两部分,一是辅助材料的干预。对实验组的被试,提供本研究拟写的"偏误标注手册"作为辅助材料,手册补充、完善了"首都语料库”原有的标注规范,并对标注原则、正确的标注态度、标注流程及其他注意事项做了较详细的说明。而对于对照组被试,辅助材料仅为“首都语料库”原有的标注规范。两组被试均被要求在标注前先仔细阅读所给辅助材料。二是标注前的培训。在标注开始前,对实验组参照“偏误标注手册”讲解标注工作的各个事项;对照组成员无相关培训。

4.4 实验程序

将 30 名被试随机分为实验组和对照组,每组 15 人。在标注开始前一周,将辅助材料分别发放给两组被试,供其了解和熟悉标注工作的范围、内容和规则,这可以称为熟悉标注的阶段。在这一阶段,对实验组被试提供时长 60—90 分钟的培训和讲解。熟悉阶段结束后,将标注语料发放给各位被试,要求独立完成偏误标注并在标注后自行检查。

4.5 实验结果讨论

把中介语语料库中的所有语料看作是一个语言信息的集合,偏误标注则可以看作是这个集合中有偏误的语言信息,并需完成标记的任务。这一任务从性质上说与信息检索十分类似。参照信息检索的性能评价指标(刘挺等,2008),判断一个标注员的偏误标注质量,可以考察其标注的准确率(precision)与召回率(recall)。

假设用全集 U 表示语料库中所有的语言信息,用集合 I 表示全集 U 中包含的所有偏误信息。在标注员对语料进行偏误标注后,集合 A 表示属于 I 但未得到标记的偏误信息,集合 B 表示不属于 I 却得到偏误标记的信息,集合 C 表示属于 I 并得到标记的偏误信息,集合 D 表示不属于 I 且未得到标记的信息。由此可得:

$$\text{准确率(precision)} = \frac{C}{B+C} \quad \text{(公式 1)}$$

$$\text{召回率(recall)} = \frac{C}{A+C} \quad \text{(公式 2)}$$

黄金标准中共包含 140 个标记,即语料共需要添加的正确标记有 140 个。把各被试标注结果与黄金标准分别进行比对,统计其添加的标记总数、正确标记数,得出其准确率、召回率的均值如下表:

表 16-23 实验结果

	标记总数(个)	正确标记数(个)	准确率(%)	召回率(%)
黄金标准	140	140	100	100
实验组(n=15)	134.80	93.67	69.49	66.91
对照组(n=15)	132.73	63.60	47.92	45.43

对两组被试的准确率、召回率进行正态性检验,分别得到其 p 值如下:

表 16-24 正态性检验 p 值表

	准确率	召回率
实验组	0.909	0.976
对照组	0.984	0.927

检验显示实验组和对照组的数据都近似正态分布。

对两组被试的准确率进行独立样本 t 检验。由两组的准确率数据得出,F 值为 1.021,对应 p 值 0.321>0.05,方差齐;t(28)=-6.232,p=0.000<0.05。实验组和对照组的标注准确率差异显著。

对两组被试的召回率进行独立样本 t 检验。由两组的召回率数据得出,F 值为 0.184,对应 p 值 0.671>0.05,方差齐;t(28)=-7.743,p=0.000<0.05。实验组和对照组的标注召回率存在显著性差异。

以上结果表明,和对照组相比,加强了人工干预的实验组在标注中出现的错误标记少于对照组,给出正确标记的频率高于对照组。总的来说,实验组的标注结果更接近黄金标准,标注质量优于对照组。在加强了人工干预的情况下,标注员的标注准确率和召回率都显著提高。

完善的标注辅助材料使标注员能对偏误标注的性质、内容、原则和规范有较清晰的认识。例如,在实验组使用的标注手册中,对"首都语料库"原有标注规范中有关固定格式的偏误标记"{CJgd}"一项进行了补充,指出"固定格式"包括对外汉语教学中以语块形式出现的结构,并在其后列举"越来越……""一……就……""又……又……"等结构。对实验标注材料中有关"越来越……"的偏误标注(参见表 16-25),实验组中有 13 名被试正确标记了固定格式的偏误;而对照组中仅有 2 名将其标为固定格式的偏误,大部分将其处理为缺词这一词层面的偏误。

表 16-25　固定结构偏误举例

语料原句	正确标注形式
上人民大学后，我的留学生活越来好。	上人民大学后，我的留学生活越来好{CJgd}。

这些现象进一步证明，标注规范在偏误标注中的意义十分重要，直接影响着标注员的操作。如果标注规范对较复杂的偏误类型的说明只是一笔带过，可能引发多种质量问题。此外，适当地提供标注范例，也能有效地减少质量问题的出现。

完善后的辅助材料，与原来的标注规范相比篇幅更长、内容更多，这就需要通过标注前培训来帮助标注员理解、消化。标注前的培训帮助标注员完成对偏误标注工作由不熟悉到熟悉的过渡，帮助其在头脑中形成对标注内容、规范和原则的清晰的认知体系。例如，在对实验组被试的培训中我们详细说明了“从大”原则，并以缺状语和缺词这两种偏误的区分为例进行讲解。标注结果显示，出现混淆标注层面的错标现象的，实验组被试中仅有 2 人，而对照组有 11 人。对照组被试的错误情况与之前抽样语料的观察结果一致，均表现在倾向于把短语层面、句层面的偏误标为词层面的偏误。

实验结果表明，通过对偏误标注工作进行人工干预，如对标注员进行标注培训、完善标注的辅助材料等，能有效提高偏误标注质量。这一结果验证了之前的假设。

5　关于偏误标注质量的建议

通用型汉语中介语语料库的偏误标注涵盖的偏误范围广，标注中要处理的偏误类别多，人工标注的方式对这一复杂任务有较好的灵活性和适应性。总的来说，偏误标注中的质量问题在很大程度上要归于人为的不规范操作。实证研究表明，加强人工干预可以为偏误标注质量提供保障。

5.1　完善标注辅助材料

语料库的偏误标注规范应该做到内容完备、详略得当、示例准确，应尽可能完善标注规范的内容，避免由于标注规范的表述不明而造成标注质量问题。下面以“首都语料库”中“把”字句的偏误标注为例，对标注规范进行补充。

表 16-26　"把"字句标注规范说明示例

类型及方式	{CJba}:"把"字句偏误标记,加在有偏误的"把"字句句末,句中的偏误不做修改。
偏误范围	标注示例
(1)句中该用"把"而未用	后来人们这村子叫富谷{CJba}。
(2)句中不该用"把"却用了	所以我把这封信里给你介绍一下我的家乡{CJba},希望读完这封信以后更了解韩国。
(3)"把"字句中出现了其他偏误	a. 但是他把所有的可疑的人的嘴都张开{CJba},[BC。] b. 我们的头儿不把我一点儿也眼里{CJx}{CJba},[BC。]
注意: 1. "把"字句中出现的标点符号、字、词层面的偏误不影响句子的整体结构,不算作"把"字句偏误。如:他把葡萄给一个邻居家{CQ 的}孩[L 子]。 2. 语料可能出现其他"把"字句偏误情况,可记录在案,提出讨论。	

以上表格是根据已观察到的情况列出的有关"把"字句偏误的几种处理方法,对于出现频率较高、覆盖内容较多的偏误类型,应保证有对偏误范围及标记添加方式的清晰描述,使标注员的操作有例可循。这对避免错标、漏标、误判和不一致操作的出现是极为必要的。

要使标注员在标注中随时能得到有效的参考和帮助,有必要制作一个涵盖偏误标注工作的各个重要事项的操作手册。从内容上看,偏误标注操作手册应涉及以下信息:(1)标注规范;(2)正确的标注意识和标注态度;(3)标注原则的解释说明;(4)标注的完整步骤、流程;(5)标注工具的介绍与说明;(6)标注中的其他注意事项等。标注员既可以在标注前加深理解,在标注中也便于查阅。

5.2　培训标注人员

对标注员进行培训是偏误标注开始前不可或缺的一个环节。培训能帮助标注员树立关于偏误标注的正确认识,端正偏误标注的态度,加深对偏误标注内容的理解和对标记符号的记忆,掌握标记的原则与方法。在培训中,可针对以往偏误标注中容易出现质量问题的方面做出详细说明,使标注员在正式标注中有意识地避免出现同类错误。同时,可选取一定的语料给标注员进行试标,现场检查其标注结果,解决其存在的疑问。标注前的培训使标注员能在较短的时间内完成过渡,迅速适应并熟悉标注工作。

5.3 利用标注工具

“首都语料库”开发完成的标注工具“HSK Tool”能辅助标注员选择和添加标记，免去了手工输入符号的环节。比照“HSK Tool”制作一个辅助偏误标注的工具在技术上已具备了成熟的条件。

5.4 提供标注质量说明

一个大规模的通用型汉语中介语语料库，其偏误标注存在瑕疵是难免的。由于时间、精力等的限制，我们不可能要求偏误标注的正确率达到百分之百。对于语料库的使用者来说，偏误标注的质量问题在一定范围内也是可容忍的。因此，语料库建设者为使用者提供关于标注质量的说明十分必要。目前来看，我们认为可以采用准确率和召回率的形式来呈现偏误标注的质量。对标注完成的所有语料，选取一定规模，分别计算各篇语料的标注准确率和召回率并取其均值，将结果在语料库界面中加以显示，供语料库用户在使用时参考。经过反复检查、修订后的偏误标注虽然仍有瑕疵，但瑕不掩瑜，标注结果对使用和研究语料仍具有无可替代的作用。

6 结 语

本章以汉语中介语语料库的偏误标注质量为研究对象，但只选取了“HSK 语料库”“首都语料库”中的标注情况进行观察、分析和讨论。与规模宏大的语料库整体相比，研究的语料样本规模十分有限。在今后的研究中，可进一步扩大考察范围，并在其他汉语中介语语料库中对观点和结论做进一步验证。

偏误标注的质量在很大程度上影响着汉语中介语语料库的使用价值。作为一项耗时、费力、烦琐的工作，偏误标注是对语料库建设者们的考验。然而，高质量的偏误标注是每一个语料库建设者的不懈追求。如何不断改进和提高偏误标注的质量，值得我们思索和讨论。

参考文献

崔刚、盛永梅（2000）语料库中语料的标注，《清华大学学报》（哲学社会科学版）第 1 期。

崔希亮、张宝林（2011）全球汉语学习者语料库建设方案，《语言文字应用》第 2 期。

胡晓清等（2011）韩国留学生汉语中介语语料库的标注研究，《首届汉语中介语语料库建设与应用国际学术讨论会论文选集》，肖奚强、张旺熹主编，世界图书出版公司，北京。

黄昌宁、李涓子（2002）《语料库语言学》，商务印书馆，北京。

李盛微（2009）《外国留学生汉语习得作文语料库偏误分类及标注设计》，上海交通大学硕士学位论文。

梁茂成、李文中、许家金（2010）《语料库应用教程》，外语教学与研究出版社，北京。

刘挺、秦兵、张宇、车万翔（2008）《信息检索系统导论》，机械工业出版社，北京。

任海波（2010）关于中介语语料库建设的几点思考——以“HSK动态作文语料库”为例，《语言教学与研究》第6期。

王洁（2008）《汉语中介语偏误的计算机处理方法研究》，北京语言大学博士学位论文。

王洁（2011）计算机识别汉语语法偏误的可行性分析，《语言文字应用》第1期。

王洁、宋柔（2008）HSK动态作文语料库偏误标注方法研究，《第四届全国学生计算语言学研讨会会议论文集》，中国知网。

徐斌（2001）《质量管理》，企业管理出版社，北京。

张宝林（2006）“HSK动态作文语料库”的标注问题，《数字化汉语教学的研究与应用》，张普等主编，语文出版社，北京。

张宝林（2009）“HSK动态作文语料库”的特色与功能，《国际汉语教育》第4期。

张宝林（2010）汉语中介语语料库建设的现状与对策，《语言文字应用》第3期。

张宝林（2013）关于通用型汉语中介语语料库标注模式的再认识，《世界汉语教学》第1期。

张宝林、崔希亮、任杰（2004）关于“HSK动态作文语料库”的建设构想，《第三届全国语言文字应用学术研讨会论文集》，中国应用语言学会编，香港科技联合出版社，香港。

郑家恒、张虎、谭红叶、钱揖丽、卢娇丽（2010）《智能信息处理——汉语语料库加工技术及应用》，科学出版社，北京。

中国社会科学院语言研究所词典编纂室（2012）《现代汉语词典》（第6版），商务印书馆，北京。

Dagneaux, E., Denness, S. & Granger, S. (1998) Computer-Aided Error Analysis. *System: An International Journal of Educational Technology and Applied Linguistics* 26(2).

Díaz-negrillo, A. & García-cumbreras, M. Á. (2007) A tagging tool for error analysis on learner corpora. *Internation Computer Archive of Modern and Medieval English (ICAME) Journal* 31.

Granger, S. (2003) Error-tagged learner corpora and CALL: A promising synergy. *CALICO Journal* 20(3).

Sandipan, D., Priyanka, B., Monojit, C. & Kalika, B. (2009) Complex Linguistic Annotation—No Easy Way Out! A Case from Bangla and Hindi POS Labeling Tasks. In Proceedings of the Third Linguistic Annotation Workshop, Singapore.

Teubert, W. (2005) My version of coprus linguistics. *International Journal of Corpus Linguistics* 10(1).

第十七章　标注代码研究[①]

1　引　言

本章讨论汉语中介语语料库的标注代码问题。标注代码的制定属于标注规范的内容，是标注工作中的重要环节。标注代码的设计是否科学，直接影响语料的标注效果、语料库的使用效果、语料库之间语料的共享以及新的语料库的建立。

目前，具有代表性且已经开放的汉语中介语语料库有中山大学"汉字偏误标注的汉语连续性中介语语料库"（以下简称"中山库"）、北京语言大学"HSK 动态作文语料库"（以下简称"HSK 库"），与以上两库在标注方面较为同质的语料库有台湾师范大学的"TOCFL 作文语料库"（在建）（以下简称"台师库"）和北京语言大学"全球汉语中介语语料库"（在建）（以下简称"全球库"）。通过考察以上四个汉语中介语语料库的标注代码，我们发现以上语料库都进行了词类划分并有相应的词性标注代码，而且都进行了偏误标注，因此本章将从词性标注代码及偏误标注代码两方面存在的问题进行研究。

2　汉语中介语语料库标注代码存在的主要问题

2.1　分词与词性标注代码不一致

表 17-1　四库分词与词性标注代码比较表

库名	分词工具	分词规范	代码数量	代码设计方法	代码举例
中山库	不明	不明	39 个	大类用各类词英文首字母的小写来表示，小类用	形容词代码为"a"

① 本章原载《海外华文教育》2019 年第 1 期，原题《汉语中介语语料库标注代码研究》。作者：赵焕改，西北师范大学国际文化交流学院讲师，北京语言大学 2015 级语言学及应用语言学专业博士研究生；林君峰，福建师范大学海外教育学院讲师，北京语言大学 2014 级语言学及应用语言学专业博士研究生。

续表

库名	分词工具	分词规范	代码数量	代码设计方法	代码举例
				英文词首字母的小写形式或汉语拼音首字母的小写形式来表示	
HSK库	肖航先生协助完成	《GB/T 20532—2006 信息处理用现代汉语词类标记规范》	33个	用各类词的英文的首字母小写形式来表示	名词代码为"n"，时间名词代码为"nt"，方位名词为"nd"
台师库	"中央研究院"自动断词与词性标注程序	"中央研究院"平行语料库的标注代码	46个（8大类，46小类）	大类用各类词英文词首字母大写形式来表示，小类用英文字母按顺序表示	述词的代码为"V"，下分为12小类，分别用"VA、VB……VL"
全球库	语用所"分词和词性标注工具"软件	《GB/T 13715—92 信息处理用现代汉语分词规范》和《GB/T 20532—2006 信息处理用现代汉语词类标记规范》	29个（实词代码6大类，18小类；虚词代码6类；其他代码5类）	用各类词英文词首字母的小写形式来表示	名词代码为"n"，时间名词代码为"nt"，方位名词为"nd"

通过表17-1的比较及对各库词性标注代码的详细考察，我们可以发现"HSK库"与"全球库"的分词规范与代码设计方法基本一致，两库代码设计均采用各类词的英文首字母缩写形式，这样设计出的代码便于理解与联想。"中山库"和"台师库"在词的大类上也采用了英文词首字母来表示，但"中山库"在小类标注方面除采用英文词首字母的小写形式外还有汉语拼音首字母的小写形式，而"台师库"的小类则用大写字母的自然顺序进行区别，小类的字母与意义无关。两库的小类代码的设计较"HSK库"和"全球库"来说不便于理解与记忆，无论对语料的标注者还是使用者来说，都会

增加使用负担。鉴于此,我们认为,汉语语料库的分词与词性标注的代码以"HSK 库"和"全球库"的代码更为合适。

2.2　偏误标注代码不一致

表 17-2　四库偏误标注代码比较表

库名	标注内容	标注代码数量	标注代码设计规范	标注代码举例
中山库	字、词、语法、句式、篇章、标点	29 个(字 7、词 5、语法形式 4、句式 8、篇章 3、标点 2)	用汉语拼音首字母大写的形式进行编码。出现在前面的表示偏误类型,出现在后面的表示偏误小类	错字代码为"CZ",词语误代的代码为"WDC",语法形式的误代为"WDY"
HSK 库	字、词、句、篇、标点	46 个(字 8、词 6、句 28、篇 1、标点 3)	用汉语拼音首字母编码形式	错字[C],标点错误[BC],错词[CC]
台师库	遗漏、冗余、选用、语序;词、语、句型;其他	36 个(4 大类,36 小类)	用英文的首字母大小写或缩略形式或英文词来表示	M(遗漏),R(冗余),动作动词(v),主语(sub),形式错误(form)
全球库	字、词、句(短语、句子成分、语篇、语体、语义、辞格、语用)、标点	117 个(字 8、词 12、句类句型句式 81、标点 16)	用汉语拼音首字母编码形式。代码中的大写字母表示性质(标注字、词、句等层面),小写字母表示类别	错字[Zc],词语误用[Cb],存现句[JScx]

结合表 17-2 中的内容及四库的标注规范,我们可以总结出如下几点内容:

(1)建立较早的"中山库"和"HSK 库"在标注内容方面涉及的层面基本一致,主要包括字、词、句、篇、标点等内容。

(2)"中山库""HSK 库"和"全球库"在偏误标注代码的设计均采用汉语拼音首字母的方式进行编码,但具体标注项的标注代码存在差别。与

“中山库”和“HSK 库”相比,“全球库”的标注代码更多、更全、更有系统性。

(3)四库在偏误标注代码设计方面均考虑到了语言学分类系统、与目标语差异系统。“中山库”“HSK 库”和“台师库”的标注代码设计是将与目标语差异系统代码放在前面,将语言学分类系统代码放在后面,而“全球库”则是语言学分类系统代码在前,与目标语差异系统代码在后面。

2.3 现有语料库之间无法实现语料共享

语料库的建设是一项需要耗费大量人力、物力、财力的工作,而花费大量时间与精力建立起来的语料库或者是不公开,或者虽然开放了,但由于语料库的标注内容不同、标注代码不一致,无法实现共享。目前建成的或在建的汉语中介语语料库除本章考察的四个中介语语料库之外,还有暨南大学的“留学生汉语中介语语料库”、南京师范大学的“汉语中介语偏误信息语料库”、上海交通大学的“外国人汉语习得动态语料库”等,但目前开放使用的只有“中山库”和“HSK 库”。这两个中介语语料库由于标注内容、标注代码的不同,无法做到语料共享。

2.4 标注工具重复开发、修改,造成浪费

语料标注涉及字、词、句、篇、语义、语体、语用等各个层面,标注代码众多,为了减轻标注者的负担,目前一般采用的标注方式是“人标机助”或“机标人助”。无论是哪一种标注方式,标注软件的研发都是必不可少的,由于标注内容及标注代码的不一致,导致语料标注软件的重复开发、修改,造成人工、时间和金钱的浪费。虽有学者对兼容不同标注代码的标注软件进行过尝试与探讨,然而现实情况是目前各汉语中介语语料库的偏误标注工具仍是各家分别研发的。

3 标注代码存在问题的成因分析

汉语中介语语料库语料标注主要是解决“标什么”和“怎么标”的问题,而标注代码的设计决定于“标什么”,表现为“怎么标”。因此,当前标注代码存在的问题与这两个问题密切相关。

3.1　造成“标什么”的问题的主要原因

（1）学界对“标什么”的意见不一致。

关于汉语中介语语料库“标什么”的问题，学界主要有两种观点。一种认为为了保证语料库功能的全面，应对字、词、短语、句、篇、语体、语义、语用、标点符号等各层面做全面标注。（张宝林，2013b）而另外一种观点认为由于当今汉语本体研究中支撑语义、语用、文体等标注的理论并不成熟，没有较为成熟的理论支持，就很难制定出这些方面的完善的标注集。（肖奚强、周文华，2014）两方的观点各有优劣，前者从语料库的功能使用方面进行探讨，后者则着眼于语料标注的可行性。笔者认为，虽然目前受汉语本体研究及偏误研究的理论所限，制定出完善的标注集较难，但语料库的建设与研究除依据现有的较成熟的理论之外，同时也可能反哺现有的理论。之前大家都认为留学生在使用汉语的“把”字句时采用的是回避策略，而基于语料库的研究得出的结论却恰恰相反。（张宝林，2010a）因此，在相关的理论问题未解决之前，任何以问题为导向，根据教学与研究的实际需求（张宝林、崔希亮，2018）而进行的有助于解决理论问题的探讨与尝试都是可行的。

（2）建库目的不同，导致对“标什么”出现差异。汉语语料库分为通用型汉语语料库和专用型汉语语料库，专用型又可分为汉字库、语音库等，不同类型的语料库所要解决的问题是不同的。比如通用型语料库的标注内容侧重多而全，而专用型语料库的标注内容侧重专而深，在此基础上产生的标注代码自然是有差异的。

3.2　“怎么标”的问题没解决的主要原因

（1）标注代码的设计没有统一标准，带有很大的随意性。目前语料标注的相关规范有《北京大学现代汉语语料库基本加工规范》（2002）、语用所的《GB/T 20532—2006 信息处理用现代汉语词类标记规范》，尚缺乏针对中介语语料库的标注代码的规范。制定学界普遍接受的标注代码，是汉语中介语语料库建设的当务之急。（张宝林，2010b）正是由于没有国家标准，各中介语语料库的建设者都根据自己的建库目的与需要，设计了适用的标注代码，这使标注代码的设计带有了很强的主观性。以上对四个汉语中介语语料库的考察结果也说明了这一点。

（2）建库实践不够充分，大家对语料标注内容及标注代码设计的认识存在分歧。自 1995 年建成的中国大陆第一个中介语语料库——“汉语中介语语料库检索系统”，至今也不过 20 余年。从表 17-1 和表 17-2 的比较中，我们可以看出：以上四库在分词和词性标注，以及偏误标注的内容、代码设计方面，存在较大差别，建库者对标注内容及标注代码设计的认识存在分歧。

（3）国外中介语语料库的研究成果无法直接应用到汉语中介语语料库的建设中。国外中介语语料库的标注标准及方法，多以英语为标注对象。英语和汉语差异较大，单纯套用英语的相关理论及方法，难以满足汉语标注的需要。国内著名的汉语结构标注树库——清华树库，便受到了汉语语法短语本位理论的影响，如ZW—主谓、SB—述补、DZ—定中、ZZ—状中、LH—联合、LW—连谓等，就是以汉语短语类别的拼音首字母缩写来进行的编码。（周强，2004）国外的语料标注代码尚无法满足汉语母语语料库，就更无法满足有各种偏误的汉语中介语语料库语料标注的需要。

4　标注代码设计的原则及方法

4.1　标注代码设计的原则

标注代码的设计是否规范，离不开科学的指导原则。从标注代码设计的实际出发，我们认为标注代码的设计应该符合以下六条基本原则。

（1）代码不能重复。为了避免混淆，也为了方便使用，必须保证一个标注项配有一个标注代码，一个标注代码只标注唯一的一个标注项。否则，会使语料标注者混淆不清，同时也会导致使用者在语料检索的过程中，出现检索出的内容无法准确满足研究需求的问题。

（2）便于联想，逻辑性强，避免随意性。标注代码的设计要便于联想，使语料库的建设者与使用者在看到标注代码的时候能很容易地联想到该标注代码的含义。以汉语中介语语料库的标注代码设计来说，用汉语拼音首字母缩写来设计标注代码较便于中国人联想，比如“全球库”的标注代码主要是以汉语拼音字母设计，只要是有专业基础知识的人，很容易就能联想到标注代码的含义，而二语者需要使用汉语中介语语料库的，基本都学过汉语，同样容易联想到代码的含义。此外，代码的组合规则要有一定的逻辑性，不可带有过强的主观性。（肖奚强、周文华，2014）一方面，方便语料标注者及使用者进行类推，便于理解与记忆；另一方面也有助于提高语料库本身的系统性。

（3）便于检索。语料库是为教学和研究服务的，因此，好的语料库必须方便语料库的使用者快速查找到自己需要的信息，这就需要代码的设计要便于使用者检索。

（4）标准化与通用化。国内母语语料库的词性与分词标注研究较充分，并且有国家标准，因此汉语中介语语料库的分词及词性标注应以《GB/T 13715—92 信息处理用现代汉语分词规范》《GB/T 20532—2006 信息处理用现代汉语词类标记规范》为标准。（张宝林、崔希亮，2015）而研究尚不充分的偏误标注代码设计，则参照目前影响较大的汉语中介语语料库的标注代码设计方法。目前影响较大的汉语中介语语料库无疑是“HSK 库”（中国知网专业检索结果统计显示，依据以上四库发文的数量由多到少依次为：“HSK 语料库”1874 篇，“全球库”17 篇，“中山库”11 篇，“台师库”0 篇。以上数据截止到 2016 年 11 月 22 日）。正是由于其影响较大，目前在建的鲁东大学的“韩国留学生汉语中介语语料库”和苏州大学的“小型外国学生口语中介语语料库”的标注代码都是在其标注代码的基础上发展而来的。此外，杨丽姣、肖航（2015）的“对答结构的语义功能标注框架（部分）”代码的设计也采用了与“HSK 库”和“全球库”相同的汉语拼音首字母的形式。这说明，由于汉语的特殊性，国内汉语语料库的标注代码设计越来越趋向于本土化。国内英语中介语语料库的标注代码多采用影响较大的 CLEC 标注框架（张雪梅，2008）。国外语料库的标注代码，比如英语中通行的英语标记集，多数都是从“布朗语料库”所使用的包含 87 个标记的标记集演化发展而来的。（冯志伟，2013）

这样做方便研制统一的赋码工具，减少记忆负担，同时也有助于提高语料的“复用性”（如果不同研究者需要交换数据和资源，而这些数据和资源使用的是相同的标准或指导原则的话则很容易实现），这也有利于减少语料库的重复建设而造成的浪费。

（5）易理解且最简单。为了实现这一目标，标注代码的设计必须简化，并且便于理解与记忆。标注代码设计越简单，标注后语料的可读性越强，对语料库的建设者与使用者越方便。以“HSK 库”和“全球库”为例，它们各自的标注代码在当时的研究情况下，都是属于较简单且可读性较强的。

（6）求同存异。按用途来分，语料库大致可以分为“通用型”与“专用型”两类。通用型语料库需要对语料进行全面标注，而专用型语料库只需进行某些方面的标注，只是在某方面的标注更加详细。因而解决了通用型语料库的标注代码问题，一定程度上也解决了专用型语料库的标注代码的设计问题。专用型中介语语料库中的标注内容与通用型语料库标注内容相同的部分，采用相同的标注代码，而通用型语料库没有的部分，则按照标注代码的设计原则自行设计新的标注代码。任何标注模式都要通过大量的实践和比较才能得到。待建库实践充分，必然会产生相对能通用的标注代码。

4.2 标注代码设计的方法

4.2.1 分词与词性标注代码的设计方法

基于以上原则，我们认为当前汉语中介语语料库的标注代码设计，可以从分词、词性标注以及偏误标注等方面进行考虑。其中，分词和词性标注，应以当前国内母语语料库的分词与词性标注规范为依据。下面我们详细介绍没有统一规范的偏误标注。

4.2.2 偏误标注代码的设计方法

4.2.2.1 四库偏误标注代码之比较

为了找到科学的、最易于为大家接受的偏误标注代码，我们将在考察“中山库”“HSK库”“台师库”和“全球库”代码设计的基础上进行研究。下面我们就以四库的字、词、句标注代码设计来说明。

表 17-3 四库字偏误标注代码比较表

中山库		HSK库		台师库		全球库	
标注代码	偏误名称	标注代码	偏误名称	标注代码	偏误名称	标注代码	偏误名称
CZ	错字	[C]	错字			[Zc]	错字
CBZ	别字	[B]	别字			[Zb]	别字
F	繁体字	[F]	繁体字			[Zf]	繁体字
P	拼音	[P]	拼音			[Zp]	拼音
L	漏字	[L]	漏字				
WJ	误加	[D]	多字			[Zd]	多字
分别加两种标记	复合偏误字	分别加两种标记	复合偏误字			分别加两种标记	复合偏误字
		[#]	无法识别字			[Zy]	异体字
		[Y]	异体字			[Z?]	字存疑

表 17-4　　四库词偏误标注代码比较表

中山库		HSK 库		台师库		全球库	
标注代码	偏误名称	标注代码	偏误名称	标注代码	偏误名称	标注代码	偏误名称
WDC	词语误代	{CC}错词，用于标示错误的词和成语	把词的构成成分写错顺序的	S+词性	某类词语选用错误	[Cb]	词语误用
WDCF	非普通话词语误代		该用甲词而用乙词	W+词性	某类词语序错误	[Cx]	错序词
			生造词			[Cz]	生造词
			词语搭配错误				
LH	离合词使用错误	{CLH}	离合词错误			[Cl]	离合词
		{W}	外文词			[Cw]	外文词
QS	缺失	{CQ}	缺词	M+虚词词性	某类虚词遗漏	[Cqx]	缺虚词
				M+实词词性	某类实词遗漏	[Cqs]	缺实词
WJ	误加	{CD}	多词	R+虚词词性	某类虚词冗赘	[Cdx]	多虚词
				R+实词词性	某类实词冗赘	[Cds]	多实词
				R+虚/实词词性	某类虚/实词冗赘	[Cdj]	同义叠加
						[Cbq]	成分不全
						[C?]	偏误存疑

表 17-5　四库句偏误标注代码比较表

中山库		HSK 库		台师库		全球库	
标注代码	偏误名称	标注代码	偏误名称	标注代码	偏误名称	标注代码	偏误名称
CXF	一句内多处错序而无法清楚标识					[Jx]	语序错误
ZR	明显地把同义句式糅合在一起					[JSzr]	句式杂糅
CYbei	“被”字句错用	{CJbei}	“被”字句错误	M/R/S/W+bei	“被”字句偏误	[JSbz]	“被”字句偏误
CYba	“把”字句错用	{CJba}	“把”字句错误	M/R/S/W+ba	“把”字句偏误	[JSba]	“把”字句偏误
		{CJy}	“有”字句错误	M/R/S/W+you	“有”字句偏误	[JSy]	“有”字句偏误
		{CJs}	“是”字句错误	M/R/S/W+shi	“是”字句偏误	[JSs]	“是”字句偏误
CYbi	“比”字句错用	{CJbi}	“比”字句错误	M/R/S/W+pattern	其他句式偏误	[JSbi]	“比”字句偏误
CYshd	“是……的”句错用	{CJsd}	“是……的”句错用			[JSsd1]	“是……的”句 1 偏误
						[JSsd2]	“是……的”句 2 偏误
CYcx	存现句错用	{CJcx}	存现句错误			[JScx]	存现句偏误
						[JSbd]	被动句偏误
						[JSbj]	比较句偏误

续表

中山库		HSK 库		台师库		全球库	
		{CJl}	“连”字句错误			[JSbj]	比较句偏误
						[JSlz]	“连”字句偏误
		{CJjy}	兼语句错误			[JSjy]	兼语句偏误
						[JSshd]	使动句偏误
		{CJld}	连动句错误			[JSld]	连动句偏误
						[JSchd]	重动句偏误
		{CJshb}	双宾句错误			[JSshb]	双宾句偏误
						[JSjs]	紧缩句偏误
CYyw	疑问句错用					[JLsf]	是非问句偏误
						[JLtz]	特指问句偏误
						[JLzf]	正反问句偏误
						[JLxz]	选择问句偏误
						[Jww]	未完句标记
						[J?]	错句存疑偏误

通过比较以上四库的字、词、句偏误标注代码，对照标注代码制定的原则，我们发现：

(1) 四库标注代码均未重复。

(2) 四库的标注代码设计均有层次性。“中山库”和“台师库”的第一层是与目标语差异系统代码。“中山库”词标注代码只有一个层次，句标注代码下设了各小类的标注代码；“台师库”词和句标注都在第一层下进行了小类划分。“HSK库”和“全球库”的第一层是语言学分类，第二层次是与目标语差异的系统分类。四库的第一层均便于联想且系统性较强，但“中山库”词标注代码未进行下层分类，“台师库”的下层分类不便于联想，“中山库”句下位分类及“HSK库”词、句下位分类虽便于联想但分类不全，“全球库”则便于联想、分类齐全。

(3) 在便于检索方面，四库的标注代码设计差别较大。以词层面为例，在检索时，“中山库”和“HSK库”的检索只能进行到“缺词、多词”等与目标语差异层面，无法进行到某类词的偏误层面，无法满足研究者只研究某类词的偏误的检索需求。“台师库”能进行到某类词的偏误检索，如动作动词、能愿动词、数词、量词等，“全球库”能进行到某类词(实词、虚词)的偏误检索。“台师库”“全球库”比“中山库”“HSK库”在检索方面能更深入，更能满足研究者的需求，同时“台师库”和“全球库”在检索方面各有千秋，如果研究者要研究较小类别词类的某类偏误，“台师库”便于检索，如要研究较大类别词类的某类偏误，“全球库”更占优势。

(4) 在标准化与通用化方面，“HSK库”优势明显。目前在建的鲁东大学的“韩国留学生汉语中介语语料库”和苏州大学的“小型外国学生口语中介语语料库”的标注代码都是在其标注代码的基础上发展而来的。北京语言大学的“全球库”标注代码也是在“HSK库”的基础上发展而来的，还另外增加了基础标注，比“HSK库”更加系统、更加全面。可以预见，“全球库”建成后，影响必将大大超越“HSK库”。

(5) 在易理解且最简方面，“中山库”和“HSK库”代码便于理解且较为简单，体现了最简原则，然而却无法满足深层的检索需求。“台师库”和“全球库”代码虽比其他两库稍显复杂，但便于理解。此外，“全球库”用“{}”表示基础标注，用“[]”表示偏误标注。这样编码的优点是：避免多用字母来表示正确及偏误的类别而导致标注代码更为复杂的问题，使标注代码最简化。

(6) 在求同存异方面，“全球库”代码设计不仅涉及字、词、句、标点等层面，还涉及语体、语义、语用、句子成分等各个层面，标注代码体系十分完备，这是其他三库的标注代码无法企及的。

综上,“全球库”的标注代码是四库中最合理、最全面的一个。因此,“全球库”代码可以作为汉语中介语语料库偏误标注代码设计的蓝本,但尚有提升的空间。

4.2.2.2　偏误标注代码设计的修正建议

对“全球库”标注代码的修正,主要可以从以下几个方面进行:

表 17-6　词标注代码修正建议

标注代码	代表意义	修正后代码
[Cb]	词语误用	
[Cx]	错序词	
[Cbq]	词成分不全	[Cc]
[Cz]	生造词	
[Cw]	外文词	
[Cl]	离合词误用	
[Cdj]	同义词叠加	[Ct]

表 17-7　句标注代码修正建议

句类标注代码修正意见			句型标注代码修正意见		
标注代码	代表意义	修改后代码	标注代码	代码意义	修改后代码
[JLkd]	肯定句	[JLck]	[JXzw]	主谓句	[JXz]
[JLfd]	否定句	[JLcf1]	[JXfzw]	非主谓句	[JXf]
[JLshf]	双重否定句	[JLcf2]	[JXmw]	名词谓语句	[JXzm2]
[JLsf]	是非问句	[JLys]	[JXdw]	动词谓语句	[JXzd1]
[JLtz]	特指问句	[JLyt]	[JXxw]	形容词谓语句	[JXzx1]
[JLzf]	正反问句	[JLyz]	[JXzww]	主谓谓语句	[JXzz1]
[JLxz]	选择问句	[JLyx]	[JXmz]	名词主语句	[JXzm1]
[JLfw]	反问句		[JXdz]	动词主语句	[JXzd2]
[JLqs]	祈使句	[JLq]	[JXxz]	形容词主语句	[JXzx2]
[JLgt]	感叹句		[JXzwz]	主谓主语句	[JXzz2]

之所以做以上修正,主要是为了标注代码的统一及检索的方便。词标注代码“成分不全[Cbq]”修正为[Cc],“同义叠加[Cdj]”修正为[Ct],是为了标注代码的统一。而句类和句型标注代码的修正除为了代码的统一之外,更是为了检索的方便。例如,在修正之前,我们可以方便地检索肯定句、否定句及

双重否定句，但如果我们想要在库中检索陈述句的偏误，就需要分别检索肯定句、否定句及双重否定句，然后将三者数量相加，修正之后我们不但可以分类检索陈述句下位的肯定、否定及双重否定句的偏误，还可以通过[JLc＋通配符]直接检索所有陈述句的偏误。再如，在修正之前，我们可以很方便地分别检索名词谓语句、名词主语句，但如果想检索主语和谓语均为名词的句子则只能分别检索后再人工剔除不合条件的部分，而修正后以[JXzm＋通配符]则可以直接得出检索结果。

5　结　语

综上所述，本章认为当前汉语中介语语料标注代码主要存在分词与词性标注代码不一致、偏误标注代码不一致，以及由此导致的语料库之间无法共享语料和标注软件的重复开发与浪费等问题，造成这些问题的原因是学界对"标什么"和"怎么标"的观点不一致。在此基础上我们提出了代码不能重复、便于联想、便于检索、标准化与通用化、易理解且最简单、求同存异等六条标注代码设计的原则。通过考察现有的汉语中介语语料库，提出了在部分修正的前提下采用"全球库"的标注代码体系的观点。

语料标注是一个系统的工程，本章仅就标注代码的设计问题提出了自己的看法，与语料库标注代码设计相关的其他问题，如标注内容及范围的确定、标注工具的研发等需要进一步探讨。

参考文献

储诚志、陈小荷（1993）建立"汉语中介语语料库系统"的基本设想，《世界汉语教学》第3期。

崔刚、盛永梅（2000）语料库中语料的标注，《清华大学学报》（哲学社会科学版）第1期。

方淑华、王琼淑、陈浩然（2013）中介语语料库之建置及应用语料库于华语教学之实证研究，《第二届汉语中介语语料库建设与应用国际学术讨论会论文选集》，崔希亮、张宝林主编，北京语言大学出版社，北京。

冯志伟（2013）语料库的标注和它的局限性，《第二届汉语中介语语料库建设与应用国际学术讨论会论文选集》，崔希亮、张宝林主编，北京语言大学出版社，北京。

国家标准化管理委员会（1992）《GB/T 13715—92 信息得理用现代汉语分词规范》，http://wenku.baidu.com/view/b81edd1910a6f524ccbf85f3.html。（访问日期：2019年2月20日）

胡晓清等（2011）韩国留学生汉语中介语语料库的标注研究，《首届汉语中介语语料库建设与应用国际学术讨论会论文选集》，肖奚强、张旺熹主编，世界图书出版公司，北京。

黄菁菁（2015）《汉语学习者声调语料库的建设与应用》，华中师范大学硕士学位论文。
教育部语言文字应用研究所（2006）《GB/T 20532—2006 信息处理用现代汉语词类标记规范》，http://www.doc88.com/p-1816882387931.html。（访问日期：2019 年 2 月 20 日）
李斌（2007）中介语语料库建设中的语言错误标注方法，《暨南大学华文学院学报》第 3 期。
李芳艾（2014）《面向对外汉语的虚词语料库建设研究》，湖南师范大学硕士学位论文。
梁茂成、李文中、许家金（2010）《语料库应用教程》，外语教学与研究出版社，北京。
林君峰（2014）基于 XML 的汉语中介语语料库集成标注模式，第三届汉语中介语语料库建设与应用国际学术讨论会论文，福州。
陆庆和、陶家骏（2011）小型外国学生口语中介语语料库的建立与价值，《首届汉语中介语语料库建设与应用国际学术讨论会论文选集》，肖奚强、张旺熹主编，世界图书出版公司，北京。
任海波（2010）关于中介语语料库建设的几点思考——以“HSK 动态作文语料库”为例，《语言教学与研究》第 6 期。
王广东（2012）《计算语言学视角下的语料库标注探析》，华中科技大学硕士学位论文。
肖奚强、周文华（2014）汉语中介语语料库标注的全面性及类别问题，《世界汉语教学》第 3 期。
焉德才、胡晓清（2013）基于偏误反馈的对韩汉语词汇教学信息库建设，《华文教学与研究》第 2 期。
杨丽姣、肖航（2015）面向语义搜索的语料库语境信息标注研究，《语言文字应用》第 1 期。
俞士汶、段慧明、朱学锋、孙斌（2002）北京大学现代汉语语料库基本加工规范，《中文信息学报》第 5 期。
张宝林（2010a）回避与泛化——基于“HSK 动态作文语料库”的“把”字句习得考察，《世界汉语教学》第 2 期。
张宝林（2010b）汉语中介语语料库建设的现状与对策，《语言文字应用》第 3 期。
张宝林（2013a）关于通用型汉语中介语语料库标注模式的再认识，《世界汉语教学》第 1 期。
张宝林（2013b）通用型汉语中介语语料库的标注模式，《第七届全国语言文字应用学术研讨会论文集》，中国应用语言学会编，湘潭大学出版社，湘潭。
张宝林、崔希亮（2013）“全球汉语中介语语料库建设和研究”的设计理念，《语言教学与研究》第 5 期。
张宝林、崔希亮（2015）谈汉语中介语语料库的建设标准，《语言文字应用》第 2 期。
张宝林、崔希亮（2018）关于汉语中介语语料库标注规范研究的新思考——兼谈“全球汉语中介语语料库”标注规范的设计，《第四届汉语中介语语料库建设与应用国际学术讨论会大会报告论文选集》，张亚军、肖奚强、张宝林、林新年主编，世界图书出版公司，北京。

张莉萍（2013）TOCFL 学习者语料库的偏误标记，《第三届汉语中介语语料库建设与应用国际学术讨论会论文选集》，林新年、肖奚强、张宝林主编，世界图书出版公司，北京。
张瑞朋（2013）三个汉语中介语语料库若干问题的比较研究，《语言文字应用》第 3 期。
张雪梅（2008）谈谈 CEM 语料库中翻译语料的标注，《外语界》第 4 期。
郑美平（2015）汉语中介语语料库 XML 标注方法的应用——基于 HSK 动态作文语料库的分析，《福建江夏学院学报》第 6 期。
中国社会科学院语言研究所词典编纂室（2012）《现代汉语词典》（第 6 版），商务印书馆，北京。
周强（2004）汉语句法树库标注体系，《中文信息学报》第 4 期。

附录:通用型汉语中介语语料库语料标注规范(草案)

1 总 说

1.1 适用对象与性质

1.1.1 本规范适用于通用型汉语中介语语料库的语料标注。

1.1.2 作为通用型语料库,语料标注内容应不少于3个层面。本规范提供了10个层面内容的笔语语料标注规范,以及口语和视频语料的语音标注规范,供汉语中介语语料库建设者们参考选用。

1.1.3 口语语料、视频语料的标注增加语音标注,删除汉字、标点符号标注,其他层面的标注规范和笔语语料的标注规范相同。

1.1.4 视频语料标注中的体态语标注规范暂空。

1.2 标注目的

1.2.1 根本目的

以满足面向外国人的汉语教学和研究的多方面需求为宗旨,积极主动、全心全意地为汉语的教学与研究服务。

1.2.2 具体目的

(1) 为偏误分析服务。

偏误分析只研究汉语中介语中的偏误现象。

(2) 为表现分析服务。

表现分析对汉语中介语进行全面考察,既研究偏误现象,也研究正确的语言现象,可以对中介语得到全面认识。

1.3 标注原则

1.3.1 总原则:科学性

(1) 问题导向,需求驱动:以解决语料标注的相关问题、满足教学与研究的实际需求为旨归。

(2) 实事求是,严守规范:语料标注要根据实际情况采取适宜的做法,而不能死守教条,执一而论。标注规范与标注实践要严格遵守汉语的相关标准与规范,符合一般的语法规则。

（3）积极探索，勇于实践：对研究不充分、理论不完善的语言层面的标注，不能守株待兔，而应从教学与研究的需求出发，进行积极的标注探索与实践。

1.3.2　具体原则

（1）全面性：语料标注的内容全面，可以满足汉语教学与研究的多方面需求。

（2）有限性：语料标注在深度上是有限度的，并非一标到底，越深越好；倡导浅层标注。

（3）有效性：能满足教学与研究的实际需要；标注结果正确、准确；对各种语言现象的处理符合汉语言文字的相关标准与规范。

（4）系统性：标注内容与代码设置要系统、严谨；对同一语言现象的标注结果要一致；标注代码的使用要一致。

（5）简洁性：语料标注应简明扼要，切忌烦琐。

（6）开放性：标注中遇到新的语言现象可以随时处理，并将新的补充规则添加到标注规范之中。

（7）自动化：积极探索自动标注，凡具备自动标注的层面一律采取自动标注的方法。

（8）渐进性：语料标注是一个边实践边探索的过程，需要不断积累经验，深化理论认识，逐步积累，最终达于完善。

1.4　标注模式

1.4.1　为偏误分析服务的语料标注只进行偏误标注。

1.4.2　为表现分析服务的语料标注应采取"偏误标注＋基础标注"的模式，所谓"基础标注"即对正确语言现象的标注。

1.5　标注内容

1.5.1　通用型语料库是满足多种研究需求的语料库，其标注内容一般应包括汉字、词汇、句子的标注，句子标注可以包括句类、句型、句式、句子成分等。

1.5.2　为了满足教学与研究的更多需求，标注内容可以增加，除字、词、句之外，还可以包括短语、语篇、语体、辞格、语义、语用、标点符号等。

1.5.3　标注模式与标注内容之间的关系并非死板而僵化的，而是可以根据实际情况灵活掌握的。即使是采取"偏误标注＋基础标注"的模式，也并不是说所有标注内容都要进行偏误标注和基础标注。例如汉字、标点符号、有形式标志的"把"字句、"连"字句、"有"字句等，只做偏误标注即可，而不需进行基础标注，因为正确的汉字、标点符号、"把"字句、"连"字句、

“有”字句等可以直接检索并提取。

1.5.4 判定偏误与否的标准:只看是否正确,不管是否地道。例如字的写法正确、句子合乎语法即可,而字写得是否标准、美观,句子简洁还是啰唆,则不作为判定的标准。

1.5.5 只做语言形式的标注,表述内容方面的问题不做标注,也不涉及写作知识之类。

1.6 标注方法

1.6.1 语料标注可以采取人工标注、机器自动标注、人标机助、机标人助等方法。根据目前中文信息处理所能达到的实际水平,作为词汇基础标注的分词和词性标注可以采取机标人助的方法,其他层面的标注应以人标机助为主,也可以尝试机标人助的方法,例如汉字标注中的繁体字、异体字标注是可以进行自动标注的。

1.6.2 语料标注可以采取同版或一版标注的方法,也可以采取异版或多版标注的方法。前者是把所有标注内容都标在同一版语料上,后者则是把不同层面的标注内容分别标在不同版的语料上,例如多版标注的结果可以有字标注版、词标注版、短语标注版、句标注版、语篇标注版、辞格标注版等。

1.6.3 被标注对象应清晰明确,与其他语言单位之间的界限显豁。例如可以用实心括号【】标明。

1.6.4 标注代码应易于联想,便于记忆,不同代码应有明显的区别。例如可以采用汉语拼音首字母编码的形式,以便于联想与记忆;偏误标注代码可用方括号[]表示,基础标注代码可用大括号{}表示。

1.7 尊重并保护语料作者的隐私

1.7.1 语料作者的姓名在语料库中将表现为代码形式;

1.7.2 语料正文中如有作者姓名,以及行文中出现的其他人的姓名,应以×××代替;

1.7.3 语料中如有学号、分数等,应一律删除。

2 生语料

2.1 生语料定义

生语料指原始语料的电脑录入版,要完全按照原始语料的实际情况录入,别字、繁体字、异体字、拼音、行款格式等均不得做任何加工修正。

2.2 生语料处理

2.2.1 生语料必须对照其原始语料进行校对，校对原则是忠实原作，保持语料原貌。以原始语料为标准，确保二者的一致性。

2.2.2 生语料应同时配有其原始语料，以扫描或数码照片的形式存入语料库，以便于用户在教学与研究中查询使用。

2.2.3 生语料必须同时配有与之一一对应的语料作者背景信息和语料背景信息，并可以在语料库中查询。

3 汉字标注

3.1 标注模式：偏误标注

3.2 标注内容

3.2.1 汉字标注可以包括错字、别字、繁体字、异体字、拼音、拆分字、多字、缺字、复合偏误字、无法识别的字(字存疑)等。

3.2.2 错字判定标准

(1) 笔画：数目错误、形状错误、组合关系错误(相离、相交、相接)。

(2) 部件：部件组合错误(多、少、换)，部件位置错误。

(3) 流畅性：辅助标准，如果学生的汉字书写流畅，体现出较高的书写水平，则一些不太标准、甚至不完整的笔画，如斜钩、竖钩不带钩之类，不必视为偏误。

3.2.3 多字表示一个词的某个构成语素出现了重复现象。

3.2.4 缺字表示一个词的某个构成语素缺失。

3.2.5 复合偏误字指一个字出现了两个以上偏误的情况，要根据具体情况进行判断。可能包括但不限于下列情况：多字＋错字，多字＋繁体字，多字＋异体字，多字＋无法识别的字，别字＋繁体字，别字＋异体字，繁体字＋错字，等等。

例如：别字同时又是繁体字，俭【僕】[Zb][Zf]。

3.2.6 拆分字指一个字的两个部件距离过远，甚至写在两个格中的书写偏误现象。

3.3 标注方法

(1) 用实心括号标明标注对象。

(2) 加标记代码。

(3) 在标记代码中加上应该使用的正确汉字。

(4) 错字标注要把正确汉字加在标记代码前面；多字标注无需加正确

汉字;无法识别的字(字存疑)标注无法加正确汉字。

3.4 标记代码表

偏误类型	标注代码	示例
错字	[Zc]	地【球】[Zc]
别字	[Zb]	【题】[Zb 提]高
繁体字	[Zf]	【單】[Zf 单]纯
异体字	[Zy]	【災】[Zy 灾]
拼音	[Zp]	【yúan】[Zp 缘]分
拆分字	[Zl]	【女子】[Zl 好]
多字	[Zd]	后悔【悔】[Zd]
缺字	[Zq]	资【源】[Zq]
复合偏误字	分别加两种标记	俭【僕】[Zb 樸][Zf 朴] 不【酉星】[Zb 行][Zl 醒]
字存疑	[Z?]	更[Z?][Z?]保存自己的生命

4 词汇标注

4.1 标注模式:偏误标注+基础标注

4.2 基础标注

4.2.1 标注内容

4.2.1.1 实词标记代码:6 大类,18 小类

(1) 名词:含 10 小类,n 名词(一般名词),nt 时间名词,nd 方位名词,nl 处所名词,nh 人名,nhf 姓,nhg 名,ns 地名,ni 机构名,nz 其他专名

(2) 动词:含 4 小类,v 动词(一般动词),vd 趋向动词,vl 联系动词,vu 能愿动词

(3) 形容词:1 类,a 形容词

(4) 数词:1 类,m 数词

(5) 量词:1 类,q 量词

(6) 代词:1 类,r 代词

4.2.1.2 虚词标记代码:6 类

(1) 副词:1 类,d 副词

(2) 介词:1 类,p 介词

(3) 连词:1 类,c 连词

(4) 助词:1 类,u 助词

(5) 叹词:1 类,e 叹词

(6) 拟声词:1 类,o 拟声词

4.2.1.3 其他标记代码:5 类

(1) 习用语:1 类,i 习用语

(2) 缩略语:1 类,j 缩略语

(3) 标点符号:1 类,w 标点符号

(4) 非汉字符号:1 类,ws 非汉字字符(外文词,例如 office、windows)

(5) 其他符号:1 类,wu 其他符号(指其他未知符号,备用标记)

4.2.1.4 关于词类体系

(1) 本词类基础标注标记代码源自语用所"分词和词性标注工具"软件中的词类标记集,该标记集原有标记代码 35 项。

(2) 本规范对上述词类标记集进行了整理,归纳为三大部分,即:实词标记代码(含 6 大类,18 小类)、虚词标记代码(含 6 类)、其他标记代码(含 5 类),合计 29 类。舍弃了原词类标记集中的区别词、数量结构、前接成分(第、老、初、阿)、后接成分(子、儿、头、化、们、式、性、者)、语素字(民、农、材、殊、遥、伟)、非语素字(垃、琵、蜘、踌、鸯、蜻)等 6 类。

(3) 实词与虚词的划分采取了流行面较广、接受度较高的分类体系(6 类实词,6 类虚词),依据的是《中学教学语法系统提要》(试用)和《高等学校外国留学生汉语言专业教学大纲》(附件二)中的语法项目表。

(4) 关于指示代词。根据《现代汉语词典》(第 5—7 版),"这程子、这个、这会儿、这里、这么、这么点儿、这么些、这么样、这儿、这些、这样、这阵儿",以及相应的"那～",分别都是一个指示代词。为求统一,除"这个""那个"之外,我们接受这样的观点。"这个""那个"(以及"这种""那种")则分别视为两个词,即指示代词+量词,因为其他成分的组合比较受限,而"这""那""个"("种")非常自由。

4.2.2 标注方法

(1)用语用所的"分词和词性标注工具"自动进行基础标注。

(2)对分词和词性标注的结果进行检查与修改。

4.3 偏误标注

4.3.1 标注内容

(1) 构词偏误,共 4 项

错序词(语素错位)、成分不全的词(缺语素,残存部分是黏着语素)、生造词、外文词。

(2) 用词偏误,共 7 项

词语误用、离合词、同义叠加(连用的两个或几个词语的意义相同),3 项;

缺词:缺虚词、缺实词,2 项;

多词:多虚词、多实词,2 项。

(3) 偏误存疑,仅 1 项

(4) 偏误标注合计:12 项

(5) 注意词标注与句标注的关系。词层面的偏误,如果影响到句子结构,则既在词层面标为词的偏误,也在句层面标为句的偏误;如果不影响句子结构,则只在词层面做偏误标注,而无须做句层面的偏误标注。

例如:

① 但长年累月把时间浪费过去,一点收获也没有。

② 在一个工人家庭出身(出生)。

例①句子的动补结构非常完整,没有任何问题,只是补语位置上的词“过去”用得不合适。这种情况,只需标为词语误用,而无须做句层面的标注。例②的动词“出身”只能用于“出身于……”这样的句子结构,而不能用于“在……V”这样的结构,动词“出身”的偏误用法影响到了句子结构,因此在词层面和句层面都要进行偏误标注。

4.3.2 标注方法

(1) 用实心括号标明标注对象。

(2) 加标记代码。

(3) 在标记代码中加上应该使用的正确词汇。但离合词、同义叠加的词、多实词、多虚词无需加正确词,偏误存疑的词无法加正确词。

4.3.3 标记代码表

标注代码	偏误名称	示例
[Cb]	词语误用	他是韩国人,还有跟我一样的【岁】[Cb 岁数]。
[Cx]	错序词	代沟什么时候可以【失消】[Cx 消失]了。
[Cbq]	成分不全	为了教育【孩】[Cbq 孩子],父母给孩子的影响应该是好方面的。
[Cz]	生造词	……但我和他们的【忆惯】[Cz],是忘不了的。
[Cw]	外文词	我一點兒不懂中文和中國人的種種【culture】[Cw 文化]。
[Cl]	离合词	现在我也有机会【见面】[Cl]他们。
[Cdj]	同义叠加	我就不用想就可以说我是【很非常】[Cdj]喜欢。

续表

标注代码	偏误名称	示例
[Cqx]	缺虚词	有的农民【】[Cqx 在]不使用化肥和农药的情况下养农作物。
[Cqs]	缺实词	因为祥林嫂【】[Cqs 是]嫁过二次的女人。
[Cdx]	多虚词	但我觉得【按照】[Cdx]上面所写的方法是现在很多人或国家用的方法。
[Cds]	多实词	你真是【个】[Cds]我的好朋友。
[C?]	偏误存疑	……导致了光碟 CD 的【卖量】[C? 销售量]逐渐下降的后果情况。

5　短语标注

5.1　标注模式:偏误标注+基础标注

5.2　偏误标注

5.2.1　标注内容

(1) 短语的结构分类

14 种结构:主谓结构、联合结构、定中结构、状中结构、述宾结构、述补结构、数量结构、同位结构、连动结构、兼语结构、重叠结构、方位结构、介宾结构、固定短语

另有 1 种偏误结构:音节搭配偏误

(2) 标记代码中的大写字母表示短语(词组),小写字母表示短语的下位小类。例如在代码[CZzw]和[CZyj]中,CZ 表示短语,zw 表示主谓结构,yj 表示音节搭配,[]表示偏误。

5.2.2　标注方法

(1) 在偏误短语两端加实心括号。

(2) 在实心括号后面加上相应的短语偏误代码。

5.2.3　短语偏误标记代码:共 16 项

[CZzw]:主谓结构

[CZlh]:联合结构

[CZdz]:定中结构

[CZzz]:状中结构

[CZsb]:述宾结构
[CZsbu]:述补结构
[CZsl]:数量结构
[CZtw]:同位结构
[CZld]:连动结构
[CZjy]:兼语结构
[CZcd]:重叠结构
[CZfw]:方位结构
[CZjb]:介宾结构
[CZyj]:音节搭配
[CZgd]:固定短语(指单位名称等)
[C?]:偏误存疑
例如:
有的同学还在学校,有的同学已经回国了。我也【回去沈阳】[CZsb]。
还有我们对绿色食品【研究研究】[CZcd]。
它【对价格方面】[CZjb]有点贵,所以没得到广大消费者的持支。
吃这种东西【可以得到疾病】[CZyj]。

5.3 基础标注

5.3.1 标注内容

(1) 短语的结构分类

14 种结构:主谓结构、联合结构、定中结构、状中结构、述宾结构、述补结构、数量结构、同位结构、连动结构、兼语结构、重叠结构、方位结构、介宾结构、固定短语

(2) 固定短语的分类

① 结构对称的习惯语。如"你一言我一语""东一鎯头西一棒槌"等。

② 四字熟语,包括四字构成的成语和习惯用语。

③ 专有名词。如"历史博物馆""北京语言大学"等。

(3) 标记代码中的大写字母表示短语,小写字母表示短语的下位小类。例如在代码{CZdz}和{CZjb}中,CZ 表示短语,dz 表示定中结构,jb 表示介宾结构,{}表示正确。

5.3.2 标注方法

(1) 在正确短语两端加实心括号。

(2) 在实心括号后面加上相应的正确短语代码。

5.3.3 正确短语标记代码:共 14 项

{CZzw}:主谓结构
{CZlh}:联合结构
{CZdz}:定中结构
{CZzz}:状中结构
{CZsb}:述宾结构
{CZsbu}:述补结构
{CZsl}:数量结构
{CZtw}:同位结构
{CZld}:连动结构
{CZjy}:兼语结构
{CZcd}:重叠结构
{CZfw}:方位结构
{CZjb}:介宾结构
{CZgd}:固定短语

6 句标注

6.1 标注模式:偏误标注+基础标注

有标志词的正确句可以直接按标志词进行检索查询,无须做基础标注,因而只需对无标志词的句式进行基础标注。例如"把"字句、"被"字句、"比"字句、"是"字句等无须做基础标注,只做偏误标注;而被动句、比较句、存现句、兼语句等则要进行偏误标注和基础标注。

6.2 句式标注

6.2.1 标注内容

6.2.1.1 句式:共 22 种

(1)"把"字句、"被"字句(包括"让、叫、给")、"比"字句、"连"字句、"有"字句、"是"字句等 6 种,语序偏误、句式杂糅、未完句等 3 种,合计 9 种,只做偏误标注。

(2)被动句(无标记被动句)、比较句("比"字句之外的表示比较义的句子)、"是……的"句(一)、"是……的"句(二)、存现句、兼语句、使动句、连动句、双宾语句、重动句、紧缩句、固定句式等 12 种,要进行偏误标注和基础标注。

(3)错句存疑(偏误句但难以判定其偏误类型)1 种,只加存疑标记。

6.2.1.2 句类:双重否定句、反问句、祈使句、感叹句等 4 种,要进行偏误标注和基础标注。

6.2.1.3 句型：名词谓语句、形容词谓语句、主谓谓语句、非主谓句等4种，要进行偏误标注和基础标注。

6.2.1.4 标记代码中的大写字母表示句式，小写字母表示句式的下位小类。例如在代码[JSba]中，JS表示句式，ba表示“把”字句。

6.2.2 标注方法

(1) 句式标注的对象是整个单句，无需加实心括号，但语序偏误要加。

(2) 一句多标，即在一个句子可以视为两种以上(含两种)不同句式的情况下，分别标注两种句式代码。例如：

他这样做是合情合理[JSsd2][JSs][JXxw]。

(3) 句子标记代码的位置

句式标记标在每个单句(包括复句中的分句、语段中的独立句)的最后，标点之前。

6.2.3 句子标记代码表

标注代码	代码含义	示例
[JSba]	“把”字句标记	我看到您公司招聘启事以后把这封信写[JSba]。
[JSbz]	“被”字句标记	你是要我放心，# 不被这件事心里难過[JSbz]。
[JSbi]	“比”字句标记	他的汉语水平比我高得很[JSbi]。
[JSlz]	“连”字句标记	她为了追星，连学校也旷课[JSlz]。
[JSy]	“有”字句标记	我有跟她难忘的两件事[JSy]。
[JSs]	“是”字句标记	北京又干净又美丽的城市[JSs]。
[Jx]	语序偏误标记	现在每个人很重视健康，【受欢迎】[Jx]绿色食品。
[JSzr]	句式杂糅标记	人们的必生存之一中最重要的是饮食[JSzr]，……
[Jww]	未完句标记	所以我们必须[Jww]
[J?]	错句存疑标记	地球上，有的地方还在“饥饿”来艰苦[J?]。
[JSbd] {JSbd}	被动句标记	我的电脑被修好了[JSbd]。 作业做完了{JSbd}。
[JSbj] {JSbj}	比较句标记	那位老人爱他像自己的孩子[JSbj]。 虽然乌斯特的文化和夜生活不能跟波士顿相比{JSbj}，……
[JSsd1] {JSsd1}	“是……的”句(一)标记	还有一件事儿是也是2004年发生了[JSsd1]。 他是1982年6月2号出生的{JSsd1}。
[JSsd2] {JSsd2}	“是……的”句(二)标记	……家庭的气氛是很重要[JSsd2]。 其中雪岳山是最有名的{JSsd2}。

续表

标注代码	代码含义	示例
[JScx] {JScx}	存现句标记	美容厅来很多客人们来找了她[JScx]。 树上开满了粉红色的樱花{JScx}，……
[JSjy] {JSjy}	兼语句标记	有的父母自己的孩子去留学[JSjy]，…… 他父母努力工作赚钱，让他们去学校学习{JSjy}。
[JSshd] {JSshd}	使动句标记	吸烟不但上升人的血压[JSshd]，…… 快乐自己、幸福他人（母语者例，二语者例暂空）
[JSld] {JSld}	连动句标记	有一次我要搬家，从学校宿舍里到外边去住[JSld]。 他坐火车去{JSld}。
[JSchd] {JSchd}	重动句标记	青少年追星得很严重的话[JSchd]，…… 他讲课讲得深入浅出{JSchd}。
[JSshb] {JSshb}	双宾语句标记	如果老师对孩子很多关心和爱情的话[JSshb]，…… 第8届懂人文艺会给她一等奖{JSchd}。
[JSjs] {JSjs}	紧缩句标记	想做就做{JSjs}，不想做不这样[JSjs]。
[JSgd] {JSgd}	固定句式标记	现代社会应当【认“保护自己，尊重其他人”为口号】[JSgd]！ 按报道，父母的水平越高孩子的学历也越高{JSgd}。
[JLshf] {JLshf}	双重否定句标记	不得不全家人的生活只靠从奶奶开的一个小饭店来的一些钱[JLshf]。 ……不得不在外边租房{JLshf}。
[JLfw] {JLfw}	反问句标记	她们却不照顾家庭、孩子，# 为了明星跑出去，# 这是怎么可能的[JLfw]！ 难道对学习没有兴趣的学生都不能找到工作吗{JLfw}？
[JLqs] {JLqs}	祈使句标记	请好记住我的名字[JLqs]。 九月一日再来报名吧{JLqs}！
[JLgt] {JLgt}	感叹句标记	祝你顺利考试[JLgt]！ 时间过得真快{JLgt}！
[JXmw] {JXmw}	名词谓语句标记	坐火车去的时间晚上[JXmw]。 那天正好星期六{JXmw}。
[JXxw] {JXxw}	形容词谓语句标记	马路很笔直[JXxw]。 他的汉语水平相当高{JXxw}。

续表

标注代码	代码含义	示例
[JXzww] {JXzww}	主谓谓语句标记	他的这一句话永远忘不了[JXzww]。 小的时候,我身体不太好{JXzww}。
[JXfzw] {JXfzw}	非主谓句标记	乱贴严禁[JXfzw]。 请不要酒后开车{JXfzw}。

6.2.4 相关说明

(1) 句式共计 30 种,包括某些句类、句型。

(2) 句式标记代码集:偏误标注 9 项,错句存疑 1 项,偏误标注+基础标注项 20×2=40 项,合计 50 项。

(3) 使动句是"以动宾结构的形式表示'致使'意义的句子"(转引自宛新政,2005①)。例如:快乐自己、幸福他人。

(4) 语序偏误中相邻的两项语序偏误,其标记位置按照自然顺序,统一标在前项的后边。例如:可是这两个问题【同时】[Jx]要解决非常不容易,……

6.3 句子成分标注

6.3.1 偏误标注

6.3.1.1 标注内容

(1) 句子成分采用层次分析法的观点,共 8 种,即主语、谓语、述语、宾语、补语、定语、状语和中心语。

(2) 标记代码中的大写字母表示句子成分,小写字母表示句子成分的下位小类,"—"表示缺少某个成分,"+"表示多余某个成分。例如在代码[—JCsy]中,"JC"表示句子成分,"sy"表示述语,"—"表示缺少句子成分。

6.3.1.2 标注方法

(1) 在偏误句子成分两端加实心括号。

(2) 在实心括号后面加相应的句子成分偏误代码。例如:

而且研究【下去】[+JCbu]产量能提高的办法。

(3) 一句多标,即在一个句子中可以标注两种以上(含两种)的偏误句子成分,也包括在一个单句上分别标注句子成分标记和句式标记。例如:

环保也是从这个观点【】[—JCs]出来的[JSsd1]。

6.3.1.3 句子成分偏误标记代码:共 8×2+1=17 项

[—JCzhu]/[+JCzhu]:主语残缺/主语多余

① 宛新政(2005)《现代汉语致使句研究》,浙江大学出版社,杭州。

[－JCw]/[＋JCw]:谓语残缺/谓语多余
[－JCs]/[＋JCs]:述语残缺/述语多余
[－JCb]/[＋JCb]:宾语残缺/宾语多余
[－JCbu]/[＋JCbu]:补语残缺/补语多余
[－JCd]/[＋JCd]:定语残缺/定语多余
[－JCz]/[＋JCz]:状语残缺/状语多余
[－JCzx]/[＋JCzx]:中心语残缺/中心语多余
[－JC?]:句子成分偏误存疑

例如:

环保也是从这个观点【】[－JCs]出来的。

边学习汉语,边收集关于服装设计【】[－JCzx]。

我从小对中国历史感兴趣,喜欢看【不少】[＋JCd]中国历史书,……

6.3.2 基础标注

6.3.2.1 标注内容

句子成分共8种,即主语、谓语、述语、宾语、补语、定语、状语和中心语。

6.3.2.2 标注方法

(1) 在正确句子成分两端加实心括号。

(2) 在实心括号后面加相应的句子成分代码。

6.3.2.3 句子成分标记代码:共8项

{JCzhu}:主语
{JCw}:谓语
{JCs}:述语
{JCb}:宾语
{JCbu}:补语
{JCd}:定语
{JCz}:状语
{JCzx}:中心语

7 语篇标注

7.1 标注模式:偏误标注

7.2 标注内容

(1) 语篇偏误指句子和句子之间在连接方面的偏误,包括衔接(形式连接)偏误和连贯(语义连接)偏误。前者指关联词语、指称词、省略、替代、衔接手段等使用不当导致的句间无法连接;后者指句子之间语义混乱、逻辑不通、缺乏关联的语篇现象。最典型的情况是每个单句都对,但作为一个整体来看,则句子相互之间缺乏联系,不能构成一个紧凑、自然、流畅的成段表达。

(2) 语篇偏误包括复句中分句之间的连接偏误。

7.3 标注方法

(1) 在存在偏误的语篇两端加实心括号。

(2) 在实心括号后面分别加相应的偏误代码。

7.4 语篇偏误标注代码

(1) 衔接偏误标注代码

[YPgl]:关联词语偏误标记,用于标示关联词语使用不当的偏误。

[YPzc]:指称词偏误标记,用于标示指称词使用不当的偏误。

[YPslbz]:省略不足标记,用于标示该省略而未省略的偏误。

[YPslgd]:省略过度标记,用于标示不该省略而省略的偏误。

[YPtd]:替代不当标记,用于标示替代使用不当的偏误。

[YPch]:词汇衔接不当标记,用于标示词汇衔接使用不当的偏误。

[YPjg]:结构衔接不当标记,用于标示句式和段落使用不当的偏误。

例如:

【汉语现在是联合国通用的语言,是世界上使用的人最多,因此,就掌握一种具有东方特式的语言和文字,要付出很大的努力学习。】[YPgl]

【生长在南加州的我从小陪外婆谈天,听爸爸给我说中国童话故事,吃妈妈亲手做的一流中式晚饭,我就学到了中文,并且也学到了中国文化、历史和口味。】[YPzc]

【我是日本大学国际关系系国际关系学部的学生。我现在主要是研究国际经济和国际政治。我能在大学学习有关国际关系系觉得很幸福.因为我从高中时希望能在大学研究国际关系。】[YPslbz]

【最后经过时间和空间的考验,才决定携手共度人生。没有激情,只有深刻的了解,至今已结婚七年,没有大声相对过。】[YPslgd]

【我认为,我的父亲是世界上最好的爸爸。我当官已经十五年了。所以我的父亲总是对我说:当官一定为了国家,人民努力工作,不要见钱眼开。】[YPch]

(2) 连贯偏误标注代码

[YPlg]:连贯偏误标记,用于标示语义不连贯造成的偏误。

例如:

【我们经过了漫长的历史,一些没有用的人死于历史中,挨饿其实是可以克服的。】[YPlg]

(3)语篇偏误存疑代码

[YP?]:语篇偏误存疑标记,用于标示无法或不易说清楚语篇的偏误。

8 辞格标注

8.1 标注模式:偏误标注+基础标注

8.2 偏误标注

8.2.1 标注内容

20种辞格:比喻、设问、排比、反问、引用、夸张、比拟、对比、借代、层递、双关、粘连、对偶、仿词、反语、婉曲、顶真、回环、映衬、反复。

其中2种辞格可再分小类:比喻可分明喻、暗喻、借喻3个小类,比拟可分拟人、拟物2个小类。

合计23项标注内容。

8.2.2 标注方法

(1) 在存在辞格偏误的单句或复句的两端加实心括号。

(2) 在实心括号后面分别加相应辞格的偏误标注代码。

8.2.3 辞格偏误标注代码

[CGbym]:比喻辞格的明喻偏误标记,用于标示使用明喻的偏误句。

[CGbya]:比喻辞格的暗喻偏误标记,用于标示使用暗喻的偏误句。

[CGbyj]:比喻辞格的借喻偏误标记,用于标示使用借喻的偏误句。

[CGsw]:设问偏误标记,用于标示使用设问辞格的偏误句。

[CGpb]:排比偏误标记,用于标示使用排比辞格的偏误句。

[CGfw]:反问偏误标记,用于标示使用反问辞格的偏误句。

[CGyy]:引用偏误标记,用于标示使用引用辞格的偏误句。

[CGkz]:夸张偏误标记,用于标示使用夸张辞格的偏误句。

[CGbnr]:比拟辞格的拟人偏误标记,用于标示使用拟人的偏误句。

[CGbnw]:比拟辞格的拟物偏误标记,用于标示使用拟物的偏误句。

[CGdb]:对比偏误标记,用于标示使用对比辞格的偏误句。

[CGjd]:借代偏误标记,用于标示使用借代辞格的偏误句。

[CGcd]:层递偏误标记,用于标示使用层递辞格的偏误句。

[CGsg]:双关偏误标记,用于标示使用双关辞格的偏误句。

[CGnl]:粘连偏误标记,用于标示使用粘连辞格的偏误句。

[CGdo]:对偶偏误标记,用于标示使用对偶辞格的偏误句。

[CGfc]:仿词偏误标记,用于标示使用仿词辞格的偏误句。

[CGfy]:反语偏误标记,用于标示使用反语辞格的偏误句。

[CGwq]:婉曲偏误标记,用于标示使用婉曲辞格的偏误句。

[CGdz]:顶真偏误标记,用于标示使用顶真辞格的偏误句。

[CGhh]:回环偏误标记,用于标示使用回环辞格的偏误句。

[CGyc]:映衬偏误标记,用于标示使用映衬辞格的偏误句。

[CGff]:反复偏误标记,用于标示使用反复辞格的偏误句。

例如:

【困难就像一朵玫瑰花有很多刺】[CGbym],会让我们感到病苦,会伤害到我们。

父母也应该表现自己的爱。【曾经沧海难为水】[CGyy];如果孩子实现了父母的爱,他可以一辈子觉得有自信、是个有爱心的人。

【韩国在三国时代被叫称徐辣发,高丽时徐发,朝鲜时汉阳,日本殖民地时京城。】[CGpb]

8.3 基础标注

8.3.1 标注内容

20 种辞格 23 项标注内容:比喻(明喻、暗喻、借喻)、设问、排比、反问、引用、夸张、比拟(拟人、拟物)、对比、借代、层递、双关、粘连、对偶、仿词、反语、婉曲、顶真、回环、映衬、反复。

8.3.2 标注方法

(1) 在使用辞格的单句或复句的两端加实心括号。

(2) 在实心括号后面分别加相应辞格的基础标注代码。

8.3.3 辞格基础标注代码

{CGbym}:比喻辞格的明喻标记。

{CGbya}:比喻辞格的暗喻标记。

{CGbyj}:比喻辞格的借喻标记。

{CGsw}:设问标记。

{CGpb}:排比标记。

{CGfw}:反问标记。

{CGyy}:引用标记。

{CGkz}:夸张标记。

{CGbnr}:比拟辞格的拟人标记。

{CGbnw}:比拟辞格的拟物标记。

{CGdb}:对比标记。

{CGjd}:借代标记。

{CGcd}：层递标记。

{CGsg}：双关标记。

{CGnl}：粘连标记。

{CGdo}：对偶标记。

{CGfc}：仿词标记。

{CGfy}：反语标记。

{CGwq}：婉曲标记。

{CGdz}：顶真标记。

{CGhh}：回环标记。

{CGyc}：映衬标记。

{CGff}：反复标记。

9 语体标注

9.1 标注模式：偏误标注＋基础标注

9.2 偏误标注

9.2.1 标注内容

(1) 从词、短语、句式等3个角度标记语体偏误情况。

(2) 口语语体中误用书面语的词、短语、句式。

(3) 书面语语体中误用口语的词、短语、句式。

(4) 只考察具有明显语体风格的词、短语、句式的偏误情况。

9.2.2 标注方法

(1) 先用辅助标注工具进行自动标注，找出语体色彩鲜明的词、短语、句子。

(2) 人工判断词、短语、句子是否存在语体偏误。

(3) 在存在语体偏误的词、短语、句子两端加实心括号。

(4) 在实心括号后面分别加相应的语体偏误代码。

9.2.3 语体偏误标记代码

[YTsc]：表示口语语体中误用书面语词。

[YTsd]：表示口语语体中误用书面语短语。

[YTsj]：表示口语语体中误用书面语句式。

[YTkc]：表示书面语语体中误用口语词。

[YTkd]：表示书面语语体中误用口语短语。

[YTkj]：表示书面语语体中误用口语句式。

9.3　基础标注

9.3.1　标注内容

(1) 从词、短语、句式等3个角度标记语体使用情况。

(2) 语气词、拟声词和叹词，读轻声、儿化的词，重叠形式的名词、动词、形容词，离合词“离”的用法，都具有较强的口语色彩，属于口语词或短语。

(3) 熟语中的惯用语、歇后语、俗语、谚语，具有较强的口语色彩，属于口语短语；成语则具有较强的书面语色彩，属于书面语短语。

(4) 只考察具有明显语体风格的词、短语、句式的使用情况。

9.3.2　标注方法

(1) 先用辅助标注工具进行自动标注，找出语体色彩鲜明的词、短语、句子。

(2) 人工判断词、短语、句子是否存在语体偏误。

(3) 在使用正确、具有明显语体色彩的词、短语、句子两端加实心括号。

(4) 在实心括号后面分别加相应的语体代码。

9.3.3　标记代码

{YTkc}：口语词标记，标于口语词的后面。

{YTkd}：口语短语标记，标于口语短语的后面。

{YTkj}：口语句标记，标于口语句子的句号之后。

{YTsc}：书面语词标记，标于书面语词的后面。

{YTsd}：书面语短语标记，标于书面语短语的后面。

{YTsj}：书面语句标记，标于书面语句子的句号之后。

10　语义标注

10.1　标注模式：偏误标注

10.2　标注内容

语义偏误标注，包括词语之间的语义搭配，句子成分的语义角色，修饰语的语义指向，名词性词语的有定、无定，词语重叠的语义、句式义、语义不清等偏误。

10.3　标注方法

(1) 在存在语义偏误的语言单位两端加实心括号。

(2) 在实心括号后面加相应的语义偏误标注代码。

10.4 标记代码

[YYdp]:语义搭配偏误标记,表示词语之间的语义搭配不当造成的偏误。

[YYcd]:词语重叠偏误标记,表示词语重叠的语义不当造成的偏误。

[YYjs]:语义角色偏误标记,表示句子成分的语义角色不当造成的偏误。

[YYzx]:语义指向偏误标记,表示修饰语的语义指向不当造成的偏误。

[YYyw]:有定无定偏误标记,表示名词性定语的有定无定不当造成的偏误。

[YYjsy]:句式义偏误标记,表示句子的句式义不当造成的偏误。

[YYmh]:语义模糊标记,表示语义模糊不清楚造成的偏误。

例如:

家长们用什么方法【解决追星这个现象】[YYdp]?

从那天开始,【曲田和一个星期之内至少一次在咖啡馆见面】[YYjs],一边喝咖啡,一边聊天儿。

妈妈把地板擦得很【厉害】[YYzx]。

他问我:“请把【一本】[YYyw]书借给我,行吗?”

11 语用标注

11.1 标注模式:偏误标注

11.2 标注内容

语用偏误指句子的语法形式正确、语义清晰明确、在语篇中衔接自然顺畅,只是语言使用的情景不当、表达不得体的语言现象。

语用偏误包括两种:语用语言偏误和社交语用偏误。前者指所使用的话语不符合目的语的语言习惯,这是涉及语言本身的语用问题。后者指因在交际中不了解谈话双方文化背景的差异,导致语言形式选择上的偏误,这是涉及社会文化的语用问题。

11.3 标注方法

(1) 在存在语用偏误的语言单位两端加实心括号。

(2) 在实心括号后面加相应的语用偏误标注代码。

11.4 标记代码

[YGzy]:语用语言偏误中的重音偏误标注代码,表示由于重音位置不当

造成的语用语言偏误。

[YGyq]：语用语言偏误中的语气偏误标注代码，表示由于语气不当造成的语用语言偏误。

[YGyc]：语用语言偏误中的用词不当标注代码，表示由于用词不当造成的语用语言偏误。

[YGyf]：语用语言偏误中的语法偏误标注代码，表示由于句式语义、省略等因素造成的语用语言偏误。

[YGyp]：语用语言偏误中的语篇偏误标注代码，表示由于语篇因素造成的语用语言偏误。

[YGsc]：社交语用偏误中的词语偏误标注代码，表示跨文化交际词语偏误造成的社交语用偏误。

[YGsy]：社交语用偏误中的语用原则偏误标注代码，表示违背跨文化交际语用原则、不了解不同的文化习俗等造成的社交语用偏误。

例如：

这件衣服【看上去】[YGzy]很好。

你昨天【为什么没来上课?】[YGyq]

我发现在超市里，【服务员】[YGyc]很不礼貌。

T：好，欢迎你参加今天的口语考试，首先能不能简单介绍一下自己?

S：我啊?【我的名字都知道是吧?】[YGyf]

T：欢迎你来参加今天的口语考试。

S：【不用谢不用谢。】[YGyp]

【建国】[YGsc]，你看这是什么?(建国比说话者年长一辈)

T：什么时候来我家吃饭吧。

S：太好了!【你说什么时候?】[YGsy]

12　标点符号标注

12.1　标注模式：偏误标注

12.2　标注内容

(1) 标点符号分为点号和标号，共 17 种。

(2) 点号共 7 种，包括：

句末点号 3 种，即句号(。)、问号(?)、叹号(!)；

句内点号 4 种，即逗号(，)、顿号(、)、分号(；)、冒号(：)。

(3) 标号共 10 种，包括引号(“”、‘’)、括号(()、[]、{})、破折号(——)、省

略号(……)、着重号(.)、连接号(—、－)、间隔号(·)、书名号(《》、〈〉)、专名号(____)、分隔号(/)。

(4)各种标点符号的代码是:句号 jh、问号 wh、叹号 th、逗号 dh、顿号 dunh、分号 fh、冒号 mh、引号 yh、括号 kh、破折号 pzh、省略号 slh、着重号 zzh、连接号 ljh、间隔号 jgh、书名号 smh、专名号 zmh、分隔号 fgh。

12.3 标注方法

(1) 在存在偏误的标点两端加实心括号。

(2) 在实心括号后面分别加相应的偏误代码。

12.4 标注代码

(1) 标点多余

逗号多余[Bddh]

句号多余[Bdjh]

叹号多余[Bdth]

……

例如:【,】[Bddh],表示实心括号中的逗号多余。

(2) 标点缺失

逗号缺失[Bqdh]

句号缺失[Bqjh]

叹号缺失[Bqth]

……

例如:【】[Bqth],表示叹号缺失。

(3)标点错误

逗号错误[Bcdh]

句号错误[Bcjh]

叹号错误[Bcth]

……

例如:【。】[Bcdh],表示在该用逗号之处误用了句号。

(4) 标点错序:[Bx],表示标点符号位置错误。在位置错误的标点两端加实心括号,在实心括号后加此标记。例如:【。】[Bx]。

(5) 标点符号存疑:[B?],用于标注看不清楚的标点符号。直接用[B?]代替看不清楚的标点。

12.5 说明

(1) 上述标点符号的偏误代码是举例性的,余此类推。

(2) 感叹号写成一竖下加空心逗号，或写成一竖下加空心句号，或写成一空心竖下加空心句号，皆标为[Bcth]，表示叹号错误。

(3) 逗号写成一个中间空的小豆芽，标为[Bcdh]，表示逗号错误。

(4) 分号写成上边一个小圆圈、下边一个中间空的小豆芽，标为[Bcfh]，表示分号错误。

(5) 语料中出现双向箭头，电脑中打不出来，标为：←→，即把一个左向箭头和一个右向箭头合为一个双向箭头。

(6) 标点符号的标注以该用何种标点为准，而不管错用的是什么。例如应该用叹号而误用了逗号，应该标为叹号错误；该用逗号误用了句号，标成逗号错误。这样标注相当于表示“把叹号错标为逗号了”“把逗号错标为句号了”。

13　口语和视频语料的语音标注

13.1　标注模式：偏误标注

13.2　标注内容

(1) 语音偏误标注内容包括说话时的非正常停顿，以及重音偏误；声母、韵母、声调的偏误，以及轻声、儿化偏误；还有无法辨识的声音等。

(2) 说话时伴随的一些语音现象，例如笑声、咳嗽声之类，以及拖长的声音。这些语音现象不一定是偏误，在这里进行标注只是为了方便。

13.3　标注方法

(1) 语音标注和口语语料、视频语料的转写可以分别进行，也可以同步进行。

(2) 在存在语音偏误的语言单位两端加实心括号。

(3) 在实心括号后面加相应的语音偏误标注代码。

(4) 声母、韵母、声调和儿化偏误，在相应的语音偏误标注代码内加上代表正确读音的汉字。

(5) 语音存疑分为字、词、句和外语词等 4 种发音无法辨识情况。

(6) 有笑声等伴随语音现象之处直接把相应的标注代码置于该处。

(7) 语音拖长用破折号“——”表示，加在拖长的字音之后。

13.4 标记代码表

偏误类型	标注代码	示例
非正常停顿	[Yt]	都是他们常【】[Yt]去的地方
重音偏误	[Yz]	北【京】[Yz]
声母偏误	[Ys]	【负】[部 Ys]分
韵母偏误	[Yy]	【孩】[还 Yy]书
声调偏误	[Yd]	【机】[忌 Yd]讳
轻声偏误	[Yq]	哥【哥】[Yq]
儿化偏误	[Ye]	白【面】[面儿 Ye]
字语音存疑	[Yz?]	用于标示汉语字发音模糊、无法辨识的情况
词语音存疑	[Yc?]	用于标示汉语词发音模糊、无法辨识的情况
句语音存疑	[Yj?]	用于标示汉语句发音模糊、无法辨识的情况
外语词语音存疑	[Yw?]	用于标示听不懂的外语词
伴随语音现象	[具体现象]	[喷声]、[咳嗽]、[吸气]、[呼气]、[叹气]、[打喷嚏]等
语音拖长	——	啊——

后 记

一

从20世纪90年代初到2010年，汉语中介语语料库建设走过十多年的历程。在历史长河中不过短暂的一瞬。然而在这短短的十几年中，汉语中介语语料库从无到有，从小到大，从少到多，发展十分迅速，引起国内外汉语教学领域的广泛关注，推动了汉语教学研究和汉语中介语研究的深入发展，促进了汉语习得研究范式的转变，相关研究成果丰硕，为作为第二语言的汉语教学及其相关研究做出了巨大贡献，发挥了十分积极的作用。由此看来，汉语中介语语料库建设已经跨入了繁荣发展时期。

另一方面，汉语中介语语料库的建设并不规范，建设者们基本是根据自己的研究需要、专业知识和研究经验进行语料库的设计和建设，主观随意性很强，尤其是在语料标注方面差异很大，导致语料库的功能不足，语料不能得到充分的运用，语料库的使用价值受到很大限制，不能满足教学与研究的多方面需求。从这个角度看，汉语中介语语料库设计粗放，标注简单，功能不全，价值有限，尚处于语料库建设的草创时期。

基于这种思考，我们设计了"通用型汉语中介语语料库标注规范研究"课题，于2011年投标国家社会科学基金资助项目，并获得立项。

我们投入了较大的力量进行研究，除1位项目负责人一直从事研究工作之外，还有15名硕士研究生、2名博士研究生、3名教师，共计21人，进行了如本书目录所示的17个专题的研究。后来根据需要，又安排5名硕士研究生从教学与习得角度对语篇、语体、语义、语用、辞格的标注需求进行了补充研究。这样，实际上共有26人对标注规范的相关问题进行了研究，并取得了相应的研究成果。

本项目的研究人员大部分是硕士研究生，是结合他们的毕业论文进行的研究。研究生的培养周期为三年，因而本项目持续的时间也比较长，甚至远远超过了原定的结项时间。然而付出这样的代价是值得的，因为我们的研究生在进行研究和撰写学位论文的过程中参加了实际的、有较强的学术前沿性的研究项目，在科研实践中接受了较为严格的训练，提高了从事科学研究的能力与水平。他们不仅完成了学位论文，顺利毕业，还凭借他们的阶段性研究成果参加了许多国际国内的学术会议，在一些学术刊物和论文集中发表了论文，培养了他们的科研意识，鼓舞了他们的科研勇气，形成了踏实、严谨、追求创新的学风，在一定程度上具备了发现问题、分析问题和解决问题的能力。不论他们以后从事什么工作，人生境遇如何，这种意识、勇气、学风、能力都会对他们产生积极而深远的影响。作为一名研究生导师，我为此感到由衷的欣慰。

我以为，研究生教育是以培养高层次专业人才为基本任务的教育；研究生应以研究为主，而不能以听课为主，其大部分时间精力应用于实际的科研工作。从某种角度看，这可能正是研究生与本科生的区别所在。基于这种认识，在教学与科研实践中，我逐渐形成了这样一种培养研究生的方式：带学生参加实际科研，以课题促进人才培养。实践证明，这种方式成效显著，其结果是带来了教学科研的双丰收。应该说，对于培养高层次专业人才的高等院校来说，这种培养方式是恰当的、适宜的。

二

本研究得到国家社会科学基金项目资助，同时得到北京语言大学配套经费的支持，谨表示衷心感谢！

北京语言大学汉语水平考试中心 2009 级硕士研究生徐枫洁、屈梅娟，2010 级硕士研究生胡凡霞、王雪莹、王之岭、杨雯，2011 级硕士研究生刘珊、陈琛、唐倩、薛华丽、牟雪、李瑶、张琪；语言科学院 2014 级博士研究生、福建师范大学海外教育学院讲师林君峰，2015 级博士研究生、西北师范大学国际文化交流学院讲师赵焕改。还有中央民族大学国际教育学院 2015 级硕士研究生张悦、福建师范大学海外教育学院 2016 级硕士研究生谢梦宁，另外南京大学曹贤文教授、鲁东大学胡晓清教授、中央民族大学娄开阳副教授，都参加本课题并进行了相关专题的研究。北京语言大学语言科学院 2013 级硕士研究生张蕾、贺亚，2014 级硕士研究生王永星、陈思含、张楠楠进行了补充性研究。向他们表示衷心感谢！

由于研究的内容范围、本书的体例与篇幅等因素的限制，上述研究者的有些论文并没有收入本书，将在我们编辑的其他论文集中发表。

北京语言大学 2015 级博士研究生、西北师范大学国际文化学院讲师赵焕改对全部书稿做了初步整理，为本书做出了重要贡献，特表示诚挚的谢意。

三

在从事汉语中介语语料库建设与研究的过程中，我们形成了一些基本认识：

1. 通过语料库进行的语言研究存在两种研究范式：基于语料库的研究和语料库驱动的研究。对于为前者服务的语料库建设来说，语料标注规范占有极为重要的地位；由于研究的目的、对象与要求的不同，甚至可以说它是语料库建设与研究的永恒话题。

2. 语料标注对语料库建设意义重大，在相当程度上决定着语料库的功能与价值。目前汉语中介语语料库建设蓬勃发展，同时又存在很大的随意性，因此急需制定统一的语料标注规范，以提升语料库的建设水平，使其更好地为汉语的教学与研究服务。

3. 作为通用型语料库，为了满足教学与研究的多种需求，标注规范规定的标注内容应尽可能全面；选择标注方法应充分考虑其现实可行性；选择标注语言和确定标注代码应符合标准化与通用化要求。

4. 在研制过程中应对各个层面的标注规范进行实验研究，使其经受实际语料的标注检验，以证明其可行性。

5. 限于中文信息处理的发展水平，目前语料标注的主要方式只能采用人工标注。其最大的问题是不同标注员之间的标注结果，甚至是同一标注员前后标注的结果不一致。为此，在标注规范中需尽最大可能删除会使标注员纠结的标注内容。还应尽量做到简明扼要，避免层次烦琐，叠床架屋。

在上述认识的指导与推动下，我们以极大的研究热情、积极主动的工作态度、认真严谨的科研精神，对语料标注规范进行了较为全面、深入的考察、分析与研究，得出了一个汉语中介语语料库标注规范。我们尽最大努力做好，但它毕竟还只是一个草案，有待于更加广泛的语料库建设实践的检验与考验。我们期待国内外汉语学界、语言学界的专家、学者、教师们的批评与指教，期待广大用户的反馈与意见。

先致谢忱！

张宝林

2019 年 1 月 25 日